ミネルヴァ日本評伝選

我等は固より将軍に候

徳川家光

野村　玄　著

ミネルヴァ書房

刊行の趣意

「学問は歴史に極まり候ことに候」とは、先哲荻生徂徠のことばである。

歴史のなかにこそ人間の智恵は宿されている。人間の愚かさもそこにはあらわだ。この歴史を探り、歴史に学んでこそ、人間はようやくみずからの正体を知り、いくらかは賢くなることができる。新しい勇気を得て未来に向かうことができる。徂徠はそう言いたかったのだろう。

「ミネルヴァ日本評伝選」は、私たちの直接の先人について、この人間知を学びなおそうという試みである。日本列島の過去に生きた人々の言行を、深く、くわしく探って、そこに現代への批判を聴きとろうとする試みである。日本人ばかりではない。列島の歴史にかかわった多くの異国の人々の声にも耳を傾けよう。

先人たちの書き残した文章をそのひだにまで立ち入って読み、彼らの旅した跡をたどりなおし、彼らのなしとげた事業を広い文脈のなかで注意深く観察しなおす――そのとき、はじめて先人たちはいまの私たちのかたわらによみがえってくる。彼らのなまの声で歴史の智恵を、また人間であることのよろこびと苦しみを、私たちに伝えてくれもするだろう。

この「評伝選」のつらなりのなかから、列島の歴史はおのずからその複雑さと奥ゆきの深さをもって浮かび上がってくるはずだ。これを読むとき、私たちのなかに新たな自信と勇気が湧いてきて、その矜持と勇気をもって「グローバリゼーション」の世紀に立ち向かってゆくことができる――そのような「ミネルヴァ日本評伝選」にしたいと、私たちは願っている。

平成十五年（二〇〇三）九月

上横手雅敬
芳賀　徹

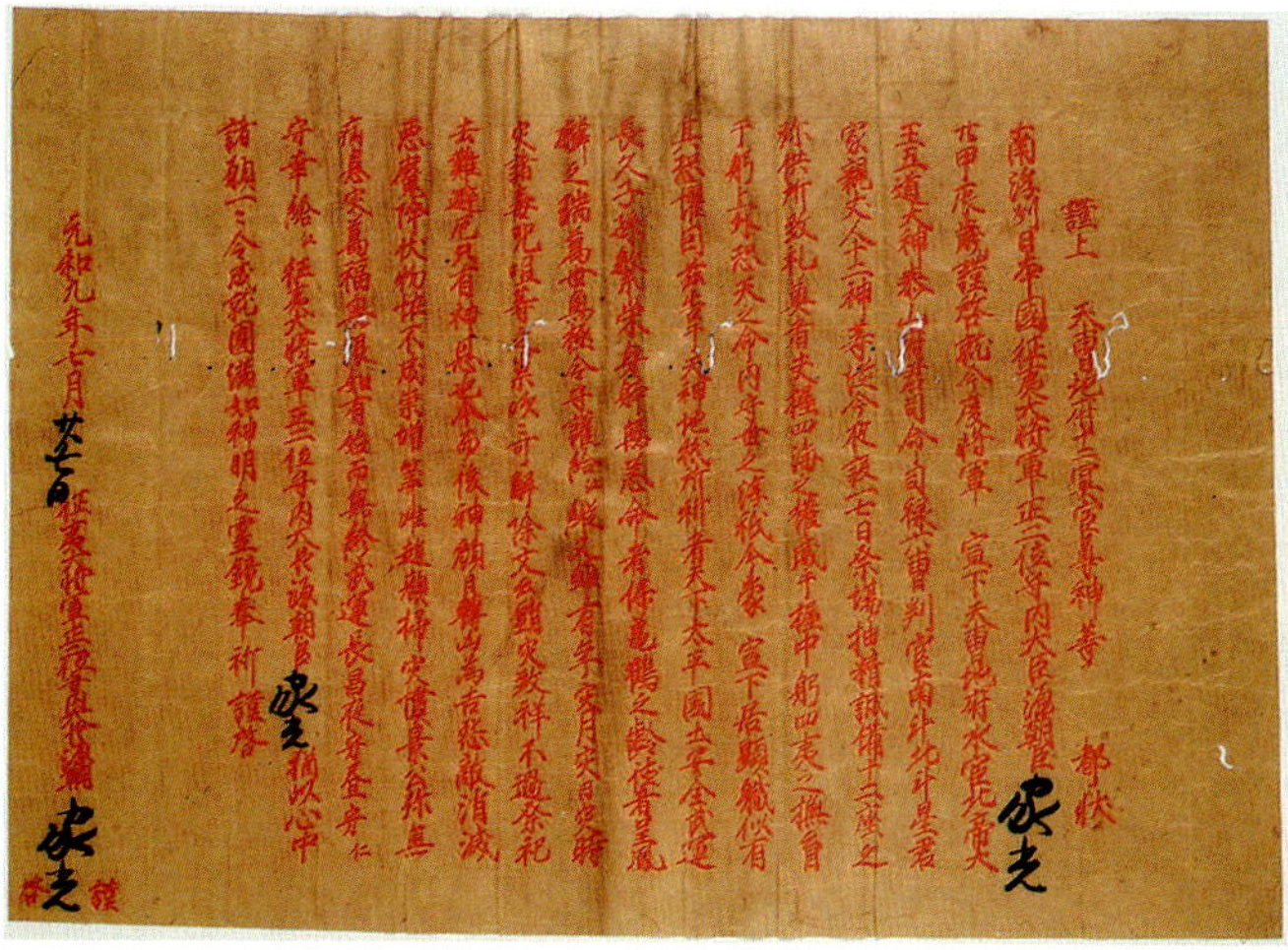

「天曹地府祭都状　徳川家光自署」（徳川記念財団蔵）

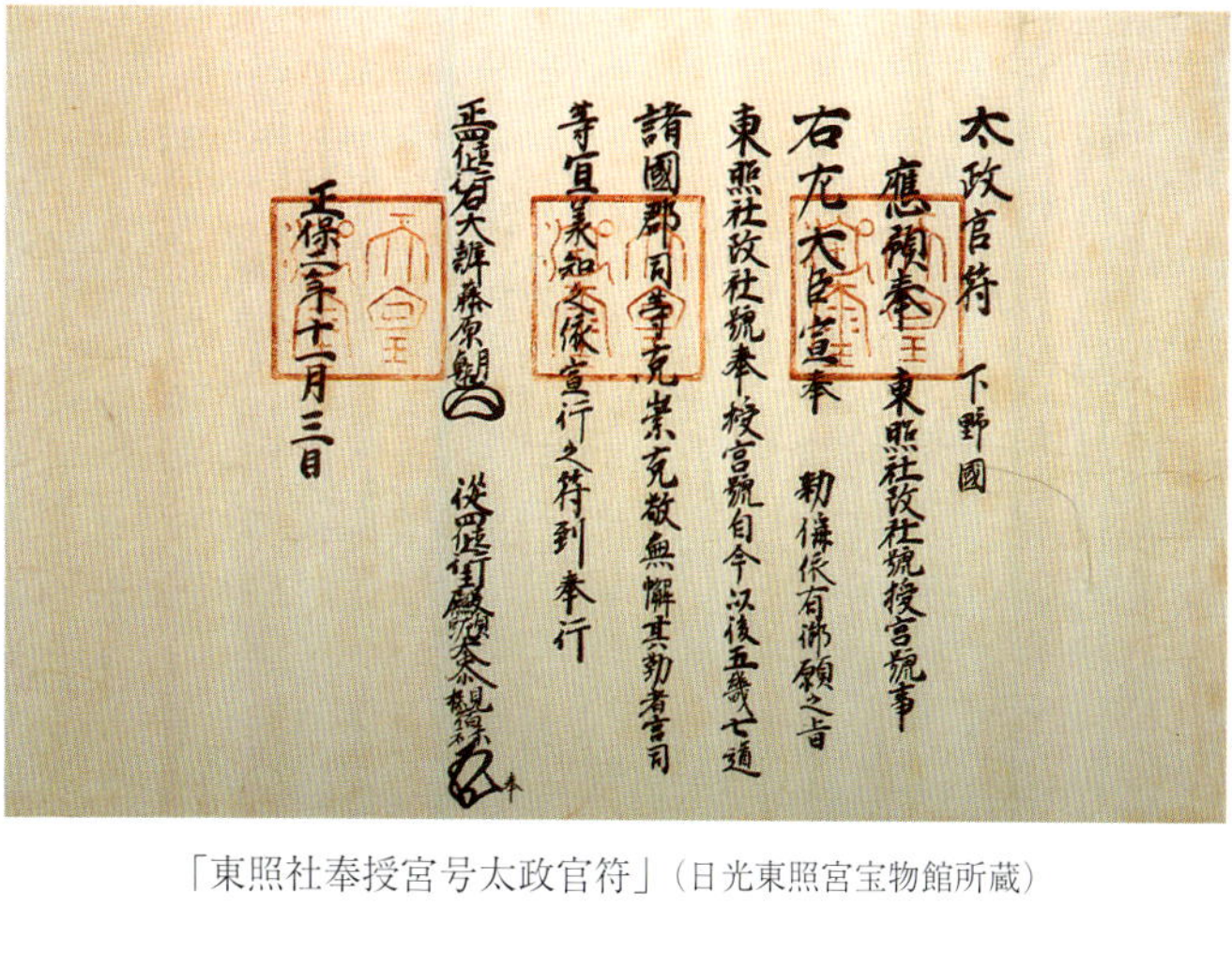

太政官符　下野國
應預奉東照社改社號授宮號事
右左大臣宣奉　勅偁依有御願之旨
東照社改社號奉授宮號自今以後五畿七道
諸國郡司等克崇克敬無懈其勤者宮司
等宜承知之依宣行之符到奉行
正四位行右大辨藤原朝臣
從四位下行左大史兼算博士小槻宿禰
正保二年十一月三日

「東照社奉授宮号太政官符」（日光東照宮宝物館所蔵）

許山利為筆「島原城攻撃図」（東京国立博物館所蔵／Image: TNM Image Archives）

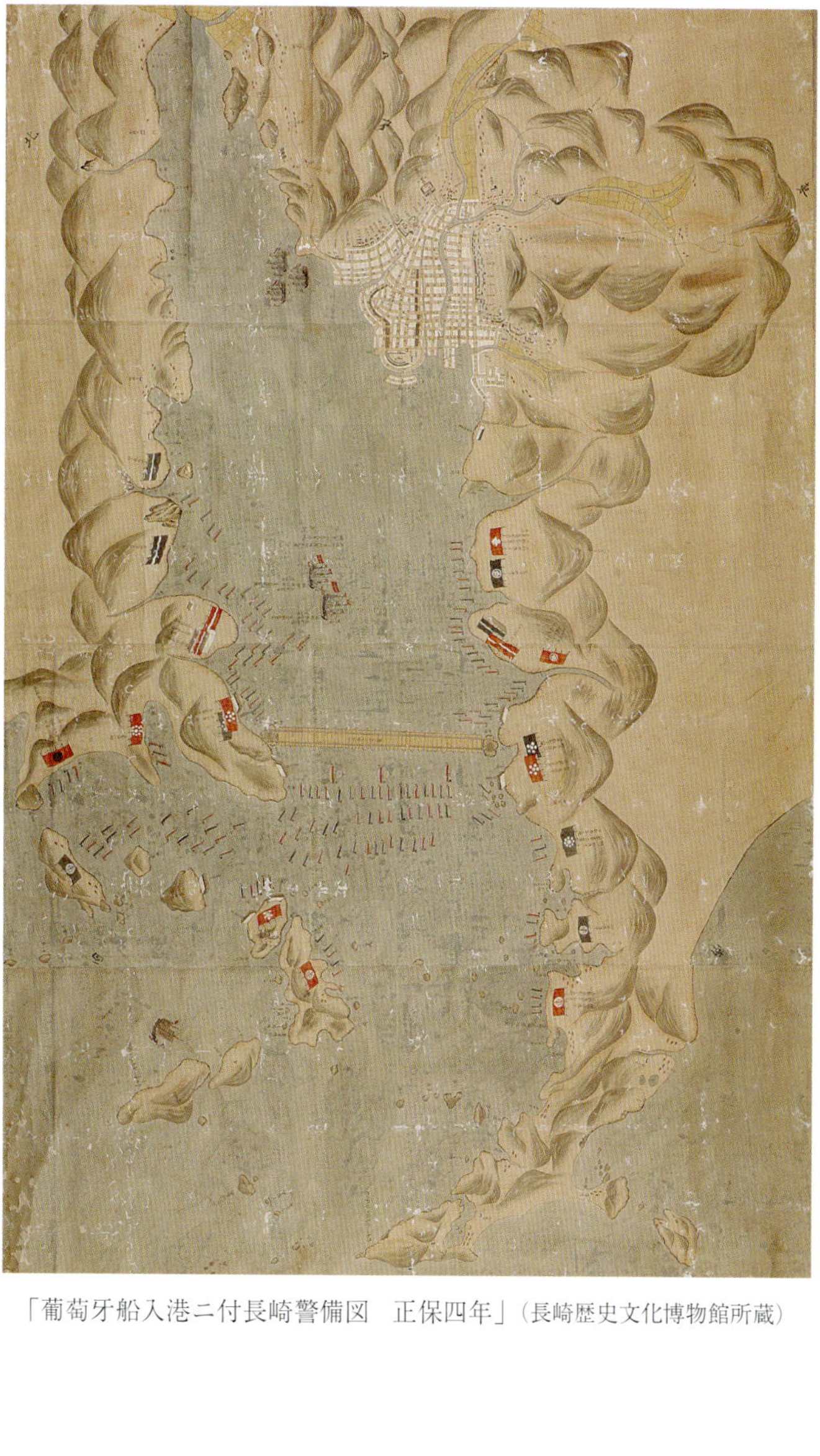

「葡萄牙船入港ニ付長崎警備図　正保四年」（長崎歴史文化博物館所蔵）

聴秋閣（三溪園園内）
（野村洋子撮影）

「曜変天目茶碗」
（国宝／静嘉堂文庫美術館所蔵）

はしがき

このたび、「ミネルヴァ日本評伝選」編集委員会より、徳川家光の評伝の執筆についてお話があった。徳川家光については、かつて日光東照宮社務所が編んだ『徳川家光公伝』をはじめ、藤井譲治氏の『江戸幕府老中制形成過程の研究』や『徳川家光』、山本博文氏の『寛永時代』など優れた業績が既にあり、江戸幕府の政治組織体制や外交政策を確立させた将軍として、その評価は固まっているようにも思われる。これらの先行業績に何か新たな知見を付け加えることは容易ではない。

その家光の確立させた江戸幕府により統治された時代をどのように評価するかについては、近代を展望し、芳賀徹氏による「徳川の平和」論など、近世の肯定的側面（長期間持続した「平和」）に注目して、近代への接続を評価する見解があり、芳賀氏によれば江戸時代は将軍の実現した「平和」が世界史上稀に見る長さで持続した時代であった（芳賀編『現代のエスプリ別冊　江戸とは何か1　徳川の平和』・芳賀「いま、ふたたび「徳川の平和」に学ぶ」）。だが、注意しなければならないことは、芳賀氏も引用する丸山眞男氏は、確かに「武士も町人も挙げて「御静謐の御代」（西鶴）を寿いだ」ことを指摘したが、一方で「その楽屋裏」へも目配りし、「そこには既に封建的権力の将来にとって容易ならぬ事態が徐々に醸成されつつあ」り、「その震源は深く徳川封建社会の成立過程そのものの裡に根ざしていた」ことをあわせて指摘して、「徳川封建社会」の「解体」の理由も説明しようとしていたことであり、丸山氏による「元禄より享保に至る社会情勢の概観」は実に簡にして要を得た叙述で、一九四〇年（昭和十五）初出の業績とは思われぬ見事なものであった（丸山「近世儒教の発展における徂徠学の特質並にその国学との関連」）。すなわち、芳賀氏も丸山氏も、江戸から明治以降を見つめていたのだが、「体制」の「崩壊」については、丸山氏においてより切実な課題として説明が試みられていた（丸山「『日本政治思想史研究』あとがき」）。

一方、近年の日本近世史学界に目を転ずると、まず日本近世政治史を専攻する者は少なく、また専攻する者がいたとしても、個々の研究は精緻化されたが、明治を展望した上での日本史上における江戸時代の政治それ自体の性格・存続・崩壊の歴史的評価を行う大きな議論はほとんどなされなくなったといってよい。日本近世史と幕末維新史との分化も影響していると思われるが、日本史全体の中で江戸時代とはどのような時代で、そこで実現された政治や「平和」がいかなる歴史的意義と限界を有するものであったかは、あまり問われなくなっているように思われるのである。その「近世の平和」の「性格」を問題にしたのは高木昭作氏であったが（高木「乱世」）、その後、そのような研究は管見の限り見られない。

このような研究状況の前提として、実は日本近世政治史の全体を見渡してみると、前述の藤井氏や山本氏と他数名のご努力を除けば、江戸時代の政治体制の指導者である徳川歴代将軍本人の具体的姿、すなわち彼らがその時々で何を考え、何を重視して自らの政策を提起し、それらをどのように実現させていたのかという点はほとんどわかっていないという現状もある。すなわち、世界史上稀に見る長期政権を実現させて政治の表舞台から去っていった徳川歴代将軍それぞれの対外観・国家観（天皇への認識を含む）自体、具体的には不明に近い。祖先が何を考えていたのかわからないのだから、歴史的評価など行いようがない。徳川歴代将軍に関する断片的な事実・行動を各々の時期も考慮せずに混同・列挙し、それらの意味を現代人の価値観・感覚のみで類推・解釈するのではなく、まず当時の実態と言葉に耳目を集中させ、それぞれの行動や言動がとられた歴史的背景を把握した上で、それらを広く日本史の流れに乗せて評価していくことが重要だろう。

このような認識に立つと、今その江戸幕府の体制を確立させたとされる徳川家光の評伝を執筆することにはそれなりの意味があるものと思われる。家光の思想や行動は、後代の将軍たちにも直接・間接を問わず何らかの影響を及ぼしているだろうからである。徳川将軍の対外観・国家観とはどのようなもので、江戸幕府とは何であったのかを考えるよい契機になると思われるし、本年が家光の征夷大将軍職襲職三九〇年にあたることも何かの縁だろう。

筆者としては、当時の家光の立場を理解しようと努めつつ、できる限り客観的に彼の政治的営為の目的・判断基準・実現過程を叙述し、家光が日本国をどこに導いたのか、その成果と限界を含め述べたつもりである。また、これまで家光について様々な学説・見解が先学により示されているが、それらのできる限り正確な紹介と整理も心がけ、先学の見解に対する現段階の筆者の私見も述べるようにした。

なお、本書の執筆にあたり、(1)読者各位に史料の雰囲気や当時の表現を感じてもらうことができるよう、史料は原則読み下しにせず、できる限りそのまま引用し、その後に内容を解説するという叙述形式にした。本文の読みやすさのため、(2)先学の諸業績からの引用の際は、本文における引用元の表示を原則著者または第一編著者の姓と題目名のみとし、詳細は後掲の「主要参考文献」で掲げ、(3)公刊史料からの引用にあたっては、原則初回の引用時に編者名・校訂者名・校註者名・書籍名を本文において表示し、繰り返し引用されるものの表示は適宜略記して、詳細は後掲の「主要参考公刊史料」で掲げるとともに、読点や人物比定などについて引用元の見解を極力尊重して必要な範囲でのみ私見を加えるようにし、漢字や異体字などは原則当用漢字に改め、引用元における文字の欠損・抹消を示す記号や文言の補足の際に用いられる記号、平出・台頭・闕字の文字配列はなるべく維持し、片仮名の繰り返し記号は「ヽ」、平仮名の繰り返し記号は「ゝ」としたこと、(4)未公刊史料からの引用では史料名と所蔵機関・所蔵者名を表示して、同一史料が当該章で繰り返し引用される場合には適宜所蔵機関・所蔵者名を省略したことを予めご諒解いただきたい。また、(5)史料上、現代の人権感覚などからは不適切と思われる表現や特定の宗教などへの批判が一部見られるが、これらは筆者の見解ではなく、本書では歴史学的観点からそのままとしていること、(6)敬語や敬称はなるべく省略したこと、(7)所蔵機関・所蔵者名の表記方法について、各機関・各位のご意向を尊重したために一部不統一な表記があることもあわせてご理解願いたい。

徳川家光——我等は固よりの将軍に候

目次

はしがき

第三章　将軍家光の本格的始動

図版写真一覧

略系図

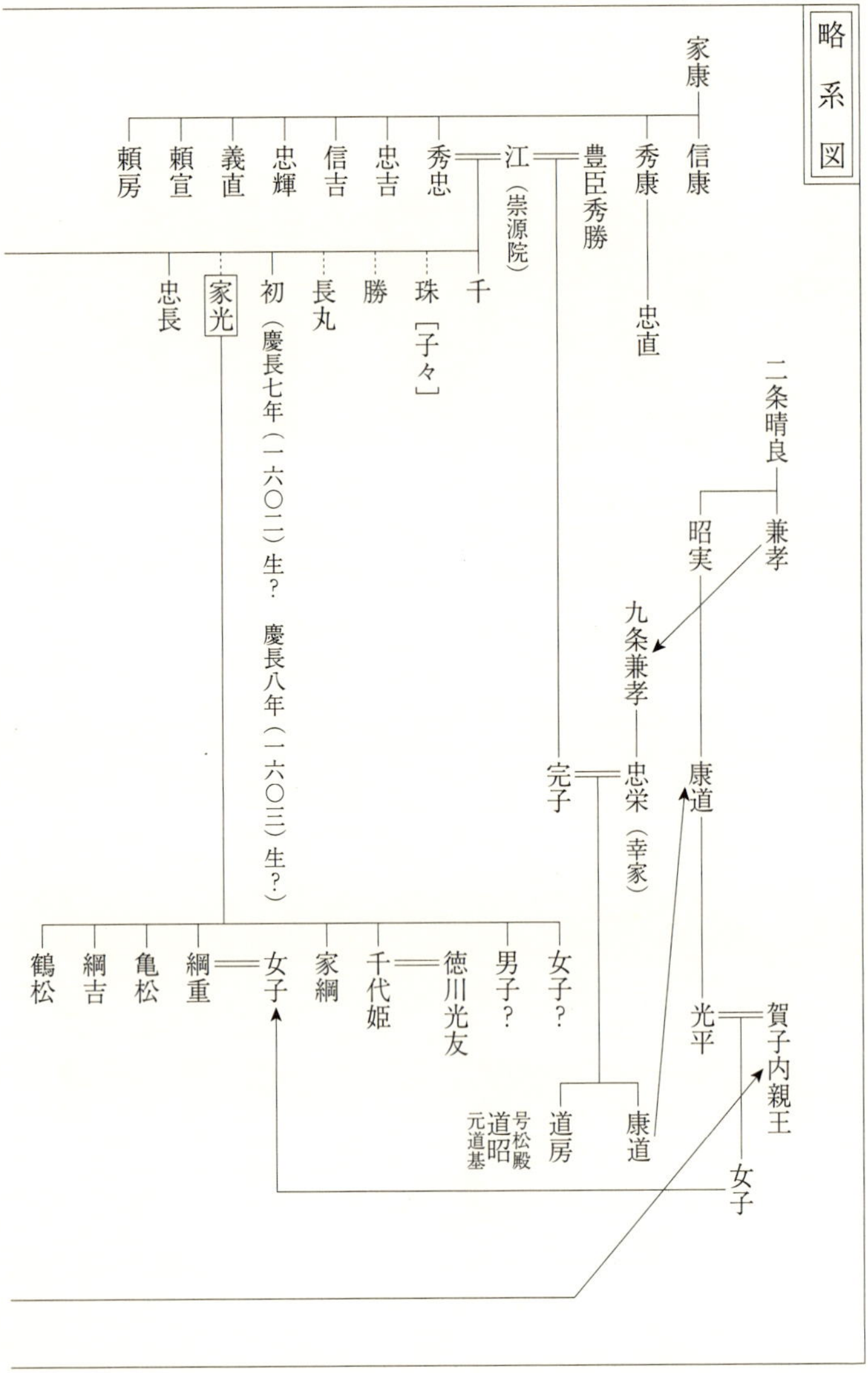

家康
信康
秀康
忠直
豊臣秀勝
江（崇源院）
秀忠
忠吉
信吉
忠輝
義直
頼宣
頼房
千
珠［子々］
勝
長丸
初（慶長七年（一六〇二）生？ 慶長八年（一六〇三）生？）
家光
忠長
二条晴良
兼孝
昭実
九条兼孝
完子
忠栄（幸家）
康道
光平
賀子内親王
康道
道房
号松殿 道昭 元道基
女子？
男子？
徳川光友
千代姫
家綱
女子
綱重
亀松
綱吉
鶴松
女子

後水尾天皇
＝和［和子］（東福門院）
┆幸松（保科正之）

興子内親王（明正天皇）
女二宮（近衛尚嗣室）
高仁親王（眞照院）
若宮（光融院）
昭子内親王（妙荘厳院）
賀子内親王（二条光平室）
菊宮（元證院）

（註）斎木一馬・岩沢愿彦校訂『徳川諸家系譜』第一（続群書類従完成会、一九七〇年）、斎木一馬・岩沢愿彦・戸原純一校訂『徳川諸家系譜』第二（続群書類従完成会、一九七四年）、『御系譜略　御宗家　御三家　御三卿』（徳川家所蔵〈非公開史料〉）、『徳川御家御系図』下（個人蔵〈徳川宗家文書〉）、『九条家譜』（東京大学史料編纂所所蔵謄写本）、『二条家譜』（東京大学史料編纂所所蔵謄写本）、藤井讓治・吉岡眞之監修『後水尾天皇実録』第三巻（ゆまに書房、二〇〇五年）、東京大学史料編纂所編『大日本近世史料　細川家史料』四（東京大学出版会、一九七四年）、東京大学史料編纂所編『大日本近世史料　細川家史料』十（東京大学出版会、一九八六年）、久保貴子『徳川和子』（吉川弘文館、二〇〇八年）、福田千鶴『江の生涯――徳川将軍家御台所の役割』（中央公論新社・中公新書、二〇一〇年）、福田千鶴『徳川秀忠――江《ごう》が支えた二代目将軍』（新人物往来社、二〇一一年）をもとに筆者作成。家康の子女は男子のみを表記し、秀忠以外の家康の男子の子女は必要な実子のみを表記した。家康・秀忠・家光・東福門院の養子女と、千・珠［子々］・勝・初・千代姫・家綱・綱重・綱吉の子女・養子女は省略した。また、江以外の家康・秀忠・家光・家綱・綱吉それぞれの配偶者も省略した。二条家と九条家については、必要な範囲のみの表記とした。点線は該当人物が江の実子ではないとする福田千鶴『江の生涯』、同『徳川秀忠』の学説を反映させた場合の表記である。典拠名は順不同。

第一章　大猷院──大道を示した人

1　末期の家光

家光の病没

慶安四年（一六五一）四月二十日──。

この日、江戸幕府の第三代将軍徳川家光《とくがわいえみつ》は、江戸城で数え四十八歳の生涯を終えようとしていた。家光の病臥していた部屋が城内の何処であったのかは定かではないが、おそらくは深井雅海氏が将軍の寝室と想定する「奥」の「御座之間」近くの「御休息」と呼ばれる部屋であったろう（深井『江戸城』）。藤井譲治氏によれば、家光は元和九年（一六二三）七月二十七日の将軍襲職前からたびたび病と闘っており、その都度それを克服して政務に復帰してきたが、慶安二年（一六四九）冬から風邪を引き、慶安三年（一六五〇）には一時回復したものの、慶安四年（一六五一）の特に二月半ば頃からは病がさらに進んだという（藤井『徳川家光』）。『江戸幕府日記』の慶安四年四月二十日条（『江戸幕府日記』九、国立公文書館所蔵謄写本）は、家光の最期の模様を次のように伝えている。

一、夜前、御気色被為差発候ニ付而、為伺　御機嫌、紀伊亜相（徳川頼宣）・水戸黄門（徳川頼房）・尾張宰相（徳川光友）・紀伊宰相（徳川光貞）・水戸中将（徳川光圀）其外在府之諸大名幷諸物頭・諸役人等登城

一、紀伊亜相・水戸黄門・尾張宰相江　上意之趣讃岐守（酒井忠勝）伝之、伊豆守（松平信綱）・豊後守（阿部忠秋）・対馬守（阿部重次）列座、次松平越後守（光長）・松平出羽守（直政）・松平肥前守（前田利常）一同出座、御諚之趣伝之、次保科肥後守（正之）・松平隠岐守（定行）一同出座、同前也

一、右過而御黒書院江老中出席、御譜代大名一同召出之、上意之通、讃岐守伝之、老中列座

一、在所ニ在之御譜代大名江面々奉書被遣之、是公方様（徳川家光）御気色被為差発付而、自然為御見廻参府仕茂可有之候、重而一左右相待、可有参勤、其以前者、不可致参上之旨、相達之

一、公方様御気色、従夜前被為差発、今日薨御、夜ニ入、松平伊豆守・阿部豊後守竹之間江出座、殿中祗候之面々召出之、薨御之趣幷御遺言之通、伊豆守令演達之、御旗本之面々可落髪者之分ハ、重而老中相談之上、可有差図、其以前ハ不及其儀、御番役儀等如例可致勤仕、是権現様（徳川家康）台徳院様（徳川秀忠）御隠居以後、薨御ニ付而、

御両代者雖不及其沙汰、今度者
大納言様（徳川家綱）御部屋住御家人不足之故、如此被　仰置之旨、伊豆守伝之

これによると、まず四月十九日の夜から家光の容態が悪化したことを受け、徳川頼宣《よりのぶ》・徳川頼房《よりふさ》・徳川光友《みつとも》・徳川光貞《みつさだ》・徳川光圀《みつくに》らが登城した。次に、徳川頼宣・徳川頼房・徳川光友へは、酒井忠勝から「上意之趣」が伝達され、その場には老中の松平信綱《のぶつな》・阿部忠秋《ただあき》・阿部重次《しげつぐ》が居並んで座していた。この伝達の行われた部屋が何処かは不明だが、今度は松平光長《みつなが》・松平直政《なおまさ》・前田利常《としつね》が呼ばれ、彼らには「御諚之趣《ごじょうのおもむき》」が伝達され、これは保科正之《ほしなまさゆき》・松平定行《さだゆき》に対しても同様であったという。このように、まず家光の「上意之趣」と「御諚之趣」が伝達された人々は、三家と家門およびそれに準ずる家格の大名であった。

これら将軍家に近い大名に対する「上意之趣」と「御諚之趣」の伝達後、場所は「黒書院」へと移され、今度は老中が譜代大名を呼び出し、家光の命を受けた酒井忠勝が「上意」を伝達している。また、当時江戸ではなく国元にいた譜代大名には、指示があるまで江戸に参勤しないよう老中から奉書《ほうしょ》（家光の意向を老中が伝達する文書）が発せられた。

そして、「今日」すなわち四月二十日に家光は「薨御《こうぎょ》」し、当日の夜には松平信綱・阿部忠秋が江戸城中の本丸御殿内の人々を呼び出して、松平信綱が家光の「薨御」と「御遺言」を伝達し、信綱からは、老中の指示なしに旗本が剃髪することを禁ずるとともに、城内の警護などの番役は従前通り勤

めること、今回が徳川家康・徳川秀忠のような隠居後の「薨御」ではなく、将軍在職中の「薨御」であって、後継者徳川家綱の抱える御家人が未だ不足していることから、このように仰せ置かれたのだという旨が伝えられた。

家光の「上意」・「御諚」と死亡時刻

ところで、この一連の記述からは、肝心の家光の「上意之趣」や「御諚之趣」の内容は一切わからず、家光の死亡時刻さえ明らかではない。『江戸幕府日記』と題する史料であるのに、記述は淡々としており、将軍の病没前後という緊迫した状況を記した場面にしては意外な感すらある。

『江戸幕府日記』とは、もともと幕府の発給文書を調えた右筆などが江戸城内での出来事を職務日記として書き留めた記録をベースにしたものといわれており、その書名は後世に付されたもので、実際には「日記」や「年録」などの原題が付されていることが多く、外部への伝来過程などから諸本が伝存し、幕府の編纂したいわゆる『徳川実紀』の底本として用いられた本もあることなどが小宮木代良氏によって明らかにされている（小宮『江戸幕府の日記と儀礼史料』）。すなわち、既に同氏が注意を喚起していることだが、幕府内部の動向を追跡する際は、『徳川実紀』のみならず、諸本ある『江戸幕府日記』をも参照する必要があり（『徳川実紀』の編纂過程では『江戸幕府日記』における用語や記述が改変・取捨選択されていることが多い）、しかもその際に注意すべきは、『江戸幕府日記』には地の文以外に、内容を補足するために多くの書き込み（追記）のあることが多く、『江戸幕府日記』の数々の伝本においては、それぞれ収録年数や追記の内容とその多寡にも差異があり、用いる本によって情報量がまったく異なるということである（小宮『江戸幕府の日記と儀礼史料』）。

例えば、前引の『江戸幕府日記』の慶安四年四月二十日条は、国立公文書館所蔵本のうち、請求番号（函架番号）一六三函二〇四号の十冊本の九冊目に収められている。引用部分は同条のいわゆる地の文にあたり、原本では文字が大きく記されている。しかし、実はその奥や天地に小さな文字の追記が多くあり、その追記が地の文にはない情報をもたらしてくれるのである。

ここで筆者がこの国立公文書館所蔵本を用いた理由は、この本が先ほど一旦不明とした家光の「上意之趣」や「御諚之趣」を示す追記を有するからである。その「追記」は水戸徳川家の記録に基づいて行われたものといい（小宮『江戸幕府の日記と儀礼史料』）、藤井讓治氏の言う「水戸記」（藤井『徳川家光』）も、おそらくこの追記のことを指しているものと思われる。小宮氏によれば、追記の基となった水戸徳川家の記録は現存していないようだから（小宮『江戸幕府の日記と儀礼史料』）、追記は家光の最期の意思を知る上でとても貴重な史料なのである。それでは、その『江戸幕府日記』九（一六三函二〇四号）の追記部分を見てみよう。

水　昨夜中ゟ御不例ニ而、御家門方も候、老中　上使ニ而御座之間へ出座、其節御家門方へ被　仰
出候ハ、御内々御対面も被遊、　御遺言も可被遊と　思召候処、俄ニ御差詰被遊、　御対面も難
被遊候ニ付、
上使を以被　仰遺候、此分ニ被成御座候ハヽ、近々御他界可被遊候、御養《幼》君之儀、万事御引受、

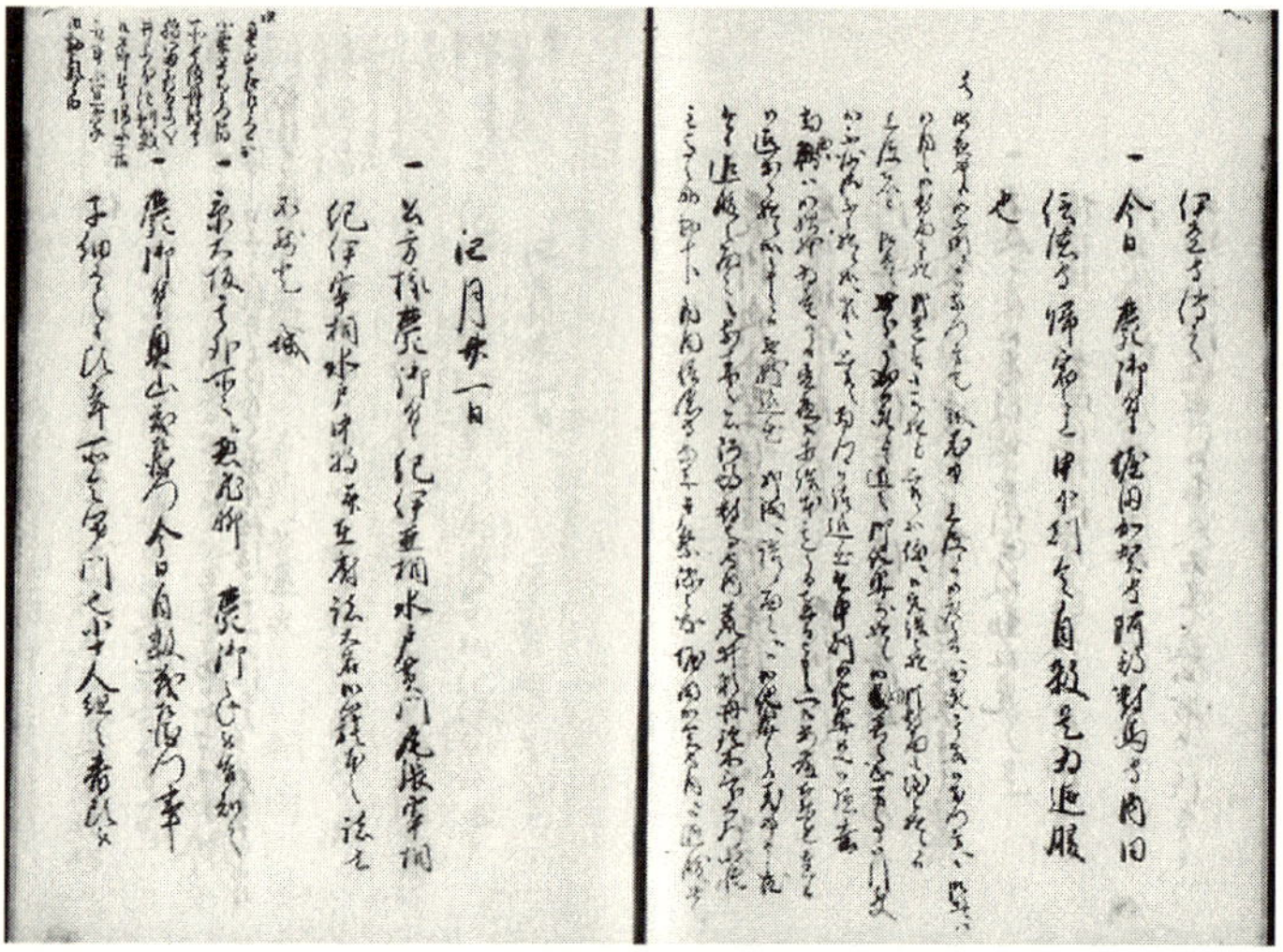

『江戸幕府日記』
（国立公文書館所蔵）（国立公文書館デジタルアーカイブより掲出）

御不沙汰不被遊候様ニ頼被　思召候、
両卿（徳川頼房・徳川光圀）御請退出、今申刻御他界候也、
（以下略）

冒頭の「水」の文字は、水戸徳川家の記録という意味である。これによれば、慶安四年（一六五一）四月十九日の夜より家光の容態が悪化したことを受け、老中が揃い、一門大名に話をした場所は「御座之間」であったことがわかる。この部屋は、深井雅海氏によると江戸城本丸御殿の「奥」にある将軍の「常の居間」（深井『江戸城』）である。そこで老中が一門に伝えた家光の仰せは、「内々に一門と対面して、遺言をしようとも考えたが、病状も急変し、対面も難しくなったから、老中を上使として伝言する、このような病状では、間もなく自分

は亡くなるだろう、幼い家綱のことを万事引き受け、無沙汰とならないように頼みたい」というものであった。ここで言う「両卿」とは、水戸家の記録だから、徳川頼房と徳川光圀のことを指す。頼房と光圀は、他の一門とともに家光の伝言を請けて退出したが、家光は慶安四年四月二十日の「申刻」（午後四時頃）に亡くなったとある。

　ここからは、先ほどの簡潔だった『江戸幕府日記』の記述が追記によってより詳細に補足されていることがわかり、家光の一門に対する老中を介した最期の言葉とそれが伝達された場所、さらに家光の死亡時刻が判明する。なお、家光の死亡時刻については諸説あり、『吉良家日記』十五（宮内庁書陵部所蔵謄写本）の慶安四年四月十九日条には、

　　一、同（慶安四年四月）十九日申ノ下刻ヨリ
　　　公方様（徳川家光）御気色被為差発、同廿日未ノ下刻　薨御被遊候

とあって、四月十九日の夕方より容態が急変し、四月二十日の「未ノ下刻」（午後二〜三時頃）には亡くなったとある。また、当時、東叡山寛永寺東照宮遷宮のため、多くの堂上公家と地下官人が参府して江戸に滞在していたが（藤井譲治・吉岡眞之監修『後光明天皇実録』、以下『後光明天皇実録』の監修者名は省略）、その中の一人、壬生《みぶ》忠利《ただとし》の日記である『忠利宿禰記』（宮内庁書陵部所蔵原本）の慶安四年四月二十日条には「今日午刻、征夷大将軍源朝臣家光（徳川）公四十八才御他界」とあり、家光の死亡時刻は

「午刻」（正午頃）とされている。家光が『江戸幕府日記』のいう時刻よりも早い段階で亡くなっていた可能性はあるかもしれない。

また、前引の『江戸幕府日記』からは、三家らをしても、家光の最期には立ち会えなかったらしいこともわかる。家光は自分の弱った姿を三家に見せたくなかったのだろうか。

保科正之のみを枕元に

だが、中村彰彦氏によると、一門大名のうち、家光の異母兄弟の保科正之（略系図参照）のみは家光の枕元に呼ばれ、家光から直接遺言を聞いたとする記録があるようであり、中村氏は「『千載之松』」を用いてその様子を描いている（中村『保科正之』）。しかし、史料としては会津藩の記録である次の『家世実紀』巻之十一の慶安四年四月二十日条のほうが確度が高いと思われる（豊田武編『会津藩家世実紀』第一巻）。

御病体漸々被為重、昨夜ゟ御大切ニ被為及候間、午刻　少将様（保科正之）俄ニ御登城被成、紀伊大納言様（徳川頼宣）・水戸中納言様（徳川頼房）・尾張宰相様（徳川光友）始御譜代之方々御出仕有之、御大老酒井讃岐守様（忠勝）・御老中松平伊豆守（信綱）様・阿部対馬守様（重次）を以、
公方様（徳川家光）御機嫌被為重候間、最早御対面難成被為思召候、御跡之儀　大納言様（徳川家綱）へ御如在不仕、御奉公肝要之旨被仰渡、其後ニ　少将様御壱人大奥御寝所御側近被為召、少将様御手を　公方様御握被成、御直ニ色々忝上意ニ而手前か恩は忘間敷と被仰候ニ付、乍御涙御厚恩之程冥加ニ叶、難有心ニ留り罷在候旨被仰上候処、御喜色之御様子ニ而

大納言事頼そと被仰候故、私斯罷在候上者、身命を抛而御奉公可申上、御跡之儀御心易可被思召旨御請被遊候、

公方様御手を御放、別而御安堵思召候旨上意有之、少将様十方ニ御暮被成御座候を、堀田加賀守（正盛）様御傍ゟ御覧せられ、御手遣被成候故、御落涙を被成御拭、御前御退出被成候処、無間茂薨御、御寿四拾八歳、

すなわち、傍線部分が、先ほど『江戸幕府日記』で酒井忠勝が三家らに家光の遺言を伝達していた場面よりも時間的に後のことを記した部分である。これによると、遺言の伝達後、保科正之のみが家光の寝所に呼ばれ、家光は正之の手を握り、直接「色々忝上意」があったというから、その内容は不明ながらも家光は正之にかなり話をしたようである。その上で家光は「正之の恩を忘れない」と述べ、正之も涙ながらに家光からの厚恩を深謝すると、家光は喜色を浮かべて「家綱のことを頼むぞ」と正之に述べ、正之が「身命を抛って家綱に奉公するから安心してほしい」と受けると、家光は握っていた正之の手を放し、「とても安心した」と述べたという。正之が途方に暮れていたところ、控えていた堀田正盛が人を遣わして退出を促したので、正之は涙を拭いて退出したが、その直後に家光は亡くなったとある。享年四十八歳であった。

同じような記述は『会府世稿』上巻の慶安四年四月二十日条にもあり、そこには「同日（慶安四年四月二十日）未之刻、堀田加賀守（正盛）殿を以正之壱人御寝間へ被為召、御蓐之御側迄被為召寄」（福島県立博物館編『生誕四〇〇年記

念　保科正之の時代』）とあって、家光の正之に対する面命は四月二十日の午後二時頃に行われたとあるから、正之への最期の面命があったとすれば、それは前引の『江戸幕府日記』や『吉良家日記』の内容をふまえると、まさに家光の亡くなる直前に行われたということになろう。

家光の辞世二首　家光の辞世は、今のところ筆者が一次史料（家光と同時代の史料）で確認できているものとして、次の二首が伝わっている（『宣順卿記』一、国立公文書館所蔵謄写本、慶安四年五月十日条）。

鏡にはしらぬ翁のかけ見へてもとの姿はいつち行らん
なけかしなよろこひも又くもらくもつゐにハさむる夢の世中
　右両首家光《（徳川）》公辞世也

家光の亡くなる約四年前、オランダ商館長ウィレム・フルステーヘンが江戸城で家光に拝謁した時の模様を記した『オランダ商館長日記』一六四七年一月六日条（東京大学史料編纂所編『日本関係海外史料　オランダ商館長日記』訳文編之十、以下『日本関係海外史料　オランダ商館長日記』訳文編の編者名は省略）は、家光の容貌について、

陛下《（徳川家光）》は、内側の広間の中の、前の方、外側の広間に接する所に、無帽で膝を折って、足の裏の上

に、玉座も何の台もなしに、直接畳の上に〔正〕座しており、黒地に青い格子で覆われた着物をまとい、他〔の者たち〕に対して目立つところはなく、見たところは色白で美男子であり、あまり太っていないが体格は立派で、彼等〇日本人。の標準からすれば、背丈は低いというよりはむしろ高く、顔は丸いというよりは長く、四十三歳を過ぎているのに、外見からすると四十歳より上には見えなかった。

と記している。前引の辞世二首の中の一首は、そのかつて年の割に若々しく見えたという家光が最晩年の闘病でやつれて弱っていき、鏡に映った自身の姿に戸惑い、落胆する様子を端的に詠んだものだろう。

家光の死去したその日の夕刻、次の『江戸幕府日記』の慶安四年四月二十日条（『江戸幕府日記』九）が示すように、

一、今日（慶安四年四月二十日）　薨御付而、堀田加賀守（正盛）・阿部対馬守（重次）・内田信濃守（正信）帰宿之上、申下刻令自殺、是為追腹也

堀田正盛・阿部重次・内田正信が家光の後を追って自害した。したがって、家光の跡は、徳川家綱を中心としながら、保科正之と三家、酒井忠勝・松平信綱・阿部忠秋らに託されることになった。

2　家光の葬送

家光の死の公表と遺言

家光の亡くなった慶安四年（一六五一）四月二十日はこのように過ぎ、翌日には次の『江戸幕府日記』の慶安四年四月二十一日条（『江戸幕府日記』九）にあるように、

一、公方様《（徳川家光）》薨御付而、紀伊亜相《（徳川頼宣）》・水戸黄門《（徳川頼房）》・尾張宰相《（徳川光友）》・紀伊宰相《（徳川光貞）》・水戸中将《（徳川光圀）》幷在府諸大名・御旗本之諸士不残登　城

当時江戸にいた全大名と旗本が登城し、家光の死去が周知された。家光の死は、直ちに公表されたのである。また、その翌日にはあらためて三家が登城し、特に徳川頼宣・徳川頼房・徳川光友が「黒書院」で酒井忠勝・松平信綱・阿部忠秋と「密談」している（『江戸幕府日記』九、慶安四年四月二十二日条）。

深井雅海氏によると、「黒書院」は家光存命中に「中奥」と呼ばれ、「将軍の応接間としての役割を果たして」おり、将軍と老中らとの「会議が行われ」た部屋で、「「奥」の延長と考えられていた」部屋であったといい、家光の健康状態の悪化に伴って、家光が「黒書院」まで出ずに「御座之間」での会議を増やしていき、また家綱への代替わりも重なって、次第に「「表」の空間として意識されるよ

うになった」という部屋である（深井『江戸城』）。家光病没時の「黒書院」は、「表」の要素を含みながらも「奥」に近い部屋だったということになる。そのような完全には「表」ではない部屋でなされた三家と酒井忠勝らとの「密談」とはいかなるものであったのか。

三家と酒井忠勝の「密談」の内容

この点について、『江戸幕府日記』の慶安四年四月二十二日条（『江戸幕府日記』九）には、次のような追記がなされている。

水記
於御黒書院、此度御遺（言脱カ）有之、
常々
権現様（徳川家康）を別而
御信仰被遊候間、
御他界候ハヽ、早速先御尊骸を東叡山江奉入、追而日光大師堂之近所へ御廟所を構、葬申様被仰出
候ニ付、讃岐守（酒井忠勝）申上候ハ、
如御諚
権現様別而御信向（仰カ）之儀候間、御近ニ御廟所を構候而可然之旨被申上候へハ、
権現様御事ハ御徳儀被為備候御神威ニ候へハ、恐多候、必大師堂之辺へ可奉葬被仰置候

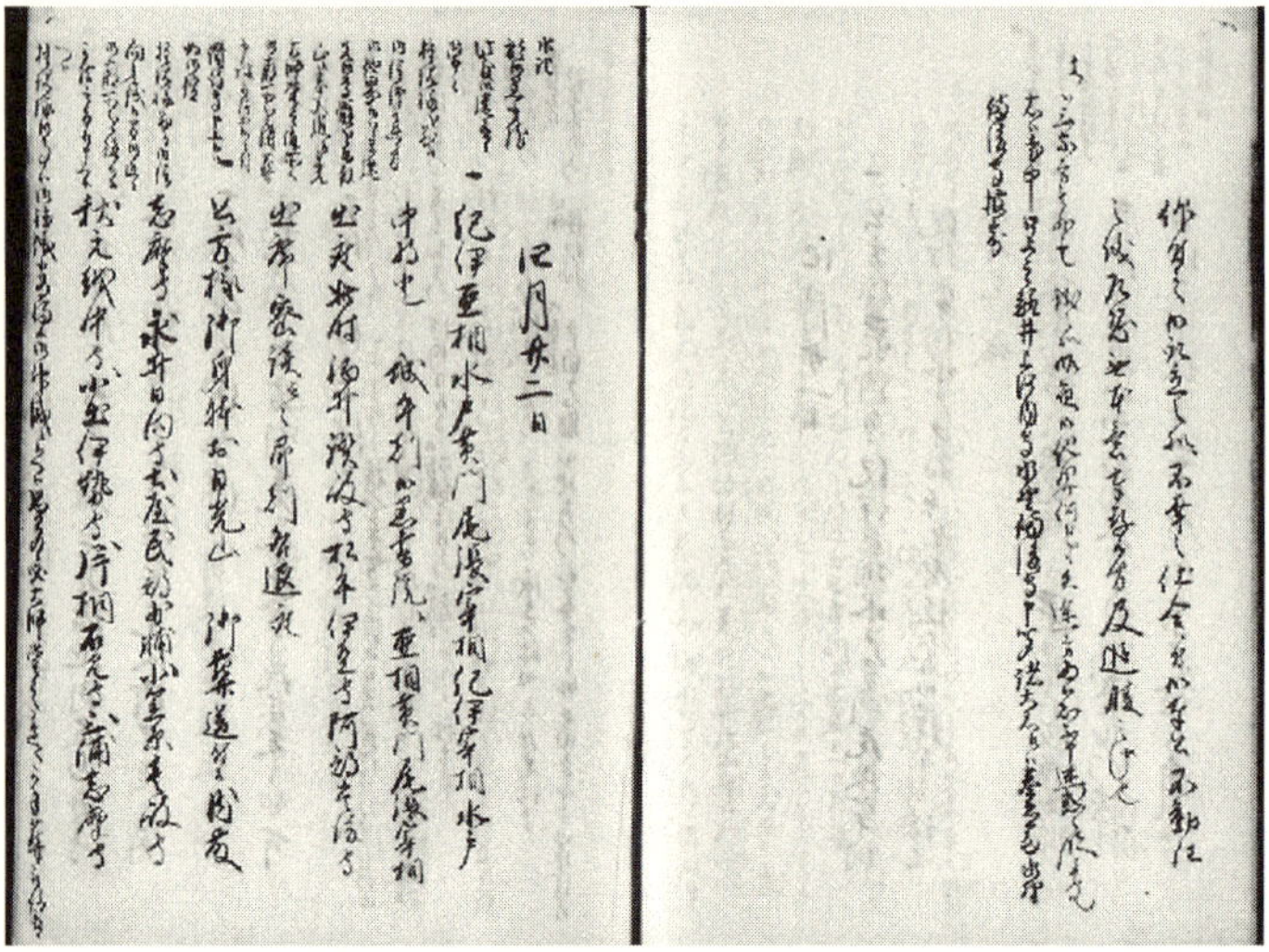

『江戸幕府日記』
（国立公文書館所蔵）（国立公文書館デジタルアーカイブより掲出）

「大猷院霊廟皇嘉門（附左右袖塀）」
（世界遺産・重要文化財，日光山輪王寺所有）（野村洋子撮影）

「大猷院霊廟奥院鋳抜門」
（世界遺産・重要文化財，日光山輪王寺所有）（筆者撮影）

「大猷院霊廟奥院宝塔（附銅製香炉）」部分（世界遺産・重要文化財，日光山輪王寺所有）（筆者撮影）

冒頭に「水記」とあるから、これも水戸徳川家の記録による追記である。これによると、「黒書院」での「密談」は、家光の埋葬場所に関するものであり、そこで家光の遺言が酒井忠勝から三家に示されたらしい。家光の遺言は「常々自分は権現様（東照大権現、徳川家康の神格）を特に信仰しているから、もし自分が他界した際にはすぐに遺体を東叡山寛永寺へ移し、次に日光の天海《てんかい》の墓所の近くに廟を造営して葬るように」というものであった。家光の存命中、それを受けた酒井忠勝が「権現様を特に信仰されているのだから、同じ日光の家康の眠る場所の近くに廟を造営しては」と提案したところ、家光は「権現様は徳を備えられた神格だから、その近くに自らの廟を造営することは恐れ多い、必ず天海の墓所の辺りとするように」と命じたという。

これを受け、四月二十三日には家光の遺体が江戸城から寛永寺へ移され、遺体は四月二十九日に日光に到着し、先行して法会の執行されていた日光山輪王寺《りんのうじ》に迎えられ、五月六日に遺体は同寺三仏堂へと移り、大黒山に埋葬され、引き続き七日毎の法会が五月二十六日まで執行された（日光東照宮社務所編『徳川家光公伝』、藤井『徳川家光』）。

3　宮中からの追悼

宮中の反応

この間、京都へは四月二十六日に家光死去の報が伝わった模様で、左大臣近衛尚嗣《ひさつぐ》は日記に「今日伝聞、去廿日（慶安四年四月）、大樹（徳川家光）被薨云々、驚入斗也、女院（東福門院）へ為御弔右府・余（二条光平・近衛尚嗣）同行参候也」（『妙有真空院記』十三、東京大学史料編纂所架蔵写真帳、公益財団法人陽明文庫原蔵、慶安四年四月二十六日条）と記し、家光の妹で後水尾《ごみずのお》天皇（当時は譲位して既に上皇）に嫁して中宮となり、天皇の譲位後は女院と称されていた東福門院《とうふくもんいん》（徳川和子、略系図参照、久保『徳川和子』）を右大臣二条光平《みつひら》とともに弔問している。

家光の死去を受け、宮中では五日間の廃朝となり（『宣順卿記』一〈国立公文書館所蔵謄写本〉、日光東照宮社務所編『徳川家光公伝』）、その後、直ちに家光への追号と贈官位の検討に入っている。次に引く近衛尚嗣の日記によれば（『妙有真空院記』十三、慶安四年五月三日条）、

　　　大樹追号
　　大猷院
　　功崇院
右二之内、東国被書遣云々、未定、先年台徳院（寛永九年、徳川秀忠）之号モ前摂政康道（二条）公被撰之云々、今度
亦如先年康道公被撰院号之字云々、　贈官太政大臣贈正一位云々

とあり、五月三日までに、かつて秀忠の追号も定めた経験のある二条康道《やすみち》の勘進によって、家光の追号は「大猷院」か「功崇院」かに絞られ、江戸へも提案されていたが、この時点では江戸からの返答はなく、決定は保留されていた模様である。贈官位については、贈太政大臣贈正一位とされた。

後水尾上皇の御製と驚きの行動

このように家光への追号と贈官位が検討されていたまさにその時、宮中ではある人物が驚きの行動に出て、公卿と幕府関係者を驚かせている。その人物とは東福門院を通じて家光の義理の兄弟にあたる後水尾上皇で、近衛尚嗣は自らの日記に（『妙有真空院記』十三、慶安四年五月六日条）、

仙洞(後水尾上皇)大樹(徳川家光)之追悼之御誦之事

伝聞、大樹御追悼　本院(後水尾上皇)五首之御製被遊候而、女院(東福門院)へ被送候つる由也、聖門(道晃法親王)物語にて聞候也

無詞書云々

あかなくにまたる卯月のはつかにも雲かくれにし影をしそ思ふ

郭公やとにかよふもかひなくてあはれなる人のことつてもなし

いとゝしく世ハかきくれぬ五月やみふるや涙の雨にまさりて

たのもしなき(なき、国立公文書館所蔵『宣順卿記』一では、猶)後の世もめのまへにミることハりを人ニおもへは

たゝたのめ(た、たのめ、国立公文書館所蔵『宣順卿記』一では、たのめたゝ)かけいやたかくわか竹の世々のミとりハ色もかハらし

と、聖護院門跡の道晃法親王から聞いた話として、上皇が家光を追悼した和歌五首を詠じて東福門院に賜ったことを記した後、別途二条康道から聞いた話として次のようなことを記している。

仙洞御落髪之事

入夜、本院御落髪云々、俄之儀也、仍万事被用略儀、依其、着座公卿等無之、出御之時、前摂政康道公被褰御簾冠直衣下襲云々云々、本院御装束▨《御冠御直衣、無御下襲》云々、出御大紋御座一帖敷之、以前僧衆晫長老・章長老・崟長老・吉西堂等着座云々、御戒師晫長老也、御落餝之後、入御、被改禅衣掛羅、各御対面云々、前摂政康道公物語也、近比驚入、言語道断之事也

すなわち、なんと上皇が急に剃髪してしまい、それは急なことであったので「略儀」が用いられ、剃髪と衣装替えも慌しく行われ、尚嗣によれば「近比驚入、言語道断之事也」というものであった。

後水尾上皇の剃髪の理由

既に見たように上皇は将軍の妹の東福門院と婚姻していたから、将軍の義兄弟でもあった上皇が、将軍の病没直後に突如入道した理由については、当時驚きとともに様々な憶測がなされた。

例えば、林羅山の文集である『羅山林先生別集』一（国立公文書館所蔵謄写本）には次のような記述がある。これについては、既に辻善之助氏が詳細な検討を加えているので（辻善之助『日本文化史Ⅴ』江戸時代〈上〉）、それを参照しながら紹介しておこう。

頃京兆（板倉重宗）寄状于羽林（酒井忠勝）云、五月（慶安四年）六日夜参半、右衛門佐官女名遣使来、告言、此夜仙洞（後水尾上皇）俄落飾、左右亦罕知者、京兆答云、夜既闌、明日須詣焉、是何謂哉、与先年譲位于女主（明正天皇、既に上皇）、亦如此、其自恣之意、専擅之事、寔不可也、去月（慶安四年四月）二十七八日、可避忌方之事有之、当幸于白川、以告、京兆対曰、我是

大樹（徳川家光）之臣也、薨逝後、未数日、悲哀塞胸、涕泗満襟、不識　仙洞謂何哉、縦不愁悼而遊幸太早、若不獲止、我将扈仙蹕、由是、白川遊幸遂寝、且今般贈位之詔使為誰、僉議白、西園寺前内大臣実晴可也、実晴父（西園寺公益）為前内府時、為贈位　台徳院之勅使、可以為例、仙洞以為如此官階高者、不可遣也、当今以為　大樹者朝廷之外戚也、雖遣高官、亦不為不○（可）於是遣実晴、此等事、尤不為小、自今増自恣之事、加随意之行、他後之憂慮不可測乎、京兆之憤欝、見于言表、羽林謂、後之見今、安可知哉、大猷院（徳川家光）薨後日不幾、仙洞断髪、世皆以為哀悼之至、若如京兆所言、雖論之、無由可罪、然則吾儕為不知者、而枉随彼情、不可以無風而起波、以此意、須諭京兆、（慶安四年）六月四日、羽林密呼余（林羅山）、告之故、余亦雖微言、不可以強諍、蓋羽林・京兆之心、於是可以見乎、（以下略）

ここでいう「京兆」とは京都所司代の板倉重宗、「羽林《うりん》」とは酒井忠勝のことである。これによると、慶安四年（一六五一）五月六日の夜に、板倉重宗の所に右衛門佐という女官から使があり、後水尾上皇が突然剃髪したという知らせが届いた。板倉としては、何故そのようなことになったのか見当がつかず、かつて寛永六年（一六二九）十一月八日に後水尾上皇は幕府へ事前の通知なく、上皇と東福門院との間の子で徳川秀忠の孫娘にあたる興子《おきこ》内親王（明正《めいしょう》天皇、この時は既に明正上皇、略系図参照）へ突然譲位するという大事件を引き起こしていたから（本書でも後述するが、事実経過は今谷『武家と天皇』などに詳しい）、まずそのことが思い出されたようである。寛永六年当時、板倉重宗は後水尾天皇ってはの突然の譲位を未然に防止できなかったことで大変な目に遭っており（今谷『武家と天皇』）、板倉にとっては、まるでその古傷が再び疼き出すような感だったろう。

板倉にあっては、「上皇は何ということをされたのだ」という気持ちと、「なぜ上皇はそのようなことをされたのか」という思案が交錯しただろう。差し当たって板倉は、そういえば四月二十七日か二十八日（すなわち家光の病没から約一週間後、京都にその報が届いた翌日か翌々日）に、上皇から方違《かたたが》えの御幸（不吉な方角を避けるべく行う外出）のため白川へ出かけたいとの申し出があって、自分（板倉）が将軍病没の折を理由に謝絶したことへの反発だろうかと考えてみた。あるいはまた、当時ちょうど家光への贈官位を伝達する勅使の人選が行われていたが、その候補者として前内大臣西園寺実晴が浮上したところ、上皇がそのような高官を勅使として差遣することに難色を示したことに対し、当時の後《ご》光明《こうみょう》天皇が、家光は「朝廷之外戚」（すなわち後水尾上皇の義兄弟でかつ明正上皇の甥、東福門院の養子であった後光明天皇にとっても義理の甥〈『後光明天皇実録』〉）であり、高官の勅使であっても構わないとの意向を示したことから、それに上皇が突然の剃髪という形で不快感を表明したのだろうかとも考えてみた。しかし、いずれにせよ、板倉の立場からは、上皇の行動は後先を考えない身勝手な行動だという結論に帰着せざるを得なかった。

板倉は事の次第を酒井忠勝に報告したが、しかし酒井は、将軍家光の病没直後に上皇が剃髪したことについて、後世の人々は上皇が家光に哀悼の意を表するために入道したと解釈するだろうから、深刻に考える必要はなく、そっとしておくほうがよいとして、かえって板倉を諭したとのことであった。

後水尾上皇に、家光への哀悼の意が全くなかったわけではないだろう。それは、前述のように五首の御製を東福門院に賜ったことからも明らかであり、剃髪は家光の埋葬の日と同日に実行された。ただ、そこで上皇が、将軍病没直後という状況下、方違えの御幸の検討など宮中の慣習に従って正直に行動したことを誤解され、京都所司代から哀悼の意の有無まで疑われてしまったことは、突然の剃髪という行動の原因の一つになり得たのではないかと筆者は推測している。すなわち、上皇の突然の剃髪を幕府への抵抗とのみ捉えることは一面的で、それは幕府からの疑いに対する後水尾上皇の保身という側面と、上皇の偽りない哀悼の意の表明という二つの側面をふまえて理解する必要があるということである。そして、上皇の突然の剃髪という行動に対し、京都所司代の板倉が疑心暗鬼となり、そこに何らかの政治的メッセージを深読みしてしまうほどに、将軍家光病没直後の京都が緊迫していたこともまた事実だろう。

そのような中、江戸からの返答を待って保留されていた家光への追号が「大猷院」と決まった（『忠利宿禰記』慶安四年五月六日条・同月十二日条）。

追号は大猷院

この「大猷院」という追号の出典・由来については、これに関わる二条康道の記録を見出せないので、一次史料からの分析は困難だが、『御院号之儀ニ付書付合綴』（個人蔵〈徳川宗家文書〉）には、「御院号京都ヨリ御撰定ニ候、文字柄是迠書経之内御用ひと聞へ候ニ付、右之出所左ニ申上候、京都博士勘文ハ其節いつれを取候歟不相分候間、出所数多く相記申候」とあって、歴代将軍の院号は『書経』より採られることが多いとし、「大猷院」号についても、『書経』周官篇と『書経』君陳篇が出典だろうとの見解が示されている。いま、その同史料に言及のある『書経』の該当箇所について、小野沢精一氏の訳註により示すと次のごとくである（小野沢『書経』下）。

『書経』周官篇
王曰、若昔大猷《ママ》、制治于未乱、保邦于未危。
王曰く、昔の大猷《ママ》に若（在）りては、治を未だ乱れざるに制し、邦を未だ危からざるに保んぜり。
王はいった。「昔の大いなる道においては、まだ乱れないうちに治まるようにただし、まだ危険にならないうちに国を安んずるようにしたのである」

『書経』君陳篇
爾克敬典在徳。時乃罔不変、允升于大猷《ママ》。
爾克く典を敬みて徳に在れ。時れ乃ち変ぜざる罔く、允に大猷《ママ》に升らん。
汝はよく典を敬って徳を守れ。そのようにすれば、それに感化されないものはなく、本当に最上の道にまで昇りつくことであろう。

残念ながら、これらの中のどちらが典拠とされたのかは定かではないが、小野沢氏の訳註によれば「大猷《ママ》」とは「大いなる道」または「最上の道」という意味のようである（小野沢『書経』下）。当時の

「大猷院霊廟二天門（附左右袖塀）」
部分（世界遺産・重要文化財，日光山輪王寺所有）（野村洋子撮影）

家光は、同時代の人々から、「大いなる道」あるいは「最上の道」（小野沢『書経』下）を示した人と評価されていたということだろうか。

このように決定された追号と贈官位は、前内大臣西園寺実晴を勅使とし、後水尾上皇や明正上皇、東福門院の使者らも同行する形で家光の霊前に伝達されることになり、勅使らは五月六日に京都を発って五月十六日には日光の輪王寺三仏堂で贈官位と贈経を伝達し、五月十八日に日光を発って五月二十一日には江戸へ到着、五月二十三日に帰洛の暇を得て五月二十四日には江戸を発ち、六月二日に京着している（『忠利宿禰記』慶安四年六月十八日条）。

4　幼将軍家綱誕生の不思議

家綱への権力継承の動き

こうして家光の葬儀が終わりに近づく中、家綱への権力継承の動きも同時進行で確認できる。山本博文氏が指摘するように、家綱は将軍宣下を受ける前から「上様」

と呼称されたが（山本『徳川将軍と天皇』）、この家綱に対する「上様」の呼称は、山本氏の言うよりも二日早い、家光病没の一週間後、すなわち慶安四年（一六五一）四月二十七日には確認できる（藤井譲治監修『江戸幕府日記　姫路酒井家本』第二十五巻、以下『江戸幕府日記　姫路酒井家本』の監修者名は省略）。山本氏の言うように、「将軍宣下がなくとも、家綱は徳川家の正統な跡継ぎであることが宣言され、「上様」と呼ばれたのであ」った（山本『徳川将軍と天皇』）。しかし、実際には将軍宣下は必要であった。それを「まったく形式だけのこと」（山本『徳川将軍と天皇』）と断じてしまうと、近世における征夷大将軍職の歴史的意味、少なくとも家綱が家光から征夷大将軍職を引き継がなければならなかった意味を問えなくなってしまう。そこには、何らかの政治的要請があったと考えるほうが自然ではなかろうか。後ほど考察したい。

　では、家綱への将軍宣下を目指す動きはどのように開始されたのだろうか。山本氏は、家綱が家光への贈官位などに感謝するため、京都へ吉良義冬《きらよしふゆ》ら高家《こうけ》を使者として派遣していることに注目し、その過程で将軍宣下の件も検討されたのではないかとし、なかでも六月二十日に暇を得ている大沢基将が将軍宣下を要請する任務を帯びていたと推定している（山本『徳川将軍と天皇』）。

　筆者が把握している限りでは、『忠利宿禰記』の慶安四年六月二十六日条に「吉良（義冬）昨日御使上洛、大外記（押小路師定）・予（壬生忠利）見廻ニ参、対面申云、今度東照宮遷宮参向陣義御下行相調由也、又将軍宣下可有由被語」とあって、押小路師定と壬生忠利が滞京中の吉良義冬と面謁しており、そこで吉良が将軍宣下のことを語ったとあるから、既にこの時の吉良義冬の段階で家綱への将軍宣下は奏請されていたものと思われる。

上洛なしの将軍宣下

既に山本氏が『忠利宿禰記』の慶安四年七月二十六日条によって指摘しているように、家綱への将軍宣下は慶安四年（一六五一）七月二十六日に行われたが、実際には「七月十三日」という宣下の「日付まで指定されて幕府から申し越されている」状況であった（山本『徳川将軍と天皇』、なお山本氏は「宣下の日付は、ともに七月二十六日付である」とするが、誤記だろう）。この七月十三日の意味は不明とせざるを得ないが、家綱への将軍宣下に伴う宣旨その他の伝達が、家康・秀忠・家光のように京都においてではなく、同年八月十八日に江戸城で行われたこと（『江戸幕府日記　姫路酒井家本』第二十五巻）と何らかの関係があるかもしれない。というのも、七月十三日は、家光が初めて上洛して将軍職に補任された元和九年（一六二三）に伏見城へ入った日（藤井『徳川家光』）だからである。また山本氏は、家綱が上洛せず、将軍宣下に伴う文書の収受を江戸城で行ったことについて、「家綱の段階では、そのような大がかりな軍事動員を行う必要はなくなっていた」と述べて、もはや上洛の必要がなかったからと考えているようなのだが（山本『徳川将軍と天皇』）、これは果たしてそうだろうか。

家綱が上洛することなく、江戸城で将軍宣下に伴う文書を収受したことは事実だから、問題はそのようにした具体的理由だろう。なぜ家綱は父祖のように上洛しなかったのだろうか。

この点を考える上で、次に引く左大臣近衛尚嗣の日記の慶安四年九月二十三日条は参考となる（『妙有真空院記』十三）。

諸司代（板倉重宗）拍子之事
廿三日、▨▨（戊戌）、天晴、昨日自関東今度将軍宣下御礼、酒井河内守（忠清）上洛也、将軍依若輩名代云々、
今日（慶安四年九月）板倉周防守（重宗）於宿所振舞云々、有拍子也

すなわち、将軍宣下の礼のため、家綱は酒井忠清を使者として上洛させたのだが、その理由について近衛は自らの日記で、本来ならば家綱が上洛して礼を述べるべきところ、家綱は「若輩」だから忠清を「名代」としたらしいと記しているのである。この記述は、家綱が上洛しなかった理由の説明の一つとして、少なくとも彼の年齢（当時数えで十一歳）があったことをうかがわせる。しかも、前述のように父の家光は将軍在職のまま病没したから、将軍職の空白は開府以来初めてのことであった。そのような中、幼少の家綱は、上洛しなかったというよりは、上洛できなかったのではなかろうか。

しかし、ではなぜそのような家綱が、家光の没後、家光の葬儀に要した期間を差し引けば、実質的には約二、三ヶ月で、周囲の大きな反対もなく、徳川家を継承し、比較的スムーズに征夷大将軍職を引き継ぐことができたのだろうか。

家綱への権力継承が可能となった理由

山本博文氏は、家綱が「家光の後を継ぐのは規定方針（ママ）」だったとするが（山本『徳川将軍と天皇』）、高木昭作氏によれば、それは家光の存命中に進行した「将軍権力の伝統化」の故であり、家綱自体、「東照宮（ママ）の予言と祝福のもとで生まれた」人物と観念されていたといい、「家綱こそが、まさに「生まれながらの将軍」」であり、「家綱と二人の弟の間には、

目立つような軋轢の存在は確認されていない」という（高木『将軍権力と天皇』）。家綱が来たるべき将軍襲職に備え、周囲と異なる位置づけを周到に付与され続けていたことを示唆する説だが、高木氏の説明は将軍家内部のごく限られた人々の認識を示すものであり、家綱へのスムーズな継承の背景については、より多角的な検討が求められるのではないか。

この点、筆者は、幼少の家綱への比較的スムーズな権力継承を可能にした大きな要因は、亡き父である家光の政治にあったのではないかと思われてならない。ある程度の家光の政治的達成がなければ、いくら家光が最期の場面で家門や老中らに遺言したとしても、家綱への継承は実現困難だったのではないか。将軍家綱の登場は、既定路線として半ば結果論的に議論されがちだが、政治の世界がそれほど甘くないことは、現代の内外の政治情勢を見れば明らかだろう。政治史的に見て、家光から家綱への権力継承を可能にした要因はまだまだ追究されるべき難題であると思うし、その解明のためには、先行研究の成果をふまえつつ、政治家としての家光の再評価を積極的に行っていく必要があるのではなかろうか。

「名医」家光

そもそも将軍として日本に君臨した家光の政治的立場とはいかなるものであったのか。

例えば、肥後国熊本の細川忠利《ただとし》は「寛永十五年六月二十五日付伊勢貞昌宛細川忠利書状」の中で次のようなことを述べている（東京大学史料編纂所編『大日本近世史料　細川家史料』二十三、四六四九号、以下『大日本近世史料　細川家史料』の編者名は省略）。

一、薩摩守（島津光久）殿卯月（寛永十五年）廿四日ニ江戸御著之処、則阿部豊後（忠秋）殿　上使にて、早々御参府御感之旨被　仰出、五月（寛永十五年）八日土井大炊（利勝）殿へ御年寄衆御出合候而、薩摩殿家老衆被召連、御出候様にとの儀ニ付、大炊殿へ御出候処、大隅殿（島津家久）御家督不相易被仰出旨御申渡候付而、同十三日（寛永十五年五月）薩州（島津光久）御礼被仰上、御退出之処、即又　御前（徳川家光）へ被為　召、大隅殿之儀被　仰出、種々御懇、其上家老之衆御礼之処、御座近被召置、御直ニ色々御懇之　御諚ニ而、各被催感涙之由、尤存候、（以下略）

これは、島津家久《いえひさ》から光久《みつひさ》への家督相続が正式に認められたことを受け、島津光久とその家老らが御礼の参府、老中への挨拶、家光への拝謁に臨んだ時の模様について記した一文である。

特に寛永十五年（一六三八）五月十三日の家光への拝謁の時の模様を述べた箇所（傍線部分）に注目してほしいのだが、これによると、光久が御礼を言上して退出したところ、家光は再び光久を「御前」に召し出し、先代の島津家久のことを「種々御懇」に語りかけたといい、しかも家光は家老らをも「御座近」くに召し出して、彼らにも「御直ニ色々御懇」に話しかけ、家光から話しかけられた光久と家老らは感激のあまり涙している。中世以来の名門島津家の当主と家臣が、将軍家光から親しく言葉をかけられたのみで泣くのである。この感覚は一体何だろうか。なぜ家光は島津家当主らをこれほどまでに服従させることに成功したのだろうか。

また、同じく細川忠利は寛永十四年（一六三七）正月二十六日に国元へ宛てた書状の中で次のようなことを述べている（『大日本近世史料　細川家史料』二十一、三六〇四号）。

一、人之煩を見申候ニ、手足かほ色々之煩は、下かん《（外感カ）》・ないしやうの二ツより煩申候由候、それをめい医脈をこゝろミ、此煩ハ本何より発候とて元をなをし候へハ、手足の煩も本復仕と承及候、医学すくなき薬師ハ、本痛之やまひを見付不申、其痛所をなをし申候故、本復難叶、薬をやむと承及候、国家之仕置も名医ニあらすんハ不可成と古語ニ御座候、右之様子と承存候、上様《（徳川家光）》か程ニ天下之くるしミを御痛り被成候間、御脈当り次第天下之煩悉《悉》可為本復候と、今や〳〵と待申迄ニ候、難有御志ニ而候間、末ハ可目出度候、

すなわち、細川は「国家之仕置」を行う者のあるべき姿について、対処療法ではなく、病の根本を診立て、的確な治療を施す名医に例えているが、細川は将軍家光も天下の脈を診ており、脈が当たれば「天下之煩」も悉く癒えるだろうから、自分はそれを今か今かと待っており、先は明るいと思っていると述べている。果たして家光は、当時いかなる「天下之くるしミ」を診療したのだろうか。

そして家光は、その人生の終幕後、同時代の人々から「大猷院」、すなわち「大いなる道」または「最上の道」（小野沢『書経』下）を示した人と評価されていたが、彼は一体どのような「道」を当時の人々や後世に指し示したのだろうか。

この評伝では、家光の向き合った時々の課題への理解を大切にしながら、彼の目指した政治の方向性を見極め、政治家としての徳川家光の歴史的再評価を積極的に試みてみたい。

第二章　大御所秀忠の政治と挫折

1　竹千代と家康

おぼろげな幼少期

意外なことに、藤井讓治氏によると「家光の幼年時代のことは、断片的にしか知ることはできない」（藤井『徳川家光』）といい、福田千鶴氏によれば「その誕生について確認できる一次史料は茶々の書状のみであり、徳川方の記録において確かなものが何も確認できない」（福田『江の生涯』）という。福田氏の言う「茶々の書状」とは、同氏が『淀殿』の一八七頁から一八九頁で写真とともに紹介した史料のことである。したがって、誕生から幼少期、そして徳川秀忠の後継者となって将軍となるまでの家光の姿を追うためには、系譜類や巷説の類をも参照しなければならないのだが、それらを活用した叙述は既に多くの先学によって尽くされており、ここでそれをそのまま繰り返す必要はないと思う。もちろん本書も系図や巷説を全く参照しないわけにはいかないが、本書ではそれらの比重をできるだけ下げ、一次史料やそれに近いとされる史料によって叙述を試みてみたい。

「東照大権現祝詞」の成立年代

幼少期の家光の様子を伝える史料として重要なものは、日光山輪王寺所蔵の重要文化財「紙本墨書東照権現祝詞（伝春日局筆）」で、原題からいわゆる「東照大権現祝詞」（藤井『徳川家光』）と通称されているものである（以下、本書もこの通称を用いる）。東照大権現とは、徳川秀忠と天海らが中心となって後水尾天皇からの下賜を働きかけた徳川家康の神格を現す神号である（浦井『もうひとつの徳川物語』・野村「東照大権現号の創出と徳川秀忠」）。井澤潤氏によると「東照大権現祝詞」は「直接神に対して奏上する奏上体の祝詞」で、「家光の行為・考えを春日局が東照大権現へ取り次いだもの」とされている（井澤「東照大権現祝詞にみる徳川家光の東照大権現崇拝心理」）。同史料は『徳川家光公伝』や藤井氏の『徳川家光』も使用しており、藤井氏は同史料の「成立は寛永十六年（一六三九）ころ、と見做しうる」（藤井『徳川家光』）としている。

だが、この「東照大権現祝詞」については、既に大正四年（一九一五）に赤堀又次郎氏の『東照大権現祝詞略注』による詳細な全文翻刻と注釈が公表されており（同書は「東照大権現祝詞」の複製に附属する稀覯本だが、本書では国立国会図書館古典籍資料室所蔵のものを使用）、赤堀氏は本文の語の検討などから同書で「寛永十七年八月春日局社参の時に神前にて読みしものと考ふ」と述べているから、その成立は寛永十七年（一六四〇）と考えてよいのではないか。同史料に関する最新の研究成果で、前引の井澤氏の論文「東照大権現祝詞にみる徳川家光の東照大権現崇拝心理」も、寛永十七年説を採っているから、本書では「東照大権現祝詞」の成立を寛永十七年と見ておきたい。いずれにせよ、同史料は家光存命中にその幼少期を知る春日局が作成したと思われる貴重な一次史料ということになる。

家光（竹千代）の誕生　本書では、赤堀氏の『東照大権現祝詞略注』によって「東照大権現祝詞」の内容を見ていきたいが、その第二段（以下、段数も赤堀氏の『東照大権現祝詞略注』による）には次のような記述がある。

それ大ごんげん《（徳川家康）》じゅせう《受生》御ようち《幼稚》の御あざな《字》竹ちよ《千代》丸と申たてまつる、とう《当》君《（家光公）》御ようち《幼稚》の御あざな《字》つか《命》せられ、おなじく《同》御なのり《名宣》の御ちなみ《因》、ことに《殊》大ごんげん御ゑん《縁》日十七日にあたり《当》、君《（徳川家光）》御たん《誕》せう《生》あり、これ天ぜい《性》ふしぎ《不思議》のれいづい《霊瑞》なり、まことに《誠》大ごんげん御一たい《体》ふん《分》身の君、天下のしゅくん《主君》として千秋のかめい《家名》をたもち《保》、神りよ《慮》天とう《道》にかない《協》たまふ、これれいきん《霊験》なり

これによれば、家光の幼名は竹千代で、それは家康の幼名をふまえたものであり、しかも家光の誕生日の十七日は家康の祥月命日（家康の没年月日は元和二年〈一六一六〉四月十七日〈『徳川幕府家譜』〉）であり、それを奇跡と捉える「東照大権現祝詞」は家光を家康と一体だとし、かつ家康の分身だとしている。ここでは、家光が何年何月の生まれであったかは述べられていない。

家光の誕生年月日については、福田千鶴氏が詳細な検討を加えており、同氏は『イギリス商館長日記』の一六二二年二月十六日条（東京大学史料編纂所編『日本関係海外史料　イギリス商館長日記』訳文編

之下）に基づき、元和八年（一六二二）正月十六日に江戸城で家光の誕生日の祝賀行事が催されており、その月日は従来系図などからいわれてきた家光の誕生月日の七月十七日と異なることから、当初家光の誕生月日は秘匿されていたのではと推定し、事実、江が家光の誕生月日を秘匿していた点を指摘した（福田『江の生涯』）。そして、福田氏の依拠した以心崇伝《いしんすうでん》関係の史料によって、江の没後、家光の誕生月日が「七月十七日」で誕生時刻が「朝四つ時（午前十時頃）前」であったことが春日局より祈禱者の崇伝に伝えられていたこと、また前述の「茶々の書状」によって誕生年も慶長九年（一六〇四）であることが確定された（福田『江の生涯』・福田『淀殿』、筆者の見た以心崇伝の書状案文などを収める『本光国師日記』の寛永四年八月十四日条にも「将軍様御誕生辰ノ七月十七日朝四之前之由書付来」〈副島種経校訂『新訂　本光国師日記』第六、以下『新訂　本光国師日記』の校訂者名は省略〉とある）。

幼い竹千代の苦労と家康の後援

藤井譲治氏によれば、「家光の誕生にあわせて、稲葉福、後の春日局が乳人となﾟ」り、「誕生後間もなく」に「永井直貞五歳、水野光綱六歳、岡部永綱九歳、稲葉正勝八歳、松平信綱九歳」ら「数名の小姓が付けられた」が、「親の地位や多くが長男でないことを勘案すれば、家光の小姓の人選は、この段階では取り立てていうほど特別なものではない」という（藤井『徳川家光』）。また、家康の幼名である竹千代を受け継いだ家光であったが、その幼少期は苦難に満ちたものだったようである。しかも、その苦難の理由は、幼い家光自身の力ではどうすることもできない、しかも家光の全く与り知らない理不尽なものであった。「東照大権現祝詞」の第三段には次のようにある（赤堀『東照大権現祝詞略注』）。

大権現（徳川家康）するが《駿河》御ざいせ《在世》の御おんどく《恩徳》をかんじ《感》たてまつり《奉》たまへば、そうげんいんさま《崇源院様》君（家光公）をにくませ《憎》られ、あしく《悪》おぼしめす《思召》につき《付》、たいとくいん《台徳院》さまもおなじ《同》御事に二しん《親》とも《共》ににくま《憎》せられ、すでに《既》そしそうりやう《庶子総領》をつがせ《継》られべきてい《体》になり申ところに、大ごんげん（徳川家康）さまするが《駿河》にてきこし《聞》めしつけ《召》られ、二しん《親》とも《共》ににくみ《憎》あしき《悪》ようにおぼしめし《思召》候はゞ、君をするが《駿河》へよび《呼》御申候て　ごんげんさま御こ《子》にあそばされ《遊》三代せうぐん《将軍》にこれある《之有》べきと　上意御ざ《座》候間、やうやく《漸》するが《駿河》へ御のぼり《上》候はんかといろ〳〵《下ゝゝ》もよほし《催》申うち《中》に　こんげんさま御せん《遷》げ《化》あり、されども上い《意》のひゞき《響》ゑど《江戸》へきこしめされ《聞召》、たいとくいん《台徳院》さまもそうげんいん《崇源院》さまも右《みぎ》之《の》御こゝろ《心》にかはら《変》せられ、君（家光公）の御事あしき《悪》やうにあそばされず候、そのうへ《上》にごんげんさま御ゆいげん《遺言》として、公方（将軍秀忠公）さま中ほどの（薨去）御事に御ざ候はゞ、天下をつかは《遣》され候へとかたく土井大い《炊》の守におほせ《仰》おかれ候御事、これ《之》だい一《第》の御かうおん《高恩》、あさ《朝》夕《ゆふ》きも《肝》にしみ《染》させられ、御身にあまり、はすれ《忘》がたくありがたくおぼしめし《思召》候也

すなわち、家光の両親にあたる徳川秀忠と江がともに竹千代（のちの家光）を憎んでいたといい、慶長十一年（一六〇六）六月一日に江は国松（のちの徳川忠長《ただなが》）を産んだが（福田『江の生涯』）、秀忠と江はその「庶子」を将軍後継者とする動きを顕在化させつつあったところ、その両親の様子を知った家康が、竹千代を家康の隠居所である駿府へ呼び寄せ、家康の子として育て、三代将軍とする意向を表明し、実際に竹千代が駿府へ発つのではないかと噂されていた最中、家康が病没したというのであ

る。両親と竹千代との関係は、一時破綻しており、それを救おうとしたのが祖父家康であった。そのような家康の意向を知った秀忠と江の竹千代に対する態度は変わったという。そして、家康は土井利勝に、秀忠が「中ほどの御事」となったならば、天下を竹千代へ遣わすよう遺言していたといい、家光はその遺言の恩義を決して忘れずにいたという。

家康の述べた、秀忠の跡を竹千代が継ぐタイミングとしての、秀忠が「中ほどの御事」となった時という言葉の意味については、これまでも種々解釈がなされてきたが、藤井氏の言う「秀忠は中継ぎであるので」という解釈（藤井『徳川家光』）は、語意や文法的にも成立しにくい。井澤氏も藤井氏の見解を批判するが、同氏は「秀忠が中年に達したら」（井澤「東照大権現祝詞にみる徳川家光の東照大権現崇拝心理」）と理解しており、赤堀氏は「（薨去）」（赤堀『東照大権現祝詞略注』）と付記している。だが、後述するように秀忠は生前に家光へ将軍職を譲っているから、赤堀氏の注釈も成り立たないだろう。今のところ家康は、井澤氏の理解に近い秀忠の年齢的なものを基準として、秀忠から竹千代への将軍職譲渡のタイミングを考えていたものと解しておきたい。

では、これら家康の積極的な竹千代後援策は一体いつ頃に実行されたものだろうか。藤井氏は「元和元年十二月十七日付板倉勝重宛以心崇伝書状案」（『新訂　本光国師日記』第三）に「一来年《（元和二年）》四月竹千代《（徳川家光）》様御上洛。御参　内可被成御沙汰ニ候。大御所《（徳川家康）》様可為御上洛御沙汰ニ候。」とあって、元和二年（一六一六）四月に竹千代の上洛が予定され、それに家康も同行する計画のあったことが知られることや、また「元和二年正月十三日付板倉勝重宛以心崇伝書状案」（『新訂　本光国師日記』第三）に、一内々竹千代（徳川家光）様御元服之儀ニ。勅使も可在之かの様ニ。最前被思召候ツル。しかれとも。先代（徳川秀忠）将軍家御元服之時も。勅使之沙汰ニ不及候躰。東鑑ニも見へ申候故。其ことくニ被成。以後御官位之時ハ。勅使被立候様ニと被　思召候。左候へハ　大御所（徳川家康）様当年（元和二年）中ニ。江戸へ又被成　御成。御元服被遊候様ニ可被成旨。九日之晩（元和二年正月）。土井大炊頭（利勝）へ被仰渡。大炊殿（土井利勝）。十日（元和二年正月）ニ江戸へ御帰候。月ハいつかよく候ハん哉と。九日之御夜詰ニ。我等（以心崇伝）も御召候而。被成御尋候。御生れ月承候而。相考可申と申上候。定而江戸ゟ可有御左右候間。其上にて月も相定り可申候。猶重而様子可申入候。

とあって、家康が竹千代の元服に際して勅使の下向を仰ぐかどうかを検討しており、秀忠の時の例にならって勅使の下向は求めず、官位叙任の折に勅使を迎えることにし、元服は家康が江戸に出向いて執り行う旨を土井利勝から秀忠へ伝達させていることなどをふまえ、「家康が将軍家の世継を家光に定めたのは、これらの諸点から大坂夏の陣のあとの元和元年末であつ（ママ）たと結論することができよう」としている（藤井『徳川家光』）。従うべき見解だろう。

竹千代と秀忠

しかし、竹千代を尊重する家康の意向をふまえ、秀忠と江の竹千代に対する態度が変わったとはいっても、事はそう簡単ではなかったようである。例えば、「東照大権現祝詞」の第五段には次のような文章がある（赤堀『東照大権現祝詞略注』）。

大（徳川家康）ごんげん御神とく《徳》をかんじ《感》たてまつ《奉》りたまへば

たいとくいん《台徳院》（徳川秀忠）さま御ぞんぜう《存生》のとき、君（徳川家光）よろづ《万》御くろう《苦労》あそばしたまふに、ごんげん（徳川家康）さまをふかく《深》御しんかう《信仰》なされ候ゆへ、なりかたき《難》天か《下》を御こゝろ《心》のまゝにたなごゝろ《掌》のうちにおさめ《収》させられ、御せんぞ《先祖》のぐわんそ《元祖》たる　ごんげんさまの御ゆいせき《遺跡》をつが《継》せられ候事、これひとへ《一重》にごんげんさまの御めぐみ《恵》ありがたき御おんどく《恩徳》、まことに　ごんげんさまより天か《下》御はいりやう《拝領》の御事なり、

秀忠が存命中、竹千代（家光）は色々と苦労したが、家康（東照大権現）のことを深く信仰していたから天下も思いのままに統治できたのであり、先祖の元祖である家康の跡を継ぐことができたのは家康のおかげで、天下は家康から拝領したようなものだとまで述べている。苦労の具体的内容は述べられていないが、秀忠存命中の竹千代（家光）の苦労に敢えて言及しているということは、やはり秀忠の竹千代（家光）に対する態度には引き続き何らかの問題があったのだろう。また、それは秀忠の態度というより、むしろ周囲のそれにも問題があったということなのかもしれない。というのも、竹千代（家光）の逸話を収録している『寛永小説』には次のような話が収められているからである（近藤瓶城編『続史籍集覧』第六冊）。

本多美作守（忠相）御近習に被召仕候節、国松殿（徳川忠長）御寵愛故、万端国松殿へ帰服し、何にても竹千代様（徳川家光）・国松殿江可被進と被思召御道具御出し置、被為召候へば、早速国松殿江通じを申上候て、暫く有之、竹千代様江御通じ仕候、依之、竹千代様よりも毎度国松殿御前江早御出被遊候故、此儀度々御前に罷

在候者江御物語被遊、時により御落涙も有之候、今程急度可被仰付被思召候得共、其分に被差置候、寛永九年美作守《(本多忠相)》御書院番頭被仰付候儘にて、御一代の間、何の御役替も不被仰付由

これは、竹千代と国松との関係の難しさと深刻さについて、本多忠相という秀忠の小姓（日光東照宮社務所編『日光叢書　寛永諸家系図伝』第四巻、以下『日光叢書　寛永諸家系図伝』の編者名は省略）の振舞いを素材として述べた逸話である。本多は秀忠の国松に対する愛情を知っていたため、秀忠が竹千代と国松に道具類を与えようとして彼らを召し出す際にも、本多は先に国松へ召し出しを知らせ、時間をおいて竹千代に秀忠の召し出しを知らせたから、いつも国松のほうが竹千代よりも先に秀忠の御前へ出ていたという。のちに竹千代（家光）は、このことを自らの近習へ話す際には泣いてしまうこともあったという。この話がどれほどの事実を反映しているのかは定かではないが、確かに家光の存命中、本多は秀忠没後の寛永九年（一六三二）四月八日に書院番頭とされて以降、加増はあるものの、役替はされていない（高柳光寿他編集顧問『新訂　寛政重修諸家譜』第十一、以下『新訂　寛政重修諸家譜』の編集顧問名は省略）。将軍職の問題に限らず、常日頃からこのような露骨で陰湿な対応を受け、それが積み重なっていたとしたら、幼い竹千代の心は、さぞや大きく傷ついていたことだろう。

竹千代の江戸城西丸入りと具足始

そのような中、家康没後の竹千代は、前述の土井利勝に託された家康の遺言の効果もあってか、将軍後継者としての地位を何とか確保していた模様で、藤井氏によれば、「元和三年十二月二十一日付細川忠利宛細川忠興《ただおき》書状」（『大日本近世史料　細川家史料』一、

一四六号）に「一若君様（徳川家光）御わたまし当月末之由候、注進次第御祝儀上可申候事」とあるように、竹千代が「大御所家康の江戸での居所であった西丸へ入った」のは元和三年（一六一七）の「十二月末のことであった可能性が高い」とされている（藤井『徳川家光』）。だが、同じく藤井氏によれば、この竹千代の江戸城西丸入りの件を含め、例えば、竹千代の具足始《ぐそくはじめ》について見ても、『本光国師日記』の元和四年五月九日条（『新訂　本光国師日記』第四）に、

一同（元和四年五月）九日。若君様（徳川家光）御具足始之吉日可申上由。酒備後殿（酒井忠利）。青伯耆殿（青山忠俊）ゟ折紙来。則書付進候。案左ニアリ。

尊札拝見忝存候。若君様御具足始之吉日相考可申上旨被仰下候。則別紙ニ書付進上申候。万一御指合御座候者。御内意被仰聞可被下候。相改進上可仕候。恐惶謹言。

五月九日　　金地院

酒井備後守（忠利）様
青山伯耆守（忠俊）様尊報

尚御用之儀御座候者。以参上可申上候
可然様御取成奉頼存候。

御具足始之吉日
一五月十四日　壬寅金成成　一同廿一日　己酉金金壁満

右五月如意珠日考也。
　引合一重ニ五行ニ書テ。引合一枚ニテ上ヲ包テ。御吉日ト書候而進候也。

とあって、その日程が元和四年（一六一八）五月の線で検討されていたにも拘わらず、実際いつ具足始が行われたのかは史料的に不明であるといい、江戸城西丸入りの年月日も可能性の議論に留まっている（藤井『徳川家光』）。

2　征夷大将軍職の家光への譲渡

竹千代の元服と家光の名乗

　しかも、藤井氏によれば、竹千代の元服も「不明な点が多い」とされており、当初は前述のように元和二年（一六一六）に検討されていたものの、史料上は竹千代が一体いつ元服したのか、明記されていないという（藤井『徳川家光』）。また、「元和六年三月二十九日付細川忠利宛細川忠興書状」（『大日本近世史料　細川家史料』一、二〇九号）には、

一女御様《(徳川和子)》五月上旬江戸御立なされ、六月八日御入内之由、御供は雅楽殿《(酒井忠世)》・大炊殿《(土井利勝)》・右門尉殿ニて候由、得其意候事、
一若君様《(徳川家光)》・御国様《(徳川忠長)》御上洛当年相延候由、得其意候事、

とあって、藤井氏によれば、元和六年（一六二〇）に竹千代と国松の上洛が検討された模様だが、後述するように当時こじれていた徳川和子の入内問題を後水尾天皇に承諾させるため、その「圧力」としての上洛が企図されており、徳川和子の入内が決定するに及んで、その上洛も「必要でなくなり、中止された」ということのようである（藤井『徳川家光』）。

当初元和二年（一六一六）に計画されていながら、延びに延びて史料上明確ではなくなってしまった竹千代の元服の年月日は、藤井氏によれば、今のところ竹千代が「家光」を名乗り始めた段階を基準に考えるより外ないようである（藤井『徳川家光』）。すなわち、『本光国師日記』の元和六年九月五日条（『新訂　本光国師日記』第五）には、

一同五日（元和六年九月）。御城へ被為召出仕。大炊殿（土井利勝）。上野殿（本多正純）。対馬殿（安藤重信）御奏者にて御対面。若君様（徳川家光）。御国様（徳川忠長）御名乗。字切可申上由　被仰出。
家忠　如此引合一重ニかき上包メ上候。
　公之字
忠長　　　　如上
　章之字
右御意ニ入。則書付阿備州（阿部正次）へ渡候而。伝奏（広橋兼勝・三条西実条）へ被為見候様ニと御錠候。
若君様　如此引合一重ニかき上

御名乗　包ノ阿備州へ渡ス。御国様　如上
家忠　　　　御名乗
　　　　　　忠長
右阿備中殿（阿部正次）へ渡退出。又備州（阿部正次）御望ニて。右のことく書て渡候。是ハ内証先伝　奏へ見せ申度由也。
御官位。若君様ハ大納言。御国様ハ宰相也。

とあり、叙任される官位とともに竹千代と国松の名乗の字が「字切」という概念をもとに検討されている。残念ながら筆者の不勉強で「字切」の意味は不明なのだが、以心崇伝によって竹千代には「家忠」、国松には「忠長」の字が用意され、秀忠の了承も得られたので、藤井氏によるとそれらの字は「当時家光・忠長の任官のために江戸に下向していた武家伝奏広橋兼勝と三条西実条とに」見せられた（藤井「徳川家光花押文書の研究（一）」）。ところが翌日、武家伝奏からは次のような反応が示された（『本光国師日記』元和六年九月六日条〈『新訂　本光国師日記』第五〉）。

一六日（元和六年九月）。於　御城御年寄衆対談。先日之若君様（徳川家光）御名乗。花山ノ元祖ニ有之由。伝奏衆（広橋兼勝・三条西実条）被申上由也。則御名乗七ツ書付。字切ヲ見テ掛御目候。家光。岡之字ニ切ル。御意ニ入。則書付ル。大高一重ニツ折ニメ書之。御国様（徳川忠長）ノも先日ハ引合ニ書候間。大高ニ同前ニかきなおす也。かきやうハ同前也。大高ハ　御前ゟ出ル。御右筆衆持て出ル。停書也。

すなわち、当初竹千代に用意された「家忠」の字は花山院家の祖に同名があるとのことで、さらに「字切」の概念を駆使して「岡」の字の「字切」によって「家光」の字が定められ、秀忠の了承を得て国松の「忠長」とともに名乗が決定したが、藤井氏は「多くの場合元服と同時に名乗が決められることからすれば、名乗の決まった元和六年九月六日かその直後かに、どの様に儀礼が行われたかは別として、実質的に元服したと見做してよいであろう」としている（藤井『徳川家光』）。

なお、竹千代と国松の名乗字を武家伝奏へ見せた理由については、あくまでも字の選定への助言を求める意味合いであったと思われる。そのように考える理由は、のちに家光が元和九年（一六二三）に将軍宣下を受けるため上洛した際、当時の関白の九条忠栄《ただひで》（幸家《ゆきいえ》）が自らの日記に「一、江戸大納言（徳川家光）殿、御名字家光ト申也云々、今夜三条西大納言実条卿へ相尋、報答如此也」（『幸家公記』三、宮内庁書陵部所蔵原本、元和九年七月二十六日条）と記しており、関白は「家光」の名乗が決まってからの約三年間、家光の上洛まで「家光」という名を知らなかったことが明らかだからである。「名乗」の字の決定に、朝廷の了承が必要だったということではないようである。

初めての上洛と家光への将軍宣下

このように、元和六年（一六二〇）九月中に名乗と元服を終えたと思われる家光は、元和九年（一六二三）五月に上洛する予定であったが、病気により延期され、秀忠のみが先に上洛し、家光は同年六月から七月にかけて京都へ上った（藤井『徳川家光』）。関白九条忠栄（幸家）の日記に「此日（元和九年七月二十一日）、江戸大納言（徳川家光）殿従伏見二条城江渡御云々、其儀、将軍成之儀并可被天下譲由、秀忠（徳川）公被仰渡也云々」（『幸家公記』三、元和九年七月二十一日条）とあるように、元和九年七月二十一日、家光は二条城で秀忠から公式に「将軍成之儀幷可被天下譲由」を仰せ渡された。逆に言えば、既に元和九年二月には秀忠付年寄の酒井忠世を家光付年寄に配置換えするなどの布石となる人事は行われてはいたものの（表1、以下「秀忠付年寄」と「家光付年寄」の用語はそれぞれ藤井『徳川家光』による）、同年七月二十一日まで、家光の将軍職継承は公式決定を見ていなかったということである。

そして、元和九年七月二十七日、将軍宣下のための禁裏御所での陣儀が「辰之刻」（午前八時頃）に行われた後、勅使らが「午之刻」（正午頃）に伏見城へ赴き、直垂姿の家光は伏見城で将軍宣下を受けた（『吉良家日記』三、宮内庁書陵部所蔵謄写本、元和九年七月二十七日条）。なお、藤井氏も別の史料で注意を促しているが、この時に家光へ手交された宣旨は『吉良家日記』によると（『吉良家日記』三、元和九年七月二十七日条）、

右宣旨之数

一、征夷大将軍宣旨　一通　　官務砂金弐袋
一、位記宣旨　　　　一通　　大内記一袋
一、氏長者両宣旨　　　　　　大外記同　一袋、官務同　一袋
一、内大臣　　　　　一通　　大外記砂金一袋
一、牛車両宣旨　　　　　　　官務同一袋

表1　年寄・老中等をめぐる人事の推移

年月日	年寄・老中　家光付	年寄・老中　秀忠付	幕政参与	大目付（「惣御目付」）	その他
元和二年（一六一六）	酒井忠利・青山忠俊・内藤清次				
元和八年（一六二二）		酒井忠世・土井利勝・本多正純			
元和九年（一六二三）二月	酒井忠世・酒井忠利・青山忠俊・酒井忠勝	土井利勝・井上正就・永井尚政			
七月二十七日					徳川家光へ将軍宣下
元和十年（一六二四）	酒井忠世・酒井忠勝・内藤忠重・稲葉正勝				
寛永五年（一六二八）		土井利勝・永井尚政・青山幸成・森川忠俊			
寛永九年（一六三二）正月十日	酒井忠世・土井利勝・酒井忠勝・内藤忠重・	土井利勝・永井尚政・青山幸成・森川忠俊			
正月十九日	稲葉正勝		井伊直孝[*1]・松平忠明[*2]		
正月二十四日					徳川秀忠没
正月二十五日	合体	永井尚政・青山幸成			
十一月十八日	酒井忠世[*3]・土井利勝・酒井忠勝・永井尚政・稲葉正勝・内藤忠重・青山幸成＋松平信綱（宿老衆並）				
十二月十七日				水野守信・柳生宗矩・秋山正重・井上政重	
十二月下旬	酒井忠世・土井利勝・酒井忠勝・永井尚政・稲葉正勝・内藤忠重[*4]・（青山幸成[*5]）＋松平信綱（宿老衆並）				
寛永十年（一六三三）三月	酒井忠世・土井利勝[*6]・酒井忠勝・永井尚政[*7]・稲葉正勝＋松平信綱（宿老衆並）				六人衆（「六人之衆」）設置
四月	酒井忠世・土井利勝・酒井忠勝・稲葉正勝（宿老衆並）＋松平信綱				
五月五日	酒井忠世・土井利勝・酒井忠勝・（稲葉正勝）＋松平信綱（宿老衆並）＋阿部忠秋（松平伊豆守並）・堀田正盛（松平伊豆守並）				
寛永十一年（一六三四）正月二五日	酒井忠世・土井利勝・酒井忠勝＋松平信綱（宿老衆並）＋阿部忠秋（松平伊豆守並）・堀田正盛（松平伊豆守並）[*8]				稲葉正勝没
三月					三つの法度が出る

寛永十二年（一六三五）				
五月	（酒井忠世）・土井利勝・酒井忠勝・松平信綱・阿部忠秋・堀田正盛			
十月二十九日				松平信綱・阿部忠秋・堀田正盛免兼帯番頭
十一月				将軍諸職直轄制導入
寛永十三年（一六三六）				
三月十九日				酒井忠世没
八月十四日			水野守信＊9・秋山正重・井上政重	
十二月二十二日			秋山正重・井上政重	
寛永十五年（一六三八）				
三月八日	土井利勝・酒井忠勝・松平信綱・阿部忠秋			堀田正盛免老中
十一月七日	土井利勝・酒井忠勝 松平信綱・阿部忠秋・阿部重次（伊豆守豊後守並）			仰せが出る（〜十二月） 六人衆（「六人之衆」）消滅 若年寄成立
寛永二十一年（一六四四）				
七月十日	酒井忠勝 松平信綱・阿部忠秋・阿部重次			土井利勝没

（註）藤井譲治『江戸幕府老中制形成過程の研究』（校倉書房、一九九〇年）、藤井譲治『徳川家光』（吉川弘文館、一九九七年）、藤井譲治監修『江戸幕府日記　姫路酒井家本』第一巻（ゆまに書房、二〇〇三年）、藤井譲治監修『江戸幕府日記　姫路酒井家本』第二巻（ゆまに書房、二〇〇三年）、藤井譲治監修『江戸幕府日記　姫路酒井家本』第三巻（ゆまに書房、二〇〇三年）、藤井譲治監修『江戸幕府日記　姫路酒井家本』第四巻（ゆまに書房、二〇〇三年）、藤井譲治監修『江戸幕府日記　姫路酒井家本』第五巻（ゆまに書房、二〇〇三年）、藤井譲治監修『江戸幕府日記　姫路酒井家本』第七巻（ゆまに書房、二〇〇三年）、藤井譲治監修『江戸幕府日記　姫路酒井家本』第十四巻（ゆまに書房、二〇〇四年）をもとに筆者作成。なお、＊1〜＊9の典拠については、同じく上記藤井『江戸幕府老中制形成過程の研究』及び上記藤井『徳川家光』、上記藤井監修『江戸幕府日記　姫路酒井家本』各該当巻であるが、高柳光寿・岡山泰四・斎木一馬編集顧問・続群書類従完成会発行『新訂　寛政重修諸家譜』各該当巻で補足した場合には特記している。

＊1仰せにより、松平忠明とともに政事にあずかる。高柳光寿・岡山泰四・斎木一馬編集顧問『新訂　寛政重修諸家譜』第十二（続群書類従完成会、一九六五年）二九四頁。

＊2井伊直孝とともに政事にあずかる。高柳光寿・岡山泰四・斎木一馬編集顧問『新訂　寛政重修諸家譜』第一（続群書類従完成会、一九六四年）二七一頁。

＊3寛永九年（一六三二）五月、西城の守衛を命じられる。高柳光寿・岡山泰四・斎木一馬編集顧問『新訂　寛政重修諸家譜』第二（続群書類従完成会、一九六四年）五頁。

＊4寛永十年（一六三三）三月十八日、伊勢国鳥羽へ。高柳光寿・岡山泰四・斎木一馬編集顧問『新訂　寛政重修諸家譜』第十三（続群書類従完成会、一九六五年）一三〇頁。

＊5寛永十年（一六三三）二月三日、遠江国懸川へ。

＊6寛永十年（一六三三）四月七日、下総国古河へ。

＊7寛永十年（一六三三）三月二十五日、山城国淀へ。

＊8寛永十一年（一六三四）閏七月二十九日、三名とも四品（従四位下）に叙される。高柳光寿・岡山泰四・斎木一馬編集顧問『新訂　寛政重修諸家譜』第四（続群書類従完成会、一九六四年）四〇二頁、高柳光寿・岡山泰四・斎木一馬編集顧問『新訂　寛政重修諸家譜』第十（続群書類従完成会、一九六五年）三六二頁・四一一頁。

＊9寛永十三年（一六三六）十二月二十二日、水野守信没。高柳光寿・岡山泰四・斎木一馬編集顧問『新訂　寛政重修諸家譜』第六（続群書類従完成会、一九六四年）一〇八頁。

一、兵伝　　一通　　大外記同　同、官務同　同

の計八通のみで、右近衛大将と淳和・奨学両院別当の各宣旨は未交付であった（藤井『徳川家光』）。この意味をどのように捉えるかだが、家康から秀忠への将軍職譲渡の際は、秀忠に氏長者《うじのちょうじゃ》と奨学院《しょうがくいん》別当《べっとう》の各宣旨が交付されず、それらは家康が「留保していた」とされているから（橋本『近世公家社会の研究』）、秀忠と家光との間で、それと似たような状況が存在したのかもしれない。

将軍として、天皇家の外戚として

将軍宣下を済ませた家光は、礼のため元和九年（一六二三）八月六日に参内し（藤井『徳川家光』）、「上檀」に座す「浅黄ノ御襛士（直衣）、紅之御袴、御冠」姿の後水尾天皇に拝謁し、その後、徳川義直・徳川頼宣・徳川頼房も天皇に拝謁した（『吉良家日記』三）。なお、家光は徳川和子に拝謁するため移動したが、その途上、「女御様（徳川和子）江被為成候、御通り之道ニ而、摂家・宮何れも　公方様（徳川家光）江御目見有り、公方様も御着座モナク御一礼有而御通之事」（『吉良家日記』三）とあるように、家光は徳川和子の居所への移動中、摂家や皇族と出会ったものの、家光は着座せずに立ったまま一礼したのみであった。摂家と皇族も着座せずに立礼であったのかは定かではないが、この時、もはや摂家と皇族も将軍家光に「御目見」する立場であったことを如実に示す光景である。

家光と徳川和子が会見している間、「天子（後水尾天皇）清涼殿江出御有而、武家之公家天子御礼在之、御礼過、天子女御様江入御有而、御祝あり」（『吉良家日記』三）とあるように、後水尾天皇は家光に随行してきた大名を清涼殿で謁見した後、徳川和子の居所へ移動して合流し、天皇・和子・家光の三者での会見を

行った。こうして、家光は正式に将軍職を秀忠から譲渡されるとともに、宮中で将軍として、天皇家の外戚としての接遇を初めて受けたのである。

家光の生母をめぐる新説

ここで改めて考えなければならないことは、なぜ元和二年（一六一六）以来、家光の元服でさえもが元和六年（一六二〇）九月までずれ込み、しかも名乗の字の決定や官位叙任が弟の忠長と同時であったのかということであり（同時であった点については、官位の高低や任官の祝儀の多寡から「家光が将軍家世嗣の立場にあることは動かしがたい事実」とする福田『江の生涯』の指摘があるが、前引の「元和元年十二月十七日付板倉勝重宛以心崇伝書状案」や「元和二年正月十三日付板倉勝重宛以心崇伝書状案」で家康は家光単独での元服を企図していたようだから、やはり家光と忠長の名乗が同時に取り扱われた背景には秀忠の何らかの意図があったのだろう）、またなぜ家光にとって重要な具足始等の行事に関する確かな記録も残存せず、なぜ元和九年（一六二三）の将軍職の継承までさらなる年月を要したのかということである。これらの疑問は、当時の家光の政治的立場・個人的立場の両方を理解するためにも、家光が両親や弟との関係に悩んだ背景とあわせ、ぜひ追究しておく必要があるだろう。

今のところ、これらの疑問に直接の回答を与え得る史料を筆者は見出せていないが、近年、ほぼ同様の問題についての説明を試みた福田千鶴氏の学説は重要な新説である。

福田氏は「なぜ家光はいつまでも世嗣に定まらなかったのだろうか」（福田『江の生涯』）という疑問に答え、かつ「竹千代（家光）や国松（忠長）をめぐるさまざまな問題がすっきりと理解できるようになる」（福田『徳川秀忠』）観点として、「江は家光の生母ではない。それゆえに、家光の正嫡としての立場は揺れ動いていた」（福田『江の生涯』）という説を提示した。これは、前述の福田氏による家光の誕生年月日の確定に関する綿密な考証や、家光のすぐ上の姉で江の所生である初の誕生年月に関する検討、そして江の動静などから導き出された結論で、あわせて福田氏は従来江の所生とされてきた他の秀忠の子女の生母についても慶弔関係儀礼の厚薄などから検討し、「江と秀忠との間に生まれたのは、千・初の二女と忠長である。それ以外の長丸・家光・正之の三男、および子々・勝・和の三女は、江以外の女性からの出生である」（福田『江の生涯』）と結論づけている。特に家光の生母の問題について、福田氏は、姉の初の誕生年月を慶長七年（一六〇二）七月とするか、それとも慶長八年（一六〇三）七月と見るかどうかを立論の重要なポイントとしている。すなわち、前述のように福田氏によって家光の誕生年月日は慶長九年（一六〇四）七月十七日で確定されたが、「江が慶長八年に上洛し、七月に初を伏見で出産したことは動かない」ので、江が「出産の一年後の同じ月に次の子を無事に出産することが難しいことは、常識的に考えれば簡単にわかる」という立論である（福田『徳川秀忠』）。

福田氏によると、初の誕生年月について、『幕府祚胤伝』や『徳川幕府家譜』など通常よく用いられる系譜類は慶長七年としているが、「いずれも誤りである」といい、そのような「誤り」が生じた要因は「おそらく、次男竹千代が慶長九年七月十七日に江戸で生まれており、年子にしてもその前年の同じ月に江が初を生むのは不都合と考え、一年遡らせて慶長七年誕生説を採用したものだろう」（福田『江の生涯』）とされており、系譜の「操作」（福田『徳川秀忠』）が行われているという。

福田氏が初の誕生年月を議論する際の主たる根拠は江の動静と「〔渓心院文〕」という史料」（福田

『江の生涯』）のみであり、また同氏も認識しているように『當代記』巻三の慶長九年七月十七日条には「七月十七日未刻、武州右大将秀忠《（徳川）》公若君《（徳川家光）》誕生、十箇月に雖不満平産」（『史籍雑纂　當代記　駿府記』）とある。福田氏はこの『當代記』の記述について、「生母が誰なのか記していないが、生み月が十カ月に満たなかったにもかかわらず「平産」とある。つまり、生まれてきた若君は、いわゆる未熟児ではなかったということだろうが、なにか謎めいている」（福田『江の生涯』）としている。しかし、これは「謎」というよりむしろ、ある意味で『當代記』が、福田氏によって可能性を低く見積もられたところの江による初と竹千代の連続出産について、その実現を「十箇月に雖不満平産」という赤裸々な文言で正直に記述したと見ることもできるので、福田説に再検討の余地が全くないわけではない。

　また、『徳川御家御系図』下（個人蔵〈徳川宗家文書〉）は初の誕生年を「慶長八年癸卯生」とする一方、『御系譜略　御宗家　御三家　御三卿』（徳川家所蔵〈非公開史料〉）は初の誕生年月日について「慶長七年七月《（ママ）》日誕生」としており、その上で両系図とも家光を江の所生としているから、今のところ初の誕生年については、慶長七年（一六〇二）説と慶長八年（一六〇三）説の両説があると緩やかに構えておくほうがよく、また初の誕生年が慶長八年であったとしても、その情報は福田氏の言うほど殊更に隠蔽されたわけではなく、加えて前述の『當代記』のニュアンスもあることから、初が慶長八年に江から生まれたからといって、家光が江の所生ではないとまで結論することには、さらなる論証が必要ということになろう。そのさらなる論証について福田氏は「家光の生母が誰なのか、については、多くの論証を必要とするので別稿を予定している」（福田『徳川秀忠』）と述べているから、筆者としては同氏の「別稿」を待ちたいと思う。

江の存在の意味

だが、確かに秀忠の子女たちの生母の違いを想定し、実際の政治過程や各人の行動を分析してみると、秀忠・江による家光・忠長の取り扱い方の相違の背景などを説明しやすくなることは前引の福田氏の指摘通りであるし、「江は家光の生母ではないが、母である」（福田『徳川秀忠』）とするならば、家光があくまで「江の子でなければならなかった」（福田『徳川秀忠』）理由を考えるという新たな課題を設定できるメリットもある。福田氏は「江の貴種としての役割」、すなわち「家光が三代将軍としての権威を維持し、天下人としての位置を確固たるものとするための装置として、江の子であるという位置づけは不可欠の要素だったという見方」をし（福田『徳川秀忠』）、特に朝尾直弘氏の「彼女は、秀忠を、織田・豊臣氏とむすびつけ、皇室・公家とつながりをつけ、大名たちときずなをむすぶ結節点にいる。彼女がいなくなると、秀忠はこれらすべての関係を失い、孤立する」（朝尾『朝尾直弘著作集　第五巻　鎖国』、以下同書については『鎖国』と表記）などの記述を引きながら「江が秀忠と織田・豊臣氏、皇室・公家、大名たちとの絆をむすぶ結節点にいた」（福田『徳川秀忠』）点を重視している。この観点は、今のところ福田説を明確に否定も肯定もできない以上、家光の政治的立場・個人的立場の形成過程と変遷過程をより多角的に追究するためにはふまえておくべきものだろうし、本書も福田説に学ぶところ大であることは明記しておきたい。

将軍職移譲の段階的進行

元和九年（一六二三）七月の家光による将軍職の正式継承以後、家光は同年閏八月二十四日に、大御所秀忠は同年九月七日にそれぞれ江戸へ帰着したが（藤井『徳川家光』）、家光の江戸城本丸入りは「寛永元年七月九日付細川忠利宛細川三斎書状」（『大日本近世史料　細川家史料』一、四一四号）に「一、大御所様《（徳川秀忠）》・将軍様《（徳川家光）》御本丸・西之丸へ　御移徙、可為九月末由、進物者上申間敷との　御法度之由、得其意候事」とあるように、翌寛永元年（一六二四）になっても直ちには実現せず、しばらくは秀忠から家光へ領地・財宝や「徳川家の軍団の象徴である」馬印などの移譲が続いた（藤井『徳川家光』）。

また、その過程で忠長へは「寛永元年七月十四日付続重友宛細川忠利書状案」（『大日本近世史料　細川家史料』九、一五八号）に「一、甲斐中納言様《（徳川忠長）》へ、遠江・駿河両国被進候、御知行高者五十万石之由御座候、両国之高不足御座候付而、相模之内にてたしをハ被進之由御座候事」とあるように、五十万石の領知を遠江国・駿河国と相模国の一部で与えられている。

このように秀忠から家光への将軍職移譲が段階的に進行していき、秀忠は寛永元年（一六二四）九月二十二日に江戸城本丸から西丸へ移り、家光は西丸を出て一時忠長邸へ退避した後、同年十一月三日に江戸城本丸へ入った（藤井『徳川家光』）。焦点は、その後の秀忠と家光との関係の構築の仕方に移った。

秀忠の隠居所

そこでまず検討課題となったのは、その後の秀忠の居所であり、藤井氏は「秀忠の西丸への移徙は、規定の方針であったわけではなかった」とし、「当初秀忠は隠居所を家康同様駿府に決めていたよう」だが、「小田原を隠居所とすることが決まった」ものの、「それも取り止めとなり、最終的に西丸が隠居所となった」と指摘している（藤井『徳川家光』）。藤井氏の典拠史料は、「寛永元年七月十四日付続重友宛細川忠利書状案」（『大日本近世史料　細川家史料』九、一五八号）の「小田原（相模足柄郡）ハ御隠居所ニ罷成候、阿備中殿（阿部正次）ハ岩つき（岩槻、武蔵埼玉郡）へ被遣候、内々ハ駿河御隠居所と御座候処、（闕字）将軍様（徳川家光）被成御訴訟、御若年ニ御座候間、少もちかく被成御座候様にとの儀にて、小田原ニ罷成候」と思われ、藤井氏によれば、当初駿府に決まっていた秀忠の隠居所が小田原に変更となった原因は「家光の側から」の「訴訟」であった（藤井『徳川家光』）。

実はこの秀忠の隠居所の件は、その後もなかなか決着しておらず、「寛永五年四月二十二日付長舟十右衛門宛細川忠利書状案」（前引『細川家史料』九、二五〇号）には「一、相国様（徳川秀忠）御隠居所者無御座候ニ相済申事、将軍様（徳川家光）御理を以、右のことく相定申由申候」との文言がまだ見られ、秀忠の隠居所を特に設けないとの決定は、寛永五年（一六二八）までずれ込んだ。このことは、秀忠の居所が将軍家光にとって非常に微妙な問題であり続けたことを物語っていると同時に、秀忠も隠居所を設けることに長期間こだわっていたことを示している。すなわち問題は、秀忠が西丸での定住と小田原での隠居所決定の両方をなかなか結論しなかったことの背景、および家光が秀忠に「御若年ニ御座候間、少もちかく被成御座候様に」（前引『細川家史料』九、一五八号）と求め続けたことの背景、秀忠と家光の今後の両者の関係をめぐる見解の相違の背景だろう。

秀忠と忠長

この問題を考える上で見落としてはならない点は、あくまでも秀忠は「内々ハ駿河御隠居所と御座候処」（前引『細川家史料』九、一五八号）と認識していた点であり、それを知った家光がその中止を求めた結果、代替案としての「小田原」が浮上したという経緯である。すなわち、この問題は図らずも秀忠と家光との間における駿河国への認識の相違を表面化させているのである。

前述のように、当時駿河国は、既に徳川忠長へ与えられていたから、これは秀忠から見れば、自らの子である忠長の治める領地への隠退を意味していた。一方、それは家光から見れば、自らと常に比較される存在であった忠長のもとへ秀忠が身を寄せることを意味しており、ようやく将軍職を継承したばかりの家光の立場としては到底容認できるものではなく、まずは何としても秀忠を駿河国から物理的に引き離すため、家光自身が謙る形で「御若年ニ御座候間、少もちかく被成御座候様に」（前引『細川家史料』九、一五八号）と懇願し、小田原案を提示せざるを得なかったということではなかろうか。家光としては、自らを貶めてでも、そう言わざるを得なかった。だが、小田原案が秀忠の容れるところではなかったことは、その後もその方向での結論が出されなかったことで明らかである。

秀忠の本音は、駿府での隠居であったと考えざるを得ないだろう。少なくとも下重清氏の言うような「秀忠が駿河・遠江・甲斐・信濃四か国にまたがる駿府藩を再興し忠長に預けたということは、忠長の駿府藩領が東日本と西日本との間の楔の役割を期待されていただけではなく、大御所秀忠が家康のように駿府に陣取る必然性はなくなったことを意味している」（下重『幕閣譜代藩の政治構造』）ということではなく、むしろ秀忠は駿府にこだわっていたと見るほうが妥当であり、だからこそ家光にとっては厄介で、問題は長期化したのだろう。下重氏の言うほどに秀忠は忠長を相対化できていなかったとすると、将軍家光の戸惑いと悲しみは察するに余りある。秀忠から駿府での隠居案を聞かされた家光は、「またか」と思ったのではないか。大御所秀忠は、自らが忠長に身を寄せることが、それまで忠長と比較され続けてきた新将軍にとってどれほどの圧力となるか、全く計算していなかったのではないか。だとすれば秀忠は、子の心情に相当鈍感であったと言わざるを得ないだろう。あるいはまた、若い新将軍は大御所秀忠の意向でいかようにも左右され得る存在だということを示したい秀忠の自我のせいもあったかもしれない。家光はそれを察知して「御若年ニ御座候間、少もちかく被成御座候様に」（『大日本近世史料　細川家史料』九、一五八号）と自らを卑下し、秀忠を持ち上げて見せたのだろう。

このように何かと忠長を意識する秀忠の行動が、前述の福田氏の推定したような家光と忠長の生母の違いによるものかどうかはわからない。だが、これ以前も以後も家光と忠長の関係が困難であり続けた原因としては、生母の違いの可能性云々というよりむしろ、同じ秀忠の子でありながら、家光には自然と圧力をかけ、忠長には将来への淡い期待を無意識に抱かせ続けてしまった秀忠の行動、また家光よりも忠長を正直に愛し、信頼してしまった秀忠の存在があったのではないかと筆者には思えてならない。

3　天皇家と徳川将軍家

「天下人」秀忠

大御所秀忠の自我は、また別の形でも現れている。藤井讓治氏は、「家光は秀忠から全権を譲られたことになり、大御所としての秀忠は、家康とは違い、まったくの隠居の身になった」と評した一方で、「領知宛行権だけでなく、軍事指揮権、寺社支配、朝廷支配についても、大御所秀忠が実権を掌握し続けたことが確認される」とも指摘している（藤井『徳川家光』）。領知宛行権については、大名への領知朱印状が家光からではなく、秀忠から発給され続けていたことが解明されており（藤井『徳川家光』・藤井『徳川将軍家領知宛行制の研究』）、軍事指揮権の実際についても、後述の寛永三年（一六二六）の秀忠・家光の上洛の際、「将軍家光の軍勢は、」「秀忠の軍勢の二分一にも及ばないものであった」（藤井『徳川家光』）とされている。

家光が将軍職を継承したとはいえ、永積洋子氏はシャム・李氏朝鮮・安南への対応の経過やオランダからの献上品数の推移をもとに「外交に関しては、寛永二、三年頃から家光の占める役割が秀忠とほとんど対等となっていたのではなかろうか」とするものの（永積『近世初期の外交』）、藤井讓治氏によれば、依然「軍事の頂点に立つ「天下人」」（藤井『徳川将軍家領知宛行制の研究』）は秀忠であり、同氏によると大名などへの様々な許認可案件については「家光の筆頭年寄である酒井忠世と秀忠の筆頭年寄である土井利勝とが合議し、その上で将軍・大御所に伝えられることで確定し」て秀忠付年寄と家光付年寄（表1）の連署奉書の発給によって完結させるなど、「本丸の将軍と西丸の大御所とによる二元的な政治が生み出す二つの権力のあいだの矛盾を包みこみ解消する」工夫はされていたが、「家光の権力の実態はきわめて不十分不完全なものであった」（藤井『徳川家光』）。

対天皇・朝廷政策に腐心する秀忠

その「天下人」秀忠が、自らの存命中、特に意を用いた分野は、筆者のみならず先行研究も見るところ、対天皇・朝廷政策とそれに付随する寺院政策であった。この点について、かつて朝尾直弘氏は「秀忠において京都問題が政治の核心的地位を占めることは避けられなかった。客観的にみて、一方では、天皇権威の自己への吸収を、他方では、禁裏・公家以下への法度政治の適用による統一的編成への行動を、かれの政治は志向した」（朝尾「幕藩制と天皇」）と指摘したが、その理由について朝尾氏は「すくなくとも、家康が第一人者としての実力によって統一した武家権力も、制度的、あるいは伝統的形式のうえでは、まだ（江戸と京都の――引用者註）二元的性格を払拭するにいたっていなかった」ことから、秀忠は将軍在職中に公家官位からの「武家官位の独立」（『公卿補任』から武家の公卿の名が消えたことを指す）を実現させ、「寛永六年九月、武家諸法度の部分改訂を行ない、参勤作法に関する条項（塚本「武家諸法度の性格について」と朝尾氏によると同条項の注釈は在京参勤の可能性を示唆していた――引用者註）を削除」するなどし、「天皇と武家の関係」を「完全に断絶」したのだと説明してきた（朝尾「幕藩制と天皇」）。

だが、この説明のみでは、朝尾氏も認識しているところの、秀忠が将軍在職中に実現させた元和六年（一六二〇）の徳川和子入内の意味をうまく捉えられない。なぜなら、それは一見、朝尾氏の言う

「断絶」とは正反対の政策だからである。大御所としての秀忠が、将軍在職中に引き続いて対天皇・朝廷政策などに腐心していたとすれば、それはどのような観点から取り組まれていたと捉えるべきだろうか。

公家の官位と秀忠

　大御所秀忠による対天皇・朝廷政策推進の意味を評価する上で、秀忠の基本的立場を押さえておく必要があると思うが、例えば、宮中の人事権は全く秀忠の所管だったようである。元和九年（一六二三）に秀忠が家光への将軍職移譲のために上洛したことは前述したが、その際、関白九条忠栄（幸家）は関白職の辞退を申し出ている。その時の模様を記した九条の日記には次のようにある（『幸家公記』三、元和九年七月三日条）。

関白辞退之事
辰刻、三条西大納言実条卿来儀、当職辞退之事也
仰旨、辞退之儀、諸事武家御所（徳川秀忠）次第事候間、秀忠（徳川）公江可申理由也

すなわち、関白職辞退の手続きについて、武家伝奏の三条西実条《さねえだ》と相談したところ、三条西は、辞退については徳川秀忠の意向次第なので、秀忠へ事情説明をすべきであると回答したとある。この時はまだ、ぎりぎり秀忠が将軍であったが、九条はその後、三条西の助言に従って京都所司代の板倉重宗などとも調整したが、同じく九条の日記によれば（『幸家公記』三、元和九年七月二十九日条）、

今朝、周防守（板倉重宗）所ニテ言談、当職辞退事幷八朔旁以両御所（徳川秀忠・徳川家光）御見舞申度由申了、報答、大炊（土井利勝）次第之由也、
猶大炊へ物語可申也云々

と、板倉重宗の見解では、秀忠付年寄である土井利勝（表1）の取り扱い次第なので、土井へ話をする必要があるとのことであった。結果、同じく九条の日記に「此日、従大御所秀忠（徳川）公、以土井大炊頭（利勝）殿、今度関白辞退之儀、御心得被成候趣也」（『幸家公記』三、元和九年閏八月二日条）とあるように、後日、土井利勝を通じて大御所秀忠から関白職辞退への了承が得られた。

なお、関白職を辞退するからには、その後任も決定する必要があるわけだが、関白職辞退の内定後、九条は「此次、関白辞退之儀、酒井雅楽頭（忠世）殿申候へハ、明日罷上候間、大炊（土井利勝）と談合可申由被申候也云々」（『幸家公記』三、元和九年閏八月七日条）とあるように、まだ京着していない家光付年寄の酒井忠世（表1）を差し置き、秀忠付年寄の土井利勝（表1）のみと話を進めており、その日のうちに関白職の後任についても「関白近衛（信尋）殿へ相渡候事、閏八月七日乙未、従大御所秀忠（徳川）公被仰出也云々」（『幸家公記』三、元和九年閏八月九日条）とあるように、秀忠から了承される運びとなった。

関白職の進退という宮中の最重要人事についてでさえ、将軍に就任したばかりの家光は全く関与できておらず、大御所秀忠の専権で事が運ばれていたことは明らかだが、人事の当事者である九条忠栄（幸家）も秀忠の同意を得ることに躊躇している様子はない。秀忠の将軍在職中から、確かに「武家官位の独立」（朝尾「幕藩制と天皇」）は果たされたのだが、逆に武家は公家の官位叙任に対する関与を

強めており（野村『日本近世国家の確立と天皇』）、そこでは実態として公家と武家の結合も確実に進行していたことを考慮に入れておく必要があるだろう。

徳川和子の存在と秀忠の期待

それでは、なぜこのように秀忠は宮中の人事に関する発言権を確保できたのだろうか。その理由の一つとして、秀忠の対天皇・朝廷政策の起点として朝尾氏も重視した元和六年（一六二〇）の徳川和子入内（朝尾「幕藩制と天皇」）の影響の可能性を排除することはできないだろう。この入内は、後水尾天皇の抵抗などもあって実現までに混乱があったが（朝尾「『元和六年案紙』について」）、入内の成功によって徳川将軍家は天皇家の外戚となった。笠谷和比古氏によれば、「武家の女子の入内先例は一つしかない」といい、それは「平清盛による、その女子徳子の高倉天皇への入内」だという（笠谷「近世の幕府と朝廷（三）　徳川和子の入内」）。

久保貴子氏によると、徳川和子の入内は早くも家康存命中の慶長十三年（一六〇八）には噂されていたといい、その時点で秀忠の五人の女子のうち、三人は「すでに豊臣、前田、京極の三家へそれぞれ嫁いでいた」から、「将軍秀忠の手許にいた娘は三女の勝姫と五女の和子の二人」で、「勝姫が秀康の嫡子忠直と縁約するのは慶長十四年のことだが、少なくとも忠直が当主となって以降（秀康の病没は慶長十二年閏四月八日〈『徳川幕府家譜』〉—引用者註）、検討され始めたはずである。その時点ではまだ和子は生まれていない（和子の誕生は慶長十二年十月四日〈『徳川幕府家譜』〉—引用者註）」ので、「家康が入内を視野に入れるようになったのは、和子が生まれてからではないかと思われる」という（久保『徳川和子』）。従うべき見解だろう。というのも、和子をめぐっては、やや後の史料になるが、彼女の病没直後、公卿の間で次のような談話がなされているからである（『中院通茂日記』三十一、東京大学史料編纂所所蔵原本、延宝六年六月二十二日条）。

廿二日（延宝六年六月）、晴、及晩、北方夕立、雷鳴也、及暮、参母堂、向三条西（実教）、対面、言談、亮陰之事、談之

一、女院（東福門院（徳川和子））御誕生以来、終以衰微之事無之、令終給也

（中略）

誕生之時ゟ被搆御座於上段、台徳院（徳川秀忠）殿・御台（江）不昇上座令養育給云々

大御台（江）現存之時、女中誕生之宮方誕生之後、無乳養、毎度御死去也、及大猷院（徳川家光）殿代被聞召、無勿躰事也、雖何御腹、可有養育之由、被申之、其後、無此事云々

（後略）

これは、かつて徳川和子の入内時に武家伝奏を務めていた三条西実条の子の実教《さねのり》が、東福門院（徳川和子）の人物評について、同じくかつて三条西実条とともに武家伝奏を務めた中院通村《なかのいんみちむら》の孫の通茂に語って聞かせている箇所である。それによると和子は、その誕生時から上段に彼女の座を設けられていたといい、秀忠と江は和子の上座に着座することなく彼女を育てたという。和子はその誕生時から、入内が予定されていたことを示す話である。しかも、江の存命中、後水尾天皇の女中から「宮方」が誕生しても、乳を飲ませることはなく、そのまま「宮方」は「毎度御死去」になっていたとい

い、そのことを聞き及んだ家光が「無勿躰事《もったいなきこと》」として、どの女性の所生であっても、「宮方」を養育するよう指示したので、その後は「宮方」に乳を飲ませないという行為は止んだそうだとされている。

久保貴子氏によれば、和子の入内の目的として、特に「皇子出産は、和子に背負わされた重い役目の一つであった」が（久保『徳川和子』）、前引の話は、和子所生の皇子女よりも年長の他の皇子女を存在させぬようにするため、強硬手段が採られていたことを示す話であり、しかも三条西実条の子の実教が語った話であるから、比較的確度の高い話と推定される。

徳川将軍家の和子への期待の大きさは、のちに「女御（徳川和子）之入内者、世人皆云、家康（徳川）公一世之誤也、其後遂居中宮、台徳（徳川秀忠）大猷（徳川家光）二世之間、中宮之費、毎歳二十萬石、其餘贈遺、不知其数、況又増寄釆地于公家者、往往有之」（『羅山林先生別集』一、国立公文書館所蔵謄写本）という批判を生むほどに膨らんだ莫大な諸経費にも現れているが、熊倉功夫氏によれば、その投資と和子の存在は確実に宮中に浸透し、「女御御所の経済的な豊かさとともに公家衆にうけいれられていった」という（熊倉『後水尾天皇』）。久保貴子氏によると、和子は元和九年（一六二三）十一月十九日の女一宮（のちの興子内親王、明正天皇）の出産後、寛永元年（一六二四）十一月二十八日には中宮に冊立され、寛永二年（一六二五）九月十三日には女二宮を生んだが、「中宮冊立後、天皇・将軍両家が望んだのは、やはり皇子の誕生であった」（久保『徳川和子』）とされる。

二条城行幸啓

そのような中、元和九年（一六二三）の上洛の際から秀忠は二条城に後水尾天皇の行幸を迎える計画を有していたらしいことが熊倉功夫氏によって指摘されている

（熊倉『後水尾天皇』）。藤井譲治氏によれば、「二条城は、寛永元年から諸大名を動員して石垣普請が行なわれ、ついで伏見城を廃しその建物を二条城に移すなど大改造がなされ」たが、「後水尾天皇を饗応するための準備は、所司代板倉重宗と金地院崇伝とが中心となって進められ」たといい（藤井『徳川家光』）、熊倉功夫氏によると「天皇の膳具はすべて黄金で彩られ、中宮、女院以下の人々の皆具も新造の金銀で飾られていた」（熊倉『後水尾天皇』）という。

藤井氏によると、寛永三年（一六二六）に秀忠と家光は相次いで上洛し、秀忠が左大臣、家光が右大臣従一位にそれぞれ昇進した上で、同年九月六日から十日にかけての後水尾天皇と中宮徳川和子一行による二条城行幸啓は、家光が禁裏御所まで後水尾天皇一行を迎えに行き、秀忠は二条城で一行を出迎え、幕を開けた（藤井『徳川家光』）。後水尾天皇の鳳輦が二条城に到着後、関白の乗物の到着が遅れ、天皇が「シハラク御マチニテ御不興」（『資勝卿記』三、国立公文書館所蔵謄写本、寛永三年九月六日条）という問題はあったが、それほど行列は長いものであった。

第一日目の九月六日には「振舞」と「晴ノ御膳」があり、秀忠と家光が天皇の相伴をした（『資勝卿記』三、寛永三年九月六日条、席次は略図1）。第二日目の九月七日には「舞御覧」と天皇による「箏」の「御所作」があって、「振舞」があったが、この日行われるはずの「和歌御会」は時間の関係で「延引」となった（『資勝卿記』三の寛永三年九月七日条、藤井譲治・吉岡眞之監修『後水尾天皇実録』第一巻、以下『後水尾天皇実録』の監修者名は省略）。第三日目の九月八日には二条城の天守閣に天皇が登り、夜には前日から延引となっていた和歌御会が催された（『後水尾天皇実録』第一巻、『資勝卿記』三の寛永三年九月八日条、席次は略図2）。この時の天皇の御製と、秀忠と家光のそれぞれ詠じた和歌が次のように伝わっている（『寛永行幸記』〈『後水尾天皇実録』第一巻〉）。

詠竹契遐年和歌
もろこしの鳥もすむべく呉竹のすぐなる世こそかぎりしられぬ
秋日待行幸二条亭同詠

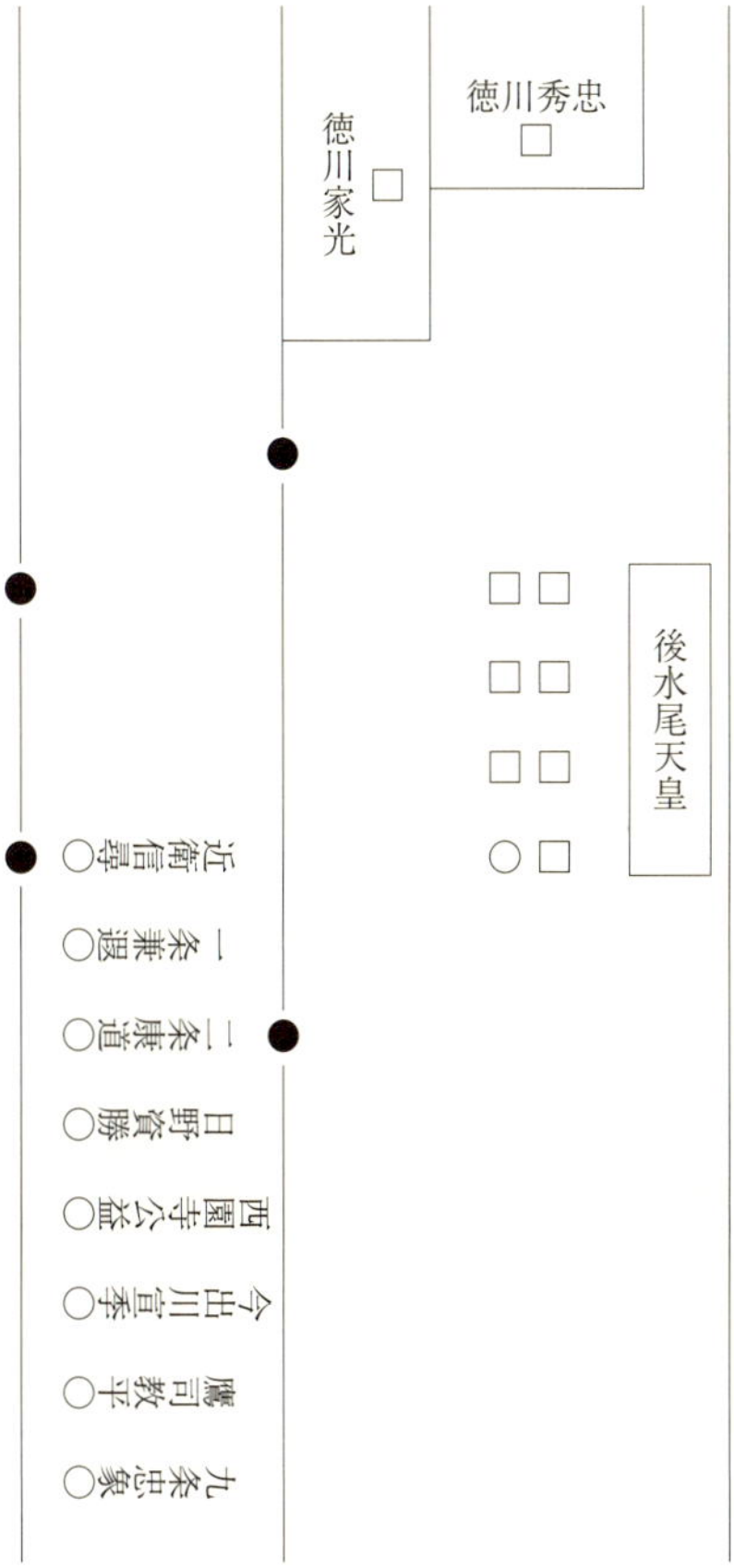

略図1　二条城行幸啓初日における「晴ノ御膳」の座次

（註）『資勝卿記』3（国立公文書館所蔵謄写本），藤井譲治・吉岡眞之監修『後水尾天皇実録』第1巻（ゆまに書房，2005年），黒板勝美編『新訂増補国史大系　公卿補任』第3篇（吉川弘文館，1936年）をもとに筆者作成。典拠名は順不同。

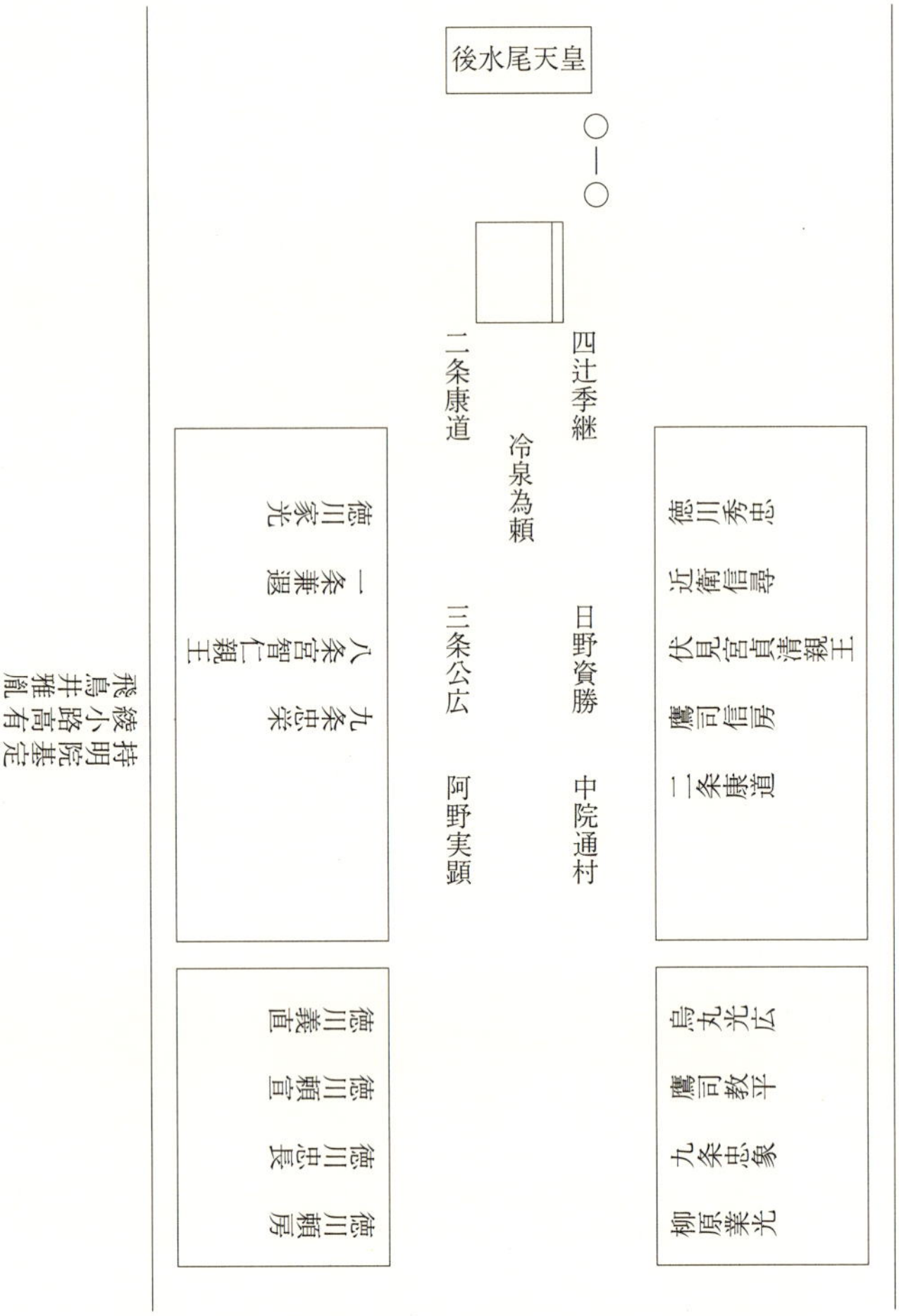

略図2　二条城行幸啓第3日目における和歌御会の座次

（註）『資勝卿記』3（国立公文書館所蔵謄写本），藤井讓治・吉岡眞之監修『後水尾天皇実録』第1巻（ゆまに書房，2005年），黒板勝美編『新訂増補国史大系　公卿補任』第3篇（吉川弘文館，1936年）をもとに筆者作成。典拠名は順不同。

竹契遐年和歌

太政大臣源《（徳川）》秀忠

呉竹のよろづ代までとちぎるかなあふぐにあかね君が行幸を

左大臣源《（徳川）》家光

行幸するわが大君は千代ふべき千尋の竹のためしとぞ思ふ

まさに徳川将軍家にとっては栄華の極みの瞬間であった。第四日目の九月九日には猿楽があり、第五日目の九月十日に天皇と中宮一行の還幸啓となって、九月十二日には秀忠が太政大臣、家光は左大臣にそれぞれ昇進した（『後水尾天皇実録』第一巻）。

藤井讓治氏が「後水尾天皇の二条城行幸は、すべての大名を京に集め、むかえの行列に従わせることによって、徳川氏への臣従をよりいっそう確かなものとし、また徳川氏に反感をもった公家をはじめとする諸勢力に徳川氏の力を見せつけ懐柔するものであったが、それとともに和子入内、女一宮の誕生といった融和への流れのなかで、長く続いてきた幕府と朝廷との軋轢に止どめをさそうとする大規模な政治ショーでもあった」（藤井『徳川家光』）と評価したように、この行幸啓は宮中と他大名に向けた威圧策であったが、実はこの行幸啓時、既に徳川和子は懐妊していた（久保『徳川和子』）。そのような大事な体で、五日間の行啓を行わせたこと自体に筆者は驚くが、和子入内以来の秀忠による対天皇・朝廷政策のその後の行方は、まさに和子が皇子女のいずれを出産するかにかかっていた。

寛永三年（一六二六）十一月十三日、和子は遂に皇子を出産した（久保『徳川和子』）。笠谷和比古氏によれば、この「皇子は誕生の日から数えて、わずか一二日後の同月二五日、親王宣下の儀が執り行われて高仁と命名され」ており、その名は「「スケヒト」と訓じていたことが知られる」といい、同氏は「このような誕生より間もない一二日後の親王宣下などというのは、この時代はおろか、長い朝廷の歴史においてすら例を見ないもの」で、「この時日の経過を待ちきれぬがごとき性急な親王宣下の事実一つとってみても、高仁親王の朝幕関係の中において占める重要性と、同親王に寄せられている朝幕双方からする期待の並々ならぬものであることを覚えさせられる」と評価し（笠谷『関ケ原合戦と近世の国制』）、「高仁親王の誕生は、幕府にとって待望久しかった皇子の実現であ」り、「皇子高仁の誕生は、もとより将来におけるその天皇即位を見定めたものであり、徳川の外孫の即位、すなわち徳川系の天皇の実現こそが家康以来おし進めてきた、和子入内、二条城行幸とつづく一連の朝廷政策の完成を意味するものであった」と結論づけている（笠谷『関ケ原合戦と近世の国制』）。筆者も全く同感である。

笠谷氏は、後水尾天皇も高仁親王への譲位に意欲的であり、後水尾天皇の譲位と高仁親王の即位が当時早期に現実化しつつあったことを論証したが（笠谷『関ケ原合戦と近世の国制』）、次の史料はその笠谷氏の引用した『本光国師日記』の寛永四年四月二十六日条である（『新訂　本光国師日記』第六）。

一同（寛永四年四月）廿六日。大炊頭（土井利勝）殿ゟ状来。両伝　奏（三条西実条・中院通村）へ勅答被　仰出御吉日。卯月廿八。廿九両日之内増候を考上ケ候様ニと申来。
　　勅答
　　　御吉日
　卯月廿八日甲子破金畢
　　右衣冠日
　　　廿八宿之収支干之初
　　　首尾相応日
　　　　以上
四歳之　御即位ニ付而。両伝奏江　御請被　仰渡御吉日也。如例認。大炊殿（土井利勝）へ持せ遣ス。

笠谷氏によれば、この史料は「高仁親王を四歳になったときに天皇に即位させたいとする後水尾天皇の意向に対して、幕府側がこれを受諾するという内容」で、「高仁親王の四歳のときとは寛永六年を指しており、この年に高仁親王が即位するということで、朝幕双方の了解が成立した」ことを示している（笠谷『関ケ原合戦と近世の国制』）。まさに徳川将軍家の血を引く天皇が寛永六年（一六二九）四月に誕生する予定だったのである。ところが、寛永五年（一六二八）六月十一日に高仁親王は急遽病没してしまい（近衛通隆他校訂『史料纂集　本源自性院記』）、笠谷氏によれば、「皇位を目前にした高仁親王の死は、家康以来このかた周到な準備と、膨大な財力をかたむけて推し進めてきた幕府の対朝廷政策、そして国家支配の構想をすべて水泡に帰」させた（笠谷『関ケ原合戦と近世の国制』）。

秀忠と家光は、高仁親王の葬儀について、同じく即位が予定されていながら病没した陽光院誠仁親王の例を参考に挙行することを求めたが、時既に遅く、親王の遺体は直ちに般舟院へ移されて埋葬されてしまった後であり、葬儀の挙行は叶わず（笠谷『関ケ原合戦と近世の国制』・野村『日本近世国家の確立と天皇』）、土井利勝と酒井忠世を通じ、武家伝奏宛に「親王《（高仁親王）》御方薨御之儀、相国《（徳川秀忠）》大樹《（徳川家光）》御哀惜不斜候」（史籍研究会『内閣文庫所蔵史籍叢刊　第2巻　東武実録（二）』）と述べた上で、葬儀を挙行しない旨を追認せざるを得なかった（笠谷『関ケ原合戦と近世の国制』・野村『日本近世国家の確立と天皇』）。笠谷氏の言うように、これは明らかに、特に秀忠にとってはそれまでの対天皇・朝廷政策の大きな「挫折」であった（笠谷『関ケ原合戦と近世の国制』）。もし高仁親王が存命であれば、歴史は大きく変わったはずであるが、同親王が病没したことによってもまた、歴史は確実に変化した。その後の秀忠・家光による対天皇・朝廷政策は、この「挫折」（笠谷『関ケ原合戦と近世の国制』）の所産であることをふまえなければ、正確な歴史的評価はできないだろう。

後水尾天皇と女一宮・光融院

高仁親王病没の衝撃は、後水尾天皇にもさらなる行動を起こさせている。久保貴子氏によると、「寛永五年七月頃」に天皇は、和子とその使者の権大納言局を通じ、女一宮への同年十月頃の譲位の意向を秀忠と家光に伝達した模様であり（久保『徳川和子』）、藤井譲治氏によれば、それに対して秀忠と家光はそれぞれ仮名消息を発給して譲位を諫止し、また土井利勝は京都所司代の板倉重宗宛に、この件で勅使発遣の動きがある場合は「勅使下向を阻止するよう命じ」た（藤井「八月二日付徳川秀忠仮名消息をめぐって」）。なお藤井氏は、「家光の消息は秀忠の御前で作成されたものであり、この時期の幕府の意志決定が秀忠の手にあったことを示す」とも指摘しているから（藤井「八月二日付徳川秀忠仮名消息をめぐって」）、この段階でも天皇・朝廷への対応は、秀忠主導で行われていた。

久保貴子氏によると、この時の「天皇の譲位発言の真意は不明」であるという（久保『後水尾天皇』）。しかし、既に当時、和子は再び懐妊しており（久保『徳川和子』）、その出産を待ってからでもよさそうであるのに、天皇があえて譲位の意向を表明した点に異常な背景の存在を看取することは難しくなかろう。しかも、せっかく和子は九月二十七日に皇子を出産したが（藤井「八月二日付徳川秀忠仮名消息をめぐって」）、その皇子の扱いは高仁親王に比して特異であり、三夜の儀・五夜の儀は行われず、天皇は悦びの感情を示していないし、十月一日には幕府も了承の上で皇子は八条宮智仁親王の養子とされてしまった（野村『日本近世国家の確立と天皇』）。八条宮家の養子とされた意味については、久保貴子氏も指摘するように、当時の「まじない」や「養子・猶子の慣習」を視野に入れた検討が必要であるが（久保『徳川和子』・久保『後水尾天皇』）、その八条宮家の養子とされたはずの皇子の誕生について、秀忠はそのまま土井利勝を通じて喜んでおり、しかも土井利勝と酒井忠世が使者として派遣されることにもなっていたから（藤井「八月二日付徳川秀忠仮名消息をめぐって」）、同じ徳川将軍家の外孫男性皇族でありながら、この皇子の扱いは高仁親王と明らかに異なっていた（久保『徳川和子』・野村『日本近世国家の確立と天皇』）。後水尾天皇が、高仁親王の病没の衝撃でその先の展望を描けなくなり、妥当な判断をしにくくなっていた可能性はあるが、その新たな皇子（光融院）も寛永五年（一六二八）十月六日には病没してしまった（『大内日記』、国立公文書館所蔵謄写本、寛永五年十月六日条）。まさに八方ふさがりの状況であった。

三条西実教の談話

この不幸の連続について、後年、三条西実教は前引の東福門院（徳川和子）をめぐる談話の続きで次のようなことを述べている（『中院通茂日記』三十一、延宝六年六月二十二日条）。

> 大御台（江）現存之時、女中誕生之宮方誕生之後、無乳養、毎度御死去也、及大猷院（徳川家光）殿代被聞召、無勿躰事也、雖何御腹、可有養育之由、被申之、其後、無此事云々
> 依此報、親王（若宮）女院御腹両人御誕生（高仁親王・光融院）、無程御死去、

江の存命中、後水尾天皇の女中から「宮方」が誕生しても、乳を飲ませることなく、そのまま「宮方」を「毎度御死去」に追い込んでいたという話を受けて、その報いが、東福門院（徳川和子）の産んだ二人の皇子の夭折につながったのだという見解である。この談話は延宝六年（一六七八）のことであるから、寛永五年（一六二八）から半世紀を経た宮中においても、徳川将軍家の外孫男性皇族の相次ぐ病没が生々しい記憶として残り続け、それは無理に無理を重ねた行為の結果だとの認識がなされていたことを物語っているが、これは寛永五年当時の宮中にあっても、おそらく同じような感覚だ

ったのではなかろうか。天皇は、高仁親王の病没に何らかの意味を感じたのかもしれないし、だからこそ、二人目の徳川将軍家の外孫男性皇族の運命も予感し、天皇家としてその子を育てる選択を敢えてしなかったのかもしれない。

後水尾天皇の勅使派遣

寛永五年（一六二八）の後水尾天皇による女一宮への譲位の意向の表明から約一年後、天皇は、「寛永六年七月十六日付細川忠利宛細川三斎書状」（『大日本近世史料　細川家史料』三、七五九号）に「一、為　勅使伝奏（三条西実条・中院通村）御下、一つニは　女一宮（興子内親王、明正天皇）様へ御位を被譲度との儀、一つニは長老無官ニ被成候儀、色々御詫言之由、何も調申候哉、便宜ニ可承事」とあるように、今度は勅使として武家伝奏の三条西実条と中院通村を派遣したが、その用件は二つあり、一つは再度の女一宮への譲位の意向の表明で、いま一つは「長老無官ニ被成候儀」についての「御詫言」であった。

ここで言う「長老無官ニ被成候儀」とは、斎藤夏来氏の研究を参照すると、「大徳寺の沢庵宗彭らが、寛永四年七月の「上方諸出世御法度共」に伴う「大徳寺諸法度」の遵守強制に抗して、寛永五年三月以前に幕府に提出したいわゆる抗弁書」において「大徳寺は、開山国師宗峰妙超の後継者＝大徳寺住持の選定について門徒の合意形成を果たしたならば、朝廷に紫衣勅許を伴う大徳寺住持補任状（綸旨）の発給を要求しうる、という点」などを主張したことが問題化し、「寛永五年以降、法度以後出世の大徳寺長老は本寺出仕を控えた」状況を指すようである（斎藤『禅宗官寺制度の研究』）。この状況を受けて、紫衣を勅許する立場にある天皇からも沢庵らのため「御詫言」をしたということのようである。このことと、女一宮への譲位の意向の表明とが、前引の書状で結びつけられているのかはわからない。

この天皇の「御詫言」を受けてだろうか、大徳寺の問題について、秀忠は次の「寛永六年七月二十七日付貴田政時宛細川忠利書状案」（『大日本近世史料　細川家史料』九、三三九号）にあるように、以心崇伝・天海・藤堂高虎と対応を協議している。

一、紫野出入、沢庵（宗彭）・玉室（宗珀）・江月（宗玩）京にて書物上り、其儀御腹立にて候故、是へ被詰、御詫言被仕候処、金地院（以心崇伝）・南光（南光坊天海）・和泉（藤堂高虎）召候而、如何可有之儀候哉と御尋候処、先金地院被申上候ハ、御法度を背、其身も其通白状被仕上ハ、急度被仰付可然之由被申候、南光ハ一切左様ニ不存候、第一古相国様（徳川家康）も紫野成立候様ニとの御仕置、当相国様（徳川秀忠）も御同前之儀候、沢庵被申様ハ、京之書物之儀ハ、主一人ノ覚悟にて候間、両人（玉室宗珀・江月宗玩）之儀御赦免被成、沢庵ハ如何様にも被仰付候様ニと御申上候、紀明之上なとにて後、有様を申を白状と申候、はしめゟ有様を被申上候ハ、白状にてハ無御座候、寺之ため成立候様ニと被存、身ニかへ書物被仕候儀は奇特と存候、南光なとの僧中ニハ、左様之者今ハ無之候間、感申候、併御法度ニもれ候被申様ハ不調法之儀候間、石も一人仕持候へハ重候、三人ニ科を御分付被成、軽被仰付可然かと、何やらん経文を被引候而被申上候へハ、和泉（藤堂高虎）も南光と同前ニ存候由にて、それ故沢庵ハ冣上之内上山（出羽村山郡）、玉室ハ常陸之内あかたて（赤館、陸奥白川郡）へ被遣筈、江月之儀ハ未被仰出候、一段心安被遣様ニ成申候、諸人南光を感、金地院をわろく申候事、耳をあて被聞儀にて無御座候、内々ハ遠嶋へと思召候へ共、南光故如此候

と申候、

これによると、秀忠自身は沢庵らの行動には「御腹立」であったが、以心崇伝も抗弁書の提出を問題視し、しかも抗弁書の内容を沢庵らは「白状」したのであるから厳罰に処すべきであると主張したところ、天海は異なり、沢庵が自身を犠牲にして、取り調べを受けてからではなく、最初から寺のために自身の主張を展開していたことを評価し、それは「白状」ではなく、むしろ感じ入る行動であり、なかなかそのような僧侶はおらず、罪を一人で背負えば重いが、関係者で罪を共有すれば、一人一人の罪刑は軽く済むのではないかと提案し、藤堂高虎も天海に同調したという。秀忠は当初「遠嶋」を考えていたが、天海の意見を容れ、江月を除く沢庵と玉室が各々配所へ遣わされることになったとある。この時、天海が沢庵を高く評価していることや、崇伝と天海の物言いが対比され、崇伝に比して天海の粋な計らいが評判となっていることも押さえておきたい事実である。

この件とは別に、女一宮への譲位の意向については、「寛永六年八月晦日付細川忠利宛細川三斎書状」（『大日本近世史料　細川家史料』三、七六七号）に「一、女一宮様《(興子内親王〈明正天皇〉)》御位之事、相国様《(徳川秀忠)》御同心無之由、近比目出度儀と存候事」とあるように、秀忠は同意しなかったようである。

後水尾天皇による突然の譲位

ところが、後水尾天皇は急遽、寛永六年（一六二九）十一月八日に突然譲位してしまう。今谷明氏によると、これは全く秘密裡に事が運ばれたようで、女一宮への内親王宣下などの徴候があったにも拘わらず、京都所司代板倉重宗らは全く事前に把握できなかった（今谷『武家と天皇』）。

この突然の譲位の理由を考察するに際し、次の「寛永六年十二月二十七日付細川忠利宛細川三斎書状」（前引『細川家史料』三、七八五号）はよく引用されてきた史料である。

一、京ニ而　禁中向之儀承候、主上（後水尾天皇）之御事ハ不及申、公家衆も事外物之きれたる躰と申候、　主上御不足之一ツニハ、公家中官位御まゝニ不成との事、又ハ御料所加増にて被進金銀も、折〳〵被進候へ共、是も毛頭御まゝニ不成候、右之分ニ候へハ、何を以公家衆へ感不感可被成御立様も無之候、其上八木金銀御遣なきニよりたまり申候を、利分を付、奉行共ゟ人ニ借付申候、如此之故、人の口にて候へハ、王之米何程借り候、金銀いかほと借り候と、口すさみ申候、神代より　禁中ニ無之例ニ候を、今　主上之御代ニ当り、加様之事出来無御存知事故、後代之そしり御請被成候事、何より口惜　思召候由、又ハ大徳寺・妙真（心）寺之長老なり不届と武家ゟ被仰、或衣をはかれ、又ハ被成御流候へは、口宣一度ニ七八十枚もやふれ申候、主上此上之御恥可在之哉との儀、又かくし題ニハ、御局衆之はらニ　宮様達いか程も出来申候をおしころし、又ハ流し申候事、事之外むごく御無念ニ被　思召由候、いくたり出来申候共、武家之御孫ゟ外ハ御位ニは付被申間敷ニ、餘あらけなき儀とふかく被　思召由候、此外未数御入候へ共忌申候、

（以下略）

譲位の理由の観測として、細川忠興（三斎）は、官位叙任における天皇の裁量権のなさや、金銀や米の使用制限により天皇が公家衆への論功行賞すらできないこと、その制限による余剰分で幕府の役人が貸付事業を行っていること、また前述の大徳寺をはじめとした長老の紫衣の効力が否定され、彼らの出仕が困難となっていること、さらには「かくし題」として、前述の三条西実教が談話で言及していたような状況、すなわち天皇の「御局衆」が産んだ「宮様達」は「おしころ」されたり、「流」されたりされ、天皇は「事之外むごく御無念ニ」思っており、どれだけ「宮様達」が生まれても「武家之御孫ゟ外ハ　御位ニは付被申間敷」ということでは、あまりにも粗暴であると深く憂慮していたことなどを列挙している。この「かくし題」の内容については、今谷明氏によれば、「天皇家や公家にはそのような風習はなかった。和子入内とともに、武家の残酷な慣行が内裏にもちこまれた」ものとされている（今谷『武家と天皇』）。

斎藤夏来氏によると、突然の譲位の理由として、大徳寺の問題との関連を指摘した史料は唯一この書状のみであり、両事件の発生・展開時期の近接もあって、これまでもいわゆる紫衣事件と後水尾天皇の突然の譲位との関連はたびたび指摘されてきたが、現段階では両事件の関連の可能性については低いと考えられているようである（斎藤『禅宗官寺制度の研究』）。

突然の譲位の理由

とすると、天皇が突然譲位した理由については、他の部分に注目すべきことになるが、大きくは官位叙任権の問題、経済的問題、皇子女の問題が原因だったと観測されていたようである。特に叙任権の問題と皇子女の問題については、本書においても秀忠の積極性は看取された。もし光融院の病没前後も「武家之御孫ゟ外ハ　御位ニは付被申間敷」との方針が維持され、引き続き「御局衆」の産んだ「宮様達」が「おしころ」されたり、「流」される状況が継続していると天皇が感じていたならば、事態はかなり深刻であったろう。天皇が高仁親王の即位に積極的となり、高仁親王の没後すぐに同じく秀忠の孫にあたる女一宮への譲位を打診し、光融院が生まれても、早々に八条宮家の養子とした理由は、あるいはそのような状況への天皇の抵抗だったのかもしれない。

　すなわち、「武家之御孫」を即位させれば、「御局衆」の産んだ「宮様達」が「おしころ」されるという異常事態は少なくとも止められるから、天皇は「武家之御孫」の即位を至急実現したかったのではなかろうか。高仁親王の即位を急ぎ、親王の没後は直ちに女一宮への譲位を提案した背景も、その辺りにあると思われるのである。だが、女一宮への譲位が諫止されると、その後に生まれた光融院の比重が高まるが、光融院が育つとは限らず、天皇は久保氏の想定する宮中の慣習（久保『徳川和子』）の存在を理由に光融院を家の外に出し、これ以上「武家之御孫」に翻弄されたくない気持ちを表明したとも考えられる。だが、その光融院も育たなかった。もしその後も「御局衆」の産んだ「宮様達」が「おしころ」される状況があり得たならば、天皇は「武家之御孫」のうち最年長の女一宮に譲位してでも、早くそのような状況にブレーキをかけたかったのではなかろうか。

　事実、前引の三条西実教の回想談では「及大猷院《（徳川家光）》殿代被聞召、無勿躰事也、雖何御腹、可有養育之由、被申之」（『中院通茂日記』三十一、延宝六年六月二十二日条）とあったし、「寛永九年八月二十七日付

石河勝政宛細川忠利書状」（『大日本近世史料　細川家史料』十六、一七九八号）には、

一、春日《春日局》の御つほね御在京之儀、国母様《東福門院》へ御見廻と申候、又、いつれの御腹にても皇子御誕生ニ候ハヽ、国母様御養被成、被付御位可然との御呉見、其外御呉見共多候て御上りと申候、京之儀にて候へハ、色々推量仕由候へ共、不慥候、我等儀来月中旬罷上ニ相定申候、

とあって、秀忠の没後しばらくして、寛永九年（一六三二）八月に春日局が上洛し、どの女性の所生の皇子であっても、東福門院（徳川和子）が養育し、その皇子を即位させればよいとの「御呉見」を東福門院に伝えており、春日局が伝える「御呉見」とは敬語表現からも家光の見解に他ならないから、やはり「御局衆」の産んだ「宮様達」が「おしころ」されるという事態は、それを中止する家光の発言があるまでは継続していたと考えるより外あるまい。また、そのようにしてまで徳川将軍家が自らの外孫を即位させようとしていたことについて、外様大名の細川氏が論評・言及するようになっていたこと自体、深刻な問題であった。

いずれにせよ、天皇の譲位は実行されてしまった。今谷明氏によれば、この事態に対し、秀忠らは江戸に参府した中宮付武家の天野長信と寛永六年（一六二九）十二月五日まで面会せず、細川忠興（三斎）らから情報を集めていたようである（今谷『武家と天皇』）。忠興（三斎）の子の忠利は「寛永七年二月十六日付貴田政時宛細川忠利書状案」（『大日本近世史料　細川家史料』九、三五四号）に、

一、今度　禁中方之様子、主上《（後水尾天皇）》思召所一々承届候、此儀ハ何とも可申様無御座、御尤成儀と存候、如何成行可申哉、相国様《（徳川秀忠）》御気ニハあひかね可申候へ共、何ともなさるへき様も無御座儀ニ御座候条、とかく勅諚次第とて無御構様ニならてハ、此旨さしつ被成にく、御座候ハんと奉存候事、

と記し、秀忠の意には沿わないかもしれないが、これはどうすることもできないだろうとの観測を記している。実際、「寛永七年二月十八日付貴田政時宛細川忠利書状案」（前引『細川家史料』九、三五六号）に「一、禁中之儀、何と成共　主上《（後水尾天皇）》次第と被仰上せ候由、定而姫宮様《（明正天皇、興子内親王）》　王ニ被為成候哉、珎敷儀共奉存候事」とあるように、秀忠は譲位を追認せざるを得なかった。

しかし、秀忠としては天皇の行動を認めたくはなかったのだろう。「寛永七年三月十七日付細川忠利宛細川三斎書状」（『大日本近世史料　細川家史料』三、七九九号）には、

一、板周防《（板倉重宗）》も先月著府候へ共、　禁中之事有無之御沙汰無之候、国師《（以心崇伝）》上洛之事も今ハさたなく候、乍去、我々いつかたへも不出ニ付不存候、今之躰ハ、　主上《（後水尾天皇）》女一宮様《（明正天皇）》へ御位ゆつらせられ、いか様何そ替事も出来候ハんやうニ皆存候へ共、此方ゟ何之御かまいも無之ニ付、　禁中むき手を御うしない候やうニ相見候由、京都ゟ申来候事、

とあって、その後は秀忠から敢えて何の反応も示さなかったため、かえって後水尾上皇側は何も手を

打てなくなってしまったようである。

寛永六年十二月二十二日から江戸に滞在していた細川忠興（三斎）は（今谷『武家と天皇』）、寛永七年（一六三〇）八月十五日に帰国の暇を得た際、秀忠と会った時の模様を「寛永七年八月十六日付細川忠利宛細川三斎書状」（前引『細川家史料』三、八二五号）で次のように記している。

一、九月《（寛永七年）》十二日　姫宮様《（明正天皇）》御即位ニ付、初中後之御様子、大御所様《（徳川秀忠）》、昨日《（寛永七年八月、日脱カ）》十五御暇被下候御礼ニ罷上候刻、具被　仰聞候、禁中向之御事、一切　御耳ニ不立躰ニ候、難盡紙面候、期面之時候事、

後水尾上皇から譲位された明正天皇の即位は、寛永七年九月十二日に決まったが、そこに至るまでの経緯とその後の展望について、秀忠は忠興（三斎）に詳しく語って聞かせたといい、それは「禁中向之御事、一切　御耳ニ不立躰」を告白する内容であったという。宮中の様子は、江戸にいる秀忠には全くわからない状況となっていた。

笠谷和比古氏が述べたように、後水尾天皇と中宮徳川和子の行幸啓を二条城に迎え、その直後に高仁親王が誕生し、徳川将軍家の対天皇・朝廷政策は、徳川将軍家の外孫男性皇族である高仁親王が即位する一歩手前にまで達し、秀忠は、和子の入内によって、天皇と和子との間に徳川将軍家の外孫にあたる男性皇族を誕生させ、その皇子が即位し、のちの歴代天皇にも徳川将軍家の血脈が受け継がれ

ていくことを目指していた（笠谷『関ケ原合戦と近世の国制』）。そこでは以後も、徳川将軍家の血を引く歴代天皇が徳川歴代将軍を脈々と任命していくのだろうから、それは公武の断絶どころか、完全な合体であった。

しかし、その高仁親王の病没は、秀忠の構想を大きく「挫折」させた（笠谷『関ケ原合戦と近世の国制』）と同時に、徳川将軍家の外孫男性皇族を獲得せんがため、それまで他家の血を引く皇子を排斥してきた無理をさらに継続させることにもつながり、そのような異常事態を早期に終了させたい後水尾天皇は、徳川将軍家の外孫には相違ない女一宮（興子内親王、明正天皇）へ突然の譲位を敢行することによって、秀忠の構想にブレーキをかけた。天皇家の外戚でありながら秀忠は、人間としての天皇の気持ちと宮中の状況を捕捉できない状況に追い込まれていた。秀忠の対天皇・朝廷政策は、徳川将軍家の外孫男性皇族の獲得を目指して無理を重ね過ぎた結果、どこかで歪《ゆが》み、軋《きし》んでいたのである。その歪みと軋み、そして失敗をいかに受け止めるかが、その後の幕府にとっての課題だった。

4 弱りゆく秀忠

徳川将軍家の歪みと軋み

一方、徳川将軍家の内部に目を転ずると、そこでも歪みと軋みが表面化しつつあった。秀忠が本丸を出て、忠長への領知宛行を行った直後のことだが、「寛永元年九月十七日付続重友宛細川忠利書状案」（『大日本近世史料　細川家史料』九、一六五号）は次のように、

一、甲斐中納言（徳川忠長）様、此中御不食にて被成御煩候、頓而能可有御座かと存、不申上候つる、于今然々共無御座候、若御見廻ニ人をも可被遣哉之事、

と、家光の弟の忠長の「御不食《ごふしょく》」を報じている。一見これは単なる体調不良かとも見えるが、小池進氏によると、忠長は寛永二年（一六二五）正月二日にも家臣を手討ちにしているから（小池進「保科正之と徳川家光・忠長」）、家光の将軍就任が動かし難い事実となった影響なのか、のちに顕在化する忠長の体調不良と問題行動の素地は、この頃からあったと捉えておくほうがよいだろう。

華やかな二条城行幸啓が終了した直後の寛永三年（一六二六）九月十五日には江が亡くなるが（福田千鶴『江の生涯』）、福田氏によれば、江の病状の知らせが京に届いたのは同年九月十一日で、「在京していた忠長は、十二日夜半に江戸に向かったが、秀忠・家光は在京したままで、」「江戸に向かった忠長は、死去の知らせを武蔵国芝の辺で聞くことになった。母の死に際には間に合わなかった」という（福田『江の生涯』）。

その後、さらに忠長の様子は変わり果てていったようである。例えば、「寛永八年二月十二日付貴田半左衛門尉宛細川忠利書状案」（『大日本近世史料　細川家史料』十、四二二号）では次のように、

一、駿河大納言（徳川忠長）様、弥御手討かさなり、此十日前ニ小浜民部子（光隆）御誅伐、其後御伽之坊主御きり候由候、年寄衆かたく御呉見被申、以来ハ可（マヽ）被仰付とて御かためニて候処、又か様ニ御座候、御き

り候ものを明ル日は御よひ候由候、気のちかひたるニても無御座候へ共、酒故と承及候、此分
ニ候ハヽ、無程一はく《（松平忠直）》殿のことくならせられ候ハんとの、上下取さたにて御座候事、

と、忠長による度重なる手討ちが報じられ、幕府の年寄が注意するものの改まらず、しかも「御きり候ものを明ル日は御よひ候由」、すなわち忠長が自身で斬り殺した者を明くる日には呼び出しているという状況で、精神的異常によるものというよりは、酒のせいによるとの話であったが、これでは松平忠直のようになるのではないかともっぱらの噂になっているとのことであった（舟沢「松平忠直」によれば、忠直は元和九年〈一六二三〉に改易）。しかし、自分で斬り殺した者を翌日呼び出しているという状況は、もはや常軌を逸していると言わざるを得ないだろう。また、ほぼ同時期の「寛永八年二月十八日付貴田半左衛門尉宛細川忠利書状案」（前引『細川家史料』十、四一三号）には、

一、駿河大納言《（徳川忠長）》殿、日比切々御内衆御手討しけく候故、将軍様《（徳川家光）》ゟ右ニ三度御使にて御呉見、又御
直ニ両度被成御呉見候処、度々御同心にて、其上又此程御手討御座候、其上駿河にてハ辻伐な
とニ御出候由、かやうの儀、随分相国様《（徳川秀忠）》御耳ニ不立様ニ被成候へとも、左様ニ候ても御異見
無御同心候間、不慮も御座候へハいかゝニ候と思召、相国様へ被成御談合候処、左様之儀無
御存知候、とかく将軍様之御異見を無御同心上者沙汰之限とて、相国様御前ハきれはなれ
たる様ニ承及候、然共、将軍様急度可被成御異見とて、二月十四日ニ雅楽殿《（酒井忠世）》・大炊殿《（土井利勝）》御使に

て、将軍様ゟ大納言《（徳川忠長）》殿へ急度御异見御座候由候、然共以来も中〱御异見立申間敷様ニ承及候、然上は、上総《（松平忠輝）》殿などのことく成行可申との讃談にて御座候、にか〱敷儀と申事にて御座候事、

とあって、手討ちを繰り返す忠長に対し、家光が二度三度と使者を立てて注意し、忠長はその時には注意を聞き入れるものの、手討ちは止まず、駿府では辻斬りにまで出かける始末であるといい、何とか秀忠の耳に入らぬよう取り計らってきたが、想定外の事態が発生してからでは遅いので、秀忠の耳に入れたところ、秀忠は将軍の注意を聞き入れずに手討ちなどを繰り返す忠長の行動を問題視し、秀忠は忠長を突き放したようだとの観測が示されている。家光は、その後も酒井忠世や土井利勝を派遣して忠長に注意を加えたが、なかなか行動は改まらなかったようである。細川忠利は、このような状況では、かつての松平忠輝のようになり得るのではないかとし（小村「松平忠輝」によれば忠輝は元和二年〈一六一六〉に改易）、何とも苦々しいことだとの感想を述べている。

このような報告を受けた細川忠興（三斎）は「寛永八年三月一日付細川忠利宛細川三斎書状」（『大日本近世史料　細川家史料』四、八六六号）で「相国様《（徳川秀忠）》聞召御前きれはて申候由、左様ニ可在之候、兎角其ま丶被為置候而ハ万事あふなき儀候事」と述べ、秀忠が忠長を突き放したことはその通りだろうが、そのまま放置しておいては危ないとの認識を示し、また「寛永八年三月十日付細川忠利宛細川三斎書状」（前引『細川家史料』四、八六七号）では、

一、駿河大納言殿（徳川忠長）二月十六日御呉見承由ニ而、将軍様（徳川家光）へは御目見之由、相国様（徳川秀忠）へハ未無御出由候、
何と候而も又発可申間、往々は可然も在之間敷と各さけすみの由、苦々敷儀ニ候事、

と述べて、忠長が家光と会って家光から注意を受けるも、秀忠とは会えていないとし、どのように注意してもまた問題行動を起こすだろうから、将来的に立ち直ることは難しいだろうと忠長を蔑む声があちこちから生じているとのことで、苦々しいことだとしている。忠長の問題行動と、それが一向に改まらない状況は、確実に忠長自身の評価を貶めていた。

忠長の問題行動と秀忠の病

このような忠長の崩れようを見て、秀忠は忠長を完全に見限ったようであり、「寛永八年三月二十五日付細川忠利宛細川三斎書状」（前引『細川家史料』四、八六八号）には「一、駿河大納言殿（徳川忠長）于今西之　御丸へ無御出由、行末留りかね可申儀と存候事」とあって、秀忠は全く忠長と会おうとしていないことが報じられ、しかも「寛永八年三月三十日付細川忠利宛細川三斎書状」（前引『細川家史料』四、八六九号）からは、

一、甲斐大納言殿（徳川忠長）之御事、菟角絶言語迄候、女房之放討も古今珎敷儀ニ候、二ノ丸之御門番へも百廿騎之外御門之内へ入申間敷との御觸之由、扨々　御気遣成躰筆を捨申候、其外人留之口々不入道切ふさき、柵を被　仰付之由、事々敷儀候事、

とあるように、秀忠が女性をも斬り殺す忠長の問題行動を警戒し、江戸城の出入りを厳重に取り締まる行動に出ていることが判明する。

　このような忠長の問題行動の連続に心労を来したのか、「寛永八年三月晦日付細川忠利宛細川三斎書状」（前引『細川家史料』四、八七〇号）では次のように、

一、両（徳川秀忠・徳川家光）　上様御無事之内、相国（徳川秀忠）様駿河大納言（徳川忠長）殿之儀　御心ニ懸候哉、御胸を被成　御痛之由候、
加様ニ可在之事候、にか〳〵敷存候、乍去、去九日ゟ御食も能上り申候由、扨々目出度儀候事、

と、秀忠が胸の痛みを訴えたことが記され、忠長が秀忠を心理的に追い詰めていく状況を周囲は苦々しい思いで見つめていた様子が看取される。もはや家光が忠長を注意して改めさせるという状況にはなく、秀忠と家光は、秀忠の体力的な問題からも、忠長への何らかの処分を考えねばならない段階に来ていた。

　当時の状況を「寛永八年四月五日付細川忠利宛細川三斎書状」（『大日本近世史料　細川家史料』四、八七一号）は端的に次のように伝えている。

一、駿河大納言（徳川忠長）殿弥御心も揃不申故、近々何方へそ御預ケなさるへきニ　相国（徳川秀忠）様御前極申候、然処
（闕字）将軍（徳川家光）様被遣所を色々　御思案と申沙汰にて候由、是ハ一時もはやくかた付申程　相国様御気も

休り可申儀候、御仕置急々ニ有度事ニ候、上総殿（松平忠輝）のことくニゟ外可被成様も在之間敷儀かと存候、被為置所何方ニも多ク可在之間、何之道ニもはやくかた付申様ニ御座候而　相国様弥御息災之吉左右待申候事、

一、大納言殿（徳川忠長）具足甲御著候て、人を可有御成敗と御沙汰之由、一興千万にて候、又間〳〵ニろく成時も御入候、酒之過候時ハ又発ニ付、諸奉公人作病仕、ちいさき子一人付而居申候、然時ハ御一人にて候間、心安儀と何も被存之由、無左共、此中之御行儀にてハ御内衆揃大納言殿へ御奉公可申わけ無之儀と存候事、

一、此前の辻切も大納言殿御沙汰之由、絶言語候、加様之御心おくニ御入候而、面むき無別候へハ気遣成儀ニ候、能時分御狂心あらハれ、将軍様弥御長久之儀と還而目出度候事、

これによれば、秀忠としては、忠長をどこかの大名家へ預けの処分とすることを決め、家光が預け先を検討しているとのことであったが、何よりも周囲の思いとしては、早くこの問題が片づき、秀忠の気の休まることが大切で、預け先の候補は多くあろうから、いずれにしても早く決着させ、秀忠の体力を回復させることが大切だとの観測が示されている。それほどに秀忠の消耗は著しかったのだろう。また、当の忠長はといえば、甲冑を着用して相変わらず手討ちを繰り返しているといい、酒を飲み過ぎると問題行動が発生するので、仕える者たちは病と称して出仕せず、忠長には小さな子供が一人仕えているに過ぎないといい、これまでの忠長の行動をふまえれば、仕える者がいなくなるのも当

然だとの認識が示されている。さらに、忠長の辻斬りも収まる気配はなかったが、忠興（三斎）は、そのような「御狂心」を内包しているのに、表面上は問題がないかのように振る舞われるほうが厄介であり、むしろこのように早く「能時分」に「御狂心」が表面化したことは、この先の将軍家光の「御長久」を考えればかえってよかったとまで断言している。また、「寛永八年五月十一日付細川忠利宛細川三斎書状」（前引『細川家史料』四、八七四号）では、

一、駿河（徳川忠長）大納言殿此比少御しつまり、其ニ付、被御覧合何方へも不被遣由候、とても又おこり可申間、早々何方へそ被遣候様ニ成候へかしと存候、左候へハ御心隙之明申事候、少之間御しつまり候とて、帯ひものとかれさる事候、御気違之間、目結句両（徳川秀忠・徳川家光）御所様之御邪魔ニ可成かと存候事、

とあるように、忠興（三斎）は、早く忠長の預け先を決めるべきであり、そうすれば秀忠と家光の心身も楽になり、しばらくは静かになるとし、忠長はもはや「御気違」なのだから、秀忠と家光の「御邪魔」でしかないとまで断じていて、周囲の忠長に対する評価は目を覆わんばかりに下落してしまっていた。

忠長を甲斐国へ

しかし、秀忠と家光は、忠長を完全に追い詰めることはしなかった。次の「寛永八年五月十五日付細川忠利追而書案」（『大日本近世史料　細川家史料』十、四二七

号）にあるように、

一、駿河大納言《(徳川忠長)》殿之儀、かやうニ書状調申候内ニ、先甲斐国へ御座候へと被仰出候、御返事ニ、御意次第、乍去、何方へも被遣候は、直ニ被遣候様ニと被仰候、又 御意ニ、此中迄之駿河之御仕置、土佐《(鳥居成次)》・筑後《(朝倉宣正)》仕たる物ニて候、甲斐国ニて御一分ニ而御仕置候へ、能候は連々駿河へ可被遣候、悪候は御身上可被果之由、被仰出候、此分ニ相済申候、四五日中ニ甲州へ御出之由申候事、

と、忠長は甲斐国へ遣わされ、そこで実際に「御仕置」を行わせてみることにし、善政を行ったならば駿河国も任せ、もし悪政を敷いたならば「御身上」は果てるという二段構えの処分とされた。すなわち、忠長には最後のチャンスが与えられたのであった。下重清氏も言うように、この処分は「穏便な処置」といえるものであった（下重『幕閣譜代藩の政治構造』）。忠長を痛烈に批判していた忠興（三斎）もこの処分を聞き、「寛永八年五月二十六日付細川忠利宛細川三斎書状」（『大日本近世史料 細川家史料』四、八七九号）で「一、駿河大納言《(徳川忠長)》殿甲斐国へ被遣ニ成申之由、仰出・御返事之様子書付給候、何篇ニかた付、両《(徳川秀忠・徳川家光)》上様御心休と存候事」と述べ、これで秀忠と家光の気持ちが休まるだろうと安堵したようである。

だが、藤井讓治氏によると、「秀忠の病が重くなったこの年の末、忠長は、秀忠への見舞と自らの

赦免とを以心崇伝や南光坊天海を介して幕府の老臣に繰り返し願い出た」といい（藤井『徳川家光』）、また「寛永八年十一月十六日付細川忠利宛細川三斎書状」（前引『細川家史料』四、九三〇号）に、

一、かいの大納言《徳川忠長》殿、江戸へ又御よひ可被成由、これハさやうニ可在之儀と、此方にてみなともニたハ事ニ申候へハ、何とてさやうニ申ぞと何も申候つる、くちはめをやふへ入をき候様ニ存候、申度儀候へとも書中ニハ不得申候事、

とあるように、当時、江戸へ忠長が呼び出されるのではないかとの噂が広まることはあったものの、さすがに周囲もそのようなことはないだろうと観測しており、それは藤井氏がこの一文を解説して、忠興（三斎）が「「くちはめ《蝮》をやぶ《藪》へ入をき候様」とうそぶい」たと述べたように（藤井『徳川家光』）、当時の人々は忠長をマムシに例え、彼を江戸へ呼ぶことがいかに危険なことであるかを充分認識していたからであった。だが、自身の立場がいかに危うく、また自身がいかにぎりぎりの所で秀忠・家光により守られているかを最も認識できていないのは、忠長自身であった。いま忠長がなすべきことは、甲斐国の「御仕置」を行うことであり、そこできちんとした実績を示すことであった。しかし、忠長にはそれが見えていなかった。

大御所秀忠の病没

年が明けて寛永九年（一六三二）正月、秀忠の病はますます重くなり、「寛永九年正月二十四日付島津家久宛細川忠利書状」（『大日本近世史料　細川家史料』十

六、一五一五号）には「一、相国様（徳川秀忠）御気相弥悪罷成、医者衆もいつれも不相成候、と角正月（寛永九年）中御かゝわり被成候事成間敷候、各気を詰申候事可被成御推量候事」とあって、もはや医者の手に負えなくなっており、「とかく当月（寛永九年正月）中ニ御大事御座候ハんと存候間、其儀ハ重而不及申入候」というように、秀忠に何かあるとすれば正月中だろうとの見通しが述べられている。

そのような中、表1にもあるように、最期を迎えつつあった秀忠は、「自分の死によって引起こされる幕府中枢の混乱と弱体化に対処するため」秀忠付年寄の土井利勝を家光付年寄に配置換えするとともに、井伊直孝と松平忠明を「幕政参与」とした（藤井『江戸幕府老中制形成過程の研究』）。残る秀忠付年寄たちの処遇は、家光に任されることになる。

秀忠は、細川忠利が前引の書状を書いた寛永九年正月二十四日の「亥之刻」（午後十時頃）に病没した（『本光国師日記』寛永九年正月二十四日条〈『新訂　本光国師日記』第七〉）。

秀忠の晩年は、対天皇・朝廷政策で手痛い失敗を味わうとともに、自らの愛した忠長が、家光の将軍職継承後、江の病没を経て、精神的に変調を来していく様を直視しなければならないという過酷なものであった。これは、それだけ秀忠が忠長に将来への淡い期待を抱かせ続けてしまっていたということであり、その期待が成らないことを知った忠長の自己崩壊の過程であった。その意味で、もともと忠長に将軍としての適性はなかっただろう。また、秀忠が忠長に今は一大名として将軍家に仕えねばならないことを本当の意味で教えられていなかったことをも如実に示している。忠長の問題は、不幸なことに、忠長を愛し過ぎたが故の秀忠と江の最大の失敗であった。その後の忠長の処遇は、将軍家光に委ねられ、持ち越されることになる。

秀忠の遺言と追号

秀忠の亡くなった翌日、次の『本光国師日記』の寛永九年正月二十五日条が示すように、以心崇伝は年寄衆から江戸城西丸へ呼び出され、秀忠の遺言を仰せ渡された（『新訂　本光国師日記』第七）。

一廿五日（寛永九年正月）。早天御年寄衆ゟ呼来。西之丸へ出仕。相国様（徳川秀忠）御遺言之趣被仰渡。於増上寺位牌一本ニ而弔可申旨被　仰置由。将軍様（徳川家光）之御意ニハ。於増上寺火葬歟土葬歟。宜様ニ双談可申上由。僧正（天海）も同座。葬礼作法以下事六ケ敷。人目も如何ニ候間。夜中密々ニ土葬。以後之御弔ハ。何様ニも結構ニ被　仰付可然ニ治定。

秀忠は、増上寺で自らを「位牌一本」で弔うよう遺言していたが、家光は増上寺で秀忠を火葬とするのか、土葬とするのかを検討して言上するよう指示し、天海とともに検討したところ、葬送儀礼の詳細は人目もあって困難な問題なので、ひとまず夜陰に乗じて秀忠を密かに土葬し、それからあらためて弔いの方法を詰めることとされた。

その後の検討課題は、秀忠の死後の称号をどうするかであった。この問題については、橋本訓人氏や中川学氏が既に研究しており、そこでは、いったん幕府で秀忠の死後の称号が検討されたが決定を見ず、宮中での検討に委ねられたことが判明している（橋本「秀忠院号「台徳院」の成立」・中川「近世将軍の院号と朝廷」)。だが、両氏の研究には、朝幕間交渉における発話主の確定や使用文言の内容と事実経過の把握に再検討の余地があるので、少し丁寧に追いかけてみたい。

さて、秀忠の遺言は、前述のように増上寺で自らを「位牌一本」で弔うようにという内容であったから、家康のように神格化が求められていたわけではなかったが、武家伝奏日野資勝の日記の寛永九年二月二日条には次のようなことが記されている(『凉源院殿御記』十、国立公文書館所蔵謄写本)。

又防州《（板倉重宗）》ゟ江戸年寄衆酒井讃岐守《（忠勝）》・土井大炊頭《（利勝）》・酒井雅楽頭《（忠世）》三人連判にて、板倉防州《（重宗）》へ折紙参て、相国様《（徳川秀忠）》御院号禁中ゟ被仰出候様ニト申参候由、防州副状仕候て参候、

すなわち、京都所司代板倉重宗から日野資勝のもとに、板倉宛の年寄連署書状が板倉の「副状」とともに回付され、それによると、江戸からは秀忠の「院号」を「禁中」から仰せ出されるようにと言ってきたらしいとのことであった。

翌々日、日野資勝は板倉重宗から武家伝奏相役の三条西実条邸に来るよう呼び出されたので出かけてみると(『凉源院殿御記』十、寛永九年二月四日条)、

午刻過ニ板倉《（重宗）》防州ヨリ人を給候て、只今国母様《（東福門院）》へ伺公申候間、ソレヨリ三条《（三条西実条）》前内府へ可参間、拙子にも可参由候間、前内府《（三条西実条）》へ参て待申候也、暫て板倉防州来臨候也、一昨日之書中之趣被尋候へハ、

御院号ハ御談合候て御置尤存候、ヤカテ江戸ヨリ人上り候而、ソレニ下可申候、又　勅号ニ御座候モ不審ニ候、仙洞ノ御院号ハ摂家方其外大臣又大納言衆へも御尋候て勘被申事ニ候、勅号ト御座候ハ、自然太上天皇尊号義なとにて可有かと前内府被申候へハ、防州(板倉重宗)被申候ハ、例無之候へとも、かやうの義御座候て尤之義候、其上、鹿苑院(足利義満)殿尊号候へハ、一段之義ニ候間、今度之勅使ニ被持遣尤之義候間、摂政(一条兼遐)殿へ御談合可然由被申、御存命之中にてハ指合も有之事候上、是ハ御贈号之事候間、不苦事候由被申候、

しばらくして板倉重宗が三条西邸に現れ、前述の秀忠の院号の話となった。三条西が板倉へ、二月二日に案内のあった年寄連署書状の趣旨を尋ねたところ、板倉は「御院号ハ御談合候て御置尤存候、ヤカテ江戸ヨリ人上り候而、ソレニ下可申候」との答えであった。また、三条西は板倉に「勅号ニ御座候モ不審ニ候、仙洞ノ御院号ハ摂家方其外大臣又大納言衆へも御尋候て勘被申事ニ候、勅号ト御座候ハ、自然太上天皇尊号義なとにて可有か」と尋ねている。おそらく年寄連署書状では、前述の日野資勝が「相国様(徳川秀忠)御院号禁中ゟ被仰出候様ニト申参候」と表現した箇所を「勅号」と表現していたものと推測され、三条西はその「勅号」の意味するところを確認したかったものと思われる。すなわち、「院号」で「勅号」と言う場合、上皇や法皇に死後贈られる「院号」は摂家以下が勘申して定めるものであり、「勅号」と言うからには、同じく上皇や法皇に贈られる太上天皇号などの「尊号」を意図していたのかとの確認であった。三条西には、「勅号」の概念が曖昧に思え、年寄衆と京都所司代の

言う「院号」の「勅号」という意味がわからなかったのだろう。
ところが、板倉重宗は「例無之候へとも、かやうの義御座候て尤之義候、其上、鹿苑院殿（足利義満）尊号候へハ、一段之義ニ候間、今度之勅使ニ被持遣尤之義候間、摂政殿（一条兼遐）へ御談合可然由」を答え、足利義満に与えられたという「尊号」が念頭にあり、勅使下向の際に遣わされるとよかろうから、摂政一条兼遐へよく談合するようにと述べ、さらに板倉は「御存命之中にてハ指合も有之事候上、是ハ御贈号之事候間、不苦事候由」をも述べて、秀忠が存命中に「尊号」を受けるのならば問題があろうが、これは死後の「贈号」なので問題はなかろうとの認識を示した。

　板倉の表現する「勅号」の「尊号」が、足利義満のものを念頭にしているとして、それが「鹿苑院」という「院号」のみを指すのか、それとも「太上天皇尊号」を含むのかが定かではなく、ここでは非常にわかりにくい。果たして年寄連署書状に義満の件が記されていたのかも不明である。実際には、今谷明氏によると、当時の室町幕府は辞退したそうだが、過去帳や位牌などには「鹿苑院太上天皇」などの号が記されている例はあるようで（今谷『室町の王権』）、板倉がそのような義満の「院号＋太上天皇号」を念頭に発言した可能性はある。

　この点は、武家伝奏が摂政と協議した際にも問題となり、日野資勝の日記によると（『凉源院殿御記』十、寛永九年二月四日条）、

次禁中（明正天皇）へ江戸相国様（徳川秀忠）御院号之事申上候へハ、摂政殿（一条兼遐）へ御談合之由被仰出候、御局へ直ニ申入候て則

御返事也
次摂政殿へ伺公申候へハ、則御対面にて右之通申上候、院号之事　摂家方可有御勘由被仰候、勅号之事も江戸年寄衆ヨリ参候書状ヲ御取候て、院参候て右之趣可被仰上候、其上にて御談合之義候也、

と記されており、秀忠の「院号」について、明正天皇も摂政との協議を指示したが、摂政は、「院号之事」は摂家が勘申するだろうと述べた上で、「勅号之事」については年寄連署書状を引き取って後水尾上皇に言上し、その上で協議するとした。ここでも摂政は、「院号」と「勅号」を分けて考えていることがわかる。そして、その日の夜に日野は三条西から仙洞御所へ来るよう呼び出されたので出かけると、やや遅れて三条西と摂政も到着し、三名で会談しているが、その際の日記によると（『凉源院殿御記』十、寛永九年二月四日条）、

初夜過程ニ三条殿（三条西実条）より人を給て、仙洞（後水尾上皇）ニ御用候間、伺公可仕候由候、三条殿伺公候間、急可参由候也、則狩衣着用、被伺公申候へハ、三条殿御遅参にて、北面ノ番所ニ待申候、摂政殿（一条兼遐）も未刻御伺公也、三条殿伺公にて候間、則奥へ申入候へハ、雁ノ間召て伺公申候へハ、摂政殿御出候て、院号之事、御頭弁を以摂家方へ被仰候、勅号之事、御合点不参候、尊号を勅号ト申候事ハ如何仕たる記録ニ成、摂政殿まて懸御目候様ニトノキ也、鹿苑院殿太上天皇尊号之事、何ニ候哉と御尋候へハ、柳

営ニ御座候由被申上候へハ、仙洞御本ニハ無之由被仰出候、太上天皇尊号之事ハ不慥事候間、其通ニ可仕由也、摂政殿被仰候ハ、天子之外、太上天皇如何之由、仙洞ニ御談合ニ不及候間、摂政殿御分別斗ニテハ御談合難成由に候間、則其通防州へ可申由申、可退出申候也

とあり、やはり摂政は「院号之事」と「勅号之事」を分けて思考しており、「院号之事」は「御頭弁を以摂家方へ被仰候」とし、「勅号之事」は「御合点不参候」と述べ、特に摂政は「勅号」と「尊号」の関係がわからなかった模様で、「尊号」を「勅号」と称している記録例があれば見せてほしいとしている。また、足利義満の「鹿苑院殿太上天皇尊号之事」（寛永九年二月四日条での板倉の発言内容がさらに明確になっている）はどの記録に載っているのかを尋ね、武家伝奏が幕府の記録にある旨を答えると、摂政は後水尾上皇の所持本にはそのような記録はないとして否定を試みている。

すなわち、このやりとりは、幕府の言う「勅号」が板倉の言うように「尊号」を含むのかどうかが焦点であり、もし「勅号」は「尊号」を含むならば、「太上天皇尊号」が検討対象として入ってくる。だが、摂政は慎重にそれらを腑分けしようとしており、「勅号」と「尊号」は別物であるとの方向でまとめ、さらに「鹿苑院殿太上天皇尊号之事」については「不慥事」なのでいちいち確定させず、そもそも「天子之外、太上天皇如何」という原則論に基づき、上皇に言上する必要のないものとして処理し、京都所司代へ投げ返した。

おそらく年寄連署書状では「勅号」での「院号」とのみ記されていたものを、板倉が三条西の疑問

に答える形で足利義満の「鹿苑院殿太上天皇尊号之事」に言及したため、さらに議論が混乱したものと思われる。だが、不思議なことは、武家伝奏の三条西と日野は次の史料にあるように（『涼源院殿御記』十、寛永九年二月五日条）、

則三条内府《（三条西実条）》へ参候へハ、昨日摂政殿《（一条兼遐）》被仰候通、防州《（板倉重宗）》へ山形・宮崎ニ申遣候、三条《（三条西実条）》記録ニも例相見へ申候、予《（日野資勝）》手前ニハ源家系図ニ御坐候由申遣候也

と、自らの所持する記録や系図に足利義満の「鹿苑院殿太上天皇尊号之事」が掲載されていることをわざわざ板倉に伝えているのである。三条西と中院は、もし先例があるならば、秀忠への「太上天皇尊号」の追贈はありだと考えていたということだろうか。

しかし、実際にはその後、秀忠への「太上天皇尊号」追贈の件は検討されず、幕府はもう少し明確に、林羅山の伝える家光の言葉として「相国《（徳川秀忠）》様御院号、勅号ニ被仰請度由候、等類ナキ似合申候を御所望之由」（『涼源院殿御記』十、寛永九年二月六日条）を願い、さらに「御院号ヲ増上寺ノ内ニ御影堂ヲ被立、ソノ額ヲ仙洞《（後水尾上皇）》ノ御筆ヲ被染候様ニト将軍《（徳川家光）》様御執奏ニ候」（『涼源院殿御記』十、寛永九年二月八日条）旨を摂政へ伝え、「院号」を「勅額」で賜りたいという願いとし、これで「院号」と「勅号」の両語を同時に用いて生じた混乱を回避しつつ、宮中から「院号」を下賜されるという形も担保することが可能となった。そして、中川学氏によれば、「九日には「台徳」の書付が所司代と道春へ渡され」、

「これ以降、歴代将軍の霊廟に勅額が飾られ、勅額門が設置されることとな」り、「この勅額こそ、視覚的に院号＝天皇・上皇の関与を示すという機能をもった」という（中川「近世将軍の院号と朝廷」）。

第三章　将軍家光の本格的始動

1　家光の西国へのまなざし

秀忠病没直後の家光

秀忠が病没し、彼の残した課題と人材を引き継ぎ、将軍家光による政治は寛永九年（一六三二）正月から開始された。しかし、例えば、『江戸幕府日記』の姫路酒井家本の寛永九年分は残りが悪く（『江戸幕府日記　姫路酒井家本』第一巻）、当時の家光の動静を逐一追跡することは難しく、家光がどのように自らの政治を開始したのかは不明な点が多い。この点について、「大猷《（ママ）》院殿御実紀」巻十九の寛永九年正月二十七日条には「御所《（徳川家光）》の御けしき伺とて諸大名出仕せる席に。出御まし〳〵て。大相国《（徳川秀忠）》御他界ありければ。今より後天下に主たる者我《（徳川家光）》一人なり。たれにてもあれ。天下兵馬の権を望まれん人々。遠慮なく望まるべきなりと仰ありければ。諸大名何と申べき詞もなかりしに。仙台中納言《（伊達政宗）》すゝみ出て。只今天下に生としいける者。当家三代《（徳川家康・徳川秀忠・徳川家光）》の御恩に浴せざる者なし。もし万一異心を挟ものあらば。政宗《（伊達）》に仰付らるべし。ふみつぶして奉るべしと申す。諸大名是につき各御請して退しといふ事。人々に久しく伝ふる所。この時の事にや」（黒板勝美他編『新訂増補国史大系　徳川実紀』第二篇、以下『新訂増補国史大系　徳川実紀』の編者名は省略）とあり、秀忠の亡き後、家光が諸大名を前にして「天下に主たる者我一人《（徳川家光）》なり」と宣言し、家光に代わって天下に号令をかけたい者は名乗り出るように述べたところ、伊達政宗が進み出て、三代にわたる徳川将軍家からの恩義を強調した上で、家光に反逆する者があれば政宗が引き受けて踏み潰して御覧に入れる旨を発言し、他の大名は家光の宣言を受け容れたという話を載せている。

また、山本博文氏が「家光は、生まれながらの将軍であることを誇りにし、大名たちへもその点を強調したといわれる」（山本『寛永時代』）と述べたことをはじめとして、「三代将軍家光といえば、「生まれながらの将軍」という形容がよくつけられる」（杣田『将軍権力の確立』）けれども、「生まれながらの将軍」の語の出典は不明のようで（福田『徳川秀忠』・杣田『将軍権力の確立』）、杣田氏は前引の「大猷院《（ママ）》殿御実紀」巻十九の寛永九年正月二十七日条のほか、それと類似の「大猷院《（ママ）》殿御実紀附録」巻一に所載の逸話（『新訂増補国史大系　徳川実紀』第三篇）を紹介しつつ、「生まれながらの将軍」の語を含む逸話の探索を試みているが、やはり見つからなかったようである（杣田『将軍権力の確立』）。

自ら「固《もと》よりの将軍」と発言か

筆者も「生まれながらの将軍」の語そのものは見出せていないのだが、今のところ筆者は、「生まれながらの将軍」とよく似た語を含む話で、しかも杣田氏の挙げていない話として、次のものを把握している（『仰景録』下、萩野由之監修『日本偉人言行資料　圓心上

書全・仰景録全』、以下『日本偉人言行資料　圓心上書全・仰景録全』の監修者名は省略）。

一、台徳院（徳川秀忠）様御代迄は、御国家大々名参観著府の節は、態とならず、品川筋などへ、御鷹野などに御寄せ、御成途中にて、不圖《ふと》御目見之あり候様なる事も御座候由、右の通りの模様故、大猷院（徳川家光）様御代初までは、御国家大々名君臣の形、屹度相立たざる様なる事も交り之あり候、然る処大猷（ママ）院様、御国家大名何れも召させられ、御褥に御安坐なされ、上意の趣は、権現様（徳川家康）より我等（徳川家光）に至り、三代に及び、我等は固よりの将軍に候、然れば向後は是までの格式を引直し申すべしと上意之あり、其上にて御数寄屋へ御一人宛召させられ、御手づから御刀下され、直に其処にて抜き、一覧候様にと上意之あり、辞する事を得られず、御前に於て抜放し、拝見之あり候、其節は何れの御方も汗を流し、戦慄なされ候由なり、夫れより以後、将軍家の御威勢、格別に相成り候、是等の事を始め、廟堂の大事、天下の政事、総べて忠勝（酒井）様御密謀に関《あづか》らせられ候趣に候由、

これは、『仰景録』という史料に所収の話だが、同史料については『日本偉人言行資料　圓心上書全・仰景録全』の「解題及伝記」によると「若州小浜の藩主酒井忠勝の言行録なり、忠勝入道して空印と号す、故に本書また空印言行録と称す、著者山口安固の父を治兵衛翠巌といひ、忠勝隠居の後、其祐筆を勤む、著者は父及び親しく忠勝に仕へし者の談話を採収して本書を成せりといふ」と説明されている。比較的成立の経緯が明らかで、また酒井忠勝の右筆の子息が編んだものだから、従来使用

されてきた史料に比すると内容の確度は高いだろう。なお、『空印言行録』は「大猷《(ママ)》院殿御実紀附録」巻一（『新訂増補国史大系　徳川実紀』第三篇）でも用いられており、なぜ前引の部分が「大猷《(ママ)》院殿御実紀附録」等で使用されなかったのかは不明だが、ひとまずその内容を見てみよう。

　すなわち、秀忠の時代は、大名が参府した際、図らずも秀忠が鷹狩りなどで出かけた途上でそれに出会うことがあると、そのまま謁見することがあったが、それが影響し、「大猷《(ママ)》院《(徳川家光)》様御代初までは」君臣関係が不明確になることがあった。そこで、家光が諸大名を召し出して、褥に座して述べたところでは、家康より家光まで三代に及ぶが、自分は「固よりの将軍」である。したがって、今後はこれまでのような君臣関係の曖昧となる格式を改めるとのことであった。その上で家光は、大名を一人ずつ茶室に招き、手づから刀を下賜し、その大名にその場で抜刀して刀身を見るよう命じたが、各大名は辞退できず、家光の目の前で抜刀して刀身を見ざるを得なかった。その際は各大名とも汗を流して恐れ震えたといい、それ以後、将軍家の威勢は格別になったという話である。この家光の振る舞いをはじめ、様々な大事には酒井忠勝が関わっていたという文言で話は締め括られている。

　従来言われてきた話よりも凄みのある家光の姿である。将軍家光が自らを「固よりの将軍」とし、茶室という狭い空間で各大名と一名ずつ相対し、下賜した刀を自分の目の前で抜刀させ、その大名を試すという趣向は、いささか出来過ぎの感があるし、また残念ながら家光が諸大名を召し出した後に一人ずつ茶室に招いたという日を他の史料から特定することもできない。だが、話としては面白い。この趣向は酒井忠勝が考えたのだと誇らしげに書いてあるが、もしそうだとしたら酒井忠勝と家光は、それぞれ相当の演出家と役者だろう。

しかし、山本博文氏が指摘するように、家光は家康や秀忠のように「諸大名とともに、あるいは諸大名を指揮して戦場をかけめぐり、そのような修羅場のなかで指導者としての地位を獲得し、諸大名を従わせた」という「経験がなく、血筋を強調する以外になかった」（山本『寛永時代』）。この話も、その構図に変わりはない。もしこの話が事実なら、家光は、その見事な演出で演じて見せた自らの凄みを政治的実力でも実証していかなければならなかった。

家光の男子と女子をめぐる問題

福田千鶴氏は、次の『本光国師日記』の寛永九年二月十七日条（『新訂　本光国師日記』第七）に基づいて、秀忠の病没直後、家光に男子の誕生していたこと、その男子はすぐに亡くなったらしいことを明らかにしている（福田『徳川秀忠』）。

一同日（寛永九年二月十七日）。御城酒井讃岐殿（忠勝）。内藤伊賀守殿（忠重）ゟ使ニ中根伝七（正勝カ）御出。若君様御誕生候へ共。則被為果候。御本丸之富士見之地ニ埋如何と尋ニ来。尤之由申。則日方角書付渡ス　案左ニ有。

日之事　　二月十七日乙酉破　　右師檀日　　方之事

　　西戌亥子南

時之事　　亥之刻　　以上

右中高一枚ニ書付。中根伝七殿ニ渡ス。

福田氏も言うように、寛永九年（一六三二）二月に誕生した男子のことは「ほとんど知られていない」（福田『徳川秀忠』）。また、「寛永八年十一月五日付細川忠利宛細川三斎書状」（『大日本近世史料　細川家史料』四、九二六号）によれば、

一、将軍様《（徳川家光）》姫君様御誕生候へ共、御腹も悪候とて無御沙汰由、得其意候事、

とあるように、寛永八年（一六三一）には女子も誕生していたようだが、この女子は母親の素性が問題視されたのか、認知されなかったようである。このように家光の子が認知されなかったり、育たなかったりしたことは、後々家光を様々な意味で苦しめることになる。

当初の家光の施政方針

秀忠病没直後の家光がどのような施政方針で臨もうとしていたのかは、前述のように史料上も追跡が困難だが、細川忠利の各方面への書状には、その方針の断片的情報が記されている。例えば、「寛永九年二月晦日付島津家久宛細川忠利書状」（『大日本近世史料　細川家史料』十六、一五二六号）には、

一、今度　将軍様《（徳川家光）》被仰出ニハ、御仕置ニ別ニ御先代《（徳川秀忠）》ニ相替儀無御座由候事、
一、内々ニ而　御意ハ、緩々と在国仕へき由、其上、天下之衆上下共ニをこり《（奢り）》をやめ、心易ゆるやかなる様ニ被成、物毎倍々多様ニ被成度思召候、左候へハ、　相国様《（徳川秀忠）》へ之御孝々《（行）》と思召候由候、

（以下略）

とあって、基本的に家光は秀忠の「御仕置」を引き継ぐと仰せ出していたといい、内々には諸大名にもゆっくり在国させ、また「天下之衆」が「をこり《奢り》」を止め、心易く過ごせるようにし、物（産物のことだろうか）もさらに増えるようにしたいと考えており、そうなれば秀忠への孝行ともなるだろうと考えているらしいと記されている。まだ抽象的だが、寛永九年（一六三二）二月段階で家光が「をこり《奢り》」の問題に注目していたことは本書の行論上も記憶しておきたいし、締め付けるのではなく、緩やかな「御仕置」を志向していた様子はうかがえる。

また、次の「寛永九年四月二十九日付木下延俊・稲葉一通宛細川忠利書状」（前引『細川家史料』十六、一五五四号）には、

一、国々へ奉行をくだし、所之物成国主ニ相談ニ而相極、物成と国之遠近にて御役儀も被　仰付度との御内々と承候、何かニ付か様之目出度世ニ生あひ、としを取のけ、安楽に身をハり度存候、如何おほし召候哉、

とあり、家光は諸国へ奉行を派遣し、各所の物成高は国主と相談して決定し、その物成高および現地と江戸との距離を基準に役儀も決定したいと内々考えているらしいとのことで、細川忠利は、よい時

世に生まれたもので、年を取りながら楽に死んでいきたいものだと感想を述べている。この話の対象が国持大名のみであったのかは定かではないが、前述の話と同様、家光は対象者に配慮した緩やかな政策の実施を志向していたようである。

機能しない年寄衆

しかし、現実はそう簡単ではなかった。藤井讓治氏によると、家光は秀忠没後、秀忠付年寄を「解体」したが、彼らを「家光の年寄に再任することで」彼らを「吸収合体させた」（藤井『徳川家光』・表1）。ところが、その年寄衆の関係が全くうまくいっていなかった。例えば、「寛永九年三月二十七日付細川忠利宛細川三斎書状」（『大日本近世史料　細川家史料』七、一七四五号）には次のように、

一、今は、かりそめの進物程之事も、雅楽《（酒井忠世）》殿・大炊《（土井利勝）》殿・讃岐《（酒井忠勝）》殿と揃候ハてハ、御披露も不成躰ニ候ニ付、此前ゟ諸大名も仕にくかる丶躰と聞之申候事、

とあり、家光へのちょっとした進物の披露でも、酒井忠世・土井利勝・酒井忠勝が揃わなければ披露されずに滞り、諸大名も困惑している様子が報じられている。また、同書状（前引『細川家史料』七、一七四五号）には、

雅楽《（酒井忠世）》殿へ被申候へハ、大炊《（土井利勝）》殿・讃岐《（酒井忠勝）》殿へも被申入候へとの儀ニ候、又大炊殿へ申候而も、讃岐殿へ

中候而も、右之同前之返事にて候、あなたこなたと候故何共仕かね、迷惑候由候、菟角三人（酒井忠世・土井利勝・酒井忠勝）一所ニ御入候時と被心懸候へ共、それも大勢之事ニ候へハ自由ニ不罷成、事之外めいわくかりの由、是ハ慥ニ聞及候、

ともあって、ある案件で酒井忠世に申し入れをしたところ、土井利勝と酒井忠勝にも申し入れるよう指示があり、利勝と忠勝へそれぞれ申し入れても、各々が忠世へ、利勝へ、忠勝へとお互いに申し入れを指示し合うので、まったく案件が処理されず、迷惑している様子がうかがわれ、三人が揃っている機会を目指して申し入れるが、なかなかうまくいかなかったようである。

　このように、秀忠病没直後の家光の意気込みがまだ抽象的で、緩やかなものであったことに加え、足下の年寄衆がお互いに無責任な行動をとり合っていたので、家光の施政の滑り出しは決して順調なものとは言えなかった。

加藤光正の「書物」

　この年寄衆の機能不全が災いしたのか、初期の家光政権にとっては厄介な問題が持ち上がった。次の「寛永九年五月十五日付細川忠利宛細川三斎書状」（『大日本近世史料　細川家史料』四、九五八号）によれば、

一、今度豊後（加藤光正）書物ニハ、日光へ御社参候而、あれにて大炊（土井利勝）可被成御誅伐儀慥ニ候、然間、こが（古河、下野猿島郡）と今市（下野都賀郡）との間之在所にて候へ共、我々（細川忠興〈三斎〉）其名を忘候、其在所所よく候間、是非共先を被仕候へ、日

比申合候ことく、御跡をくろめ可申と書候て、此儀偽ならさるとの起請を書、名をは不書、名乗ハ信康と書、血判を仕、井上新左衛門と当所ニ仕たる由候、北国肥前殿（前田利常）之儀、世上ニハ申候へ共、彼書物ニハ無之由候、此儀を去所にて雅楽殿（酒井忠世）被語候、それを又去人ニ語申たる由候而、其二番目之口ゟ我等直ニ承候事、

一、此書様初ケ条ゟ合点之不参儀候、上様（徳川家光）大炊一人を御果シ被成候ニ、何之手間入可申候哉、又御談合被成候衆、何とてもらし可被申候哉、加様之事を、豊後いか様ニしてしり可申候哉、第一こくうなる儀と存候、上様も爰にてはや御合点之参儀と存候、又は権現様（徳川家康）十七年忌ニ御社参　相国様（徳川秀忠）百ケ日之内ニ大炊なと可被成御誅伐わけにて無之候、還御之後、いつ被　仰付候共可成事を、加様ニ書申候事も、猶以こくうなる儀と存候、

一、右之分ニ候へ共、誰も大炊殿（土井利勝）之手前へも懸り可申と申候、乍去　上様ハむさと仕たる儀と可被（闕字）思召かと存候、大炊殿出頭同前ニ候、され共是ハ態なさるゝ儀も可在之哉事、

一、はや豊後ニハ出仕をやめ候へと被　仰出候而、大炊殿其まゝ不替被　召遣儀も不思儀なる儀と存候、とかく今度之申様、たハ事と被思召候故かとも被存候事、

とあり、肥後国熊本の加藤忠広の子、加藤光正《みつまさ》（光広と称することもあるようだが、熊本県立美術館編『生誕四五〇年記念展　加藤清正』に基づき、本書では光正とする）が、寛永九年（一六三二）四月の家光による日光社参（辻『江戸幕府政治史研究』、辻氏の同書によれば、家光は実際には天海から秀忠の服喪中であるこ

とを理由に社参を留められ、今市から代参使を立てたという）の機会に、家光が古河と今市の間で土井利勝を討とうとしているらしいとの話を下敷きに、利勝が先手を打って家光の社参の列を襲撃すべく計画し、起請文をとっているとの「書物」をしたことが問題になっている。

細川忠興（三斎）は、もともとこの「書物」の信憑性は低く、家光が土井利勝一人を討つことに手間をかける必要はないし、話自体が不自然なことは家光にもわかり、また家康や秀忠の大切な忌日に家光が殺生をするはずもなく、全く根拠のない話だとしている。また細川は、土井利勝に嫌疑がかかる恐れはあるが、家光は何とも思っていないのか、利勝をそのままにしているし（「出頭同前ニ候」、高木昭作氏によれば「出頭とは、今でも「どこそこに出頭する」というように、主君の御前に常時「出頭」していることを意味し、したがって出頭人とは側近という意味になる」〈大口・高木『日本近世史』〉とされる）、あるいはそれは家光がわざと利勝を試しているのかもしれないが、いずれにしても加藤光正は出仕を止められたのに、土井利勝が相変わらずとは不思議で、やはり家光はこの一件を戯言だと考えているのだろうかと、ぐるぐる思考をめぐらせている。藤井讓治氏は「この段階での利勝の位置は、家光がどのように考えていたかはともかく、諸大名の目には、なんとも不安定なものと映っていたことは確かである」としている（藤井『江戸幕府老中制形成過程の研究』）。

土井利勝の立場

仮に加藤光正の件が戯言だったとしても、土井利勝が疑惑の渦中に巻き込まれた理由は、やはり彼の当時の立場にあった。「寛永九年五月十五日付細川忠利宛細川三斎書状」（『大日本近世史料　細川家史料』四、九五八号）は、当時の年寄衆の様子を次のように記している。

一、相国様《（徳川秀忠）》御在世之時ハ、大炊殿《（土井利勝）》一人にて候つる間、大炊殿を頼不申ものハ大小ニ付一人も有間敷候、石田治部少《（三成）》出頭之時、大名共を我手子之様ニ仕なし、畢竟不慮を仕出シ候、大炊殿も、加様之しかたハ時節ニゟ可在之と、上様《（徳川家光）》思召事も候ハん哉、前ながニ起請なと取置候と申事ハ上様《（闕字）》真と被　思召間敷と存候、若千万ニ一ツ有たる事ならは、十七八人之内ゟ申て出る者も候ハんかと存候事、

一、とかく、大炊殿ハ今のことく御用をも被　仰付にて可在之候哉、雅楽殿《（酒井忠世）》御留守居ニ被定、西之御丸へ被移由候、左候へハ、雅楽殿ハ御留守居、大炊殿ハなく成候は、伊掃部殿《（井伊直孝）》・讃岐殿《（酒井忠勝）》迄にて候、御年寄衆御両人迄にてハ、召遣たり申間敷候哉、加様ニ在之時ハ、大炊殿御のけなされ候儀も在之間敷かと申事ニ候事、

すなわち、まず秀忠の存命中、土井利勝は秀忠の重臣であったので、利勝を頼りとしない者はいないほどであったから、かつて石田三成が大名を自分の配下のように扱って結局不慮の最期を遂げたように、利勝もそのようになる可能性はあると家光が考えるかもしれないが、起請文の件は家光も真実とは思わないだろうとしている。その上で、寛永九年（一六三二）五月に酒井忠世が西丸留守居を命じられたこと（藤井『江戸幕府老中制形成過程の研究』・表1）をふまえ、忠世が西丸に移って、利勝までいなくなると、本丸には井伊直孝と酒井忠勝のみとなり、年寄衆が二人だけでは無理であり、このような時に利勝が排除されることはないだろうとの見通しが示されている。

藤井譲治氏によれば、「酒井忠世の西丸留守居就任にあたって、忠世が一時はその就任に抗したこと、また細川忠興が考えたように諸大名にとって忠世の西丸留守居就任は忠世の年寄衆からの離脱と受けとめられたことからも、忠世を年寄の列から外そうとする家光の意図が窺える」が、「忠世は年寄衆から離脱しておらず、依然として筆頭年寄としての動きをみせてい」たといい、「この経過のなかに家光の忠世排除の意図、忠世のそれへの抵抗、そして家光の妥協という流れを読みとることができる」という（藤井『江戸幕府老中制形成過程の研究』）。忠世の排除があり得ることが示された直後だけに、利勝の排除がないとは言い切れない状況であったから、今後どのように事態が展開し、家光がいかなる判断をするのか、周囲は固唾をのんで見守っていた。なお、当時、細川忠興（三斎）が年寄衆として認識していた人物が酒井忠世・土井利勝・井伊直孝・酒井忠勝のみであったことは興味深い。この場合、その他の元家光付年寄や元秀忠付年寄はどのように位置づけられたのだろうか。

緊迫する江戸と「御代始之御法度」

このように加藤忠広・光正父子、そして土井利勝の処遇が焦点となりつつある中、江戸の状況は緊迫の度を増していたようである。「寛永九年五月二十三日付細川忠利宛細川三斎書状」（『大日本近世史料　細川家史料』四、九五九号）では次のように、

一、爰元御目付衆之きびしき事、推量之外ニ候、去十七日之暁、嶋大隅殿（島津家久）屋敷之内ちいさき材木小屋ゟ出火申候を、屋敷之内之ものハ未存さきニ、御目付衆はや被懸付、嶋津殿門をたゝかせ、内ニ火事参候とよばわられ候にて、内之もの存、火を消申候、是程無油断御目付之衆諸方見ま

ハられ候躰候、絶言語迄ニ候事、

とあって、江戸では「御目付衆」による監視体制が敷かれ、その厳しさは想像以上であり、笑い話ではないけれども、島津家久邸の材木小屋から出火していたのに、島津家中の者は気づかず、「御目付衆」が火に気づいて屋敷の門を叩いて火事を知らせ、ようやく島津家中の者たちが消火したという話も引き、それほど厳重な見回りが行われていることを報じている。家光は、他の大名家の動向も警戒していたのだろう。

江戸の緊張感が増していく中、「寛永九年五月二十四日付細川忠利宛細川三斎書状」（『大日本近世史料　細川家史料』四、九六〇号）によれば、この問題はまず加藤忠広の問題として処理されたようである。

一、加肥後（加藤忠広）当地著之様子、飛脚三人上せ申進之候つる、今日廿四（寛永九年五月、日脱カ）、政宗（伊達）・北国之肥前殿（前田利常）・嶋大隅（島津家久）殿・上杉弾正殿（定勝）・佐竹殿（義宣）被為　召、加肥後（加藤忠広）無届と　御直ニ被仰聞、此中ニ取沙汰仕候書物二ツ右之衆へ御見せ被成、　御代始之御法度ニ候間、急度可被　仰付と　御諚之由候、其時伊掃部殿（井伊直孝）、加様之儀は急度被　仰付候ハて不叶儀と被申由候、如此ニ候間、今朝之内可為切腹と存候事、

すなわち、寛永九年（一六三二）五月二十四日、家光は伊達政宗・前田利常・島津家久・上杉定勝・佐竹義宣を召し出し、自ら彼らに加藤忠広の「無届」を説明した上で、問題となっていた加藤光

正の「書物二ツ」も見せた。その上で、家光が「御代始之御法度」なので、厳重に対処するつもりであることを表明し、井伊直孝もこのようなことは厳重に対処しなければならないと述べたので、すぐに切腹となるのではないかとの情勢であった。この「御代始之御法度」という語は、先行研究も等しく重視・注目している語である（山本『寛永時代』・藤井『徳川家光』）。

ところで、家光の言う加藤忠広の「無届」の内容や厳重な対処の中身が判然としないが、次の「寛永九年六月一日付細川忠利宛細川三斎書状」（前引『細川家史料』四、九六二号）によれば、

一、書状如此調置候処、昨日廿九（寛永九年五月）肥後父子（加藤忠広・加藤光正）身上かたつき候、子（加藤光正）ハ今度之一巻ニ付、金守出雲（金森重頼）ニ被成
（闕字）御預候、上下廿人にて、○飛驒へ被参之由候、肥後（加藤忠広）事ハ、爰元にてうみ候むす子、御年寄衆迄も不及
案内、まして不致言上も国へ引つれ罷下候事、事之外之曲事と　思召候由候、其上、豊後（加藤光正）・同
豊後母（加藤忠広室、蒲生氏）へ之あたりやうも沙汰之限と被　思召由候へ共、命を被成御助、寂上庄内酒井宮内殿（忠勝）へ
御預被成、堪忍分一万石被遣由候、父子共ニ無御成敗候て不叶所、被成　御免候事御慈悲故と
中事ニ候、人五十人にて被参と申候事、

と、かつて加藤忠広が江戸で生まれた子供を年寄衆に届け出ず、また将軍に言上もせずに国元へ連れ帰ったことや、忠広の光正や光正の母への接し方が問題とされたようである。加藤光正については、前述の「書物」が問題視されて飛驒国高山の金森重頼《かなもりしげより》へ、忠広は助命されて出羽国庄内の酒井忠勝へ

とそれぞれ預けられ、忠広には堪忍分として一万石が与えられた。

稲葉正勝の九州派遣

その後の対応について、細川忠興（三斎）・忠利親子の書状や藤井譲治氏・山本博文氏の分析をもとに見てみると、「寛永九年六月六日付浅野長重宛細川忠利書状」（『大日本近世史料　細川家史料』十六、一五八一号）は「一、肥後殿《（加藤忠広）》無事ニ仕度候、御番なとにありき候へハ、下々まて草臥ニ成申候、何とそしてすまし申度候」と述べており、有事となれば「下々まて草臥」となるから、大名としては何とかそっと済ませてもらいたいものだとの本音を吐露しているが、家光は「寛永九年六月八日付細川忠利宛細川三斎書状」（『大日本近世史料　細川家史料』四、九六六号）に、

一、稲丹後殿《（稲葉正勝）》なと被遣候事、何も不存寄儀と申候、定而九州之様子、皆々有付候躰なと、被成見せへきためたるへきと推量申候、又ハ丹後殿《（稲葉正勝）》其元被申付御帰候は、身上可被成　御取立わけかとも推量申候事、

とあるように、「将軍家光の乳母となった春日局の子」の稲葉正勝を肥後国へ派遣した（藤井『江戸幕府老中制形成過程の研究』）。これは同書状が「又ハ丹後殿《（稲葉正勝）》其元被申付御帰候者、身上可被成　御取立わけか」と述べているように、家光が「側近である正勝にこうした重要な役割を果たさせることで、その幕閣内での地位の引上げをはかった」（藤井『徳川家光』）と同時に、同書状で「定而九州之様子、

皆々有付候躰なと、被成見せへきため」とされているように「はじめて老中を九州に入れることで幕権を九州に浸透させ、かつ熊本城受取とともに九州の実状を把握する」（藤井『徳川家光』）意味があった。

また当時、例えば「寛永八年五月二十六日付細川忠利宛細川三斎書状」（前引『細川家史料』四、八七九号）によると、

一、去八日江戸かみなり雨にて八王寺（武蔵多摩郡）（子）ニハ大あられふり、狐子・狸・とび・からす数もなく打ころし候、御鷹場ニ候故、鳥・けた物　御城へ持て上候由、是も奇特成儀候、あられの大キさ一尺五寸廻、未それゟ大キなるも在之由、餘之事候、此時鎌倉（相模鎌倉郡）之海にて龍水をまきあけ、伊豆ゟ通候舟十艘御入候を悉まき上、五艘ハ下へ落、人十人たすかるの由、是ハ前代未聞恐敷儀候、残ハまき上られ、しはらく虚空ニわめき候由、昔物語ニも無之儀候、此あたりニも大あられふり、家をうちぬき、死候もの、けかを仕者数多在之由、あられふり候分ハさなへ（早苗）うちちらし、田地もあれ可申由候、不思儀成儀候、秀頼（豊臣）様十七年忌、殊五月八日にて皆きとくかり候由、我々ハ左様ニ不存候、秀頼公御ふらせ候ハヽ、小米ほと成あられにて候ハんと存候事、

とあり、寛永八年（一六三一）五月八日、江戸周辺では大粒の霰《あられ》や竜巻などの異常気象が発生し、多くのけが人や動物への被害が生じたが、それがちょうど豊臣家の滅亡した五月八日で、しかも十七回忌にあたる年であったことから、人々は異常気象を豊臣秀頼の所業ではないかと恐れたという。当時

の人々にとっては、豊臣家の滅亡した大坂城の落城はまだまだ生々しい記憶であった。忠興（三斎）は、もし秀頼が霰を降らせるなら、米粒ほどのものだろうと揶揄して見せたが、彼もここまで詳細に記したのだから、豊臣家を意識していたことは確かだろう。「豊臣秀吉子飼いの勇将加藤清正の子」（山本博文『寛永時代』）である加藤忠広を「御代始之御法度」として政治的に葬ったことは、福田千鶴氏の指摘するところの「江は豊臣秀吉の養女として徳川家に嫁い」でいるから「江が家光の母であれば、家光は系図の上では秀吉の孫になる」（福田『徳川秀忠』）点をふまえると、家光自身の今後の政治的立場の表明という面からも、重要な意味を持ったものと思われる。

その後、「寛永九年八月二十八日付細川忠利宛細川三斎書状」（『大日本近世史料　細川家史料』七、一七五六号）に「惣別肥後之躰、九州・中国之様子、能々丹後殿（稲葉正勝）之口上被聞召候上ならてハ、御さハけも成間敷儀と存候」とあるように、稲葉正勝の江戸への帰着後、「十月四日、江戸城に登城した忠利は、将軍家光から直接に肥後熊本への転封を命じられた」（藤井『江戸幕府老中制形成過程の研究』）が、あわせて「豊前・豊後に入った大名はいずれも譜代大名であり」（藤井『徳川家光』）、これは「それまで九州の譜代大名は豊後日田の石川忠総のみであったことを考えると、幕府の九州への軍事的威圧は格段に強化された」（山本『寛永時代』）ことを意味した。なお、藤井氏によると、家光は寛永九年（一六三二）十一月二十三日、稲葉正勝へ相模国小田原の小田原城を与え、「正勝重視の意向を」示したが、「家光のこうした意向にもかかわらず、正勝の健康状態は良好なものではなかった」という（藤井『江戸幕府老中制形成過程の研究』）。

春日局の上洛

さらに家光は、ほぼ同時期に春日局を上洛させているが、これについては「寛永九年七月二十六日付斎藤利宗宛細川忠利書状」（『大日本近世史料　細川家史料』十六、一六七三号）に「春日殿（春日局）御上り之由、何たる御用共にて御座候哉、丹後殿（稲葉正勝）も無御存知候」とあるように、子の稲葉正勝も詳細は知らなかったようである。しかし、前引したように「寛永九年八月二十七日付石河勝政宛細川忠利書状」（前引『細川家史料』十六、一七九八号）が、

一、春日の御つほね（春日局）御在京之儀、国母様（東福門院）へ御見廻と申候、又、いつれの御腹にても皇子御誕生ニ候ハヽ、国母様御養被成、被付御位可然との御旲見、其外御旲見共多候て御上りと申候、京之儀にて候へハ、色々推量仕由候へ共、不慥候、我等儀来月中旬罷上ニ相定申候、

と報じているように、それは徳川将軍家の外孫男性皇族でなくとも、皇子が誕生したならば、東福門院（徳川和子）が養育し、即位させればよいとの「御旲見」、すなわち家光の見解その他多くを伝えるための派遣であったようである。事実、この家光の「御旲見」は採用された模様で、稲葉家に現存する春日局宛の東福門院消息である「女院消息」（人間文化研究機構国文学研究資料館受託山城国淀稲葉家文書、稲葉正輝氏所蔵）には、

こと〳〵なに事も候ハす候、とり〳〵そくさい（息災）のこと候てまいり候、御心やすく候へく候、やかて

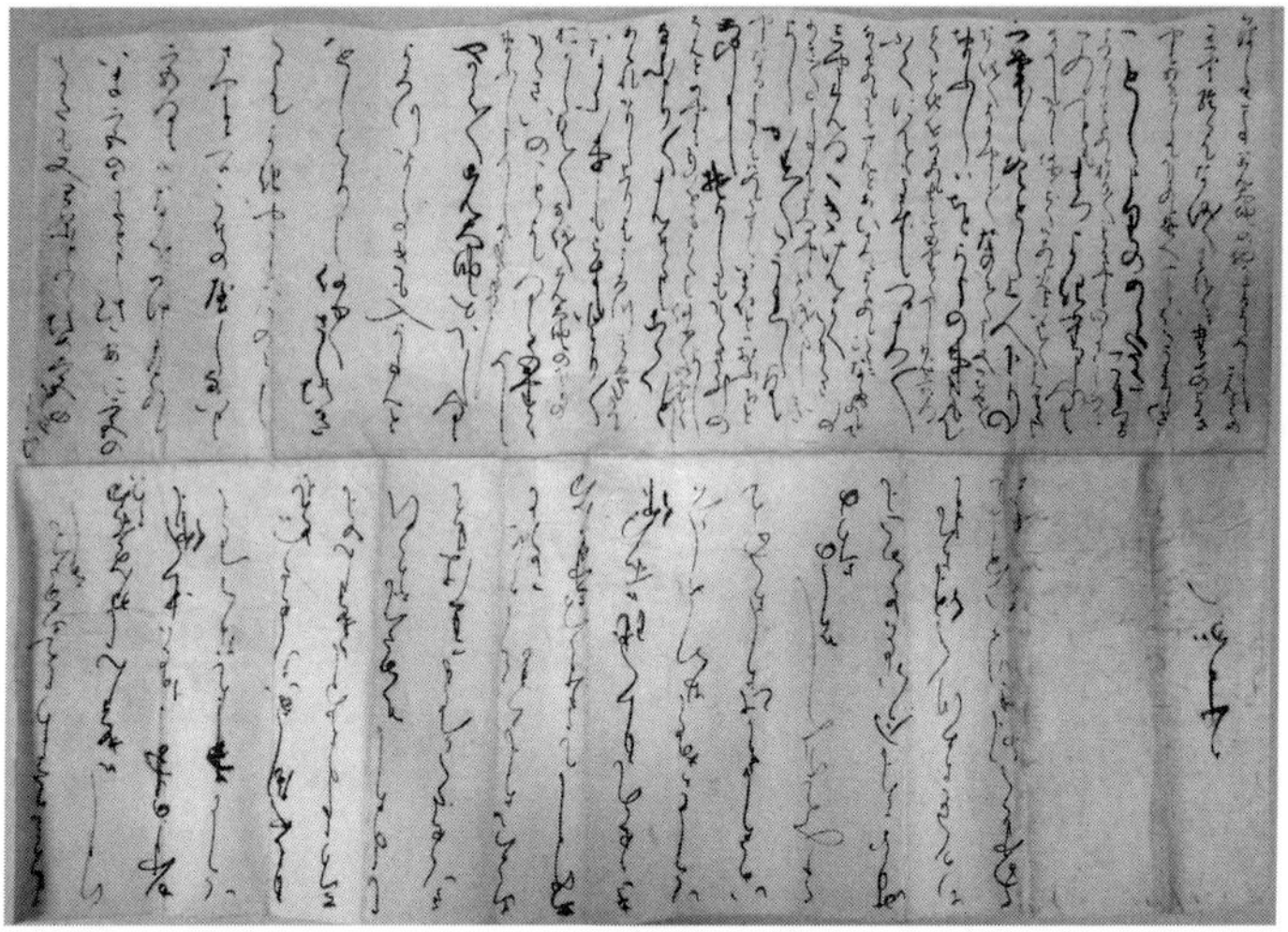

「女院消息」
（人間文化研究機構国文学研究資料館受託山城国淀稲葉家文書，稲葉正輝氏所蔵）（禁二次使用）（筆者撮影）

〳〵こん大納言を下しまいり候、よろつそもしのきも《（肝）》入よく候ハんとをしはかり申候、何も〳〵さしひき候て、よきやうにたのミ申候、さやうに候へハこそのやしない《（養い）》申候宮様も御な《（名）》をつけまいらせられ候、いま宮《（今宮、守澄法親王）》の御かたと申、此御あに宮の御かたも、又四条《（四条局、櫛笥隆子）》とのゝひめ宮のかたたちも、はかシかた《（博士方）》より申候てこなたへもなしまいらせ候、御けさん《（見参）》申候、ゐん《（院）》の御所様《（後水尾上皇）》よりハかやうの事なとハ中〳〵仰もいたし《（出し）》候事よしなく候へとも、もはややしないまいらせ候うへハ、とてもしり申事はなし、御けさんをも申候事よし、

とあって、自らが「やしない申候宮様」の動静について春日局に報告しており、今宮

（のちの守澄法親王）の名づけや後水尾上皇への見参のことなどが主題となっている。したがって、これは今宮の誕生した寛永十一年（一六三四）閏七月十一日（『後水尾天皇実録』第三巻）以降で、かつ家光が寛永十一年の上洛から江戸へ帰着した同年八月二十日（藤井『徳川家光』）より後の消息と思われ、同じ消息中で東福門院は、

しやうくん（徳川家光）様きかせられ、もし〳〵院（後水尾上皇）御所様仰いたし候かなと、おほしめし候へハ、いか、候まゝ、此よしよく心候て御申入候て候へく候、そもしの上りの時分よりも今ほとハとなたもちか〳〵とよろつ〳〵何もよく候まゝ、御心やすくおもきつかい（重き使）まいり候て候へく候

と述べているように、東福門院の養う皇子女の名づけや見参の段取りについて、家光の知らない所で上皇が主導しているのではないかと家光が思わないよう、春日局に取り成しを依頼し、かつて春日局が上洛した時（この上洛が前述の寛永九年〈一六三二〉の上洛なのか寛永六年〈一六二九〉十月十日の「江戸将軍（徳川家光）乳母（稲葉福）三条西（実条）子分にて今夜御所へ伺公、御対面之由承及候、無勿躰事候、帝道民之塗炭落候事候」〈『泰重卿記』寛永六年十月十日条、武部敏夫他校訂『史料纂集　泰重卿記』第三〉と批判された上洛なのかは不明、なお寛永六年の上洛に関連して今谷『武家と天皇』は「春日局とは、室町時代の将軍家の乳人の称であり、このときお福はそれにならって春日局の称号を許された」とする）よりも宮中の状況は好転しているので、安心して使者を務めてほしいと書き添えている。

ここからは、東福門院の養う皇子女（『後水尾天皇実録』第三巻、『後光明天皇実録』、藤井讓治・吉岡眞之監修『後西天皇実録』、同『霊元天皇実録』第一巻から判明する範囲で記すと光子内親王、守澄法親王、順にのちの後光明天皇、後西天皇、霊元天皇）への様々な計らいには、将軍の承認が必要だとの認識のあったことがうかがわれ、前引の「寛永九年八月二十七日付石河勝政宛細川忠利書状」とあわせ、この消息は徳川将軍家が外孫男性皇族の獲得を最優先とすることは放棄したものの、東福門院を介しての皇子女と徳川将軍家との関係構築には引き続き関心を示し続けていたことを物語る史料といえる。

このように家光は、自らの政権の初動に際し、西国方面の重要事項の処理に関する下準備を、春日局・稲葉正勝母子に託していたのである。

2 忠長の逼塞と自害

忠長の高崎逼塞

一方、藤井讓治氏によると「細川忠利らに肥後転封が申し渡され、小笠原忠真らの豊前・豊後転封が決定した直後の寛永九年十月二十日」（藤井『徳川家光』）には、「一、在府之大名衆不残、因召ニ参候、今度駿河大納言殿《（徳川忠長）》高崎江御逼塞之儀、小広間に而上意之趣、年寄中被申渡訖」（『江戸幕府日記　姫路酒井家本』第一巻、寛永九年十月二十日条）とあるように、家光からではなく、「年寄中」から諸大名に対して徳川忠長の高崎への逼塞が申し渡された（藤井『徳川家光』）。既に「寛永八年五月十五日付細川忠利追而書案」（『大日本近世史料　細川家史料』十、四二七号）

で見たように、忠長は甲斐国へ遣わされ、そこでの善政を条件に復帰の機会が与えられてはいたが、「寛永九年十一月二十六日付森忠政宛細川忠利書状」（『大日本近世史料　細川家史料』十六、一八一三号）が、

一、十月廿日（寛永九年）ニ何も御城へ被為召、駿河大納言（徳川忠長）殿之儀、于今御気も不被成御直付而、両国を被召上候段々、猶又、安藤右京（重長）被成御付置候旨、駿府（駿河安倍郡・有渡郡）・甲州へ之上使、承届候、か様ニ候は、御心も直り可申候間、末ハ可有目出候、

と報じるように、忠長の「御気」は「御直」にならなかったため、所領を召し上げの上、上野国高崎の安藤重長に預けられたのであった。当時の他大名家の反応などを分析した小池進氏によると、この処分についても「依然として極刑を猶予し更生を願いかつ立ち直りを期待する、兄家光の弟忠長に対する配慮を読み取ることができる」という（小池『江戸幕府直轄軍団の形成』）。

ところが、忠長については、「寛永十年十一月二十四日付魚住伝左衛門尉宛細川忠利書状案」（『大日本近世史料　細川家史料』十一、六九五号）が「一、駿河大納言（徳川忠長）様、又御心むらに成、此程腹を御切可被成と被成候而、少ハ疵もつき候様ニ、下々取沙汰仕候、事実は不存候」と記すように、切腹の未遂も噂されていたところ、『江戸幕府日記』の寛永十年十二月八日条（『江戸幕府日記　姫路酒井家本』第二巻）に、

一、駿河大納言（徳川忠長）殿、去六日（寛永十年十二月）於高崎御自害、是日来之御乱心終依不相収也、依之、今日阿部豊後守（忠秋）被差遣之云々

とあるように、忠長は高崎において、寛永十年（一六三三）十二月六日に自害して亡くなってしまう。享年二十八歳であった。理由は「日来之御乱心終依不相収」とある。

忠長の自害と周囲の反応

この忠長自害の報を受けた細川忠利は「寛永十年十二月十九日付魚住伝左衛門尉宛細川忠利書状案」（『大日本近世史料　細川家史料』十一、七〇〇号）で次のように、

一、駿河大納言（徳川忠長）殿之儀、御自害被成候、御勘当之儀候故候哉、爰元大名衆急度御笑止成由不申上候、（中略）、少も駿河大納言殿之儀ニ御構ハなきと見へ申候間、御使者なと被成御下ニ不及様ニ、見及申候事、

と、忠長の自害の原因を「御勘当之儀候故候哉」と推測しているが、むしろ不思議な状況は「少も駿河大納言（徳川忠長）殿之儀ニ御構ハなきと見へ申候」という江戸の雰囲気であった。確かに前述のように、秀忠と家光を困らせ、秀忠を心身共に追い詰めていった忠長の振る舞いを諸大名は苦々しい思いで見つめていたが、それをぎりぎりの所で守っていたのは他ならぬ秀忠と家光であり、家光も、所領を召し上げた後は、加藤忠広父子と同じように忠長を預けの処分としていた。

加藤忠広については、近年、預けの間も出羽国庄内の「丸岡城跡（現山形県鶴岡市）」で「改易された身とはいえ、堂々とした大名屋敷」を営んでいたことが指摘されている（山田「出羽庄内丸岡村加藤忠広屋敷絵図　一幅」作品解説〈熊本県立美術館編『生誕四五〇年記念展　加藤清正』〉）から、それと忠長の上野国高崎での暮らしぶりとを比較する必要はあるものの、手続き上、当初の家光が忠長を粗略に扱ったわけではなかっただろう。したがって、加藤忠広父子と徳川忠長の問題を「御代始之御法度」として一連のものと捉える向きもあるのだが（朝尾「将軍政治の権力構造」・藤井『徳川家光』）、しかし、彼らの結末は互いにあまりにも異なっていた。すなわち、小池進氏や下重清氏が注意を促すところによれば、家光の忠長に対する姿勢は、高崎逼塞の申し渡しから忠長の自害に至るまでの約一年間で変貌しているというのである（小池『江戸幕府直轄軍団の形成』・下重『幕閣譜代藩の政治構造』）。確かにそれは家光が、かつてあれほど何度も忠長に手討ちや辻斬りを止めるよう注意したり、秀忠とともに忠長へ最後の最後まで復帰の機会を与えようとしていたのにも拘わらず、いま忠長の自害という報を受けても、もはや「少も駿河大納言（徳川忠長）殿之儀ニ御構ハなきと見へ申候」という雰囲気であったという落差にもうかがえるが、家光の忠長に対する姿勢の変貌とは具体的には何だろうか。

忠長の自害の原因をめぐって

この点について、小池氏と下重氏は、忠長の自害が「家光の強要」（小池『江戸幕府直轄軍団の形成』）または家光の「忠長への自殺教唆」（下重『幕閣譜代藩の政治構造』）によるものであった点を重視している。家光が忠長に自害を促したとされる場合、よく引用されてきた史料は、『藩翰譜』第五・安藤（国書刊行会編『新井白石全集』第一巻）における次の一節であろう。

寛永日記等の諸記を合せ見るに、寛永九年十二月駿河殿（徳川忠長）、高崎の城に渡らせ玉ふ、明る十年九月、阿部対馬守重次、将軍家の御使として、行向ひ、右京進重長（安藤）に逢て、御使の旨を伝ふ、駿河殿、初め罪宥られ玉ひ、重長（安藤）に召預けらるゝ事既に終んぬ、されども猶御心改らせ給はず、よからぬ御振舞ひ世に漏ぬる事少からず、きつと其罪を定めさせ玉はん事は、さすがに親しき御中なり、如何でか仰も出さるべき、此上は重長如何にも計らひて、彼の御心より起りて、御自害あらん様に仕るべき者なりとのべたり、重長畏り承り、暫しは、ものをも云はず、やゝありて後重次（阿部）に向ひ、重長かゝる仰を蒙る事、尤も不幸の至なり、さりながら、などか仰をば背き候べき、御教書をや帯し玉ふらん、さらば拝し奉るべしと望む、重次聞て此事、君（徳川家光）の御心より出て、重次が口に伝へ、御身が耳に入るべき事なれば、御教書を下し給はるべき事にあらず、また重次苟も執政の事に加る身として、此御使を承る、何をか疑ひ玉ふべきといふ、重長重て重長が申所、わ殿（ママ）を疑ひ参らするにもあらず、まして仰を軽んじ奉るにも候はず、そも〳〵此殿（徳川忠長）は大相国（徳川秀忠）の御寵子、将軍家（徳川家光）の御愛弟、親しくも、貴くも、わたらせ玉ひ、古にあつて、六議の中其二つを兼させ玉ふ御身なり、縦令いまかく罪蒙らせ給ふとも、よのつね人臣の例に准し難し、されば執政の重臣仰を伝へ給ふとも、口づから述られん事は重長たやすく領掌に及ぶべからず、只願くは、御筆を染られて下し給るべきよしを、よきに執し給るべしと云切てければ、重次力なく引かへして、此由を申す、やがて自から御筆を染められし御教書を帯して、これを渡す、さてこそ重長領掌をば、してんけれ、かくて月を越て後、十二月六日（寛永十年）の朝に至りて、重長大納言（徳川忠長）のわたらせ給ふ所を守る侍に下知して、殿（徳川忠長）のおはします庭に、縁の間少し引のきて、厳しく鹿垣をむすびわたす、殿みづから御出ありて、何故にかくはするぞと尋ねさせ玉ひしに、重長が侍、畏りて、公よりの仰にや候はん、精き事は存ぜず候と申す、障子引建て入らせ玉ひて後は、出させ玉はず、日も既に暮れぬ、近く召仕るゝ女房達三人を、宵より皆御暇給はりて、おのが局々に下さる、御傍にはべるもの、女の童たゞ二人あり、酒温めて参らせよと仰られしに依て、御前を立て、やがて、提子《ヒサゲ》もちてまゐる、御盃を取上げ玉ひて、めすこと二たびに至りて、今少し温めてまゐらせよとあれば、一人の童提子もちて出づ、今一人の童には、汝は肴取りて来れとありしかば、同じく御前を立て御酒御肴もち来て見れば、白き御小袖の上に、黒き御小袖に御紋つきたるを打掛て伏させ玉ひしが、御小袖悉くあけに染みて、事切れさせたまふ、二人の女の童は大に驚き走り出て、かくと告しかば、配所の御供に侍ひし人々、走せ参りて見るに、御わき刀にて、御頸の半つき貫かせ玉ひ、前の方へおし切つて、うつぶしに伏させ玉ひぬ、御年は廿八にぞならせ玉ひける、また御事あるべき五三日前より、御宝物ども長持に入れさせ玉ひ、御手ずさみに書せ玉ひし反古やうの者と同じく、おはします所の庭にして、悉く焼棄させ玉ひき、此程よりかく思召たゝせ給ひしにやなど、世には伝へぬ、詳なる事をば誰か知るべき、もし此等の事誠ならんには、重長が申せし言葉、今又一月を越ん程を待て、其後御心つかせ玉ふやうに計らひしは、深き心ありとぞ、見えし其事も皆空しくなりぬれば、あはれなりし事なり、今の世誰かかゝる仰う

けて、一月をこえん程を、その事となく打過ぐべき、誠に重長はゆ、しき人にこそ、

寛永十年（一六三三）九月、忠長の預け先の上野国高崎に派遣された将軍家光の使者の阿部重次は、領主の安藤重長に対し、忠長の「猶御心改らせ給はず、よからぬ御振舞ひ世に漏ぬる事少からず」という状況を受け、その罪刑を定めるべきだが、将軍家光と忠長は兄弟で「親しき御中」であったため、その発令はできず、「此上は重長如何にも計らひて、彼の御心より起りて、御自害あらん様に仕るべき」旨を安藤重長へ伝えたとされる。しかし、安藤重長は容易に受けず、阿部重次を疑うわけではなく、また家光の意向を軽んずるわけでもないが、将軍家の親族である忠長に自害を仕向けることなど臣下の立場ではできず、使者による口頭での命令ではなく、家光の直筆による命令書の発給を強く求めたため、阿部重次は引き返して重長の求めを言上したところ、家光は「自から御筆を染められし御教書」を下し、重次がそれを重長に渡した。

重長は家光の命を受け、寛永十年十二月六日、忠長の住まう御殿の縁側から少し離れた所に鹿垣を結わえさせた。それを見た忠長が「何故にかくはするぞ」と重長の侍に尋ねたところ、侍は畏れ入って、「公よりの仰にや候はん、精き事は存ぜず候」とのみ答えた。それを聞いた忠長は障子を閉めたまま出てこなくなってしまい、身の回りに仕えた女房達には暇を出し、忠長の側には女児二名のみとなったが、忠長は女児にそれぞれ温めた酒と肴を取りに行かせ、女児が立ち戻ってきたところ、忠長は既に頸部の半ばを突いて俯せの状態で絶命していたという。

家光が阿部重次を使者に立て、安藤重長に対し、忠長が自害するような環境をそれとなく作るよう命じ、重長は躊躇したものの、重長によって自らの住まいが鹿垣で取り囲まれた様子を見た忠長は、事の次第を察し、自害したという内容である。阿部重次が上野国高崎への使者を務めたかどうかについては、「寛政重修諸家譜」の阿部重次の箇所に「九月大猷院《（家光）（ママ）》殿の御密旨をうけて上野国高崎におもむき、のちまたおほせによりてかの地にいたる」（『新訂　寛政重修諸家譜』第十）とあるが、「寛永諸家系図伝」（『日光叢書　寛永諸家系図伝』第六巻）の阿部重次の箇所には言及がない。また、忠長に自害を求めた理由も「猶御心改らせ給はず、よからぬ御振舞ひ世に漏ぬる事少からず」とあるのみで、しかも「きつと其罪を定めさせ玉はん事は、さすがに親しき御中なり、如何でか仰も出さるべき」という不明瞭な内容であったから、それならばもっと早くに自害を求めることはあり得たわけで、なぜ寛永十年九月というタイミングであったのかという疑問は禁じ得ない。

　このやりとり自体、どこまで真実を反映しているのかは留保が必要だが、前引の「寛永十年十一月二十四日付魚住伝左衛門尉宛細川忠利書状案」（『大日本近世史料　細川家史料』十一、六九五号）が「一、駿河大納言《（徳川忠長）》様、又御心むらに成、此程腹を御切可被成と被成候而、少ハ疵もつき候様ニ、下々取沙汰仕候、事実は不存候」と記していたことを受け、下重清氏は「もし事実であったと仮定するならば、安藤重長の自殺教唆により一旦は自殺しようとしたが死にきれなかったという可能性が出てくる。一二月の自害は二度目であり、鹿垣をめぐらすという強硬手段が自殺を決心させたということになる」（下重『幕閣譜代藩の政治構造』）と推定している。

小池氏と下重氏が言うように、忠長は家光から自害を促されたとすると、それは何故なのか。『藩翰譜』の言う理由のみでは弱いことは前述の通りである。小池氏は「問題は忠長の高崎逼塞から自害までの約一年のあいだにおいて、あれほど忠長に配慮してきた家光に如何なる変化があったか」だと指摘している（小池『江戸幕府直轄軍団の形成』）。筆者も同感である。小池氏は「考えられる最大の理由は家光の健康状態である」（小池『江戸幕府直轄軍団の形成』）とし、下重氏は「世継ぎの無いまま家光の健康状態が悪化したことなど、新たな要因の出現によるものと考えられる」としているが（下重『幕閣譜代藩の政治構造』）、果たしてどうだろうか。

3　寛永十一年の上洛準備と家光の病

忠長が自害するまでの家光

寛永九年（一六三二）十月の忠長の高崎逼塞から寛永十年（一六三三）十二月の忠長の高崎での自害までの間、家光はどのような状況にあったのか。

まず、藤井譲治氏によれば、寛永九年十一月十八日に松平信綱が「宿老衆並」（『江戸幕府日記　姫路酒井家本』第一巻）となったが（表1）、これにより家光は「稲葉正勝に続く側近家臣の年寄就任への道を探った」とされる（藤井『江戸幕府老中制形成過程の研究』）。同氏によれば、信綱の「寛永十年中の加判は恒常化しない」状況だったが、家光は「稲葉正勝を年寄とし、その地位を引き上げることで、自らの政治的意図を実現しようとした家光の戦略が、正勝の病気によって現実性を失いつつある時期に、その意図を実現しようとして」おり、「この段階では側近家臣の年寄への直接的な登用が困難なのを見て、寛永十年三月に、「少々之御用」を支配する家光側近集団の核としての「六人衆」を成立させ、年寄と「六人衆」の格差を是認しつつ、松平信綱を「宿老衆並」に、阿部忠秋と堀田正盛を「松平伊豆守並」にすることで「六人衆」を徐々に強化し幕政運営の次の段階への足掛かりを作ろうとした」とされる（藤井『江戸幕府老中制形成過程の研究』）。その状況は表1としても整理したが、すなわち当時は、家光が自らの政治的基盤を構築し始めた時期に該当し、「寛永十年三月十日付細川忠利宛細川三斎書状」（『大日本近世史料　細川家史料』五、一〇七三号）には、

一、国廻り之衆ニ、国主迷惑不仕様ニ仕候へ、其上訴状なと上候共見申間敷候、少も物を取申間敷由、堅被　仰出、大躰大筋よく見候へと迄被　仰付、其外之儀ハ存たる者無之由候、され共、国廻之衆は、事こまかニ可被聞と被存候由候、尤左様ニ可在之儀候、肥後へハ九月時分可被参由、左様ニ可在之事、

とあるように、家光は表2に整理される六方面へ「国廻り之衆」を派遣し、諸国の実態把握にも乗り出している。この「国廻り之衆」は、のちの「諸国巡検使」の「創設」につながるが（藤井『徳川家光』）、山本博文氏によれば、「この時の上使は、原則として酒・菓子にいたるまで贈答を一切受け付けようとしていない」といい、「これには家光の厳しい指示があ」り、「このような家光の潔癖な性格

表2　国廻衆のメンバーと担当区域

区域	メンバー	備考
九州	小出吉親 城　信茂 能勢頼隆	西海道および二嶋
奥州	分部光信 大河内正勝 松田勝政	常陸，陸奥，出羽および松前等
中国	市橋長政 柘植三四郎 村越正重	
北国	桑山一直 徳山直政 林　勝政	北陸山陰の国々
五畿内	溝口善勝 川勝廣綱 牧野成常	
東海道	小出三尹 永井白元 桑山貞利	

（註）　藤井讓治監修『江戸幕府日記　姫路酒井家本』第2巻（ゆまに書房，2003年）59〜60頁，高柳光寿・岡山泰四・斎木一馬編集顧問・続群書類従完成会発行『新訂　寛政重修諸家譜』第3（133〜134頁）・第5（13〜14頁・103頁・326〜327頁）・第7（6頁）・第8（227頁・351頁）・第10（294〜295頁）・第11（48頁）・第12（388〜389頁）・第13（360〜361頁）・第14（387〜388頁）・第15（14〜15頁・21頁・370〜371頁・377頁）・第16（98頁）・第18（151頁）をもとに筆者作成。典拠名は順不同。

も、彼の政治を理解する上で必要」だという（山本『寛永時代』）。

寛永十一年の上洛計画の始動

また、「寛永十年五月三日付魚住伝左衛門尉宛細川忠利書状案」（『大日本近世史料　細川家史料』十一、六三一号）が、

一、大炊殿（土井利勝）禁中（明正天皇）へ御使ニ御上之由取沙汰と申来候、いつ共不申来候、院様（後水尾上皇）又御位被即候様にとの儀、又来年（寛永十一年）御上洛ニ付而、道中上方之様子も御申付候筈と申候事、

というように、後水尾上皇の復位を目指しての土井利勝の上洛の噂が報じられる一方、寛永十一年（一六三四）の家光の上洛を展望して「道中上方之様子」の調査も開始されており、「寛永十年六月八日付宛所欠細川忠利書状案」（前引『細川家史料』十一、六四一号）によれば、

　昨日江戸ゟ早打参候、来年（寛永十一年）ハ御上洛ニ相定、二条辺小屋懸之ため、松平伊豆（信綱）・柳生但馬（宗矩）・井上筑後（政重）、六月（寛永十年）廿一日ニ江戸を被立被上之由申来候、先度申上候つる大炊殿（土井利勝）御上之儀は、重而不申来候、

とあって、土井利勝の上洛は沙汰止みとなったようだが、この段階で寛永十一年の家光の上洛の出立日が明らかとなり、さらには「寛永十年七月九日付人見慶安宛細川忠利書状」（『大日本近世史料　細川家史料』十七、二二六四号）が、

　一、京所司代之事、少身成衆両人ニ被仰付、周防殿（板倉重宗）ハ二条御城代被仰付なと丶沙汰有之由、
　　禁中方も御法度出申様ニ申由、承届候事、

と報じるように、家光は京都所司代の機構改革や二条城代の新設、新たな「禁中方」への「御法度」を出すこと（「禁中并公家中諸法度」の改正か。なお本書は「禁中并公家中諸法度」という名称を橋本『近世公家社会の研究』によって用いる）にも意欲を示すなど、当時の家光は寛永十一年の上洛を視野に入れた

京都方面への対応策にも力を入れ始めていた。その様子は、前述の家光による年寄衆の人事にも現れており、表1によると、寛永十年（一六三三）二月から四月にかけて、内藤忠重・青山幸成・土井利勝・永井尚政が江戸周辺と江戸以西へ軒並み転出または領知替えされていることがわかる。これは藤井譲治氏によれば、酒井忠世・土井利勝・酒井忠勝に対してはやや不徹底であったものの、稲葉正勝を除く「年寄の排除」の一環と評価されたが（藤井『江戸幕府老中制形成過程の研究』）、この見解に対して下重清氏は、この一連の人事を「上洛準備にともなう軍制改革と大名再配置」と捉え、「排除説が該当しない」と批判している（下重『幕閣譜代藩の政治構造』）。

年寄衆をめぐる巧妙な人事

この点については、家光の行った人事のもたらす効果の両面を見る必要があろう。すなわち、当時の家光が自らの政治的基盤を構築しようとしていた流れを重視すれば、栄転の形をとった転封で年寄を江戸城から放出し、その大半を年寄衆の列から外して物理的に彼らの江戸城での影響力を除去したことは確かだろうし、またそれらが、寛永十一年（一六三四）の上洛を展望した人員配置であったことは、彼らの所領のほとんどが江戸以西であったことでもうかがわれよう。家光は、排除と解釈されかねない人事を栄転という形でフォローし、なおかつ翌年に控えた上洛の準備という積極的な目的をも提示して、排除・栄転・上洛準備の三つを同時にこなすという非常に巧妙な人事を行ったのであり、筆者はその彼の政治力・政治感覚を評価すべきではないかと考える。当時、家光は満年齢で三十歳になるかならないかであった。筆者には、家光が一体いつ、どこで、どのようにこの才覚を身につけ、またそのまだ若い彼が藤井氏の言う「年齢差はかなり大きい」

(藤井『江戸幕府老中制形成過程の研究』)年寄衆をなぜ将棋の駒のように動かし得たのかということのほうが気にかかる。

家光の病の重篤化

ところが、このように次々と寛永十一年の上洛を見据えた対策を打ち出していた矢先、家光は「寛永十年十月二十二日付魚住伝左衛門尉宛細川忠利書状案」(『大日本近世史料　細川家史料』十一、六八八号)が、

一、冣前之御煩は、九月十三夜(寛永十年)、御月見御酒を上り過、被成御煩候、切々御吐逆出申候故、下地御草臥被成候へ共、御灸なとにて、御本復にて御座候つる、然処十五日(寛永十年十月)ニ増上寺へ御成ニ付而、十四日(寛永十年十月)ニ御さかやき・御行水なと被成候故、殊十五日之朝かんじ申候つる故、風を被成御引候ての御煩にて御座候、此前之御煩再発にてハ無御座候事、

と報じるように、月見の際の酒の飲み過ぎと、増上寺へ出かける支度の際に行った行水で体を冷やしたことによる風邪が原因で病に陥ってしまう。この時の病は相当深刻で、同書状案(前引『細川家史料』十一、六八八号)によれば、

一、若御大事も御座候ハヽ、御譲之儀迄被仰様御座候由、承及候、上下気を詰申候事、御推量可被成候、一日ニ二度三度宛登城、何も被仕候事、

とあるように、もしもの時を想定しなければならないほどの重体であり、将軍職の行く末に関心が集まらざるを得ない状況となっていた。

しかも、この時の模様を詳しく報じた『オランダ商館長日記』の一六三三年十一月三十日条（『日本関係海外史料　オランダ商館長日記』訳文編之一〈上〉）によれば、

> 平戸の領主《（松浦隆信）》の医師が我々を宿舎に訪ねて来て、次のように語った。すなわち、彼はその主人によって（皇帝《（徳川家光）》の病状について隈なく聞くため）陛下《（徳川家光）》の医師の家に遣わされたが、そこへ行くと、陛下がいまかなり快方に向ってはいるものの、まだ外出はしない、と聞いた。今月二十日〇寛永十年九月十九日。始めて《（ママ）》陛下の病状が進み始めたとき、彼の医師たちのひとりが誤った薬を投与した。そのため彼は危篤状態になり、彼の脈拍は絶え、全身はまったく死体のような有様に変った。陛下が意識を回復すると、人々は事態について厳しく糾明し、そしてそれについては真摯に説明が行われたので、〔陛下は〕医師に過失を（これをひとつの不運と考えて）赦そうという気持になったが、しかし陛下が実の母同様に愛慕し尊敬している彼の乳母〇春日局。がこれを許そうとしなかった。しかしその結果（彼女は彼〇医師。に死刑を求めたが、そうすることができなかったのちに）ついに、上記の医師は、彼の収入と給与を没収され、その一生涯を通じて追放の身とされた、との由。

とあるように、治療の際の医療過誤で投薬ミスがあり、家光は亡くなりかけたというのが実態であっ

たようで、春日局が激怒し、過誤をした医師は追放されたという。また、同じく『オランダ商館長日記』の一六三三年十二月十三日条（前引『オランダ商館長日記』訳文編之一〈上〉）によれば、

通詞によって我々に、次のことが知らされた。確かに物を知っていると彼が信ずる二、三の人々から彼が聞いたところによれば、陛下《（徳川家光）》は病気になって以来その記憶を喪い、全く愚者同然となった由、また、彼《（徳川家光）》の病気と衰弱は、彼が常に深く飲酒をしていたという原因によるとしか判断できず、まさに数箇月以来毎晩毎晩夜通し起きていて、食物らしい食物もほとんど摂らず、宵と夜明けの間に日本の小型コップすなわち小皿ふうのもので五、六十杯もあおり、その間夜の一〇時ごろ夕食を摂ると、明け方彼が寝るまで、彼の妻妾たちの中から選ばれた数人の者とともに、踊ったり、喜劇に興じたり、酒を飲んだりして過してきた由である。

という話が記されており、多量の飲酒が原因の一つだったことは日本側史料とも一致し、家光の容態は、記憶障害も伴うかなり深刻なものであったらしいことがうかがわれる。

「大横目」による監視と威圧

そのような中、「寛永十年十一月八日付細川忠利宛細川三斎書状」（『大日本近世史料　細川家史料』五、一一五五号）によれば、

一、上様《（徳川家光）》仰出はか参候由、左様ニ可在之と存候事、

一、大炊殿《土井利勝》物御ひかへ、讃岐殿《酒井忠勝》勿論、掃部殿《井伊直孝》遠慮出候由、次第〳〵ニ、左様ニ可在之と存候事、
一、いにしへゟ、様々こまかなる儀も立　御耳、又もれ候事も在之由、左様ニ可在之候、就夫、大横目ニおちおそれ候由、是又左様ニ可在之と存候事、

という話も報じられており、家光は全く政務を行わなかったわけではなかった模様で、家光の命令は頻繁に出されており、しかもそれは土井利勝・酒井忠勝・井伊直孝を圧倒する勢いだったようで、その背景には「様々こまかなる儀」が「大横目」によって調査され、家光の耳に入り、皆が恐れおののいているという状況があった。藤井讓治氏は、寛永九年（一六三二）十二月十七日に設置された「大横目」の「権限が年寄衆にまで及ぶものであった」と指摘しているが（藤井『江戸幕府老中制形成過程の研究』）、それは山本博文氏によれば「恐怖政治」（山本『寛永時代』）の様相を呈するものであった。

したがって、実際に「寛永十年九月二十五日付魚住伝左衛門尉宛細川忠利書状案」（『大日本近世史料細川家史料』十一、六八二号）は、

一、松右衛門殿《松平正綱》・伊播磨殿《伊丹康勝》、御かんだうにて候、子細ハ松平縫殿助《真次》と申人之知行を三千石、今度新知被下候衆へわり候て被渡候儀、立　御耳、何と仕たる事ニ、人之知行をか様ニわり候哉、無申分ハ　御前へ罷出間敷由ニ而、右之通と申候、（以下略）

というように松平正綱と伊丹康勝の不正疑惑が摘発されたことを報じているし、なかでも伊丹康勝などは、次の「寛永十年十月二十二日付魚住伝左衛門尉宛細川忠利書状案」（前引『細川家史料』十一、六八八号）が記すように、

一、伊播州《（伊丹康勝）》儀、色々六ケ敷儀御座候内、あきないの儀仕間敷由、日外之御法度ニ被仰出候処、自分之商ハ無御座候へ共、方々の金山、又は御代官所ニ、或は親類、或は目を被懸候ものあまた御座候、人の高ク請可申由申候物を、右播州《（伊丹康勝）》かげにより軽請、又ハ町人にて御座候故、商のみ仕候其者共ニ播州金を被借候故、御代官所之御法度以前、金を被借置候、滞候所ハ、書物なと書なをさせなと仕候処御座候、（以下略）

と、彼の行動が相当細かく調べられた結果の勘当であった。藤井讓治氏によれば、「両者とも、初期の勘定頭であ」って「当時の幕閣にあって年寄とならぶ実力の持ち主であった」とされる（藤井『江戸幕府老中制形成過程の研究』）。下重清氏によると、当時、松平正綱・伊丹康勝ら「旧来の勘定方出頭人が幕閣内で幅を利かせるようになっ」ており、酒井忠世・土井利勝らは「正綱・康勝の「勘当」取り消し工作」を行ったが、「家光によって処分取り消しも帳消しとされた」ことを指摘しており（下重『幕閣譜代藩の政治構造』）、「寛永十年十一月二十日付魚住伝左衛門尉宛細川忠利書状案」（前引『細川家史料』十一、六九三号）が、

一、万きびしく物毎被　仰付、御年寄衆も此前ニ替、事之外気遣被仕候躰ニ御座候、少も御用捨ハ御座有間敷躰と申候、（以下略）

と述べる状況も、下重氏によればそのような背景が影響してのことのようである（下重『幕閣譜代藩の政治構造』）。藤井譲治氏によると、結果として「家光は両人を幕政からまったく排除していない」（藤井『江戸幕府老中制形成過程の研究』）が、永積洋子氏は、「この両人の失脚により、勘定方が直接外交・貿易にかかわることはなくなった」ことを指摘するとともに、同じく「年寄達の注文を口実として、大胆に不正の取引をしていた」とされた「元長崎奉行」の「竹中重義父子は切腹、その所領は没収という厳しい処分が言い渡された」ことなどとあわせ、「家康時代から引き続き行われていた、外交と貿易の癒着、汚職の摘発は、家光の独裁政権下でまず手をつけられた改革の一つだった」としている（永積『近世初期の外交』）。

4　忠長の死の背景

このように、寛永九年（一六三二）十月の忠長の高崎逼塞から寛永十年（一六三三）十二月の忠長の高崎における自害までの間の家光は、自らの政治的基盤を構築するため、積極的な人事を行うとともに、寛永十一年（一六三四）の上洛を見据えての準備を加速化させており、それらの人事と準備の実行を担保するために「大横目」による情報収集網を整備して、それを前代からの人材や負の遺産と向き合っていく際の推進力としていた。ところが、その家光自身が飲酒と風邪による体調不良に陥り、しかもその治療の過程での投薬ミスも重なって、命も危ぶまれる危機的な状況となり、将軍職の後継者問題までもが意識される事態も併発していた。

『オランダ商館長日記』の語る忠長の死

このような中で家光の弟の忠長は高崎で自害したのだが、それへの家光の関与は、前述のように寛永十年九月の阿部重次・安藤重長経由の自害の示唆をもって語られてきた。その示唆の存在自体は論証の難しい問題だが、なぜここへきて忠長は死なければならなかったのか、なぜその死が寛永十年十二月であったのかは、史料的に説明することを試みておく必要があるだろう。

そこで筆者は、従来小池進氏と下重清氏が検討対象としてきた次の史料は、再検討の余地があるのではないかと考えている。すなわち、『オランダ商館長日記』の一六三四年五月八日条（『日本関係海外史料　オランダ商館長日記』訳文編之一〈上〉、和暦で寛永十一年〈一六三四〉正月八日）である。

同月《(一六三四年五月)》八日　陛下〇徳川家光。のただ一人の弟〇さきの駿河大納言忠長。が次のような原因でその腹を切ったと聞いた。すなわち、当地江戸に、ダイロ〇内裏。の特命を帯びた重立った貴人二人が、上記の陛下の弟《(徳川忠長)》（彼《(徳川忠長)》は以前、スルガ〇駿河。・トートー〇遠江。・ミカワ〇三河。の王であったが、彼の非行のため、その所領から召放たれ、江戸から北の方四八マイルの地〇上野高崎。に監禁されていた。）の赦免を乞うための代表となってやって来た。これらの代表委員となった大官たちは、様々な要職にある人々から大きな予期しない仕打を受けたが、もし陛下が事柄を理解しようとしないなら、近くミアコで行なわれる儀式と戴冠式は（彼の唯一の弟をこのように孤立したままにして置いては）滞り無く執り行うことはできないであろう、と説いて、その請願と要求を熱心に行った。陛下は、彼の（唯一人の、であったのに）弟に恩情を施すために、彼の父○秀忠。により一旦述べられた言葉を撤回するだけの決心がつきかねていたため、彼の弟を殺害するため、秘かに腕の立つ屈強の人々を（彼等自らがこの追放された領主を訪問しに行くように見せかけ）派遣して、そして、そのような前提のもとに彼等は相手と同席した折に、話のはずみにいさかいにもちこみ、互に殺し合う手筈であったという。それは、たとえどのような結果になろうとも、それにより陛下の名に傷がつくことも、負い目を受けることもないためであった。

こうして、今月三日にこれらの選ばれた貴人たちは、上記のスルガの領主（徳川忠長）のもとに行き、事を彼等の仕組んだ陥し穴に向けて運び、そして彼に襲いかかった。しかし、彼○徳川忠長。は勇敢な武人であったので、抜刀し、彼等の一隊のうち幾人かを斬り伏せた。その瞬間、やはり選り抜きの人々（今でこそ見捨てられているとはいえ、彼らの盛時には一廉の殿原たちだった）であった彼の従者たちも、直ちに残りの全員を攻撃し、切り倒した。

上述の領主○忠長。は、それが彼の生命を奪おうとしたものであることを見てとると、自分の腹を切る決心をした。そしてその翌日、彼はその乳母とともに、大なる悲歎と不満の故に最期を遂げた、というのである。

此《（徳川忠長）》の領主の死の原因に関しては、二通りの判断が語られているが、それについての正確な根拠を知ることはできない。或る人々はこう言っている。すなわち上述の領主が生存して居る限り、陛下は絶えざる嘆願により全く安らぐ暇さえ持たなくなるに違いなく、また恐らく、ミアコにおける儀式と新たな戴冠についての或る種の（これを受けたくとも受けられないための）不満を首尾よく防ぐことができたのである、と。

他の人々はこんなふうに言っている。すなわち、陛下が瀕死の重態で、人々がその生死のほども知らなかったとき、彼〇家光。の側近の人々や最も親密な領主たち数人が、多数の兵団から成る強力な彼の親衛隊の統率者となって、前述の〔監禁中の〕スルガの王〇忠長。のところへ派遣されて、彼〇忠長。に、油断なく準備を整えておくように、何故なら、陛下が死去するに至ったら、彼等が直ちに彼を迎えて、彼等の王（すなわち、皇帝）とするため戦うつもりだからだ、と知らせたが、皇帝は、これら総べてのことを聞くと、彼を秘かに殺させたのである、と。彼の死は、当地〇江戸。の市中に大きな噂をひろめたが、目下弘まっている噂では、陛下が再度瀕死の重態に陥り、〔陛下の〕第二の叔父（すなわち、キノクニ〇紀伊国。の王〇徳川頼宣。である。）が戦時のために大掛りな準備を整えているとのことである。また或る人々はこう言っている。すなわち、陛下は非常に感情を害しており、そのため容易に健康を回復することはできないであろう。ここ数日は出歩くことすらできないのだ、と。しかも、もう少し尤もらしい話としては、彼はまたもや女たちに耽溺しており、そのため第一の叔父（すなわち、ウワリ○尾張。の王○徳川義直。である。）を彼の後継者として選ばねばなるまいと決められた、といわれるが、しかし、これは全国の大部分の人々の気持に反することである。畢竟、人々は（主として市民層と僧侶たちだが）非常に重苦しい気持と不安な気持に支配されているので、彼等の不満を聞くだけでも驚くばかりである。さらにまた我々にひとりの魚商人（彼は毎週宮廷に、また常時多数の大官たちの家々に魚を届けている。）から秘かに聞かされたところでは、彼等大官の妻妾たちの内、重立った人々の間に大きな不安があり、多くの領主たちは平常あまり必要の無い、しかも高価な品物を秘かに彼等の領地へ送りつつあり、しかもまた、国中が戦争となる以外のことは起り得ないとの考えは誰によっても支持されている、とのことである。

この部分は当時の商館長ニコラース・クーケバッケルが江戸から平戸へ戻っている間、江戸に残っていたフランソワ・カロンが和暦の寛永十一年（一六三四）正月八日に記した江戸日記にあたり（金井圓他「日本関係海外史料　オランダ商館長日記　訳文編之一（上）」）、この部分の内容は大きく前半と後半に分かれている。

すなわち前半は、忠長の切腹の報を記すとともに、「江戸に、ダイロ○内裏。の特命を帯びた重立った貴人二人」が忠長の「赦免を乞うための代表となってやって来た」ことにふれ、彼らはもし家光が「事柄を理解しようとしないなら、近くミアコで行われる儀式と戴冠式は（彼の唯一の弟をこのように孤立したままに置いては）滞り無く執り行うことはできないであろう、と説いて、その請願と要求を熱心に行った」とする。「貴人二人」は「様々な要職にある人々から大きな予期しない仕打ちを受け」ながら「請願と要求を熱心に行った」とあるから、ある程度の期間滞在し、粘り強く活動したのだろう。だが、家光は「決心がつきかね」たため、「秘かに腕の立つ屈強の人々を（彼等自らがこの追放された領主を訪問しに行くように見せかけ）派遣して、そして、そのような前提のもとに彼等は相手と同席した折に、話のはずみにいさかいにもちこみ、互に殺し合う手筈」を整えたが、忠長らは家光からの刺客を迎撃し、「切り倒した」という。家光から刺客を差し向けられた忠長は、切腹を決心して「最期を遂げた」とされている。

前半部分の特徴は、宮中から家光へ忠長の名誉回復についての「請願と要求」があったことにふれている点であり、忠長の逼塞が継続された場合に宮中からの「貴人二人」が「近くミアコで行われる儀式と戴冠式」の不実行を示唆したとある点だろう。「近くミアコで行われる儀式と戴冠式」とは、寛永十一年に予定されていた家光の上洛のことと思われる。ここでは、当時の家光が周到な準備を重ねていた上洛と忠長の逼塞が結びつけられ、忠長の名誉回復が上洛成功の条件として浮上させられているのである。これを受けて家光は、忠長を殺害する決意をし、寛永十一年正月三日に刺客を差し向け、忠長は刺客を迎撃・撃退したものの、兄からの刺客派遣を受けて死を覚悟し、寛永十一年正月八日に切腹したとある。ここで示されている年月日は、前引の『藩翰譜』や『江戸幕府日記』のものと異なっている。

後半部分は、忠長の切腹を受け、なぜ切腹に至ったかの原因分析がなされており、一つは家光が

「絶えざる嘆願により全く安らぐ暇さえ持たなくなる」ことを危惧し、特に「ミアコにおける儀式と新たな戴冠についての或る種の（これを受けたくとも受けられないための）不満を首尾よく防ぐ」ことを意図したからだという理由、いま一つは家光が重病に陥って命が危ぶまれた際、忠長を担ぐ勢力が存在し、家光の不摂生を懸念する者たちにも忠長に期待する一団がおり、いつ戦になるのかわからない不安感が充満していたという分析がそれぞれ記されている。

小池進氏は同史料の後半部分に注目し、その中でも特に第二番目の分析に依拠して、当時の家光の重病とそれに伴う将軍後継者への関心の集中する状況を記した前引の「寛永十年十月二十二日付魚住伝左衛門尉宛細川忠利書状案」（『大日本近世史料　細川家史料』十一、六八八号）との関連を指摘し、忠長の切腹という事態の急展開の背景として「考えられる最大の理由は家光の健康状態」で「忠長自身の問題行動と家光の健康状態、それをふくめた家光親政開始直後の政権の不安定性などの諸要素が絡まって、自害に追い込まれたと見るべきであろう」と結論している（小池『江戸幕府直轄軍団の形成』）。また下重清氏は、宮中からの忠長の名誉回復に関する「請願と要求」は「真意が不明であり、また阿部重次や安藤重長らの自殺教唆の動きとも今のところ合致しない」としつつ、「忠長の存在自体が家光政権を揺るがす危機要因の一つであり、また、この時点での家光の死は、国内を戦争に引きずり込む危険性をはらんで」おり、「慢性的な将軍家相続に対する危機意識が家光「瀕死の重態」時に、潜在的には次期将軍候補の一人でありながら、秀忠死去時に候補者から外された忠長の抹殺へと向かわせたとみなせる」としている（下重『幕閣譜代藩の政治構造』、なお同書が『オランダ商館長日記』の前引箇所を「クーケバッケルの日記」としている点は誤りである）。

どちらの見解も、家光の体調不良と自身の子息の不在という彼の抱えた問題との関連性を重視しており、間違いというわけではないだろう。ただ、『藩翰譜』や『江戸幕府日記』の記述を前提または基準とし過ぎて『オランダ商館長日記』の記述を評価すると、歴史的解釈の可能性を狭めてしまうことになりはしないだろうか。忠長の問題は、当時の最高機密だろうから、ありのまま史料が伝えられることは稀だろうし、また、ただでさえ当該期の史料は残存状況が悪く、当時の政治史についてはかなり限られた史料の中で議論せざるを得ないという研究環境もある。例えば、『江戸幕府日記』も全てを記録しているわけではなく、『藩翰譜』などの言う阿部重次の高崎派遣自体に言及はなく、阿部重次の動静については、同日記の寛永十年九月六日条に「謁阿部豊後守（忠秋）・阿部対馬守（重次）、退出」、同じく同年九月二十九日条に「一、阿部対馬守（重次）亭ニ於テ寄合在之」とそれぞれあるに過ぎない（『江戸幕府日記　姫路酒井家本』第二巻）。

『オランダ商館長日記』の史料的価値

あくまでも筆者の私見だが、『オランダ商館長日記』は、当時の江戸にいた同時代人（外国人）が遺した限りなく一次史料に近い貴重な史料であることをふまえる必要があるのではなかろうか。すなわち、日本人が記録を憚る内容も、聞いたまま、ありのまま記録している可能性が高いのである。

しかし、『オランダ商館長日記』において忠長の自害の年月日が和暦で越年している点は、『江戸幕府日記』が忠長の自害を記した寛永十年十二月八日条（『江戸幕府日記　姫路酒井家本』第二巻）以降、同年十二月九日条と同年十二月十七日条で高崎とのやりとりに言及している（『江戸幕府日記 姫路酒井家本』第二巻）ことからすると、誤りとせざるを得ないだろう。

一方、カロンが忠長のことを聞いた年月日が和暦で越年直後である点は不自然ではないし、カロンの記す、家光が忠長に刺客を差し向けたものの、忠長はそれを迎撃・撃退し、自分に刺客を差し向けた兄の行動を見て死を選んだという流れは、『藩翰譜』の言う、忠長は「猶御心改らせ給はず、よからぬ御振舞ひ世に漏ぬる事少からず」ではあるが、家光が「きつと其罪を定めさせ玉はん事は、さすがに親しき御中なり、如何でか仰も出さるべき」として忠長に自害を促したという流れよりも緊迫感があり、将軍候補者ともなり得た一人の元大名が自ら死を選ばねばならなくなった状況の説明としては、『藩翰譜』よりもカロンの記録のほうが力強い。史料の限られた中にあって、むしろカロンの記録のほうが真実かもしれないという可能性は、現段階において排除できないのである。

宮中からの忠長の名誉回復運動

また、特にカロンが忠長の死の原因の一つとして、宮中からの名誉回復の「請願と要求」を指摘している点も、もう少し真剣に検討する必要があるだろう。

というのは、下重清氏も認識していることだが、当時の江戸城には実際に前関白の忠栄（幸家）ら公卿や法親王が滞在していたからである（下重『幕閣譜代藩の政治構造』）。もちろん、だからこそ、そのような噂や観測がなされたという可能性がないわけではないが、なかでも筆者は、前関白の九条忠栄（幸家）が参府していたことは、意外と重要な意味を持つのではないかと考えている。

『江戸幕府日記』によれば、九条忠栄（幸家）は寛永十年（一六三三）七月二日から同年八月十六日まで滞在している（『江戸幕府日記　姫路酒井家本』第二巻）。なぜ彼が参府したのか、『江戸幕府日記』には記述がないが、「大猷《ママ》院殿御実紀」巻二十三の寛永十年八月十六日条は「二条左大臣康道公の息子へ御名の一字つかはされ。光平と称せらる。よて九条前関白幸家公まうのぼり謝せらる」（『新訂増補国史大系　徳川実紀』第二篇）としている。なぜ二条光平に家光の片諱を賜ったことの礼を九条忠栄（幸家）が述べているのかといえば、略系図を参照すると、実は光平の父の二条康道は九条忠栄（幸家）の子で九条家から二条家に養子として入っており、光平は九条忠栄（幸家）の孫にあたるからであった。ここで筆者が注意を促したいことは、もし『オランダ商館長日記』の言う忠長の名誉回復の「請願と要求」を行った「ダイロ」の「貴人」のうちの一人が九条忠栄（幸家）だったならば、九条がそのような行動をすることはあり得るということである。すなわち、九条忠栄（幸家）は略系図にあるように忠長の母の江がかつて羽柴秀勝との間に産んだ女子（完子）と婚姻しているから江の義理の子にあたるのだが（久保『徳川和子』・福田『江の生涯』）、それゆえに江の子である家光・忠長とは義理の兄弟だったからである。もし福田千鶴氏の言うように家光の生母が江ではなく、江の実の男子は忠長のみ（福田『江の生涯』）であれば、忠栄（幸家）と忠長の関係は、忠栄（幸家）と家光の関係よりも濃厚ということになる。

もしその九条忠栄（幸家）が家光に、忠長の名誉回復の件を切り出したとすれば、どのような状況が想定できるだろうか。忠栄（幸家）は、義理の兄弟である忠長が逼塞している状況を不憫に思い、寛永三年（一六二六）の時のような兄弟揃っての上洛を勧めたのかもしれない。だが、それは家光の目にはどのように映るか。朝廷は忠長の存在を忘れていないし、忠長にも朝廷との回路が残っていることを、家光はまざまざと見せつけられたのではないか。あるいは藤井譲治氏が以心崇伝や天海に秀忠への取り成しを依頼する忠長の姿を指摘したように（藤井『徳川家光』）、忠長は九条忠栄（幸家）にも江戸参府の機会を捉えて家光への取り成しを依頼していたのかもしれない。あくまでも推測だが、しかし、九条忠栄（幸家）と家光・忠長の三者関係を考慮すると、全くあり得ないこととも断言できないのである。

対立せざるを得ない兄弟

さらに推測を重ねれば、家光は忠栄（幸家）の話を聞いた瞬間、忠長を生かしておけないと確信したのではないか。なぜなら、まさにこの時、家光の病中にあって、将軍後継者の問題が現実の政治課題として浮上していたからである。家光と忠長は、現職の将軍と逼塞中の元大名という立場の差こそあれ、同じ秀忠の血を分けた兄弟である。家光は、亡き秀忠の対天皇・朝廷政策の修正を春日局・東福門院経由で企図するなどしていたが、朝廷への回路は家光の独占物ではなかった。いま現に、前関白が忠長の名誉回復の「請願と要求」をしているとすれば、家光と忠長の差は、現在の境遇一点にしかない（もちろん互いの資質・性格を除外してのことである）。もし忠栄（幸家）が忠長のことを切り出したならば、それはまさに忠長を殺害する引き金を引いたに等しい行為であった。家光が忠長に刺客を差し向けるか、あるいは自害を促すことは充分にあり得る状況となったろう。

また、福田千鶴氏によれば、「家光が摂関家から妻を迎え」たのに対し、「忠長はかなり格下の家」

となる「織田信雄（信長次男）の子」の「織田信良（上野国内二万石）の娘と縁組した」という（福田『江の生涯』）。福田氏は「これは織田家との縁を大切にしたいとする江の強い意向」とし、「江が忠長をなんとしても将軍にしたいと思っていたのなら、家光への対抗からも頼りになる有力国持大名や摂関家などから正室を迎えたはずである。こうした点から、江は忠長が将軍となって苦労するよりも、将軍家連枝として穏やかな生活を送ることこそを願っていたと思われる」との見解を示す（福田『江の生涯』）が、確かに江の気持ちはそのようなものだったかもしれない。だが、忠長が将軍職を期待され、また忠長本人も将軍職を意識してしまっていた（意識させられていた）ならば、江の読みは浅かったと言わざるを得ないのではないか。なぜなら、家光が将軍の場合と忠長が将軍の場合とでは、将軍を取り巻く血縁関係は全く異なる様相を呈するからである。すなわち、もし福田氏の言うように家光の実母が江でないならば（福田『江の生涯』・福田『徳川秀忠』）、江の病没後は、織田家・豊臣家系列の血縁関係においても、忠長が家光より濃厚となるのである。もし忠長が将軍となったならば、徳川将軍家は依然として織田家・豊臣家との関係を維持することになり、それは、例えば前述のように「豊臣秀吉子飼いの勇将加藤清正の子」（山本『寛永時代』）である加藤忠広とその子を改易した当時の徳川将軍家の方針と真逆の路線となろう。忠長は、どの角度から見ても、家光と対立せざるを得ない状況におかれていたのである。そのような二人を周囲は刺激してはならなかった。また、山本博文氏は「外ならぬ家光が、寛永十年六月二十二日に徳川頼房に送った興味深い書状」において「兄弟がいても役に立たない」と述べていることを紹介しているが（山本『遊びをする将軍　踊る大名』）、前述のように上洛を控えて様々な手を打ちながら忙しくしていた家光にとって、もはや忠長は疎ましい存在になりつつあったのかもしれない。二人には、もう緩衝材となる秀忠も江もいなかった。

忠長の過酷な運命

筆者の述べたいことは、『オランダ商館長日記』の言う状況は成立の余地があるということだが、いずれにせよ、当時の家光が、忠長を生かしておくことはできないと判断し、残酷な決断をせざるを得なかったことは確かである。酒井忠勝の言行録である『仰景録』上（『日本偉人言行資料　圓心上書全・仰景録全』）には次のような話が収められている。

一、大猷院《（徳川家光）》《（ママ）》重く煩はせられ、最早御療治も叶はせられまじくと、何れも色を失ひ候節、忠勝《（酒井）》様御膳所を御覧なされ候へば、御膳二通り、同様に仕立て之あり候に付、一通りは公方様《（徳川家光）》の御設にて之あるべし、何故二通り仕立て之あるやと、御尋ねなされ候処、それは駿河様《（徳川忠長）》の御料にて候と、申上げ候へば、大に御機嫌を損ぜられ、公方様と同様に仕るべきことかやとて、駿河様御分は御膳台より御引下し、散々になされ候、駿河様は台徳院《（徳川秀忠）》様御愛子にて、御台様《（崇源院、江）》の御寵愛も大方ならず、之に依つて御威勢も熾に御座なされ、万一不諱の事あらば、駿河様疑なく将軍様に立たせらるべき時勢故、諸人此処に目を付け居り候なり、

ある日、家光の病が思わしくない時、忠勝が家光の膳の準備を検分したところ、同じ膳が二つあり、事の次第を問うと、一つは忠長の膳であるという。それを聞いた忠勝は、忠長の膳を下げさせ、

「散々」にしたという。幼い頃から忠長と比較され続け、心を傷つけられてきた家光も不幸だったが、将軍職との関係を常に意識し、そこに自らの存在をかけていた、あるいは何かと将軍職と関連づけられてきた忠長も不幸であった。しかし、政治の世界は残酷である。春日局は「東照大権現祝詞」の第十段で次のように述べている（赤堀『東照大権現祝詞略注』）。

大権げん《(徳川家康)》ないせう《内証》のりせう《利生》げよう《外用》のばつ《罰》とかんじ《感》たまへば、おそれ《畏》てもおそれ《畏》べきは、ごんげんご《護》ぢ《持》のりばつ《罰》なり、こゝにするが《駿河》大なごん《納言》どの《(徳川忠長)》たまく〜神こく《国》にうまれ《生》て、仏神《ぶつじん》のみやうけん《冥見》をもはきまへ《弁》たまはず、ほしいまゝ《恣》に君《(徳川家光)》にぎやく《逆》なるむね《旨》をもよほし《催》、そし《庶子》そうりやう《惣領》をつぎ《継》たまふべきとたくみ《巧》たまふ事、いかで《如何》か神りよ《慮》天とう《道》にかな《叶》はんや、ごんげん《(徳川家康)》さまふしぎ《不思議》の御神ばつ《罰》にて、おのづから《自》めつ《滅》したまへり、されば大なごんどの《納言殿》、君にてきたい《敵対》たまふところお《を》ごんげんさまこれをたいじ《退治》なされ候と、あらた《現》にくの《久能》ゝ神《かん》ぬし《主》にむ《夢》中にたしか《慥》に御つげ《告》あり、ゆめ《夢》のごとくほど《如程》もなく大なごん《納言》どのほろび《亡》たまふと、いつはり《偽》なく神《かん》ぬし《主》たしか《慥》に申候事なり

すなわち、忠長の死は、将軍職を望んだことへの東照大権現（徳川家康の神格）の罰であり、神国に生まれながら神仏の冥利を弁えずに振る舞った忠長が天道に叶うはずはなく、東照大権現が忠長を退治したのだと神主にも告があったという内容である。もはや忠長に救いの余地はなかった。春日局は「東照大権現祝詞」の第十一段（赤堀『東照大権現祝詞略注』）でも同じように、

忠長の霊牌

（徳川忠長の墓に附属，大信寺所有）（筆者撮影）

徳川忠長の墓

（高崎市指定史跡，大信寺所有）（筆者撮影）

そうじて《総》　君《（徳川家光）》をかろんじ《軽》おろか《蔑》にぞんじ《存》候ものども、いつれ《何》もみな〳〵おぼへておのつから《自》ほろび《亡》めつ《滅》し候、なかにも〳〵ふしぎ《不思議》なるしさい《子細》あつて、いのうへ《井上》《（中井上》かずへ《主計》《正就）》ふりよ《不慮》にたちどころにほろび《亡》めつ《滅》し候事、まこと《真》におぼへてごんげんさま《（徳川家康）》の御神ばつ《罰》なり、

と述べ、井上正就《まさなり》への敵意を露わにしているが、家光に刃向かう者は神仏も許さないという論理が躊躇なく記されている様は、当時の政治状況の過酷さを雄弁に物語っていよう。神となった家康は、孫のこのような最期を本当はどのように見ていたのだろうか。

現在、群馬県高崎市の大信寺では、同寺ご住職のお話によると、忠長の菩提を弔うとともに、忠長の命日の属する十二月には法要が営まれ、安藤重長の子孫を家元とする流派の茶会も催されているという。いまは忠長も少しは救われているものと思いたい。

5　忠長没後の家光と年寄衆

家光の病状

その後の家光は、次の『オランダ商館長日記』一六三四年二月二十八日条（『日本関係海外史料　オランダ商館長日記』訳文編之一〈上〉）にあるように、

> 閣下〇松浦隆信。は総べての他の領主たち、陛下（徳川家光）の城砦の長官たち、行政官たち、並びに野戦指揮官たちとともに、彼等のソングヮツ〇正月。すなわち新年の日の謁見を賜わった（その理由は、陛下が、彼（徳川家光）について、すでに死んだとか逝去したに違いないというような世上に流布している噂を打消すため、また領主たちの眼前に現われるため、自ら評判をかき立てなくてはならなかったからである。）由。

と、寛永十一年（一六三四）正月の諸大名への謁見を済ませたが、これは当時流れていた家光の死亡説を打ち消す狙いがあったとされており、そのように記される背景としては、『オランダ商館長日記』一六三四年三月十一日条（前引『オランダ商館長日記』訳文編之一〈上〉）に、

陛下《（徳川家光）》は、風聞、すなわち世上一般の噂に従えば、以前よりも快方に向ったとはいえ、なお彼《（徳川家光）》の記憶障害と心神喪失との後遺症が若干あって、今なお毎日彼に苦悩もしくは不調を進行させているので、到るところで毎日その対策のための命令が下されている、と書いてあった。

とあるように、当時、家光の体調については「記憶障害と心神喪失との後遺症」が見られ、依然深刻であるとの観測があったからであった。この頃の家光の容態についての評価は難しく、藤井譲治氏は「病気から回復したと思われる」（藤井『江戸幕府老中制形成過程の研究』）としているが、周囲はそのように捉えていなかったということであり、寛永十年（一六三三）末から寛永十一年初頭にかけての家光については、回復の兆しはありつつも、依然苦しい状況が続いていたと見ておくほうがよいかもしれない。

年寄衆の活動の問題点

そのような中、藤井氏によると「年寄らによる寄合数は著しい増加を見せており、年寄衆の活発化した様子を窺うことができる」といい、「家光による旧年寄衆排除の動きのあった」一方、それは「たやすくは実現しなかった」上、「側近の年寄として活動を期待されながら寛永十年五月以降その活動を事実上停止していた稲葉正勝が寛永十一年一月二十五日死去し、旧年寄衆と「宿老衆並」の松平信綱・「松平伊豆守並」の阿部忠秋・堀田正盛との間の飛石的存在が消滅し、旧年寄衆と松平信綱・阿部忠秋・堀田正盛の間の一線はより明確なものになった」とされており（藤井『江戸幕府老中制形成過程の研究』）、しかも「寛永十一年三月五日付魚住伝左

衛門尉宛細川忠利書状案」（『大日本近世史料　細川家史料』十一、七一二号）が、

一、爰元《江戸》何もかも年寄衆迄ニ而ハ事つかへ候、其上何事も三人《酒井忠世・土井利勝・酒井忠勝》無相談而は成不申候故、はか不参候ニ付而、御用之事をわけられ、御法度書三ツ出申候、写を進上申候、年寄衆へ物を申候事、人を頼候而不申、直ニ申候へ、又少之事ハ使ニ而申候へとの様ニ承候、左候へハ、わき〳〵の衆いせせい被仕候事成間敷かと存候事、

と記すように、またもや酒井忠世・土井利勝・酒井忠勝の三人が同時に関与しなければ案件が処理されないという、前引の「寛永九年三月二十七日付細川忠利宛細川三斎書状」（『大日本近世史料　細川家史料』七、一七四五号）で示されていた状況と同じ事態が発生していた。この間、年寄衆の機能をめぐる構造的問題はほとんど解決できておらず、家光にとって年寄衆の取り扱いは、なかなか頭の痛い問題であったことがうかがわれる。

寛永十一年の「御法度書三ツ」　そこで採られた対策が、藤井譲治氏によると、前引の「寛永十一年三月五日付魚住伝左衛門尉宛細川忠利書状案」（前引『細川家史料』十一、七一二号）とともに次の「寛永十一年四月十二日付細川忠利宛細川三斎書状」（『大日本近世史料　細川家史料』五、一一七七号）が記すところの、

一、御年寄衆御三人《（酒井忠世・土井利勝・酒井忠勝）》迄にてハ事つかへ候ニ付、六人之若御出頭衆《（松平信綱・阿部忠秋・堀田正盛・三浦正次・太田資宗・阿部重次）》・御町奉行衆事をわけ可被執行由
被　仰出、御一ツ書写給候、又状之おくニ被書候御年寄衆御用被　仰付御番之次第、三月朔日
ゟ十五日ツヽ、雅楽殿《（酒井忠世）》・大炊殿《（土井利勝）》・讃岐殿《（酒井忠勝）》と次第ニ廻候由、得其意候事、

という、年寄衆と六人衆と町奉行とで、それまで「つかへ」ていた案件を分けて処理するというものであり、しかも、三人同時に出仕していた年寄衆を当番制とし、年寄一人ずつに個別分散させるというものであった（藤井『江戸幕府老中制形成過程の研究』）。

　これらの内容の指示は「御一ツ書」と称されるもので行われたようだが、これは藤井氏によると「家光の黒印状であった」とされており、それは「当時年寄衆であった三人の人物あるいは「六人衆」と呼ばれた六人の人物に宛てられたものであり、個別的人的関係を色濃く持ったものであ」ったとされ（藤井『江戸幕府老中制形成過程の研究』）、前引の「寛永十一年三月五日付魚住左衛門尉宛細川忠利書状案」（『大日本近世史料　細川家史料』十一、七一二号）に「御法度書三ツ出申候」とあったように、「御一ツ書」は三つ作成されたようである。

　藤井氏によると、「「御町奉行衆」に宛てられた法度の文面は、現在知られてはいない」とのことで（藤井『江戸幕府老中制形成過程の研究』）、同氏が『江戸幕府老中制形成過程の研究』で引用している『憲教類典』から年寄衆宛のものと六人衆宛のものの文面を示すと次の如くである（史籍研究会『内閣文庫所蔵史籍叢刊　第38巻　憲教類典（二）』）。なお『憲教類典』には、「御法度書三ツ」のうち年寄衆宛

のものと六人衆宛のものについて、それぞれ朱印状と黒印状の二種類が掲出されている。藤井氏は「黒印状であった」（藤井『江戸幕府老中制形成過程の研究』）としながら、なぜか『江戸幕府老中制形成過程の研究』で『憲教類典』における朱印状のほうを引用している。朱印状と黒印状では文面などが異なるので、本書では『憲教類典』の黒印状のほうを引いておく。

寛永十一年甲戌年三月三日

定

一、禁中方幷公家・門跡衆之事
一、国持衆・惣大名壱万石以上御用幷訴訟之事
一、同奉書判形之事
一、金銀納幷大分之御遣方之事
一、御蔵入代官方御用之事
一、大造之御普請幷御作事、堂塔御建立之事
一、知行割之事
一、寺社方之事
一、異国之事
一、諸国絵図之事

右条々御用之儀幷御訴訟之事、承届、可致言上也

御黒印

寛永十一年三月三日　酒井雅楽頭（忠世）

土井大炊頭（利勝）

酒井讃岐守（忠勝）

一、（冒頭、定脱カ）御旗本相詰候輩、万事御用・御訴訟之事

一、諸職人御目見・御暇之事

一、御鷹師方御用之事

一、常々御普請幷御作事方之事

一、京大坂駿河其外所々御直衆幷諸役人御用之事

一、壱万石以下組はつれのもの（御用脱カ）幷御訴訟之事

右条々御用幷御訴訟事、承届、可致言上也

御黒印

寛永十一年三月三日

松平伊豆守（信綱）

阿部豊後守（忠秋）

堀田加賀守（正盛）
三浦志摩守（正次）
太田備中守（資宗）
阿部対馬守（重次）

藤井氏は、この「御法度書」について、前引のように「当時年寄衆であった三人の人物あるいは「六人衆」と呼ばれた六人の人物に宛てられたものであり、個別的人的関係を色濃く持ったものであ」ったとしながらも、「これまで成文化されていなかった年寄の職務が成文化され客体化されたことは、老中「職」形成の上では、決定的に重要なことである。すなわち、これまで年寄である個々の人格あるいはその個性に属していた様々な権限が、この法度によって成文化され、個々の年寄の保持してきた権限を基本としながらもそれらを相対化し客体化した。この結果、出頭人として将軍の恩寵とその能力にもとづいた年寄の幕政への権限拡大の可能性は否定され、同時にこれまで年寄間にあった権限の格差も形式的には否定されることになった。近代の官僚制における官職と比較すれば多くの限界を持つとはいえ、成文法である法度によって「職」が確定し、人ではなく「職」が、幕政運営の原理となった」と高く評価し、「この法度以降の年寄をそれまでの年寄とは区別して「老中」と呼ぶことにする」としている（藤井『江戸幕府老中制形成過程の研究』）。そして、前引の「寛永十一年三月五日付魚住左衛門尉宛細川忠利書状案」（『大日本近世史料　細川家史料』十一、七一二号、ただし藤井氏は別の史料集を使用）の記述も援用し、「政務の簡略化・迅速化を進めたこうした動きは、先に述べた老中「職」の成立とともに、それまで人的関係を強く持った幕府の政治の編成原理に変更を迫るものであった」とさらに「御法度書」を積極的に位置づけるとともに、「御法度書」は「年寄衆に集中した幕政運営のあり方を改め、それまで年寄の持っていた権限を分掌させ、それぞれを将軍に直結することで、これまでの年寄のもった力をそぎ、結果として将軍親裁を強化する一端を担った」（藤井『江戸幕府老中制形成過程の研究』）とした。

この藤井説に対しては山本博文氏の批判があり、山本氏は「職務が成文化されたということ」の意義は認めつつも、「当時の家光の権力からすれば、外様大名などは別として年寄などはその権限の源泉は将軍の信任にしかないのであるから、権限を縮小するつもりならもっと露骨な分掌規定を定めたであろう。家光の目的は、一人の人間へ権限が集中することを排除するための集団指導体制の構築であり、分掌の明文化であった」とし、また「重要な事項はやはり年寄が分担すべきものとされているのは明らかであり、これによって年寄の煩些な日常業務の軽減が図られていると考えるべきで」、「年寄たちの実力の伸長を背景に官僚制的な制度が成立したのではなく、絶対的な将軍権力のイニシアチブのもとでその手足となる諸機構を上から設定したと言うことができ」、「どのような事項においても、将軍はこれらの分担に制約されない大権を保持した」としている（山本『寛永時代』）。そして、「老中」の語についても「家光はあらゆる事項について年寄の合議を強制したため、大名への指示には例外なくすべての年寄が関与することになった。藩側にとって見れば、年寄個人からではなく、常に年寄の集団から指示を与えられるようになったのである。そうだとすれば、その年寄の集団を呼ぶ簡潔な呼称が必要となってくる。そこで「年寄衆」では繁雑であったから、一語で集団を表す「老中」が浮上する」とした上で、実際の幕藩双方における「年寄」・「老中」の語の使用状況を概観し、寛永十一年（一六三四）から寛永十四年（一六三七）にかけての混用を経て、寛永十五年（一六三八）から「定着していった」と見ている（山本『寛永時代』）。

議論の焦点は、家光が年寄衆の権限をどのように捉えていたかということだろうが、山本説は藤井説における家光の年寄権限縮減説をかなり強く批判しており、年寄の権限の前提となる将軍からの信任と将軍の権力自体を大きく評価している。

ただ、筆者の見るところ、おそらく藤井氏は将軍の権力の強大さを否定しているわけではないだろう。それは寛永十一年の「御法度書」について藤井氏が「結果として将軍親裁を強化する一端を担った」（藤井『江戸幕府老中制形成過程の研究』）と述べていることからも明らかだと思う。藤井氏は、年寄の権限の問題を家光との関係において扱う際、「旧年寄衆と松平信綱・阿部忠秋・堀田正盛の間の一線」（藤井『江戸幕府老中制形成過程の研究』）という表現からもうかがわれるように、家光が秀忠以来の「旧年寄衆」といかなる関係・距離感を構築し、その中で自身の思い描く政治をどのように実現させていったのかということを問題にしていた。その意味で、藤井氏が年寄衆の権力縮減を指摘する際は、「旧年寄衆」が対象であったし、人事上、「旧年寄衆」の排除とされた部分も、この文脈でのことであったろう。藤井説を批判する場合は、その点を見誤ってはならないと思う。

家光は「旧年寄衆」が固着化して機能不全に陥った際、それをうまくほぐしつつ、「旧年寄衆」の存在は全否定せずに、しかし自身の小姓時代からの人材を登用できるようにするための足場（ポスト）や業績作りの場を自らの権限で創出しながら、彼らを徐々に政権中枢部へ浸潤させるという非常に巧妙な人事を行ったのであり、その政治的力量は驚嘆すべきものである。家光は、時には忠長の粛清に見られたような非情な一面を持ち合わせているが、江戸城内の人事についてはほとんど誰も傷つけずに、実質を得ているのである。筆者としては、その家光の政治的センスとでもいうべきものの形成過程またはその源に関心を持たざるを得ない。この点については、本書でもう少し叙述を進めながら考えていくことにしたいが、この「御法度書」により、次の「寛永十一年三月二十一日付魚住伝左衛門尉宛細川忠利書状案」（『大日本近世史料　細川家史料』十一、七一七号）が示すように、

一、上様（徳川家光）御気嫌能被成御座候、事之外爰元（江戸）万事御用はか参候、年寄衆御番ニ成候而、少も御用つかへ不申候、若つかへ候ハヽ、此上ハ急度御気嫌あしさうに御座候、其上様々起請被仰付候故、存之外はか参候、かくしなく物を被被（衍）申上候間、可被成其御心得候事、

と、家光の機嫌はよく、案件の処理の停滞も解消し、「少も御用つかへ不申」という状況となり、細川忠利は今後「若つかへ候ハヽ、此上ハ急度御気嫌あしさうに御座候」、すなわち、もし今度また「つかへ」が生じれば、家光の機嫌が悪くなると案じた。周囲は家光の機嫌のほどを注視するほど、

家光に意識を集中させるようになっていた。

6　寛永十一年夏から秋の家光の試み

寛永十一年の上洛

藤井譲治氏によれば、寛永十一年（一六三四）六月から七月にかけて家光は京都へ向かい、その人数は「三〇万七〇〇〇を数え」、それは関ヶ原合戦や大坂冬の陣、また従来の家康や秀忠の上洛「をはるかに上回るものであ」ったといい、家光は「この上洛をもって、秀忠に代わって天下を掌握するのは自分であることを示そうとし」て、同年七月十一日、二条城に到着した（藤井『徳川家光』）。

京着後に家光は、次の武家伝奏日野資勝の日記の寛永十一年七月十五日条が示すように、参内の要領などについて打ち合わせを行っている（『資勝卿記』九、宮内庁書陵部所蔵謄写本）。

御参　内之由目出度思召候、左様ニ候者、来（寛永十一年七月）十八日・廿一日吉日之間、両日中ニ御参内候様ニとの事也、則両人（三条西実条・日野資勝）二条御所へ参候、申上候、御本丸ニテ御対面ニテ直ニ申上候、指図ヲモ懸御目候、献之次第ノ書付ハ御前ニテ予（日野資勝）よミ申候也、次仙洞（後水尾上皇）ニテノ御対面之所之義ハ仰次第之由上意ニ候也、女帝ニテモ天子ニソナハリナサレ候上ハ同前之義候間、諸大名ニモ御対面被成候て、天盃ヲモ被下候ハヽ、皆大名共も忝可存候間、其通可然由被仰出候、則可申上由上意候也、則長橋殿へ両人参て申上候へハ、国母様（東福門院）御談合可有由にて、長橋殿国母様へ御参候也、両人も国母様へ伺公申候て、上意之通大岡美濃守（忠吉）を以申入候へハ、天子（明正天皇）御成人にて候間、国大名衆ニ御対面可然由被仰入候て、御満足ニ思召候由心得、可申入由候也、長橋殿より御使候て、仙洞之宮々ノ御参候車寄へ可参由承、則両人参候、不案内ニテ、北面ノ番所ニテ相尋候へハ、御台所門ヨリ参て御局方へ参候方ニ候由承て参候へハ、又侍を給て案内申候也、車寄へ参候へハ、長橋殿御出候て、諸大名へ御対面之義、被成御心得候由被仰出候也、御天盃御前ノ御陪膳ハ女中大名衆ニ被下候、御酌ハ頭中将可然由候也、二条御所へ参候へハ、則御本丸へ召候て、直ニ御返事右之通申上候へハ、御礼之様子、清涼殿ノ上段、御座ノ両方ニ木帳ヲ被立候、御簾ヲ垂、中一間ヲ捲候て御対面之由被申上候也、大樹（徳川家光）仰ニ、御参　内之時之役者之義、御尋候、御車之時ハ御簾大納言、御沓中納言・参議之中可然由被申、又御長柄之時ハ御簾中納言、御沓四位殿上人可然由被申、御参　内ハ十八日（寛永十一年七月）之由被仰出候也、二条にて御振舞被下候也

これによると、武家伝奏の三条西実条・日野資勝は二条城へ出かけ、家光の参内の候補日は日柄から寛永十一年七月十八日か七月二十一日であり、家光に禁裏御所の図面などを見せつつ、日野が天盃の手順などの次第書を朗読し、説明した。次に、後水尾上皇の御所へ院参した際の対面所については上皇の仰せに従う旨、家光より「上意」があり、その上で家光から、明正天皇は「女帝ニテモ天子ニソナハリナサレ候上ハ同前之義候間」、すなわち女帝であっても天皇であることには相違ないので、

禁裏御所において諸大名にも拝謁させたいとの意向が示され、拝謁の件を天皇に伝えるようにとの「上意」もあった。三条西と日野は長橋局という女官を通じて明正天皇に言上したところ、東福門院（徳川和子）と調整するよう指示があり、女院附の大岡忠吉を通じて東福門院の意向も伺い、東福門院から「天子（明正天皇）御成人にて候間、国大名衆ニ御対面可然由被仰入候て、御満足ニ思召候由心得、可申入由」との返答、つまり天皇が成人しているので、諸大名に拝謁させたいとの意向は適切であって満足に思っていることを明正天皇に申し入れるようにとの返答があったため、長橋局に再度申し入れた。長橋局からは、明正天皇の「諸大名へ御対面之義、被成御心得候」との意向が示された。

この時点で、家光の提案により、諸大名の明正天皇への拝謁が予定されることになったが、これは秀忠存命中の寛永六年（一六二九）十一月八日に発生した後水尾天皇（当時）による突然の譲位とその前後の経緯を思い起こせば、隔世の感があった。あの突然の譲位以来、将軍の上洛は初めてであったが、ひとまず家光はこの機会を捉え、明正天皇の存在を一応認めたのである。ただ、家光が明正天皇への拝謁を考えついた理由を「女帝ニテモ天子ニソナハリナサレ候上ハ同前之義候間」と述べていた点について、東福門院が「天子（明正天皇）御成人にて候間」と受け取っていたところは、のちに若干の問題を発生させるが、それはまた改めて後述することにしよう。

ひとまず家光の参内時に明正天皇の拝謁のあることが決まり、拝謁の次第として三条西からは「御礼之様子、清涼殿ノ上段、御座ノ両方ニ木帳ヲ被立候、御簾ヲ垂、中一間ヲ捲候て御対面之由」が案内された。

また、家光はこの打ち合わせ時、三条西と日野に「御参内之時之役者之義」を尋ねている。三条西からは「御車之時ハ御簾大納言、御沓中納言・参議之中可然由被申、又御長柄之時ハ御簾中納言、御沓四位殿上人可然由」との回答があり、参内の手段が車であっても輿であっても、履き物を持つ者と御簾の巻き上げ・巻き下ろしは堂上公家が務めることが説明された。

将軍の参内の格式は太上天皇の格式

家光がこの点を尋ねた意味は、すこぶる重要であった。というのも、当時の高家吉良義弥《よしみつ》のまとめた『公武之覚書』（肥前島原松平文庫所蔵原本）には「一、将軍御踏堂上被致叓規模タリ、将軍ハ准大上《ママ》天皇ニ」、すなわち将軍の参内時に履き物を持つ役者が堂上公家であることは、上皇の待遇に準じることを意味するとの説明があるからであり、それはすなわち「一、将軍之御位、太上天皇ニ准拠」（『公武之覚書』）ということを意味していた。かつて秀忠の追号を検討した際、むしろ武家伝奏のほうが摂政の否定する足利義満の「鹿苑院殿太上天皇尊号之事」に関する先例を積極的に裏づけようとしていた（『凉源院殿御記』十、国立公文書館所蔵謄写本）理由もこの辺りにあるのだろう。

将軍の参内をサポートする公家は、武家昵近《じっきん》の公家であったが（田中「近世の武家昵近公家衆」）、武家昵近の公家とは吉良義弥によれば「一、昵近ト云ハ　将軍之家来之公家也」（『公武之覚書』）というものであった。それらの家々は『公武之覚書』では「昵近衆　飛鳥井　日野　烏丸　広橋　冷泉　柳原　勧修寺　高倉　六条　四条　山科　土御門　舩橋　西三条　中院」とされている。事実、後日の参内時、『江戸幕府日記』の寛永十一年七月十八日条によれば、家光の乗物の「御簾」は「日野大納言《資勝》」が扱い、家光の「御踏」は「飛鳥井中納言《雅宣》」が持った（『江戸幕府日記　姫路酒井家本』第三巻）。

この吉良義弥の『公武之覚書』に記された名簿には「後陽成院御連枝（中略）当今御連枝（中略）親王家　八条宮　一品式部卿智仁親王　伏見宮　二品兵部卿貞清親王　高松宮　二品弾正尹好仁親王　摂家衆　近衛　信尋　九条　忠栄改幸家　二条　康道　一条　兼遐　鷹司　信房」（『公武之覚書』）と列記されているから、少なくともこの『公武之覚書』は「後陽成院」の追号をふまえると後陽成上皇の没した元和三年（一六一七）以降、「当今」とその「連枝」たちとの関係が成立する後水尾天皇在位中の寛永六年（一六二九）までにまとめられたものであることがわかり、寛永十一年（一六三四）の家光の上洛時に近い公武間の礼節を整理したものということができる。それが吉良義弥より松平忠房に与えられ、現在の肥前島原松平文庫に伝存したのである。したがって、『公武之覚書』をもとに家光の行動の意味を類推することは妥当であると思うが、これによれば、前述の家光の質問の意味は明確となろう。家光は、自身の参内する際の宮中での待遇をこう再確認したのである。将軍は今回も太上天皇に準ずる待遇なのだな、と。家光の参内は寛永十一年七月十八日と決まった。

家光への太政大臣推任

この打ち合わせの翌日、すなわち参内の前々日と前日にあたる寛永十一年七月十六日から七月十七日にかけて、徳川家光には宮中から太政大臣推任の打診があった。次の史料は、その模様を記した日野資勝の日記の寛永十一年七月十七日条である（『資勝卿記』九）。

大樹（徳川家光）相国ニ御推任可有由、昨日従仙洞（後水尾上皇）中御門（前脱カ、宣衡）大納言・花園（三条実教カ）中将両人為院使被仰遣候へ共、御辞退にて候間、又　勅使三条（三条西実条）前内府・予（日野資勝）今日参候、又

院使昨日之両人又被参候、院使之衆同道可有由にて、中御門大納言へ参て三条前内府ヲ待申候中、御語被申ハ、昨日板防州（板倉重宗）（東福門院国母様へ）伺公候て、御参内御祝着ニ思召之由、院使も可被参候処ニ、もはや遅々申候間、相国之義、仙洞ヨリ内義被仰候て可然由被申上候て、俄ニ両人被遣候由被申候也、三条（実条）西御出候て、予両人ハ前へ参候、院使ハ跡より可参由にて候也、三条・予両人登城申候、又　院使も被参候也、吉良（義弥）殿御出候て、勅使之義申候へハ、奥へ被申候て、御本丸へ参て、先両人　御前へ罷出、相国ニ御推任之由申入候へハ、昨日（寛永十一年七月十六日）仙洞ヨリ内義被仰下候へ共、未御年も不参候、其上、御請可有事も如何に思召候、台徳院（徳川秀忠）殿ニハ御年も参候上、勅定難被成遠背故、御請ニ候、今程国ノ御仕も被成候へハ、高官なとにて難被成候間、重而不仰出候様ニと御辞退ニ候也、又《其後》院使御年ニも不寄候由、達而被申上候へ共、固御辞退之御返事にて各退出申候也、（以下略）

すなわち、寛永十一年七月十六日に後水尾上皇から家光へ院使が遣わされ、太政大臣推任の旨が打診された。家光はすぐ辞退の返答をしたようである。翌日の七月十七日、今度は明正天皇の勅使として三条西実条と日野資勝が遣わされ、これには一度家光から謝絶の返事をされた院使も同行していた。前日にも院使が派遣された経緯については、家光の参内内定への祝意を伝達する院使派遣が東福門院と板倉重宗の間で検討されていたが、もはやあまり日数もないことから、上皇が太政大臣の件を

内々に伝える使者として急遽派遣してしまったらしいとのことであった。『江戸幕府日記』の寛永十一年七月十六日条では「酉刻、御書院　出御御長袴」として院使両名を記した後、「御対顔」とのみ記している（『江戸幕府日記　姫路酒井家本』第三巻）。

今回、院使は出直してきた形となったが、十七日の二条城への登城順と家光との面会順は、勅使が先、院使はその後ということになったようである。ちなみに『江戸幕府日記』の寛永十一年七月十七日条には院使の名はない（『江戸幕府日記　姫路酒井家本』第三巻）。

さて、三条西らが二条城へ登城したところ、高家の吉良義弥が対応し、「勅使之義」であることを伝えたところ、吉良は「奥」へ取り次ぎ、三条西らは本丸へと通された。勅使であれば、急な訪問であっても、高家は家光へ取り次がねばならず、家光も面会を拒否できなかったのである。三条西と日野は家光の「御前」へ出、そこで「相国ニ御推任之由」を勅使として申し入れたところ、家光は「昨日（寛永十一年七月十六日）仙洞（後水尾上皇）ヨリ内義被仰下候へ共、未御年も不参候、其上、御請可有事も如何に思召候、台徳院殿（徳川秀忠）ニハ御年も参候上、勅定難被成遠背故、御請ニ候、今程国ノ御仕も被成候へハ、高官なとにて難被成候間、重而不仰出候様ニ」、すなわち「昨日上皇からも内々仰せがあったが、自分はまだ年も重ねておらず、太政大臣の件を請けることは如何なものかと思う、かつて秀忠は年も重ねていて、「勅定」に「遠背」もできなかったために請けたが、いま自分は「国ノ御仕」も行っており、高官に任官することは難しいので、重ねて仰せにはならないように」とやはり辞退の返答をした。家光の言う「今程国ノ御仕も被成候へハ、高官なとにて難被成候」の意味がわかりにくいが、既に左大臣である彼は高官であった。今回は太政大臣だから、さらに何らかの宮中での務めを果たさねばならないとなると、将軍としての政務に差し障るという意味なのか、それとも「国ノ御仕」をする場合、高官は却って都合が悪いということなのか、これだけでは判断できない。しかし、院使が年齢の件は関係ないのではと念を押したが、家光の辞退の気持ちは固かった。『江戸幕府日記』の寛永十一年七月十七日条は「両伝（三条西実条・日野資勝）奏衆於御書院　御対面」とし、「大（ママ、太カ）政大臣可有御拝任之旨　叡慮之趣、雖被申上、御固辞也云々」と記している（『江戸幕府日記　姫路酒井家本』第三巻）。

太政大臣推任辞退の理由

家光が太政大臣への推任を辞退した理由の本音はどの辺りにあったのだろうか。次の「寛永十一年七月二十三日付榊原職直宛細川忠利書状」（『大日本近世史料　細川家史料』十八、二四八一号）からは、その当時の事情の一端をうかがうことができる。

一、十九日（寛永十一年七月）、御参　内目出度とて何も出仕候之処ニ、其座にて何も被　召寄、従　禁中（明正天皇）、大（太）政大臣ニ被為成候様にと　勅諚ニ候へ共、御歳もわかく「奢（貼紙）のため」と思召被成、御辞退候由、何もニ被仰聞候事、

これによると、参内の翌日の寛永十一年（一六三四）七月十九日、参内の祝賀のため諸大名が二条城へ登城したところ、家光が皆を呼び寄せ、「明正天皇から太政大臣任官の件の「勅諚」があったが、自分は年も若く、任官すると奢りになると考えたため辞退した」と、集まった大名に語って聞かせた

という。年齢の件は既に勅使・院使へも言及があったが、任官すると奢りになるという観点は、独特のものである。かつて秀忠の病没直後、「寛永九年二月晦日付島津家久宛細川忠利書状」(『大日本近世史料　細川家史料』十六、一五二六号)で家光は「内々ニ而　御意ハ、緩々と在国仕へき由、其上、天下之衆上下共ニをこり《(奢り)》をやめ、心易ゆるやかなる様ニ被成、物毎倍々多様ニ被成度思召候、左候へハ、《(闕字)》相国様《(徳川秀忠)》へ之御孝々《(行)》と思召候由候」と発言していたが、自身も奢ることなくいることが周囲への手本となり、秀忠への孝行にもなるという考えの延長だったのだろうか。山本博文氏によれば、家光の言う奢りの問題は「身分に応じた暮らしを要求していたこと」(山本『寛永時代』)であったから、家光は自身の任官が分相応であるかどうか、周囲からどのように見られるかという点と秀忠との関係も意識して、太政大臣の任官を辞退したということのようである。いずれにせよ、当時、それをわざわざ家光が諸大名に説明することが重要であった。将軍は参内の際の待遇は太上天皇の待遇であったが、太政大臣には直ちに任官できない(しない)という、複雑な立場にあった。

参内して明正天皇に拝謁

このように太政大臣への推任を断った家光は、寛永十一年七月十八日に参内したが、当日の模様の一端は次の日野資勝の日記からもうかがわれ(『資勝卿記』九、寛永十一年七月十八日条)、

次、将軍《(徳川家光)》起座、内々ノ番所ニテ摂家衆・宮方御目見有、ソレヨリ御学問所へ将軍出御候て、御休息被成候也、次、其間、主上《(明正天皇)》清涼殿へ出御成候て、諸大名ノ御礼有、上段ニ御座二帖、上ニ御シトメ、

両方ノ脇ニ御木帳ヲ立ラル、御前御簾ヲ垂、御前ノ右ノ方御簾ノキワニ《中二》摂政殿（一条兼遐）着座候也
将軍御休息ノ所にて仰ニハ、主上御クタヒレ被成へく候間、諸大名天盃無用之由仰也、又、御前ノ
御簾中間ヲ捲アケラルヘキ仰ニ候へ共、今日又御簾ヲ垂ラルヘキ由仰にて、其通ニ候也（以下略）

とあるように、将軍は明正天皇への拝謁後、「内々ノ番所」で「摂家衆・宮方」を「御目見」し、「御学問所」で「休息」した。また、諸大名は「清涼殿」で明正天皇に拝謁し、天皇は「上段」で「御座二帖」の「上ニ」褥を敷き、その「御座」の「両方ノ脇ニ御木帳ヲ立」て、前方は「御簾ヲ垂」らし、その「御簾」の際にあたる内側に摂政一条兼遐を「着座」させていた。拝謁とはいえ、大名は、ほとんど天皇の姿を見ることはできなかったのではないかと思われるが、これはおそらく女帝の故であったろう。この時か、あるいは諸大名への賜謁が行われる直前と思われるが、「御学問所」で「休息」していた家光は「主上御クタヒレ被成へく候間、諸大名天盃無用之由」を急遽言い出した。また、家光は「御前ノ御簾中間ヲ捲アケラルヘキ仰ニ候へ共、今日又御簾ヲ垂ラルヘキ由」を発言しており、七月十五日の打ち合わせで三条西が「御礼之様子、清涼殿ノ上段、御座ノ両方ニ木帳ヲ被立候、御簾ヲ垂、中一間ヲ捲候て御対面之由」を述べていたにも拘わらず、今回、「御前御簾ヲ垂」れた状態とした。諸大名の女帝への拝謁をどのように実行するかは、先例もなく、微妙な問題であった。

実際に家光が天皇の様子を見て、疲れを看取した故なのか、それとも家光がやはり大名には女帝の天盃を受けさせないほうがよいと判断した故なのかはわからないが、家光は当日も細かな点にまで指

示を出していたことになる。

「御代替之　御上洛」の演出

この参内後、寛永十一年（一六三四）七月二十三日、「今度御代替之御上洛為御祝儀」（『江戸幕府日記　姫路酒井家本』第三巻）という名目で「家光は、五〇〇〇貫の銀子を下賜することでみずからの存在を京都の町衆にアピール」（藤井『徳川家光』）するとともに、七月二十九日には次の日野資勝の日記にあるように（『資勝卿記』九、寛永十一年七月二十九日条）、

> 午刻時分、板倉周防守（重宗）ヨリ御城ニ御用候間、三条（三条西実条）同道申、急可参由申来也、其後、急登城申候也、三条少遅参候、三条伺公候てより、奥へ同心申候へハ、吉良殿（義弥）出会被申候、御本丸ノ端ノ御上段ニテ有御対面、両人（三条西実条・日野資勝）上段へ召候て、来四日（寛永十一年閏七月）吉日ニテ候間、御鞠御見物ニ可有　院参由被仰出候、又松殿（のちの松殿道基（道昭））御跡九条殿千世鶴御取立有度由被仰出候、左様ニ候ハヽ、五摂家ナミに可有か、又有間敷かとの仰ニ候、三条被申候ハ、近代ハ五摂家ニ相定候へ共、上意ニ候へハ、別ノ子細も有間敷由被申上候、又御取立ノ上ハ、摂家衆ノ行義ノ悪衆直談ニ可被申上由被仰出候、今程御法度〇《不》被仰付候ハヽ、（闕字）禁中ノ御法度も何レ怠転可有之間、此度御改可有と思召候由被仰出候、三条重而書付可申上候也、次、松殿御取建可有と思召候間、禁中（明正天皇）　仙洞（後水尾上皇）へも被得　内意候間、被仰聞候様とノ義也、又土井大炊殿（利勝）ハ国母様（東福門院）への御使ニ被仰付候也、（以下略）

と、日野資勝は京都所司代の板倉重宗からの呼び出しによって急ぎ二条城へ登城し、少し遅れて三条西実条も駆けつけて、両名は「御本丸ノ端ノ御上段」で家光と対面している。そこで家光は、閏七月四日に蹴鞠見物のために院参することを伝えると同時に、九条家の千代鶴を松殿家の再興の形で取り立てることを仰せ出した。その上で家光は、松殿家を再興させるとすると「五摂家ナミに可有か、又有間敷か」を尋ねている。三条西は「近代ハ五摂家ニ相定候へ共、上意ニ候へハ、別ノ子細も有間敷由」を答えており、摂家は五つと定まっているが、将軍の「上意」であれば、摂家が六つとなっても差し支えないのではないかとしている。将軍は公家の家格を定めることも可能との認識である。そして、松殿家再興による新規取立の条件として、家光は「摂家衆ノ行義ノ悪衆直談ニ可被申上由」を命じている。長坂良宏氏の研究によると、この『資勝卿記』寛永十一年七月二十九日条の文言は写本ごとに文言が異なっているために発話主や発言内容の確定には慎重を要するようだが（長坂「「摂家」松殿家の再興」）、本書ではひとまず宮内庁書陵部本によることとした。

なお、この松殿家の再興計画については、同じく長坂氏によると「徳川家光、後水尾院、東福門院、九条幸家の四者が中心となって行われた」といい、「寛永十一年段階では家格は決定していなかった」模様で、「寛永十八年の「一代摂家」による再興」に落ち着いたが、その後、当主の死去がありながら「一代摂家という格式」の故か「他摂家からの養子相続がなかった」ことにより「断絶」してしまうという（長坂「「摂家」松殿家の再興」）。

「禁中幷公家中諸法度」の改正を検討

また、家光は「今程御法度○不被仰付候ハ、、　禁中ノ御法度も何レ怠転可有之間、此度御改可有と思召候由」とも発言し、今回新たな法度を出さなければ、「禁中幷公家中諸法度」はいずれ「怠転」するだろうから、今回法度を改めるべきだろうとの意向も示している。これは前引の「寛永十年七月九日付人見慶安宛細川忠利書状」（『大日本近世史料　細川家史料』十七、二二六四号）で京都所司代の機構改革や二条城代の新設計画の件と合わせ、「禁中方も御法度出申様ニ申由」と言及されていたことの延長線上にあるのだろう。

当時、家光が「禁中幷公家中諸法度」のどの部分を問題視していたのかは不明だが、管見の限り、この際に家光が出すとしていた法度を筆者は確認できていない。だが、近世を通じ「一度も改訂されることはなかった」（橋本『近世公家社会の研究』）とされる「禁中幷公家中諸法度」は、家光の手により改正される可能性があったことは指摘しておく必要があると思う。

家光としては、この上洛を機に、京都における新たな統治機構・統治制度の構築や公家の家格の一部再編を企図していたものと思われるが、小倉宗氏によると後代まで「所司代には、二条城の守衛に関する黒印状が発給されなかった」といい、「所司代は二条城の守衛に一定の責任をもつものの、必ずしも軍事的な性格は強くなかった」というから（小倉「江戸幕府上方軍事機構の構造と特質」）、基本的には京都所司代と二条城の守衛を明確に分けようとしたこの時の家光の考え自体は活かされたと言えなくもない。しかし、将軍の「上意」がありながら、その大部分の実現は容易でなかった模様である。その理由については現在のところ不明な点が多く、今後の研究による解明が必要だろう。

後水尾上皇の院政を承認

さらに藤井讓治氏によれば、家光が寛永十一年（一六三四）閏七月三日、「院御料として七〇〇〇石を新たに献じ」たことにより「院御料は、一万石とな」り、「ついで二十三日には」「これまで制限を加えていた後水尾院の院政を承認した」とされている（藤井『徳川家光』）。後水尾上皇の院政が承認された経緯については、のちに九条道房が自らの日記で次のように振り返っている（『道房公記』二・三、東京大学史料編纂所所蔵謄写本、寛永十四年十二月三日条）。

> 院（後水尾上皇）御譲位以後、至寛永十一年、諸事無御沙汰、其間、一条前摂政（兼遐）幷鷹司前関白（信房）・九条前殿（忠栄〈幸家〉）・近衛前関白（信尋）・当時摂政（二条康道）・三条前内府（三条西実条）・権大納言資勝（日野）此両人武家伝奏也諸事有評儀、相定畢、去寛永十一年将軍（徳川家光）上洛之時、自武家被申　院御沙汰可有之旨ヲ、仍自其比諸事為院御沙汰、右人数評定之間事、院不可聞召、右評定之衆可相定云々、

これによると、後水尾上皇は、寛永六年（一六二九）に譲位して以降、「諸事無御沙汰」という状況であったが、それは高埜利彦氏の言う寛永七年（一六三〇）に「大御所秀忠・将軍家光の命として伝えられた」ところの「摂家による統制」とそれ「を補完」する「二名の武家伝奏」（高埜「江戸幕府の朝廷支配」）が「諸事有評儀、相定畢」という状況だったからであった。ところが、寛永十一年に家光が上洛した際、「武家」のほうから上皇が「御沙汰」を行うようにと申し入れがあったといい、それまでの事柄について上皇は関与せず、あくまでも上皇は寛永十一年の家光の申し入れがあって以降の

案件から関与し始めたようである。ちなみに、上皇による「御沙汰」が行われるまでの間、公家官位の叙任等はかなり滞り、諸方面の人事も停滞している状況であった（野村『日本近世国家の確立と天皇』）。

したがって、家光による後水尾上皇の院政承認は、より具体的には、そのような人事停滞の解消と停滞の原因となった突然の譲位の実行者である上皇への責任追及という意味も有していたと思われるが（野村『日本近世国家の確立と天皇』）、方向性としては、明正天皇の存在を認めてこなかった秀忠とは異なり、家光は明正天皇の存在を認めつつも、同天皇による政務は認めない方針を基本的に示したということだろう。事実、寛永十四年（一六三七）に明正天皇が数えで十五歳となった際、女帝の明正天皇による政務の可否は上皇や摂政もわからず（野村『日本近世国家の確立と天皇』）、摂政を関白に改めるかどうかも検討されたが、結局幕府は認めなかった（高埜「江戸幕府の朝廷支配」・野村『日本近世国家の確立と天皇』）。

これらの点をふまえると、家光が参内の当日、明正天皇から諸大名への天盃を中止したり、諸大名の拝謁時に御簾を上げさせなかったことなども、突然の譲位によって即位した徳川将軍家の血を引く女帝明正天皇の取り扱いについて、家光が苦慮した結果だったのではないかと思えてくるのである。

上洛終了間際の家光の行動

その後、藤井譲治氏によると、「上洛中に大坂に赴いた家光は、閏七月二十六日、大坂・堺・奈良の地子銭を免除する」など、「朝廷や京都だけでなく畿内さらには西国の人々にその力を誇示」するとともに、「上洛中」には「秀忠がかっ《ママ》てやったと同様、領知替えと朱印改とを行なっ」ており、「この時に領知朱印状を受けとった大名」の数は「少なくとも五一名いたことが確認でき」、「十全のものではなかったが、ともかく大名への領知宛行権を家光が掌握したことを示すには十分なものであった」という（藤井『徳川家光』）。なお、杣田善雄氏は「家光政権による寺社領知朱印状の発給は、寛永一〇年（一六三三）から慶安三年（一六五〇）にいたる約一四三〇通が確認されるなかで、その大半にあたるおよそ六五％が寛永一三年に集中している」とし、家光は「武家領にとどまらない全国土におよぶ統一的知行体系の編成」を「目指そうとし」ていたとされる（杣田『将軍権力の確立』）。

そのような中、藤井氏によれば「寛永十一年（一六三四）閏七月二十七日、大坂にいた家光のもとに、酒井忠世が守衛する江戸城西丸が焼失したとの報が届」き、家光は「忠世が西丸番にあたって日頃防火への心掛が足らなかったこと」を責め、「老中の地位を忠世から奪い取った」ことが判明しており、「閏七月二十九日、家光は、松平信綱・阿部忠秋・堀田正盛の三人を従四位下に叙し、さらにその直後からこの三人に土井利勝・酒井忠勝と並んで老中連署奉書に恒常的に加判することを命じ、その地位を引き上げた。この結果、寛永十一年三月の老中制は枠組みを残しながらもその人的構成において一つの転換をとげた」と評価している（藤井『徳川家光』・表1）。同氏の調べでは、その後、寛永十一年閏七月二十八日に大坂から京都へ戻った家光は、八月五日に京都を発ち、行程は史料によって記述が異なるようだが、八月二十日に江戸へ帰還している（藤井「徳川家光の居所と行動」）。

第四章　将軍継嗣の不在と病の進行

1　上洛から帰還後の家光の悩み

「武家諸法度」の改正

江戸帰着後、藤井譲治氏によれば、「寛永十二年（一六三五）六月二十一日、家光は、家康が実質的に定め秀忠の名で出された慶長二十年（一六一五）の武家諸法度を大幅に改定した」が、この武家諸法度は「家光の朱印状」で「慶長法度の一三か条のうち三か条を削り、九か条を実情にあうかたちで潤色し、新たに九か条を付け加えたものであ」った（藤井『徳川家光』）。「寛永十二年七月二十五日付稲葉正利宛細川忠利書状」（『大日本近世史料　細川家史料』十五、一四八一号）によると、

一、上様（徳川家光）之儀ハ、今程御そくさいにて、中〳〵御煩しキ事少も〳〵無御座候、可御心安候、御しお

キ日々被仰出候、御法度も出申候へとも、御代々のにかハりたる事ハ、何もいんしん・家ふしん・ふるまい迄かるく可仕よし、又一万石以上ハのり物ニのり候へとの事、何事之儀有之とも、其国々ニい申候時ハ其国をまもり、御左右をまち候へとの事、又と丶かぬ者候てけいはつ被仰付候とも、被仰付候者之外出あひ申ましく候、但けんしのけじニしたかい可申よし、かやうの事くハ丶り、其外ハいにしノことく又すいふん国々ニしゆんろニ物を申付候へなと丶の事、新キつどめ仕ましキよし計ニ候事、

とあるように、当時の大名の立場からは、音信・家普請・振舞などを軽くすること（『御當家令條』における第九条）、一万石以上の者への乗物の許可（『御當家令條』における第十一条）、有事の際に在国の際はその国を守って指図を待つこと（『御當家令條』における第四条）、刑罰を実行する際は実行者以外は出向かずに検使の指示に従うこと（『御當家令條』における第五条）が注目され、その外の箇条についてはおおむね旧来通りと受け止められたようである。この他、研究者が注目している箇条としては、『御當家令條』における第二条の参勤交代に関する規定があり、これは藤井讓治氏によると「大名の参勤はこの法度が出されるまでも行われていたが、在府の期間や交替の時期は必ずしも定まっておらず、区々であった」が、「大名の交替での江戸在府と、その交替期を四月とすることが定められ」（藤井『徳川家光』）たとされるもので、山本博文氏は「これが明文化されたことによって幕末にいたるまでこの制度は生命力をもつことになる」（山本『寛永時代』）としている。なお、藤井氏によれば、「こ

の時に参勤交代を命じられた大名のほぼすべてが外様大名であり、譜代大名はこのなかには含まれていなかった」ことが指摘されており、「譜代大名が参勤交代するようになるのは、寛永十九年のことである」という（藤井『徳川家光』）。

養子の可能性に言及した家光の発言

武家諸法度の概容は前記の通りだが、より注目すべきことは、その武家諸法度の申し渡し時の家光の発言であった。この点について、藤井讓治氏の『徳川家光』は言及しておらず、山本博文氏の『寛永時代』と福田千鶴氏の『徳川秀忠』が取り上げているところであるが、「寛永十二年六月二十三日付榊原職直宛細川忠利書状」（『大日本近世史料　細川家史料』十九、二九四九号）によれば、その家光の発言があった際の模様と内容は次のようなものであった。

一、上様（徳川家光）御機嫌能被成御座、六月（寛永十二年）廿一日ニ御法度之御書出、諸大名衆不残罷出、御広間ニ而道春（林信勝）読申候、其後　上様被成　御成、諸大名御側へ被召寄、上意ニハ、何も如存知御直子無御座候、明日にも誰々ニよらす被成御養子候か、又其内御大事も御座候ハヽ、御遺言にも可被仰置候此儀、可相守由被仰出、此儀ニ付而起請をも可被仰付候へ共、はや御三代御なしミ被成候、其上うたかハしくも不被思召候間、不被仰付由、くり返し〳〵上意にて御座候、何も忝儀とて翌日御礼ニ登城仕候、御譜代衆ハ廿二日ニ右之段被仰出候、目出度存候事、

林羅山が武家諸法度を朗読した後、家光の「御成」があり、諸大名を側へ召し寄せて家光は、皆も

知っているように自分には子がないから明日にでも誰によらず養子をとるかもしれない、またその内に自分の身に何かあった場合は遺言にも養子のことを仰せ置いておくので、皆はそれをよく守るようにということ、そして自らの定める養子に従う件については、起請文を徴収しようとも思ったが、家康・秀忠・家光と三代にわたって諸大名は馴染みであるので、疑わしいこともないから、起請文は徴収せずにおくこと、これらの「上意」を繰り返し述べたという。

家光の後継者問題については、既に「寛永十年十月二十二日付魚住伝左衛門尉宛細川忠利書状案」（『大日本近世史料　細川家史料』十一、六八八号）で見たように、

一、若御大事も御座候ハヽ、御譲之儀迄被仰様御座候由、承及候、上下気を詰申候事、御推量可被成候、一日ニ二度三度宛登城、何も被仕候事、

とあって、寛永十年（一六三三）の家光の病の際にかなり意識されたし、また「寛永十一年十月十八日付柳生宗矩宛細川忠利書状」（『大日本近世史料　細川家史料』十八、二六四九号）に、

一、御養子之沙汰を申候、其分候哉、先目出度儀ニ候、年月御分別之上たるへく候間、可申様ハ無之候、如何思召候哉、依御養子なきかましにて可有御座候哉と存候、如何思召候哉、

とあるように、家光が養子をとるつもりらしいことは、上洛から戻った寛永十一年（一六三四）十月にも話題となっており、細川忠利も家光が養子を迎えることに理解を示している。

鷹司孝子との関係

そもそもこのように家光が自らの継嗣に悩まなければならなかった理由には、まず、前述のように家光の子がなかなか育たなかったこと、また江の選んだとされる御台所鷹司孝子（藤井『徳川家光』・福田千鶴『江の生涯』）との関係がうまくいっていなかった（藤井『徳川家光』・福田『徳川秀忠』）ことがあるようである。まだ秀忠存命中の「寛永六年正月二十三日付貴田政時宛細川忠利書状案」（『大日本近世史料　細川家史料』九、二八七号）によれば、

一、御本丸　御台様（鷹司孝子）、先度ハ被成御果候と申候つるか、いまた無御果候、何と御心も御座候哉、舌を御くひ被成候由候、然共、色々御養生にて、于今無御果と申候、御本復次第、上方へ御上せ被成との取沙汰にて御座候事、

とあり、鷹司孝子の死亡説まで流れ、孝子が「舌を御くひ被成候由」が伝わり、「色々御養生にて、于今無御果」ということらしいが、回復し次第、京都へ戻るとの噂のあったことがわかる。福田千鶴氏によれば、孝子は瘧《おこり》を患っており、「瘧は激しい震えを伴うので、その作用によって舌を噛んだようだ」とされ、「こののち、孝子が京都に上った様子はなく、伝えられるように中の丸で過ごしたのだろう。孝子を江戸に招いた江はすでに没しており、これを秀忠の命令とする一次史料も確認できな

いが、秀忠の配慮であったことは考えられる」という（福田『徳川秀忠』）。そして、次の「東照大権現祝詞」の第十二段（赤堀『東照大権現祝詞略注』）は、

こゝになかのまるどの《(鷹司孝子)》《中丸殿》のこゝろ《心》たゞしからずして、き《気》にさほいあり、これふしぎ《不思議》のみやうばつ《冥罰》なり、
これ又大ごん《(徳川家康)》げん御神ばつ《罰》となり

というように、その孝子の苦しみを東照大権現の神罰だとしているから、当時、孝子が精神的に苦しんでいたことは事実なのだろう。春日局は孝子の心がけの問題を指摘したのだろうが、しかし、孝子の精神が病んでいくことで家光も苦しんだのだろうから、東照大権現の神罰とは一体何のための罰なのか疑問を禁じ得ないし、これは孝子にとってはあまりにも一方的で酷な指摘ではないか。このような指摘がなされてしまう環境だからこそ、孝子は病んだのかもしれないが、孝子の病は家光との間での継嗣の誕生を期待できないかもしれないという深刻な状況をもたらしていた。

寛永十二年後半からの政務停滞

なお当時、次の「寛永十二年八月一日付榊原職直宛細川忠利書状」（『大日本近世史料　細川家史料』十九、二九七九号）が、

一、年寄衆くじをはかをやらす候とて、事之外御しかり候て、四五日干《(于カ)》今物を不被仰候、其刻、掃部《(井伊直孝)》を召候て、掃部奉公ぶりめい人くさく候、よくたしなミ候へと被仰候、左候へハ、此中御

控候事も悪敷候哉、しれぬ事にて候事、

と報じているように、藤井譲治氏によると、家光は「公事のはかどらぬことを理由に年寄衆を叱責し」、しばらく物も言わなくなったといい、「幕府の行政・裁判事務は寛永十一年三月の法度の発給によって迅速かつ円滑となったかに見えたが、寛永十二年の後半になると、ふたたび行政・裁判事務の停滞が家光を苛立たせる事態となった」ことが指摘されている（藤井『江戸幕府老中制形成過程の研究』）。

藤井氏は、そのような事態への対応策として家光が「松平信綱・阿部忠秋・堀田正盛の小姓組番頭兼帯を解き、土井利勝と酒井忠勝の嫡子である土井利隆と酒井忠朝とをその後任と」する人事を行い、「この交替を前提」として「幕政機構の改革」を行ったと指摘しており（藤井『江戸幕府老中制形成過程の研究』）、それを示す史料が次の史料である。本書では藤井氏が『江戸幕府老中制形成過程の研究』で『徳川禁令考』の出典として紹介している『教令類纂』（史籍研究会『内閣文庫所蔵史籍叢刊　第22巻　教令類纂初集（二）』）に所引のものを示した（なお藤井氏の『江戸幕府老中制形成過程の研究』と『徳川家光』における出典は「土佐山内家文書」とある）。

寛永十二年

一、国持大名御用幷訴詔之事

土井大炊（利勝）・酒井讃岐（忠勝）・松平伊豆（信綱）・阿部豊後（忠秋）・堀田加賀（正盛）五人して一月番ニ致、可承候

一、御旗本・諸奉公人御用幷訴詔之事
土井遠江（利隆）・備後（酒井忠朝）・志摩（三浦正次）・備中（太田資宗）・対馬（阿部重次）五人して一月ツヽ、可致候事
一、金銀納方、雅楽頭（酒井忠世）・大隅（松平重則）・内匠（牧野信成）・和泉（酒井忠吉）・内蔵丞（杉浦正友）右五人可致候事
一、証人御用幷訴詔、雅楽頭・紀伊守（松平家信）・大隅守（松平重則）・内匠・和泉・内蔵丞右六人可致事
一、寺社方御用幷遠国訴詔人之事
右京（安藤重長）・出雲（松平勝隆）・市正（堀利重）右三人一月可致番事
一、町方御用幷訴詔人之事
民部（加々爪忠澄）・式部（堀直之）一月宛番被致、可承事
一、関東中御代官方幷百姓等御用訴詔右衛門大夫（松平正綱）・播磨（伊丹康勝）・半十郎（伊奈忠治）・金兵衛（大河内久綱）・源左衛門（曽根吉次）右五人一月ツヽ、弐番ニ致、可承事
一、御作事方ニ付御用幷御訴詔、将監（佐久間実勝）・因幡（酒井忠知）・内記（神尾元勝）三人ニ而一月ツヽ、番ニ可致事
一、万事証人、河内（水野守信）・但馬（柳生宗矩）・修理（秋山正重）・筑後（井上政重）右四人可承事
一、目安裏判之儀、其役々可仕事
一、御普請奉行・小普請奉行・道奉行御用儀者、松平伊豆・阿部豊後・堀田加賀可承之、但大造之御普請幷大成屋敷わり之儀者、土井大炊・讃岐可致相談事
一、国持大名御用幷訴詔之儀、承候日
三日　九日　十八日

一、御旗本・諸奉公人御用幷訴詔承候日
　右日

一、関東中御代官幷百姓御用訴詔承候日
　九日　十九日　廿七日

一、町方公事承候日

一、寄合日
　二日　十二日　廿二日
（以下略）

藤井氏によると、これは「幕府での御用・訴訟の職務分掌を定めたものであり、」「各職務はそれぞれ並列的に位置付けられ、職務相互間には、普請奉行・道奉行を除いては、上下関係や従属関係は見られない」といい、「寛永十一年三月の法度で家光が意図した老中職務の限定という戦略を今一歩前進させ、老中の権限を分割し、他のものに分掌させることによって、年寄衆の持った強大な幕府内での力を削減し、同時に増加してきた御用・訴訟の処理に対応しようとしたものであ」るとされ、その「意義は、大きく職務を分轄し分掌することと月番制・「承日」制を導入することで、一つには将軍による諸職直轄制を強化したこと、二つには幕府の行政・裁判事務の効率を高めたこと、三つには松平信綱・阿部忠秋・堀田正盛の地位を明文化することで確定的なものとしたことに求め得る」とされる（藤井『江戸幕府老中制形成過程の研究』）。同氏によれば、先に「松平信綱・阿部忠秋・堀田正盛の三人が兼帯していた小姓組番頭の職を解」いた意味は、彼らを「老中専任と」することにあった（藤井『徳川家光』）。

これについて山本博文氏は、「幕府の政務が分化し、幕府政治機構の中心をなす諸役職がほぼできあがっていることを認めることができる。特に寺社の訴訟を司る担当者がおかれていることが、この時点では新しい規定である。各々の担当者は、将軍に直結していて他の役職者との上下関係は、規定の上では窺えない。しかし、彼らは、評定所の寄合に出ることを義務付けられることによって、全体としての意思一致をも要求されていたから、全体としては年寄に指導されている」とし、むしろ前引の史料の示す内容を「評定所寄合が定例化することになった」点から評価して、「各職務が将軍に直結する体制は、おそらく家康以来のことであり、年寄の合議などを強制した家光親政期は、特にこれが厳密であったと思われる」としている（山本『寛永時代』）。

2 余裕を失っていく家光

寛永十二年から寛永十三年の健康状態とその評価

問題は、この家光の対応が実を結んだかどうかだが、藤井譲治氏は「この将軍諸職直轄制は、寛永十三年中は家光の比較的良好な健康状態に支えられ、効率よく運営される」(藤井『徳川家光』)とし、山本博文氏も「寛永一二年までの諸政策の一応の成功が、彼に自信を与えていた分だけ、家光の威光は増していく」(山本『寛永時代』)としているから、おおむねうまくいったという評価が妥当なようである。だが、両氏の間では、寛永十二年(一六三五)から寛永十三年(一六三六)にかけての家光の健康状態についての認識がかなり異なるようである。

すなわち、藤井氏は寛永十二年から寛永十三年にかけての家光の風邪や飲酒による体調不良、虫歯を細かく指摘しつつ、それらは「寛永十四年と比較すればまだ良好なもの」としているが(藤井『江戸幕府老中制形成過程の研究』)、山本氏は「家光は風邪をひき、ものもろくに食べられない日が続いていた。最初は軽いものと思われたが、不食の日が続き、かゆ・汁ばかりの生活が続く。ただ、酒だけは理由を付けて少しずつ呑んでおり、それがよけいに食欲不振につながった」とし、「五月の中旬にようやく本復したが、このような彼の健康状態は、養子のことなど真剣に考えさせせられる事態であり、家光自身自分の健康状態への自信を失っていた」とした上で、「翌一四年に入ると、家光は病魔におかされ、ますます状況は悪化していった」と見ている(山本『寛永時代』)。両氏とも寛永十四年(一六三七)の家光の健康状態がかなり悪いと見る点では共通しているが、それと寛永十二年から寛永十三年にかけての家光の状態との関連性については、両氏の間で評価が異なるのである。

寛永十四年の健康状態の悪化

では、藤井氏の『江戸幕府老中制形成過程の研究』や『徳川家光』、山本氏の『寛永時代』がともに指摘する寛永十四年の家光の健康状態の悪化について、両氏の依拠する史料やそれ以外の史料に遡って概観してみると、「寛永十四年閏三月二十五日付湘雪守沅宛細川忠利書状」（『大日本近世史料　細川家史料』二十一、三七六一号）には次のような一文が見られる。

一、上様《（徳川家光）》御気色色々ニ可申候、少もまことニ被成間敷候、又、急ニすき〳〵と御本復可被成御気色にて無之候、五日十日ニ一度は御胸つかへ、御食の味無之とて、すきと在之迄は御養生と被仰、節々御鷹野・御能御慰計申候、下々の御人ニ候へは煩ニ而ハ無御座候、我等《（細川忠利）》とも左様之養生仕度計候事、

家光の状態については様々に取り沙汰されていたようだが、直ちに回復するというものでもなさそうで、数日おきに胸がつかえ、食事をしても味覚がないらしく、回復するまでは養生すると仰って、折々の鷹狩りや能を慰みとしているといい、このような状態について細川忠利は、下々の者ならば病気とはいえず、自分もそのような「養生」をしてみたいものだと、やや皮肉交じりに書き記している。

忠利は、家光の病状がいまひとつ理解できなかったのだろう。だが、藤井氏によると、それまでの家光は「不眠続きで」あったため（藤井『江戸幕府老中制形成過程の研究』）、次の「寛永十四年四月五日付中沢一楽宛細川忠利書状案」（『大日本近世史料　細川家史料』十二、八六二号）にあるように、

一、事之外御気短、御側衆は十人ニ越不申候ニ、はや百日ニちかく夜を明シ候故、草臥申候付而、

御奉公ニ明候由被仰、切々御しかり被成、御年寄衆も中〳〵御挨拶も成かね申候、只今は大炊《（土井利勝）》殿も事之外御扣候、讃岐《（酒井忠勝）》殿は万事ニ無構御請能候故、一人之様ニ御座候由申候、

と、家光はとても短気となり、側に仕える者もともに百日は徹夜しているため疲労していたが、その疲労している者を叱るという状況で、年寄衆は挨拶もできなくなっており、特に土井利勝は控えているが、酒井忠勝は家光から気に入られているらしいというように、家光の体調不良は周囲をも巻き込む状況となっていた（藤井『江戸幕府老中制形成過程の研究』）。

さらに、「寛永十四年四月晦日付中沢一楽宛細川忠利書状案」（前引『細川家史料』十二、八六六号）が伝えるように、

唯今ハ事之外御やせ被成候、是ハ医師衆ハ能事と申候、御食も能加減ニ被召上候、折々過申候而御腹中はり申由候、切々御機嫌悪敷、御傍衆も御しかり被成、被召仕候衆も無之、弥御機嫌悪敷、御笑止成儀共候、扠又、御用は数々つかへ、少も年寄衆被申付候事も成不申候、是又上様《（徳川家光）》被懸御心御苦労被成候由候、年寄衆少も物を聞召候へハ、御煩ニ障候躰を被見、事之外被扣候、

家光はかなり痩せていたが、医師によればよい傾向だといい、食事はうまくできているものの、時々食べ過ぎて腹部の張りを訴え、機嫌も悪く、周囲の者を叱るから、仕える者がいなくなり、余計に機

嫌が悪くなるという悪循環に陥り、政務も滞って年寄衆も「申付」ができない状況となっていたが、それは年寄衆が政務の案件を家光に伝えると、却って家光の具合が悪くなることを心配して控えているからだということであった。また、「寛永十四年五月十八日付中沢一楽宛細川忠利書状案」（『大日本近世史料　細川家史料』十二、八六九号）によれば、

上様《（徳川家光）》御気色少つゝ逐日能御座候、右ゟ如申上、早々すきと御本復御座有間敷候、秋風も立候ハヽ、
　《（闕字）》御身もかたまり可申と申事ニ御座候、事之外御やせ被成由申候、

と、家光の状況は少しずつよくなっているように見えるものの、早期の回復は見込めず、またかなり痩せているという状況であった。藤井氏によれば、「寛永十四年一月に発病した病は、三月・六月に小康を見たものの、翌年の三月まで続いた」といい、「この間の家光の病気は、不食・不眠・発熱・無気力・気短などの症状を示すが、これらの症状と養生の様子から、家光は、鬱病であったと思われる」という（藤井『江戸幕府老中制形成過程の研究』）。その家光の状態を細川忠利は「寛永十四年六月二十六日付覚書案」（前引『細川家史料』十二、八七七号）で次のように箇条書きで列記している。

一、上様《（徳川家光）》御煩、おこり候時ハ　御手足ひへ、扠御頭おもく候て、御ねつき一たう又ハ一たう半も御平脈ニまし候由ニ候、御ねつきの間、一時・二時・三時程も御座候、物もあかりかね申候、か

様之事五日・十日ニ一度程つゝ御座候、此前之十分一程かろき分にて御座候事、

一、御酒を上り不申候故、御食ハ常ニあかり候、一ばいも其上もあかり申候、おこり候時ハ常程もあかり不申候事、

一、御手足之御しゝも少御こへ被成候、御手足の御ほん御座候聞え（マヽ）申候、

一、常に少々物音も、御むねニひゝき申候、物ニ御おとろき被成候由、此段ハおこり不申候時も同事と承候事、

一、おこり申候時ハ、事之外御心よわく、はや御煩もおもり候哉と思召候様ニ御座候而、さめ候へハ、つねのことくニ御座候由ニ候事、

一、御心みしかく、万少之事も御心ニかゝり候故、是を御迷惑被成候事、

一、今も御袷を召、時々呉服を御すそへ懸申由候事、

一、夜ハ大方七ツ迄御寝成候事成不申候、又ハ夜明迄御座候而、夜あけ候てより御しつまり、五ツ過四ツ時まて御寝成候、其もとくと御寝成候へハ、其日ハ御心よき由候事、

一、御養生ハ事之外つよく御座候、然共、此程迄大ふとん四ツ五ツ御敷被成、夜ルもあつき物を召候故、御あせ事之外出申候へとも、か様之事を申かね、此類ニ御養生と思召、御煩のため悪敷事も御座（候脱）由候、か様之儀さへ、薬師をはしめ申かね候程、御気みしかく御座候、此中も、道三（今大路親昌）・驢庵（半井成近）・道安（武田信重）三人談合ニて御薬をあけ申候、何哉覧申様少わろく候とて、すてニ身上御果被成ニ済申候を、色々御詫言被申上候而相済申候故、薬師衆も中〳〵何事も申上候事成不申候事、

山本博文氏は、ほぼ同内容の別史料に基づき、「胸苦しさ、動悸、過呼吸による手足の冷え、発汗などの症状は、漠然とした不安を強く感じることによっておこる「不安神経症」に該当する。両親にうとまれた家光には、この病気におちいりやすい素地があり、病弱であったことや独裁政治による諸勢力との緊張関係のなかで発病したのであろう」としている（山本『寛永時代』）。

寛永十四年の病の前兆を示す寛永十二年・寛永十三年

病名の確定は難しいが、筆者が指摘したいことは、例えば「寛永十二年八月一日付榊原職直宛細川忠利書状」（『大日本近世史料　細川家史料』十九、二九七九号）が「一、年寄衆くじをはかをやらす候とて、事之外御しかり候て、四五日干《于カ》今物を不被仰候」と報じ、「寛永十三年四月一日付中沢一楽宛細川忠利書状案」（『大日本近世史料　細川家史料』十二、八二六号）が「一、爰元《江戸》、思食外何事も披露成兼申候事、大方にて無御座候、弥物を被仰上候事、万事成間敷躰ニ見及申候」と述べ、また「寛永十三年五月八日付中沢一楽宛細川忠利書状案」（『大日本近世史料　細川家史料』十二、八二九号）が「一、如　御意、御威光のつよく成申分ニて御座候哉、一切言上成不申候、取分日光へ御成之前後、又只今ハ公家衆御馳走、中々御隙なき躰ニて御座候」と記した、家光の「御威光のつよく」なっていくことによる周囲の萎縮という、山本博文氏も『寛永時代』で指摘しているような状況は、山本氏の言う家光の「自信」（山本『寛永時代』）によるのではなく、また藤井氏の言う「比較的良好な健康状態」（藤井『徳川家光』）ということでもない、寛永十四年（一六三七）の病気の前兆として捉える必要があるのではないかということである。

すなわち、藤井氏の分析に基づくなら、「寛永十一年三月の法度で意図した老中職務の限定という戦略をさらに一歩前進させ、老中の権限を分割し、他のものに分掌させることによって年寄衆の持った強大な幕府内での力を削減し、それぞれの職務を将軍に直接結び付けることで将軍親政体制を強化し、同時に増加してきた御用・訴訟の処理に対応しようとした」（藤井『江戸幕府老中制形成過程の研究』）ことによる、家光への過重な負荷とそれに伴う余裕の喪失の結果の病という視点が必要なのではないかと思われるのである。この視点に立って、寛永十二年（一六三五）から寛永十三年（一六三六）にかけての家光がいかなる課題に取り組み、どのような状況にあったのかを具体的に見てみることにしよう。

第五章　徳川将軍家の存続祈願と外交

1　家光の祈りと焦り

日光東照社の大造替

『徳川家光公伝』によれば、寛永十一年（一六三四）の上洛から帰着後の同年九月、家光は日光東照社へ社参し、そこで社殿の大造替を決心したといわれており、寛永十三年（一六三六）四月には現在の豪華絢爛な社殿が完成し、同月十七日に祭礼が営まれた（日光東照宮社務所編『徳川家光公伝』）。この大造替が神宮などの「諸社造替ノ故事」に倣ったものであることは『日光山御神事記』に記載があるが（財団法人神道大系編纂会編／曽根原校注『続神道大系神社編　東照宮』・日光東照宮社務所編『徳川家光公伝』）、藤井讓治氏は「東照社の大造替の最大の目的は、家光の家康に対する敬信にもとづいて東照大権現二十一神忌を執行することにあった」として、後述する寛永十三年の朝鮮通信使による日光東照社への参詣をも視野に入れた「造替の政治的な意味合い」を指摘している（藤井『徳川家光』）。

『東照社縁起』上（真名本）の作成

また、この大造替にあわせ、家光は天海に『東照社縁起』上（真名本）の作成を命じている（日光東照宮社務所編『徳川家光公伝』・神崎「『東照社縁起』制作の背景」、なお『東照社縁起』という書名については神崎論文と曽根原「『東照社縁起』の基礎的研究」による）。『東照社縁起』は、真名本が上・中・下の三巻、仮名本が全五巻の合計八巻ある（日光東照宮社務所編『徳川家光公伝』・財団法人神道大系編纂会編／西垣他校注『神道大系　神社編二十五　上野・下野国』）。これまで、それらに記される国家意識や将軍と天皇の関係などが注目され、様々に議論されてきたが（曽根原『徳川家康神格化への道』・高木『将軍権力と天皇』など）、『徳川家光公伝』によると、『東照社縁起』は寛永十二年（一六三五）から寛永十三年（一六三六）と、寛永十六年（一六三九）から寛永十七年（一六四〇）の二次にわたり作成されており、このたびの寛永十二年から寛永十三年には『東照社縁起』上（真名本）のみが作成された（日光東照宮社務所編『徳川家光公伝』）。すなわち、各時期の『東照社縁起』の内容はそれぞれ異なっており、これらを一括してまとめて議論してしまうと、なぜ『東照社縁起』は二次にわたって作成されねばならなかったのか、なぜそれぞれ当該年に作成されたのかが問題化できなくなってしまう。先行研究の『東照社縁起』に関する議論も、『東照社縁起』を一括して分析しているが、『神道大系　神社編二十五　上野・下野国』に所載の本文と「『東照社縁起』の基礎的研究」に所載の訓読を参考に、『東照社縁起』上（真名本）の内容に絞って検討してみると、そこではまだ国家意識や将軍と天皇の関係は主要命題となっていないことに気づく。

『東照社縁起』上（真名本）の内容

すなわち、『東照社縁起』上（真名本）は、神崎充晴氏によれば「家康が、駿河国の景勝地志豆機山の花を見て仏道に発心し、山王神道信仰の顚末を述べている」ものだが（神崎「『東照社縁起』制作の背景」）、『神道大系　神社編二十五　上野・下野国』における本文と「『東照社縁起』の基礎的研究」による訓読に基づいて内容を要約すると（以下、特に断わらない場合は神道大系本と曽根原氏の訓読を参考に筆者が内容を要約）、『東照社縁起』上（真名本）はもう少し複雑な内容で、それまで戦や政治に従事してきたが故の罪業からの救いと、将来の子孫の獲得を願った家康が主人公である。

『東照社縁起』上（真名本）で家康は、救いを求めて思想的な遍歴を重ねるが、縁起には最終的に山王神道へと辿り着くような導線が複数敷かれており、仏教に精通していた聖徳太子には子孫がなかったが、足利尊氏の計略に敗れた新田義貞が山王権現に参詣したところ、不思議なことに新田義貞の願いで叶わないものはなかったという話などはその一つであった。図らずも天下を得て、宮中にも仕え、一家繁昌を護らんとする家康は、いまや一家繁昌・家門繁昌を祈るのみであるとして、そのような願いを叶える思想を求め、あらゆる宗派の知識人を招き、殿中で論義を行わせてもいる。

曽根原氏によれば「論義とは本来、仏教経典上の問題点について問答を行う儀式で、教学展開上に重要な意義を持つ」とされ、ここでの論義は「慶長末年の論義」とのことであり、「各宗の立義・内証仏法を求めて論義を行」い、「その後に、法相宗の興福寺・東大寺・天台寺門派の三井寺・古義真言の高野山・新義真言の智積院、さらに京の五山の長老などが登場し教説を展開」したとされる（曽根原『徳川家康神格化への道』)。

『東照社縁起』上(真名本)によると、家康は、生死を免れ得ない自身の依拠すべき理を示すように求めた。そこへ山門の者が謹みながら申し出て、宗派は各々異なるけれども、実質はどれも同じと思われ、家康の命令と山門の神道は一致すると述べた。家康がそれはどういうことかと尋ねると、かつて百王で王統が尽き、獣が英雄を称する時が来るとされたが、その百王とは後円融院に相当するも、実は光仁天皇の代であった。「相伝」という書物によると、桓武天皇は王統を五百年後も続かせ、永く国家を鎮護するため、最澄と深く契約し、その時にこの二人が現れたといい、曽根原氏の解釈によると桓武天皇と最澄は「共に、前身は霊鷲山で釈迦の説法を聴聞した菩薩であった」ので(曽根原『徳川家康神格化への道』)、だから桓武天皇は王道を掌握して仏法を崇めて民を憐れみ、最澄は仏道を興して国家を護るという、仏法が王法を護り、王法が仏法を扶ける関係が生まれた。このように仏法と王法が相携えるので比叡山と言うが、かつて最澄が比叡山に登った際、一人の化人が出現した。最澄が化人に「あなたは何の化身か」と問うたところ、化人(神)は「自分は山王日域冥神だ」などと自身の役割を答えて空に上って姿を変化させたといい、仏法と王法が相携えて存続しているのは、桓武天皇と最澄の力によるが、それは山王権現の加護があるからなのだろう、とのことであった。

さらに『東照社縁起』上(真名本)で家康は、最澄が天照大神に授けたという「治国利民法」の概容はどのようなものかと尋ねるなど数問を経て山王神道を確信し、東照大権現となって顕れており、『東照社縁起』上(真名本)は次のような一文で締め括られる(本文は財団法人神道大系編纂会編/西垣他校注『神道大系　神社編二十五　上野・下野国』、訓読は曽根原「『東照社縁起』の基礎的研究」より引用）。

君今顕東照大権現《（徳川家康）》正一位、剰覚現世安穏後生善処法、家門繁昌、氏族永栄、必守山王神道、不可交他流、但作法可准多武峯、子孫繁茂故也、自兼日御掟也、而御遷化後少々雖有相違儀、重而台徳院《（徳川秀忠）》殿被達叡聞、如源君御遺告決定了、如斯始末、一点無曇、恐可謂前代未聞主将者乎、

今《（ママ）》東照大権現《（徳川家康）》正一位と顕れ、剰へ現世安穏・後生善処の法を覚え、家門繁昌し、氏族永く栄ゆ。必ず山王神道を守り他流を交ふべからず、但だ作法は多武峯に准ずべし、子孫繁茂の故なりとの兼日よりの御掟なり。而るに御遷化の後少々相違の儀有りと雖も、重ねて台徳院《（徳川秀忠）》殿叡聞に達せられ、源君《（徳川家康）》の御遺告の如く決定し了りぬ。斯の如き始末一点として曇無し、恐らくは前代未聞の主将と謂ふべきか。

すなわち、家康は、徳川家の隆盛と子々孫々の永続のために、必ず山王神道を守り、他の教えに依拠してはならないと常々話していたといい、病没後に様々な経緯があったけれども、徳川秀忠の了承によって家康の遺言通り山王神道での神格化が決定したのだと念を押している。なお、ここでの「相違」とは、以心崇伝らの聞いたとされる家康の遺言（『本光国師日記』元和二年四月三日条〈『新訂　本光国師日記』第三〉に所載）には「山王神道」などへの言及がなかったこととの「相違」を指しているも

のと思われる。

徳川将軍家と子孫の存続を祈願

このように『東照社縁起』上（真名本）の主旨は、家康が自身への救いと自らの家や子孫の存続を希求し、「山王神道」に依拠していたことの明記であったから（正確には天海の言う神道は「山王一実神道」と称すべきもののようである〈菅原「家康公を祀った天海の神道」〉）、そこでは天皇や王法・仏法、さらに天照大神の件も「山王神道」の優位性の説明においてのみ言及されており、ましてや神国思想などはまだ前面に出されていなかった。したがって、寛永十二年（一六三五）から寛永十三年（一六三六）にかけての家光が、その時までに弟を粛清した上、自らの健康状態と継嗣の不在に悩み、養子の検討を表明せざるを得ない状況にあったことから推せば、まさにそのような状況の打開のため、家光としても将軍家と子孫の存続を祈願すべく、「全て幕府の負担で」（曽根原『徳川家康神格化への道』）日光東照社の大造替と『東照社縁起』上（真名本）の作成を企図・実行せねばならなかったのではないかと考えられるのである。

その『東照社縁起』上（真名本）は、寛永十三年四月二日、武家伝奏日野資勝の日記に「次、日光東照社縁起、入桐筥、勅封有之、三条前内府《三条西実条》持参、予《日野資勝》又付候て参候、将軍様《徳川家光》御請取テ御頂戴候、是ハ吉良上野介《義弥》御請取候て、書院ノ床ニ別ニ被置候也」（『凉源院殿御記』十一、国立公文書館所蔵謄写本、寛永十三年四月二日条）とあるように、江戸城で家光に手渡された。

江戸城における伊勢神宮内宮・外宮の御礼の順序争い

ところが、実はそこに至るまでの過程と同時並行の形で、江戸城では別の重要問題が生起していた。武家伝奏三条西実条の書状留にあたる

『寛永十三年日光東照大権現造替条々事』（早稲田大学図書館所蔵原本、早稲田大学図書館「古典籍総合データベース」）に所収の「寛永十三年正月六日付板倉重宗宛老中連署書状」には次のような内容が記されている。

伊勢外宮・内宮年頭御礼之義、近年外宮先ニ申上候、然処、内宮方申候者、天照大神ハ内宮之義候、遷宮も先ニ御座候間、御礼之義、内宮先ニ申上度由候、古例如何可有之候哉、伝（三条西実条・日野資勝）奏衆申談、其上、以中御門（前脱カ、宣衡）大納言・阿野（実顕）大納言・仙洞（後水尾上皇）へも得御内意、御礼前後之義相伺、早々可申上之旨、被仰出候間、可被得其意候

靱矢嘉史氏によると、例年、「伊勢神宮の外宮禰宜物代と内宮禰宜物代は、外宮門前の山田三方物代、内宮門前の年寄物代とともに正月六日大広間で惣独礼を勤めていた」（靱矢「江戸城寺社年頭礼の濫觴と制度化」）が、間瀬久美子氏によれば「一六三六年（寛永十三）正月六日に発生した江戸城年頭拝賀の先後を争う内外宮序次争論」（間瀬「神社と天皇」）が問題の発端であった。すなわち、「寛永十三年正月六日付板倉重宗宛老中連署書状」によれば、年頭の家光に対する伊勢神宮関係者の拝礼は外宮が先に行っていたが、内宮は天照大神と内宮の関係を主張し、遷宮も内宮が先であることから、内宮が先に拝礼を行いたい旨を申し立てたといい、ついては京都所司代の板倉重宗に「古例」の検討を武家伝奏と相談するとともに、後水尾上皇などの意向も聞き、拝礼の順番について宮中へ伺いを立てて、

結果を早々に報告するよう指示がなされている。この書状が留められている『寛永十三年日光東照大権現造替条々事』の原題には三条西実条のものと思われる筆跡で「寛永十三年、日光東照大権現造替条々事也、江戸より之状、防州（板倉重宗）状写共」とあるから、この件は当時進行していた日光東照社の大造替と関連する案件と捉えられていたことがわかる。

内宮・外宮の神位の高下を宮中へ詰問

ところが、この指示に対する報告はなかなか要領を得なかった模様で、「寛永十三年二月一日付板倉重宗宛老中連署書状」（『寛永十三年日光東照大権現造替条々事』）には次のように、

伊勢内宮・外宮御礼之義、昨日も如申入候、両伝（三条西実条・日野資勝）奏・阿野大納言（実顕）・中御門大納言（宣衡）然としれ不中様ニ被申越候通、達　御耳候之処、例有之間敷義、いつかたへも付候ハぬ之申分、御意ニ入不申候、左様候ハヽ、内宮・外宮神之位之高下幷跡先之義、右之衆へ被相尋、急度可被申上候、

とあって、内宮と外宮の拝礼の順番について、武家伝奏などからは不明でかつ先例もないとの返答がなされた模様で、それを聞いた家光は、先例がないという答えといい、内宮と外宮のどちら側にも付かないような表現といい、家光には納得ができず、ならば内宮と外宮の「神之位之高下幷跡先之義」を武家伝奏らに尋ね、必ず急ぎ報告せよと命じている。家光はかなり苛立っていた。しかし、「寛永十三年二月五日付板倉重宗宛老中連署書状」（『寛永十三年日光東照大権現造替条々事』）にも、

伊勢両宮御礼之儀、御摂《(ママ)》家衆・清花衆書付令到来候、此方ゟ両度申入候通、神之位之高下被相尋、
重而可被申上候、

とあるように、家光の求める内宮と外宮の「神之位之高下」に関する答えはなかなか示されなかったようである。一体なぜ家光はこの問題にこだわっており、なぜ宮中では明確な答えを出すことができなかったのだろうか。

宮中での議論と摂政二条康道

この問題に関する宮中での議論の過程については、既に間瀬久美子氏の「神社と天皇」がその一部を解明し、その結果を補う形で筆者も『日本近世国家の確立と天皇』などで検討したことがあるが、あらためて経過を追っておこう。

まず、後水尾上皇をはじめ宮中では、いたずらに回答を引き延ばしていたわけではなく、武家伝奏日野資勝の日記に「外宮・内宮前後之義、仙洞《(後水尾上皇)》ニハ無分別候間、吉田《(兼英)》ナトニ尋可申由也、又五摂家方へも可申由也」（『凉源院殿御記』十一、寛永十三年正月二十四日条）とあるように、実際問題として上皇は内宮と外宮のどちらが先に拝礼をすべきかがわからず、吉田家の当主や五摂家に尋ねなければならない状態であった。おそらく五摂家らも拝礼の順序はわからず、前述のようなどちらとも付かない回答になってしまったものと思われる。ところが、それは家光には気に入らず、日野資勝の日記にも「先度外宮・内宮ノ祢宜御礼之次第之儀申下候様子、不入御気候由候、今度ハ外宮・内宮神位ノ次第尋ニ参候也」（『凉源院殿御記』十一、寛永十三年二月九日条）と記されたように、家光からの問いは、拝

礼の順序がわからないのなら、内宮と外宮のどちらの神の位が上なのかを示せという内容に変わってしまった。

ところが当時、これが却ってなかなか難しい問題であったようである。次の「寛永十三年二月十四日付藤波友忠宛板倉重宗書状写」（『伊勢両宮祢宜年頭御礼前後相論記』宮内庁書陵部所蔵原本）からは、対応に苦慮する公卿らと京都所司代板倉重宗の様子が看取される。

板倉周防守（重宗）殿ゟ返札之写

貴札拝見仕候、然ハ伊勢　内宮・外宮神御位高下無御座かと江戸ゟ御尋ニ御座候

一、御手前御考之儀ハ内宮何時勧上（ママ）、外宮何時勧上（ママ）被成、幷前後御座候とも、御位慥ニしれ申ニおゐてハ御書出し可被成候

一、江戸へ摂政殿（二条康道）ゟ被仰遣候ハ、内宮先ニ勧上（ママ）、外宮四百年程後勧上（ママ）、雖然依御託宣祭　勅使以下外宮ゟ立、其後内宮へ立候様ニ被仰遣候、陰陽之子細も在之様ニ御使之衆申候、委覚不申候へ共、加様之事にて候

一、三条殿（三条西実条）御書付も右之通ニ似たる事ニて候

一、近衛殿（信尋）ゟハ祢宜之御礼次第無御存候、子細之儀ハ於御尋ハ重而御考可被成由ニ御座候

一、御手前如書物御考可然候、祢宜之御礼ニハ御構有間敷候、然共、御手前ニて祢宜之礼次第於在之ハ、其通御書付可有候、江戸之御用ニハ立申ましく候

一、十八日（寛永十三年二月）ニ右之儀、仙洞（後水尾上皇）御穿鑿被成候由、御沙汰御座候間、御神事之内、成程御考可被成候、
恐惶謹言　尚々、委儀ニて無之候間、御披見之後、御さき御すてあるへく候

寛永十三
二月十四日　板倉周防守重宗判

祭主（藤波友忠）殿

すなわち、寛永十三年（一六三六）二月十四日の時点で、京都所司代の板倉重宗は神宮祭主の藤波友忠に対し、内宮と外宮がそれぞれいつ勧請されたか、また神の位に上下があるのかどうかを知っているのならば書き出すように求めており、摂政二条康道・武家伝奏三条西実条・前関白近衛信尋の回答の様子を伝え、二条は内宮より外宮の勧請は四百年ほど後だが、「御託宣」によって勅使の発遣などは外宮が先であることなどを答えたといい、三条西もこれと同様で、近衛は拝礼の順序等はわからず、詳細は尋ねられればなお検討するという回答であったようである。

だが、重要な点は、五箇条目において、板倉が藤波に対して既に「祢宜之御礼ニハ御構有間敷候」としている点であり、藤波が拝礼の順序を知っているのならば書き付けるとよいが、それは「江戸之御用ニハ立申ましく候」と述べていることだろう。もはや問題は、江戸城における将軍への拝礼順序ではなく、内宮と外宮の神の位はどちらが上なのかということであった。この件については、四日後の寛永十三年（一六三六）二月十八日に仙洞御所で「御穿鑿」があるとのことであったが、その「御

穿鑿」の時の模様を伝える史料が、次の日野資勝の日記の寛永十三年二月十八日条である（『凉源院殿御記』十二）。

摂政殿《二条康道》仰ニハ、内宮ハ　天照太神《ママ》、外宮ハ　国常立尊ニ候、国常立ハ天神、天照ハ地神ニ候間、外宮ヲ先可為也、又嵯峨弘仁より任　託宣之旨、外宮ヲ第一ニ専被用之由、御申候也、内宮ヲ第一被用者証拠無之、目録ニノスル処ハ内宮第一之由斗候也、如何との義也、其後、萩原《兼従》ヲ、地下ノ者伺公申候所ノスノコマテ召テ、口ヲ被聞召候也、祭主《藤波友忠》ヲモ召候也、萩原申候処、神皇正ーノ通ニ申候也、其後、阿野《実顕》奥へ伺公ニて被申上候也、又近衛殿《信尋》も奥へ伺公也、ヤ、暫間候也、其後、摂家衆御休息之間へ、近衛殿・阿野も被参候て、萩原申上候子細も別ニナク、祭主ハ弥別ノキナク、内宮ヲ第一ニ用申候由也、何ノ子細も不存候由也、アマリニムテ《無手》ナル申様也
右之通候得者、内宮ヲ第一ト被用儀無之、外宮ハ嵯峨天皇ノ仰ニテ、弘仁六年より万事ヲ先被用候事ニテ、于今其通ニ候間、外宮ヲ第一ニ可有カトノキニ間、其通三条前内府《三条西実条》へ参テ可申由也、（以下略）

これによると、摂政二条康道は、内宮の祭神は天照大神で、外宮のそれは国常立尊であって、国常立尊は天神で、天照大神は地神なのだから、天神を祭神とする外宮を先とするべきであるという主張を展開した。ここで二条が「目録ニノスル処ハ内宮第一之由斗候也」と述べているが、これは既に外

宮を先とする見解を示していた二条に対し、林羅山が内宮を先とする見解で反論してきていたことを指しており（野村『日本近世国家の確立と天皇』）、二条は羅山の反論（「目録」）について、内宮側に有利な証拠ばかりを挙げた不適切なものだと批判したのであった。

むしろ二条の見解は、鎌田純一氏の言う当時の「国常立尊を更に絶対的というべき地位に置いてみる」という「観念」（鎌田「近世における天照大御神論」）に適合したものであった。その後、吉田家の関係者である萩原兼従を簀子《すのこ》まで召し出し、また神宮祭主の藤波友忠も召し出されたが、萩原は『神皇正統記』に基づいた見解を述べ、それを阿野実顕が「奥」にいる後水尾上皇へ取り次いだようである。「奥」へは前関白の近衛信尋も入ったが、その後しばらく経って、「摂家衆」と近衛と阿野が「御休息之間」へ集い、萩原も藤波も「内宮ヲ第一ニ用申」す根拠について何も知らず、「アマリニムテ（無手）ナル申様」だと批難の対象となっている。このような次第であったので、やはり外宮を優先する見解が支持されることになり、その内容を日野資勝から三条西実条へも伝えるようにとのことであった。

国常立尊優位論への異議と天照大神の強調

このように宮中においては、当時の常識に基づいて外宮優先論が支配的であったのだが、しかし、その二日後、なぜか議論の流れが変わり始めた。その経緯を伝える史料が次の日野資勝の日記の寛永十三年二月二十日条である（『凉源院殿御記』十一）。

近衛殿（信尋）摂政殿（二条康道）御出候間、急可参由御使候、則予（日野資勝）モ伺公申候、三条殿（三条西実条）遅参ニ而、暫待申候、伺公ニテ
摂政殿・近衛殿表向へ御出候而両人（三条西実条・日野資勝）モ参テ有御談合

三条殿御申ハ、天照太神《（ママ）》ハ宗廟之神、君臣ノ立初也、外宮ハ国常立尊天地開闢ノ始ニテハ候得共、第一ニ被用候事如何ニ候、又略説ニ春日春日太明神《（ママ）》と申由也、左候得者、第一ニハ難用由也、大嘗会之時、先天照太神《（ママ）》ヲ請タテマツリテ、天子手ツカラ自カラ御饌ヲソナヘ給ト有、宗祇後成恩院《（一条兼良）》ヘ御尋申候カナ書ノ物ニ有之由也、又春夜神記ニ右之旨有之

すなわち、前関白近衛信尋と摂政二条康道、そして三条西実条と日野資勝が会合したのだが、そこで三条西が天照大神を「宗廟之神、君臣ノ立初」と位置づけ、大嘗会の件なども取り上げながら、国常立尊を祭神とする外宮を優先することに異議を唱えた。この時、三条西は、当時の宮中で支配的であった外宮優先論を正面から否定し、萩原や藤波とは異なって、根拠ある内宮優先論を初めて展開したのである。この三条西の行動は何を意味するのだろうか。

後水尾上皇の立場の推移

まずふまえておくべき点は、次の日野資勝の日記の寛永十三年二月二十七日条（『凉源院殿御記』十二）が示すように、

阿野殿《（実顕）》ヨリ人を給、仙洞《（後水尾上皇）》ヨリ御談合ノ義ニ而、三条殿《（三条西実条）》ヘ御出候間、三条殿ヘ拙子《（日野資勝）》ニモ可参由承候間、則参候得者、東照之縁起之被遊様、南光《（南光坊天海）》ヨリハカタカナニテ付テ参候、真名・仮名ニテ被付候テ可然カトノ義ヲ三条殿被申候、又ヒラカナニテ被付可然カト申候衆も候、又五条《（為適）》ニ縁記《（ママ）》ニマナ付候事を被仰付候得者、宣命中臣ハラヒナトニ付申候、縁キナトニハ、ヒナカナ《（ママ）》可然カト被申上候由、又

御談合之由候也、三条被申候ハ、何も先々仮名ましり候へハ、ヒナカナ（ママ）可然事ニ候、是ハ一所ノ事ニ候間、如何候、只真名にて被付可然由被申候

と、寛永十三年（一六三六）の二月は、まさに『東照社縁起』上（真名本）が作成されていた時期にあたり、それを片仮名、仮名、真名のいずれで作成するのかを検討している段階であったという点だろう。その『東照社縁起』上（真名本）は、前述のように家康が「山王神道」に辿り着く過程を描いたものであったが、そこでは「山王神道」の優位性を説明する中で、山王権現に出会った最澄が天照大神へも「治国利民法」を授けていた点が強調されていた。しかも、その『東照社縁起』上（真名本）は後水尾上皇の宸筆であった（財団法人神道大系編纂会編／西垣他校注『神道大系　神社編二十五　上野・下野国』解題）から、後水尾上皇がこの時にどのような態度をとったのかが重要であった。その点を考えるにあたり、次の日野資勝の日記の寛永十三年四月五日条（『凉源院殿御記』十一）は参考となる。

其後、土井大炊殿（利勝）・酒井讃岐守殿（忠勝）被出候て、（中略）、又伊勢内外之前後之義、仙洞（後水尾上皇）之仰又摂政殿（二条康道）被仰入候通り相違ニ候、又両人ハ（三条西実条・日野資勝）如何哉、両人被申候者、其儀者内宮サキ可為両人も申候、又摂政へ年老衆又学問ヲモ仕候衆・五摂家衆御寄合ノ時も多分内宮第一ノ様ニ被申候、摂政殿ニハ初より被仰出候通ニ候故、トカク之義ヒハンシテナク候間、両人之申立モ不成候テ、万事摂政殿御ハカライ候間、仰次第可然由申て、摂政殿より御書付参候由申候、惣ヒヤウハンニテ無之由申候也、右之様

子、両人具ニ被聞届テ、奥へ被参候、ヤ、暫候て両人有御対面、先日御対面候又奥ノ御書院にて有御対面也

（中略）、仙洞之仰・摂政之被仰趣相違、之如何候、如何之儀、禁中《（明正天皇）》ヨリ之御沙汰マキレモ有間敷所、如何候ハ不審ニ思召候、両人ハ如何存候哉ト御尋候処、三条被申ハ、禁中にてハ内宮万事サキノ由被申候

すなわち、『東照社縁起』上（真名本）が江戸城で徳川家光に手渡されてから三日後、武家伝奏の三条西実条と日野資勝は、土井利勝と酒井忠勝から「伊勢内外之前後之義」について、摂政二条康道と後水尾上皇の見解が異なっていたことの事情説明を求められているのである。これに対して三条西と日野は、宮中における広範な内宮優先論の存在を示唆しながら（それは事実と異なるのだが）、二条の外宮優先論が早期から展開されていたことと、それを二条が摂政の見解として主張したことから抵抗できなかったのだと弁解している。土井と酒井はそれを詳細に聞き取って「奥」へ入り、しばらく経って家光との「御対面」となった。家光も、摂政と上皇の見解の相違を三条西と日野に問い詰めており、家光は摂政と上皇に見解の相違があったこと自体を訝しく思うと同時に憂慮し、「禁中《（明正天皇）》ヨリ之御沙汰マキレモ有間敷」はずであるのに何事かと三条西らに迫っている。三条西は「禁中にてハ内宮万事サキノ由」を答えるより外なかった。実際には当初の上皇に定見はなかったのだが（それ自体、注目すべきことである）、家光・土井・酒井の反応からすると、最終的には上皇も二条とは異なる見解、すなわ

ち内宮優先論を示したのであり、それは『東照社縁起』上（真名本）の論理構成が前述のような内容で固まり、しかも林羅山が内宮優先論で反論してきていた以上、家光の意思の在処は明らかであったから、武家伝奏の機転により軌道修正した結果であった。

家光の詰問で天皇家は天照大神の神位を認識

したがって、当時の天皇家にあっては、天照大神を最優先の神格とは捉えていなかったわけだが、この一連の経緯は、寛永十三年（一六三六）の天皇家が天照大神を国常立尊よりも優位な神格と捉える契機を家光によって与えられたことを意味しており、このことは思想史的にも、また天皇家の歴史にとっても明確に位置づけられるべき事柄である。村井早苗氏は秀吉・家康の段階から「神々の序列の頂点に立つ天照大神」の「存在」を強調するが（村井『天皇とキリシタン禁制』）、そうではなかったのである。だから村井氏も指摘するように早くから「後陽成天皇やその周辺に、キリシタンないしはキリシタンに好意的な人々が存在していた」のであり（村井『天皇とキリシタン禁制』）、秀吉や家康が神国思想を表明した際にも、天照大神への言及はなかったのである（野村『日本近世国家の確立と天皇』）。

家光の憂慮

だが、家光は、今度はそのことよりも、なぜ上皇と摂政の見解は割れたのかということのほうにこだわっていた。そのこだわりようは、次の日野資勝の日記の寛永十三年五月十九日条（『凉源院殿御記』十二）に、

其後、御前（徳川家光）へ召候テ、伊勢之事仰にハ、摂政殿（二条康道）・仙洞（後水尾上皇）仰之趣事外相遠、御不審之由也、猶是ハ摂

政へ窺可申由仰ニ候也、此時、土井大炊《(利勝)》・酒井讃岐《(忠勝)》・吉良《(義弥)》召出、被命候也、其後、各退カレテ後、又召れて、上段アカリ候時、公家若衆行儀之義、御尋候也、別ノ子細ヲ申上ヘキ別分モ無之、又伊勢之儀、院《(後水尾上皇)》・摂政《(二条康道)》ノ御申相違不審ニ思召候、摂政ノ被仰上候処ヲタテラレネハ、天子ノミウシロミノセンモナク候、如何仕たる義との御事也、トカク今一応摂政へ可申入由承候也、（以下略）

とあるように、家光は約一ヶ月半後にも同様の懸念を示し、摂政と上皇の見解が異なるようでは、摂政が天皇の後見をしている意味がないとまで発言しており、その二日後にも（『凉源院殿御記』十一、寛永十二年五月二十一日条）、

登城申候、奥ノ黒書院ニテ有御対面、先小刀ヲカケニテ脱テ置申候、御礼申、右座着座申候、御気色有、上段ノキワマテス、ミヨル時、土井大炊《(利勝)》・酒井讃岐殿《(忠勝)》ト御ソハヘメサレ候テ、（中略）、
一、日光東照社縁起早速ニ被遊候テ、四月祭礼ニ奉納候て忝思召候、如何様御礼可被仰上由也

（中略）

年寄衆被退て両人ヲ上段へ被召上候テ、
一、伊勢内宮・外宮之事、摂政《(二条康道)》・仙洞《(後水尾上皇)》別々義如何候、万事テマモ入間敷事、スチメニーラヌヿヲ御不審ニ候由也、伝奏《(三条西実条・日野資勝)》ノ手前もシツクリトハワヌヿ如何候、タソ間ヲ申ヘタツルモノ有之かとノ義也、三条《(三条西実条)》被申ハ、前カトハ両伝奏《(三条西実条・日野資勝)》院ニテモ罷出、披露申候、此比ハ院ノ御衆披露にて、不罷出候

由被申候也、伊勢両宮之事、摂政ノ仰ヲ反古ニナス事も如何候儀、摂政へ御尋にて又理てリクツ御座候へハ、結句如何候間、摂政へ無御尋、院ノ仰之通ニト思召候由仰ニ候也、又摂政へ斗御尋ヲ御定候事も可有由仰候也

仙洞へも同前

（中略）

両人ニ御暇被下候、可罷上由仰候也、永々致逗留、ホねヲリノ由仰ニ候也、其後退出

御城ヨリ退出以後、シナ川ノ御茶屋へ御成之由也、小堀（政一）遠州御茶上申候也

とあるように、家光は武家伝奏に対し、『東照社縁起』上（真名本）が無事に日光東照社へ奉納されたことの礼を述べた後、やはり摂政と上皇との見解の相違を話題にし、誰か両者の間を隔てている者がいるのかとまで発言した。家光のこの件に対するこだわりようは並大抵のことではなかった。

　このことは当時、家光が案件によっては宮中に対して何らかの見解を求めることは制度的にも可能であったこと、その際に宮中から示される見解が不確実なものであったり、統一見解でなかったりすることを家光は許容しておらず、あってはならないことだと考えていたことを如実に示しているのである。この時に家光が、今後、摂政の見解を表立って否定することもできないが、摂政に尋ねて却って事態が混乱するようであれば、上皇の仰せを前面に出すよう指示し、また摂政のみで対応できることは摂政が前面に出るようにとも述べたことは、家光が天皇家と朝廷の意思を全否定しているわけで

はなく、その意思については、時々の将軍の意思との整合性を重視しながら緩やかに抑制・操縦しつつ一つにまとめて表示させることが大切だと捉えていたことを具体的に物語っている。このやりとりの後、家光は武家伝奏にねぎらいの言葉をかけて暇を与え、自らは品川で小堀政一に茶を献じさせたようである。

江戸城の大修築

そのような中、酒井忠世が寛永十三年（一六三六）三月十九日に亡くなっているが（藤井『江戸幕府老中制形成過程の研究』）、『オランダ商館長日記』の一六三六年四月二十四日条（『日本関係海外史料　オランダ商館長日記』訳文編之二〈上〉）は次のように、

本日、（一六三六年四月二十四日）大閣僚ウタ殿〇大老酒井雅楽頭忠世、その死去の日を寛政譜は三月十九日とする。が昨夜死去したこと、陛下（徳川家光）はこの死去を非常に悲しみ、先ごろ彼の父（徳川秀忠）〔の死〕に際して行われたのと同様の立派さと壮大さを以て埋葬を行い、葬儀を行うことを命じ、そのため凡ゆる準備が行われたことを知った。

と、記述の年月日は和暦ではないが、家光は酒井忠世の死を悼んで、秀忠の葬儀と同規模の葬礼で弔うよう指示したとしている。藤井譲治氏によると、酒井忠世は前述の江戸城西丸の「火事への備えの不十分さを理由に蟄居が命じられ」ており、「その後寛永十一年末に許され、寛永十二年五月二十二日ふたたび召出され西丸の番を命じられるが、老中奉書への加判は見られなくなり、また申渡し・寄合などにおいて土井利勝・酒井忠勝と同様の役割を果たさなくなり、老中の地位から離脱し」ていた

が、これ以降、「諸職の人的構成にもかなりの動きを見ることができる」ようになっていくという（藤井『江戸幕府老中制形成過程の研究』）。また、同氏によれば、家光は「寛永十二年に行われた二の丸拡張工事から十四年の本丸御殿の完成にいたる江戸城の大修築」を実施しており、寛永十三年に「動員された大名の総数は一一四人にのぼりこの時点の大名の半数以上にあたる」とされ、「材木を献上したものを加えると大半の大名がこの江戸城の大修築に動員されて」おり、それは「家光の威信を示すための重要な政策であった」といい、「この普請によって、家康以来拡張修築を加えられてきた江戸城の惣構が最終的に完成」した（藤井『徳川家光』）。

このように、江戸城の大規模な修築を進める中、徳川将軍家の存続と継嗣の獲得を願って日光東照社を大幅に造替するという大土木工事も重ねて行い、なおかつ『東照社縁起』上（真名本）の奉納をも準備していた矢先、江戸城における伊勢神宮関係者の拝礼順序をめぐる争論が発生した。その争論の解決を目指して内宮と外宮の地位の次第を示す先例などを天皇家と宮中へ諮問したところ、あろうことか東照大権現への信仰の理論的支柱である「山王神道」（天海の言う山王一実神道）に関与していたはずの天照大神の神位が天皇家や宮中においても明確に認識されておらず、しかもより具体的には外宮の祭神である国常立尊よりも天照大神は下に位置づけられている可能性までもが浮上したことから、家光は、後水尾上皇と摂政二条康道の見解の相違を武家伝奏を通じて整序し、何とか天照大神を国常立尊よりも上位に位置づけるよう努力しなければならなかった。

2　ポルトガル・オランダといかに向き合うか

宮中にも拡がるキリスト教

一方、これとは別に当時、キリスト教の信者をめぐる動向もかなり切迫した状況に陥っていた。例えば、次の日野資勝の日記の寛永八年十一月一日条（『凉源院殿御記』九、国立公文書館所蔵謄写本）が示すように、

防州《（板倉重宗）》種々談合被申候、禁中御能之時、摂家方何も刀指申候者ヲ被召連候事、不謂義と被申候、諸大夫・布衣も其身ノ装束ヲ着候て召連ラルヘキ支と被申候也

又、今度ダイウスヲアラタメラレ候ヘハ、公家衆ニも有之由、町代共申候由、物語候、かやうの義ハにか〱敷事、イハレヌ事ト也、三条殿《（三条西実条）》も内々可申様ニ被申候間、罷帰、主水申付候也

と、既に秀忠存命中の頃から京都所司代板倉重宗は、公家衆の中にもキリシタンが存在することを把握しており、その情報については同じく次の日野資勝の日記の寛永八年十一月十二日条（『凉源院殿御記』九）が、

院《（後水尾上皇）》御所清凉殿へ御成候て、御前へ両人《（三条西実条・日野資勝）》ヲ召候、大納言典侍殿・権大納言殿御供にて候也、（中略）、

又タイウス公家衆ノ中にも有之由、町々取沙汰如何候由候間、何へも相觸候由申上候、権大納言殿へ急度申付、御法度聞不申衆ハ勅勘も候やうニト被申上候也、承候て、御前ヲ罷立申候也、（後略）

と記すように、武家伝奏から後水尾上皇へと伝えられ、上皇も認識するところとなっていた。当時はキリシタンとなっている公家が信仰を改めない場合には「勅勘」もあり得ることなどが検討される状況であった。既に後陽成天皇の段階から「キリシタンないしはキリシタンに好意的な人々が存在していた」ことは村井早苗氏によって指摘されていたが（村井『天皇とキリシタン禁制』）、その状況は拡大の一途を辿っていたのである。

キリシタン対策への手詰まり感

京都のみならず、当時キリシタンをめぐっては、「寛永十一年八月十日付日根野吉明宛細川忠利書状」（『大日本近世史料　細川家史料』十八、二五二六号）に、

一、此度も伴天連改之儀、念を入知行之内せんさく可仕由、被仰出候、存之外隠候事、きとく成儀候、若うさん成儀も聞召候ハヽ、被仰聞可被下候、此方ゟも、御領知之内ニ左様之者様子も承候ハヽ、先可申入候事、

とあるように、大名が所領を調査すると、思いの外にキリシタンの潜伏していることが判明し、互い

に情報を交換し合わねばならない状況であり、しかも「寛永十一年八月二十九日付伊勢貞昌宛細川忠利書状」（『大日本近世史料　細川家史料』十八、二五四八号）によれば、

将又、南蛮宗之儀、御申越候ことく、何共可仕様も無之宗門ニ候、死候儀を満足仕候故、何を以禁と可仕様無之儀候、

とあるように、実際にはキリシタンへの対策は手詰まり感を否めず、どうしようもない程となっており、それは細川忠利の観測によれば、キリシタンが死を恐れないため、あらゆる規制が意味を成さなくなっているからであった。そのような認識にあった細川忠利は、長崎奉行の榊原職直に対し、次のような見解を披露している（「寛永十一年十月八日付榊原職直宛細川忠利書状」〈前引『細川家史料』十八、二六三九号〉）。

一、きりしたん改、一旦ニ而其儘事済申わけニ而無之と見え申候、其子細ハ、七度迄ハ成帰り候へとの許参候由申候間、弥とだへなく連々ニきりしたんたやし可申候、此由　上様（徳川家光）へ可被仰上候、何と仕候ても、一旦ニ皆被成可申わけとハ見付不申候事、

すなわち、細川忠利によれば、キリシタンの調査は一度で済むわけがないといい、その理由はキリ

シタンが七度までの改宗を許容されているからで、調査時に対象者が信仰上許容された範囲内での改宗をしていたら、もう捕捉できず、途絶えることなく波状的にキリシタンを調査して撲滅しなければならないとし、この見解を家光へ言上してほしいと依頼するとともに、一度でキリシタンの撲滅はできないと再度念が押されている。

八条宮家と女院御所にもキリシタン

細川忠利は別の書状で次のような情報も記している。例えば、「寛永十一年十二月十日付豊永賢斎宛細川忠利書状」（前引『細川家史料』十八、二七五四号）では、

一、公家方にも貴理志旦御座候而、八条様（八条宮智忠親王）御内織部（本郷）と申仁、父子（本郷意伯）共ニ其宗旨ニ而籠者之由、笑止成儀共候、我等も存候人にて候事、

とし、依然として公家にもキリシタンが存在しており、八条宮家の家中にもキリシタンが発見されたことを報じているし、「寛永十一年十二月二十六日付湘雪守沅宛細川忠利書状」（前引『細川家史料』十八、二七七六号）では、

一、上方もきりしたん御改ニ付、国母様（東福門院）御内女中衆ニ有之由、其段承及候事、

とあるように、東福門院（徳川和子）に仕える女中衆の中にもキリシタンの発見されたことが記されている。京都における、特に公家衆へのキリスト教の浸透は、摂政二条康道の日記の寛永十二年十月十八日条に所引の「寛永十二年十月十七日付三条西実条・日野資勝宛板倉重宗書状」（『二条家記録』東京大学史料編纂所所蔵原本、東京大学史料編纂所「所蔵史料目録データベース」）に、

此中きりしたん之穿鑿仕候へハ、昨日此書物を仕事不罷成候て、きりしたん欠落仕候由申候間、写進上申候、禁中方ニも御座候様に申候間、御鳥飼・仕丁・御公家衆被召仕候上下男女共ニ一札を被仰付、御覧可被成候

とあるように、寛永十二年（一六三五）に至っても、依然公家の家中の下層にまで及んでいる状況であった。天皇家のごく近くまでキリスト教の波は押し寄せており、これは前述のような当時の後水尾上皇や公卿が天照大神の神位すら把握できていない状況と合わせれば、天皇家と宮中およびその周辺を支える思想的基盤はかなり揺らぎつつあったと見なければならない事態であった。そして、当然それは、天皇家や宮中との血縁関係その他を強化してきた将軍徳川家光にとっても、自らの存立基盤の一つを揺るがしかねない重要な問題であった。村井早苗氏によれば、この時、「朝廷は、京都所司代の命令、武家伝奏の伝達によって、南蛮誓詞を提出するように命じられ、幕府にキリシタン禁制を誓うことになった」という（村井『天皇とキリシタン禁制』）。

キリシタンの根絶に向けた動き

このような状況下、家光は長崎奉行の神尾元勝に対して次のように（「寛永十二年正月二日付神尾元勝宛細川忠利書状」〈『大日本近世史料　細川家史料』十九、二八一〇号〉）、

貴様なと去月四日ニ御目見被成候処、御懇之　上意ニ而忝思召由、御尤存候、誠以弥重存事候、長《長》ミ崎御仕置之様躰なと被成御尋、日本きりしたんの絶申御見立なと言上可有之由被仰付之旨、左様ニ可有之と存候、

と、寛永十一年（一六三四）十二月四日の「御目見」の際、「御懇之　上意」とともに長崎における仕置の状況を尋ね、あわせて「日本きりしたんの絶申御見立なと言上可有之由」を命じたという。だが、キリシタンの根絶の見立てをすることは、前述のような状況をふまえれば、困難なことであったろう。

藤井讓治氏によると、「寛永十二年八月家光は、九州だけでなく全国の大名に対し」て「領内でのキリシタン改めの実施を老中奉書をもって命じ」ており、「九月には譜代大名・旗本に対しても改めを指示し」、「家光のキリシタン根絶への強い決意がそこには示されている」という（藤井『徳川家光』）。

この件については、「キリシタン禁制の強化」は「寛永十年に始まることで、一連のいわゆる「寛永の鎖国令」もまさにキリシタン改めが基調になって行われたことである」とする山本博文氏の指摘（山本「大会報告批判　三宅正浩「幕藩政治秩序の成立——大名家からみた家光政権」」）もあるが、確かに以

前から「鎖国令に共通する性格の第二は、伴天連の取締りである。これは寛永十年（一六三三）から十二年まで、ほとんど変わっていない」（朝尾直弘『鎖国』）という指摘はあった。しかし、従来の方法ではキリシタンの根絶が困難かもしれず、この先どうなるのかという当時の家光や諸大名の認識は、前述のような寛永十二年（一六三五）に至るまでの深刻な状況があって初めて得られたものだろうし、キリシタンをめぐる調査の諸段階を理解しようとするに際し、寛永十二年が政策上の一つの画期だと捉えること自体は、そう間違いではなかろう。そのことは、「寛永十二年九月七日付榊原職直・仙石久隆宛細川忠利書状」（『大日本近世史料　細川家史料』十九、三〇〇七号）に、

将又、十一月朔日より、何も申合十二月中比迄日本国をきりしたん改一度ニ可仕と、御宿老中へ申談尤との儀にて、右之通ニ何も申談候、

とあるように、まさに寛永十二年の家光の指示が出てからの具体的献策として、細川忠利が諸国で申し合わせた上でのキリシタンの全国一斉摘発を年寄衆へ提案し、年寄衆も受容していることからもうかがわれるし、この細川忠利の提案は「寛永十二年九月二十六日付伊丹康勝宛細川忠利書状」（前引『細川家史料』十九、三〇二〇号）において、

十一月朔日ゟ国々にてきりしたんを改申付事候、左候へハ、きりしたんつかまへ次第至江戸御左右

可申上由、御年寄衆被仰聞候、

と述べられているように、年寄衆が寛永十二年十一月一日からのキリシタンの全国一斉摘発と、摘発次第の江戸への報告を指示したことで具体化された（山本他「大日本近世史料　細川家史料　十九」）。しかし、「寛永十二年十二月三日付佐方友信宛細川忠利書状案」（『大日本近世史料　細川家史料』十二、八二一号）が「一、日本国ゟきりしたん多尋出、未御せんさく半にて候」と記すように、キリシタンの捜索範囲が全国に拡大されたとはいっても、それは究極的には人間の精神内部の問題でもあっただけに、全般的な摘発はなかなかの難事であった。

なぜキリスト教と対峙するのか

なぜ将軍と大名が全国的にキリスト教と対峙しなければならなくなったのかという問題については、朝尾直弘氏の言う「天正十五年（一五八七）の秀吉のキリシタン禁令が一向一揆との類似を念頭においていたことは宣教師も記録しており、秀吉の意識に、外国の侵略と宗門一揆への危惧が入りまじってあったことはまちがいない。しかし、家康は国内統一を終えた自信を背景に、アダムズ（三浦按針）の意見やオランダ、イギリスの策動もあって、キリシタンを「異敵」の面に重点をおいて警戒し、幕府はそれを継承してきた」（朝尾『鎖国』）というもともとの事情に加え、前述のように、これまで規制を加えてきたにも拘わらず、いつまで経ってもキリスト教を根絶できていないこと自体への不安感と、実際に天皇家のすぐ近くにまでキリスト教が及びつつあったという情勢の変化があったものと思われるが、ここではなぜキリスト教の流入と布教活動が依然として絶えることなく継続していたのか、その背景の一端を見ておきたい。

例えば、『オランダ商館長日記』の一六三五年三月十二日条（『日本関係海外史料　オランダ商館長日記』訳文編之一〈下〉）は、

> その中で殿下等（堀田正盛・松平信綱・阿部忠秋）はこれらの船主に向って、皇帝陛下〇徳川家光。が次の人々に対して抱いている不満について書いている由。すなわちトンキンに行く人々に対しては、ここ数年来、武器が持出されたが、そこへ航行する人々によって持ち帰られることなく、かの地で売却されてしまったことが不満であり、コウチエンシナに行く人々に対しては、上記の国ではマカオやマニラから来る人々が毎年取引に従事しており、日本人も同地からマカオに向って出発し、またこのような、或いは類似の方法で、〔人々は〕日本人をキリスト教徒にするのに怠りないどころか、常に盡力しているのであり、その上、日本にある宣教師たちを援助するため、かなりの金額が〔そこから〕秘かに運ばれ得ることが不満なのである。

と記すように、堀田正盛らから日本人の海外渡航商人宛に出された書状の内容を紹介する形で、当時の家光の認識を具体的に列記している。すなわち、家光は、ベトナム方面へ向かう日本人商人が日本から武器を輸出していることを不満に思っており、またそこではマカオやマニラから来た人々（ポルトガル人とスペイン人のことか）と日本人商人が交流し、あるいは日本人のほうからマカオに向かう場

合もあって、マカオやマニラの人々は日本人をキリスト教徒にすることに余念がなく、しかも日本に滞在する宣教師にも資金援助をしていることを不満に思っているという内容である。

海外で外国人と接触する日本人がキリスト教徒となるか、またはキリスト教徒と知り合いになることにより、彼らを経由して日本国内の宣教師に人と資金が行き渡るという仕組みであるらしかった。これに危機感を覚えた家光は、『オランダ商館長日記』の一六三五年四月二十六日条（前引『オランダ商館長日記』訳文編之一〈下〉）によれば、次のような認識に至った。

七人の人がいて毎年陛下《（徳川家光）》から彼等のジャンク船のための渡航許可状を得る習わしになっていたが、これを陛下が差留めて、今後はもはや一通の渡航許可状も与えられない筈であり、それは、陛下が、日本のジャンク船が他の国々に渡航すると、彼等自身をもまた或程度、宣教師たちまたはキリスト教徒たちを運び込むことで汚染する、と考えているからである、と。

すなわち、家光は日本人商人の海外渡航自体を禁止することを検討し、キリスト教徒の日本入国と宣教師への資金援助に日本人が関与する機会そのものを物理的になくそうとしたのである。朝尾直弘氏によれば、これまでも寛永十年（一六三三）には「奉書船のほか、外国へ船をつかわすことも、日本人が行くことも禁じ、違反者は死罪に処し、船も船主を留置して届けでることを命じ」ており、「外国在住の日本人が帰ってくると死罪、やむをえない事情で在住し、五年以内に帰国した者については、取調べのうえ、日本にとどまるならゆるし、ふたたび外国へもどるときは死罪とし」ていたが、「逆にいうと奉書船による渡航は認めていた」ところ、「寛永十二年の条令になると、外国へ日本船が渡航することは、いっさい禁止した。在住日本人の帰国する者も、さきのような条件をつけず、すべて死罪となった」とされるから（朝尾『鎖国』）、前引の『オランダ商館長日記』の一六三五年四月二十六日条の内容は、家光がいわゆる「寛永一二年令」（山本『鎖国と海禁の時代』）の発令を決意した時の模様を示していよう。

いわゆる「鎖国令」をめぐる学界の認識

なお、山本博文氏は「教科書などでは、「鎖国令」は、江戸幕府三代将軍家光が寛永一〇年（一六三三）から一六年にかけて五度にわたって発布したもので、日本人の海外渡航禁止・貿易統制・キリシタン禁令の三本の柱からなっており、段階的に厳しくなった、というような説明がなされる」が、寛永十六年（一六三九）のもの「はそれまでの長崎奉行への指示とはまったく違い、老中連署奉書の形式をとり、全国の諸大名に申し渡されるか文書で伝えられたもので」、それ以外は「江戸幕府年寄（のちの老中）連署下知状の形で出されて」おり、「下知状は、長崎奉行宛のものである」ことに注意を促している（山本『鎖国と海禁の時代』）。また、山本氏は「なぜ寛永一四年・一五年には、下知状が渡されなかったのであろうか」という点についても、「寛永一四年は、将軍家光が病気で長崎奉行の拝謁がなく、また、その年の長崎奉行は前年と同じく榊原職直・馬場利重の留任であったため、必要がなかったからである。その年の一〇月、島原・天草においてキリシタンの農民一揆（島原の乱）が勃発し、一時江戸に帰っていた長崎奉行は急遽長崎に向かったため、翌一五年にはこのような奉書（ママ、下知状カ）を交付される機会がなかった。そして、この下知状は、以後出されなくなる。それは、この時点で、幕府の方針の大転換があったからである」（山本『鎖国と海禁の時代』）と説明している。この山本氏の説明は大変重要で（同氏の『寛永時代』も本件を扱っている）、永積洋子氏は「従来類似の内容を持つ法令を集めて、「鎖国令」として一括することが行われていたが、その一通毎の出された宛先、その意味を子細に検討しなおす必要があろう」（永積『近世初期の外交』）と評価している。

また、朝尾氏の言う「奉書船」（朝尾『鎖国』）については、前引の『オランダ商館長日記』における「渡航許可状」の件もあわせると、永積氏による「奉書船制度というのは、すでに将軍の朱印状を得ている人が、それと同時に年寄から長崎奉行にあてた奉書を得てこれを長崎奉行に提出し、かわりに奉行の発行する渡航許可証を得て、これを海外に携行する制度である。この制度がはじめられたのは、スペイン人が朱印船を攻撃したのが原因で、今後将軍の朱印状が海外で外国人に粗末に扱われることを防ぐためであった」（永積『近世初期の外交』）という説明をふまえると理解しやすいだろう。前述の処罰された「元長崎奉行」の「竹中采女はこの制度を悪用し」ていたという（永積『近世初期の外交』）。家光は、この制度を否定したのである。山本博文氏はこの点について、「家光は、キリスト教禁圧にすべての対外政策を従属させた」（山本『寛永時代』）と評価している。

オランダによるマカオ攻撃計画と家光

一方、これとは別に、永積洋子氏によれば、「一六三四年（寛永一一）、交趾シナにオランダ船が漂着したところ、原住民に積荷と人員を差押えられたので、その復讐をすれば閣老にどのように思われるか、更にオランダ人はマカオを封鎖するのはどうかと、商館長から平戸藩主に問い合わせるよう、総督からの命令が届」き、松浦隆信は「この計画に反対であった」が、「一六三五年参府した商館長クーケバッケルが、四月一日に松浦隆信を訪ねると、意外にも、土井、牧野、板倉などはこの計画が大変気に入ったとの返事を得た。殊に土井は機会をみてこの話を将軍に伝えるため、紙に記したとい」う（永積『近世初期の外交』）。このように幕閣らがオランダ東インド総督の計画に関心を示した理由の一つは、『オランダ商館長日記』の一六三五年四月二日から四月六日条（『日本関係海外史料　オランダ商館長日記』訳文編之一〈下〉）によれば、

陛下（徳川家光）と閣僚たち、並びに日本の領主たちや王たちは総べてポルトガル人に対して愛想を盡かし反感を抱いているが、それは彼等が、キリスト教を弘めかつ宣教師を連れ込むことを怠らず、そのため毎日多くの無辜の血が流されているからであり、それ故にもし貴下等がこれらの人々を破滅させ駆逐するならば、貴下等は陛下と日本の大官たちに奉仕することになる筈である。陛下は自分に覇気と意志があるため彼等に彼の国への入国禁止を命じこそしないが、彼等を絶滅させるということは明らかに公言したも同然の事柄であり、我が〇松浦隆信。敵を根絶したい、そしてその生命を奪いたい、との熱い熱気がここにある。

というものであった。だが、朝尾直弘氏の言うように「オランダはマラッカ海峡を押えて、ポルトガ

ル（スペイン）のゴア―マカオ間の連絡を絶ち」、「東アジア水域」を「制圧した」（朝尾『鎖国』）としても、実際には永積氏が別件の説明で指摘したように「オランダ船の攻撃の目標となるポルトガル船には、末次平蔵をはじめ、多数の長崎の町人の資金が託送されていたから、」（永積『近世初期の外交』）攻撃は難しかったろう。また、『オランダ商館長日記』の一六三五年四月二十六日条（前引『オランダ商館長日記』訳文編之一〈下〉）には次のような事情も記されている。

> 最後に話はマカオの戦争と占領のことに及び、タカモン殿《（牧野信成）》は次のように語った。すなわち、そのことはオイエ殿《（土井利勝）》、彼自身○タカモン殿。及びその他の多くの大官たちを大変喜ばせた。そして、彼○タカモン殿。はオイエ殿とその他二、三の彼と交際のある大官たちが、我々は確かにそうなるのを見ることができたらよいが、とか、そういうことが起ったら、それはどんなに良いことであろう、と言っているのを聞いたことがある。さらにまた、陛下《（徳川家光）》の面前でこのことにつき詳細に議論され、私○タカモン殿。と私の同僚たちは（と上記のタカモン殿は語った。）それが喜ばしいことだと言ったが、しかし人々は、皇帝《（徳川家光）》は思慮深い人だと言って差支えない。何故なら、陛下は、必ずや（誰がそれを知ろうか。）日本はそのさいこれほど上等な織物や生絲製品が供給されても維持されもしなくなるに違いないと考えて、マカオの問題については何とも答えなかったからである。

確かにオランダによるマカオ（ポルトガル）攻撃計画は幕閣に様々なことを期待させたが、将軍家光は、オランダとマカオ（ポルトガル）の間で戦端が開かれた場合、「織物や生糸製品が供給され」るかどうかを案じており、明確な態度表明をしていなかった。この家光の態度の所以は、次の『オランダ商館長日記』の一六三五年八月一日条（『日本関係海外史料　オランダ商館長日記』訳文編之一〈下〉）でより明確となる。

マカオの包囲のこと、それについての要求を、閣僚たちは陛下《徳川家光》に二度に亘って知らせ、そして遂に次のような返答を得ました。陛下はこのような形式の言葉で語ったのです。すなわち、オランダ人は本件の質問においては慎み深い謙虚な態度を示している。しかしもし私が彼等にそうすることを許して、彼等〇オランダ人。が戦闘に敗れ、或いはポルトガル人に勝利を譲って敗北を喫した場合、私は私の武力で彼等のため復讐して勝利を得ることを必要とせざるを得ない。もし私が彼等にそうすることを禁じたら、さらに別の面で彼等のことを考慮しなくてはならぬ。いずれを求めて行動すべきか決定を迫られる必要は、私の喜びを拡げるものではない。私はそれ故、このことで骨折りたくない、と。

この言葉が陛下から語られたため、閣僚たちは、互いに熟考して、平戸の領主を通じてオランダ人に、本件については陛下からは何の返答もなく意見の表明も行われなかった、と伝えさせることにしました。

すなわち、幕閣は家光にオランダのマカオ（ポルトガル）攻撃計画を二度にわたって言上したところ、それまで態度表明していなかった家光は、自分がオランダの計画を事前に了承してから戦争になり、オランダが敗北した場合、自分はその責任をとることができないし、また自分が戦争をするなという消極的関与をした場合も、もし戦争していたならばオランダが得たかもしれないメリットを自分が補塡しなくてはならなくなるから、将軍としては一切の関与をしたくないのだという趣旨の発言をしたという。このような将軍の発言があった以上、家光は意思の表明そのものが間違いだと考えていたことになるから、幕閣としては動くわけにはいかず、また家光の言葉すらも明らかにすることはできなかった。オランダのマカオ（ポルトガル）攻撃計画は、家光によってやんわりと押し戻されたということになろう。

家光の冷静で深い政治的判断

この家光の発言をめぐる評価については、朝尾氏が「朱印船の思想」として指摘したような「幕府は現地で紛争が生じたばあい、日本人の生命や権利の保障措置をとらず、先方の政府に処置をまかせ」ており、それは「オランダ、スペインなどのような国家的事業による進出ではなかったことに原因してい」て、「しかも、幕府は放任しておきながら、紛争によってその名誉が傷つけられることには神経質であ」り、「国際的進出の実力をもたないで、国家的権威をのみ保持しようとする」（朝尾『鎖国』）傾向の延長線上に捉えるべきか、あるいは永積氏の言う「海外での紛争にかかわりたくないという将軍の意志」（永積『近世初期の外交』）として読むか、難しいところであるが、筆者はむしろ家光の示す細やかで慎重な考察と、深い洞察のほうに関心を持っている。

つまり、『オランダ商館長日記』の伝える家光の発言は、日本人の武器輸出や家光自身の発言・行動の政治的影響と政治的効果を幾通りも先回りして考え、日本と自らのとるべき立場を慎重に比較考量していたことを示しているのであり、しかも家光は自国のことのみならず、オランダの立場にまで思いを巡らせていたから、かなり冷静な深い政治的判断を下そうとしていたともいえるのではないか、ということである。家光は、将軍の立場からでなければ見えないものを見ていたのであり、少なくともオランダのマカオ（ポルトガル）攻撃計画に興奮している幕閣らの気づかない点を指摘して、当時の議論を冷静に主導していたのである。この家光の政治力は、もっと積極的に評価されてもよいと思うし、かつて人事の箇所でも述べたが、一体いつ、どこで、どのように家光はそのような政治的力量を身につけたのかも気にかかるのである。

長崎奉行榊原職直の発言

永積洋子氏は「この将軍の上意を知っていたにちがいない」人物の一人として「家光の信任の厚い側近」で「寛永一一年五月」に「長崎奉行に任命され」た榊原職直に注目しているが（永積『近世初期の外交』）、その榊原の発言が『オランダ商館長日記』の一六三六年四月六日条（『日本関係海外史料　オランダ商館長日記』訳文編之二〈上〉）に記されている。

閣下（榊原職直）は言った。日本暦第十一月より第十二月まで日本の六十六箇国につき調査と記録が行われ、その（厳しかった）調査によってオシオ〇奥州。の国に約八〇〇〇人のキリスト教徒と、フランシスコという名のスペイン人のカトリック宣教師が見つかったが、私《（榊原職直）》及び多数の私の同僚たちは、この有害なスペイン人の群を何とか日本から追放するつもりでいる、このことが行われたら、その場合、貴下等は日本に対して、この国が目下それを必要としているものを供給できるだろうか、私はできないと考えているが、それは昨年と今年ポルトガル人によって輸出された貨幣は、オランダ人によって行われたものより二倍も多くの額に上ったからである、と。

永積氏によると、榊原は「最初は糸割符商人の訴えを聞いてオランダ人を憎み、ついで相次ぐキリシタンの摘発により反ポルトガルに変わって行」ったといい、「この後、職直をはじめ、さまざまな人がこの質問を度々くりかえすようになる」という（永積『近世初期の外交』）。

その榊原はさらに次のような発言をしたと『オランダ商館長日記』の一六三六年七月二十六日条（前引『オランダ商館長日記』訳文編之二〈上〉）は伝えている。

私《（榊原職直）》は確かにそのような努力が実現できるように望んでいる。何故なら、そのことが行われるならば、また、オランダ人たちが、日本において必要と認められるだけの分量の商品をもたらすことを我々が認めたならば、その時こそポルトガル人はもはや日本にいることを許されなくなる筈である。何故なら、彼等は、カトリック宣教師たちと悪人どもを通じて彼等の宗教を弘めることをやめないからである。今なお日本には七人のカトリック宣教師がいるが、誰かがきっと彼等を捕えるのを見るだろうし、我々がポルトガル人をもっと良く手綱でしめつけることができるのを見るだろう。手綱とは、すなわち、彼等のためにひとつの牢獄として作られた嶋○長崎湾内の築嶋すなわち出嶋を指す。のことである、と。

ポルトガル人の出島監禁とオランダ人の評判

永積氏は「江戸ではすでにポルトガル人の追放が話題にのぼっていたのであろう」(永積『近世初期の外交』)とし、朝尾氏は出島の問題について「これは長崎の歴史にとって決定的な転換点であった。もとここは教会領であった。秀吉に没収されてからも、町と貿易はキリシタンとポルトガル人が牛耳っていた。いま、キリシタンは弾圧され、ポルトガル人は出島に隔離、監視をうける身となった」と述べたが(朝尾『鎖国』)、オランダ人の立場も決して安泰ではなく、貿易の競争相手国などからの誹謗中傷は古くからあり、永積氏によると元和期から「オランダ人は海賊であるという報告」や「長崎でポルトガル人が言い触らしている嘘言」のあったことが知られている(永積『近世初期の外交』)。それは寛永十三年(一六三六)段階でも基本的には変わらなかったようであり、例えば、『オランダ商館長日記』の一六三六年九月五日条(『日本関係海外史料　オランダ商館長日記』訳文編之二〈上〉)には次のようにある。

何故なら、貴下等《ニコラース・クーケバッケルら》は悪名を著せられ、貴下等に関しては悪い噂、すなわち貴下等は海賊だとの噂が広まっているからである。二年以前に、陛下《徳川家光》はある時、私《榊原職直》もまた列席して、閣僚たちと会合したが、貴下に関する問題が考慮にもたらされると、次の明白な言葉があった。私《（徳川家光）》は貴下等に思案し、熟考してほしいのだが、私のことを、私が、海賊であるオランダ人たちに私の国土にいることを許し、彼等に幾つかの港や会合地点に来るのを許していることを、外の国々では何と言っているだろうか、と。各人はこれにつき返答したが、私もまた次のように言った。オランダ人も海賊行為をするが、しかしその場合彼等の敵はポルトガル人であり、彼等は古くから、しかも長期に亘り敵対関係にあったのであって、その関係をやめることができない。何故なら彼等は互に仇敵同志だからである、と。これにつき、陛下は答えた。もしそれが事実であるならば、オランダ人たちを日本に留まらせ、従来彼等に許されていたのと同様に振舞わせるように、と。この言葉から人々は（とフィンダ殿《（榊原職直）》は言った）陛下がいかなる暴力も妨害も不正も許そうとしないことを知ることができよう。このことはまた、同じように来著したシャム人のジャンク船が、自分の載せて来た積荷を乗せたまま、彼等の代表や評議員たちが陸路当地へ寄越すこともせずに、再び出発しなくてはならなかったが、その処置は、彼等が、彼等自身の主人を認めず、主人自身を放逐したような国、そのような国王のところからやって来たとの理由でとられたのだということによっても、明らかである。

家光もオランダ人に関する悪評は気にしていた模様で、彼はそのような悪評のある外国人の居留や出入国を認めていることが、諸外国の目にどのように映っているのかを幕閣に尋ねている。そこで榊原職直が、そのような悪評の立つ要因として、ポルトガルとオランダの敵対関係の存在を説明したところ、家光はオランダ人の居留と出入国を引き続き認めたといい、そこから家光の「いかなる暴力も妨害も不正も許そうとしない」姿勢が強調されている。

外国からの評価を気にする家光

確かにそのようにも言えようが、ここでは家光が外国からの目を大変気にしていたことにも留意しておく必要があることを指摘しておきたい。というのも、前引の『オランダ商館長日記』の後半部分の、家光がシャムのジャンク船の荷物と乗組員の上陸を認めなかったとしている箇所では、家光がシャムの国柄（「彼等自身の主人を認めず、主人自身を放逐したような国、そのような国王のところ」）を処分の判断基準にしたとあるからである。もちろん『オランダ商館長日記』は、家光の「いかなる暴力も妨害も不正も許そうとしない」姿勢の例としてシャムの件を引いたのだろうが、この例を読むと、むしろ家光が日本の国柄はシャムのようなものではないと考えていた可能性をも看取できるのではないかと思われるのである。

これは北島万次氏による「対外関係は日本国内の社会変革や政治上の変動とは次元を異にするのであり、日本の国家主権を事実上掌握したとしても、対外的に日本の国家主権者として認知されるか否かは別問題であった。それは秀吉が対馬の宗氏をして朝鮮にみずからの日本全国統一の達成と「新国王」になったことを告げさせたとき、朝鮮側は秀吉の全国統一を簒弑とみなし、また、明も同様の認識にたっていたことからも知られよう。そして日明講和交渉における和議条件提示にあたって、事実上の外交権は秀吉の手中にあるとはいえ、形式的にせよ、それは天皇の裁許を必要とした」（北島『豊臣政権の対外認識と朝鮮侵略』）という指摘をふまえると、家光の意図したところがより鮮明になるのではないかと思われるが、この点については後ほど考察したい。

ピーテル・ノイツの釈放とオランダ

しかし、当時のオランダにはこの問題以外に、より現実的な難問が横たわっていた。いわゆる「タイオワン事件」（金井他「日本関係海外史料　オランダ商館長日記　訳文編之一（上）」）である。すなわち、朝尾氏の説明によれば、「オランダ東インド会社は着実に勢力を拡大し、寛永元年台湾に基地をきずくことに成功し」たが、「台湾はわが朱印船の渡航地であり、対中国貿易の中継地でもあったため、両国の衝突をひきおこした。オランダは台湾で取引に従事する朱印船に課税しようとし、日本側は先行の権利を主張してこれを認めず、オランダの台湾長官ピーテル・ノイツと、長崎代官で朱印船経営主であった末次平蔵がはげしく争い、」「寛永五年から九年までの四年間、オランダとの貿易も断絶した」という事件である（朝尾『鎖国』）。朝尾氏によると、「オランダは日本貿易ができなくては元も子もないため、ノイツを事件の責任者として幕府に引渡すことによって、解決をはかろうとした」が（朝尾『鎖国』）、これは永積氏によれば「この時のオランダ総督は、長年日本の商館長を勤めた（マヽ）ヤックス・スペックスあった。スペックスは日本人の気質をよく知っていたので、オランダ船の出港停止を解決する最後の手段として、元台湾長官で、この紛争をひきおこした当事者のピーテル・ノイツの一切の資格を剝奪して平戸に送り、その処分を日本に委ねた」というもので、その「台湾での紛争の責任をとるため日本に送られたノイツの釈放は、寛永一〇年以来商館長が機会ある度に要求していたことであ」ったが（永積『近世初期の外交』）、『オランダ商館長日記』の一六三六年五月一日条（『日本関係海外史料　オランダ商館長日記』訳文編之二（上））に、閣下《松浦隆信》は他の様々の話の中で、ヌイツ《ピーテル・ノイツ》氏釈放問題の現状と問題について語り、閣僚サンニケ《酒井忠勝》殿は本件を陛下《徳川家光》に伝えることを請合ったが、しかしオイエ《土井利勝》殿は又もやそのことに反対したと述べた。

とあるように、酒井忠勝は乗り気で、土井利勝は反対していた。ところが、次の『オランダ商館長日記』の一六三六年七月五日条（前引『オランダ商館長日記』訳文編之二〈上〉）が示すように、

またとりわけ、最近謁見を賜わった（その際銅のシャンデリアが彼《徳川家光》に贈られ、それは非常に彼の気に入り、彼の父《祖父カ、徳川家康》の墓所の社の前面に吊されたのである。）オランダ人たちのことを思い出して訊ねたが、それにつき〔閣僚たちは〕彼に答えて、陛下《徳川家光》よ、出発の許可は第四月の第七日に彼等に与えられたと述べ、陛下は、彼等にスホイト銀二〇〇枚を贈るようにと語ったこと、この命令を与えられた閣僚サンニケ《酒井忠勝》殿は、陛下が彼にオランダ人たちに対する好意を示した、この良い機会を捉えて、平戸の領主が度々彼に頼み、しかも彼が何時かはこれを必ず実現させたいと引受けていたヌイツ《ピーテル・ノイツ》氏釈放の件を、陛下に願ったが、このことは直ちに彼に許されたとのことである。

と、日光東照社へ奉納されることになる銅製のシャンデリアがオランダより献上された際、家光がオランダ人への下賜品のことを指示した折を捉え、酒井忠勝がノイツの釈放を願ったところ、直ちに許可されたという。永積氏は「オランダ人に対する風向きは明らかに変わりはじめ」たとしている（永

積『近世初期の外交』)。

3　東アジアにおける家光と天皇

宗義成と柳川調興の紛争

このようにオランダやポルトガルとの関係が推移する中、当時は李氏朝鮮との外交をめぐる問題でも大きな問題が生じていた。「寛永十二年三月十日付魚住伝左衛門尉宛細川忠利書状案」(『大日本近世史料　細川家史料』十二、七九六号)によれば、

一、対馬守(宗義成)・柳川(調興)公事御穿鑿半様子ハ、高麗より之文も　将軍様ゟ高麗へ之御書も、御代々対馬守書直、御黒印迄にせ候て遣候由候、其儘罪ニ可被仰付候へ共、おもしろき次第御座候、古尊氏(足利)以来　大閤(ママ)様(豊臣秀吉)ゟ御代々迄、、右之分ニ仕来由候、其様子ニ付、様々之御穿鑿御座候、わろく成行候ハ、、両人(宗義成・柳川調興)御成敗ハ日本計之儀ニ候へ共、高麗迄手切ニ罷成候へハ、日本ゟ又御人数も参様ニ成下候儀も依可有御座、大事の被仰出と思召候と、聞え申候事、

とあり、対馬の宗義成とその家老柳川調興が「御穿鑿」を受けており、これは李氏朝鮮の国王からの国書も日本の将軍からの国書も代々宗氏が書き直しており、印まで偽造していたらしく、そのまま処罰されると思われるが、どうやらこの国書の「書直」は古くから行われているようで、もし宗氏と柳

川氏がともに成敗された場合には、日本の問題のみならず、李氏朝鮮との外交関係の断絶ともなってしまうため、日本から軍勢を派遣するような事態も想定されることになり、これは「大事」な「仰出」になると家光も考えているようだとされている。

直ちには理解しがたい内容だが、これは中村栄孝氏が指摘した「対馬島主宗義成と柳川調興の確執」で「宗義成と柳川調興との争訟により、朝鮮役後の講和交渉のあいだに、国書の改竄をはじめ、不正の行為が、幾たびも、くりかえされてきたことが暴露」(中村『日鮮関係史の研究』下)されたことを指し、いわゆる「柳川一件」(荒野『近世日本と東アジア』)のことを指している(荒野氏も同書で別の史料から前引の細川忠利の書状に該当する一節を引用している)。

以下、この件について荒野泰典氏と田代和生氏の研究によりながら見てみると、田代氏によれば「国書の偽造と、改ざんの積み重ね」は「文禄・慶長の役が終わってから、日本と朝鮮との関係がもとにもどる」過程で「戦役によって多くの損害をうけ」た「朝鮮側の怒りをやわらげ、講和を成立させる」ために「対馬宗氏」が「かなりの無理を強いられた」結果であったが、その無理とは「朝鮮から「講和の条件」と称する大変な難題」すなわち「朝鮮国王の墓を荒した犯人(犯陵賊)を縛送して来い、ということ、もう一つは、家康のほうから先に朝鮮国王へ国書を送るようにという」内容の「条件」の提示であった(田代『書き替えられた国書』)。

田代氏によると「しかし、もとより混乱に乗じたしわざであるから、対馬側としても犯人など知るすべはない」し、「先に国書を差し出すことは、当時の外交上の慣習として相手国への恭順を意味することになる」ことから、宗氏は「対馬島内にいた罪人二名を犯陵賊の主謀者に仕立てあげて縛送」し、「家康の国書はどのようにしたのかというと、幕府にはまったく内密に、対馬島内で勝手に偽造して送ることにした」といい、「こうした工作が、朝鮮と対馬といった、当事者どうしのあいだでとどまっているうちはまだよいが、朝鮮国王から、徳川将軍へ直接国書が提出されることになると、たちどころに露顕してしまう危険性をはらんで」おり、当然李氏朝鮮の「国書は、先に日本から国書が渡り、それに対する返書であるという形式をとっていた」から、「これがそのまま幕府の手に渡れば、国書の偽造がたちまち露顕」するため、李氏朝鮮からの国書が返書の形式であったものを来翰の形式に改め、同時に来翰にはそぐわない本文の文言も一部書き替えて国書を「取りかえ」るとともに、「とくに、元和と寛永期には、朝鮮の国書だけでなく、日本側から出された国書も改ざんされるようになった」という（田代『書き替えられた国書』）。

日朝間における国書改竄の背景

これは田代氏の説明によれば、「日本では、足利時代いらい朝鮮へ出す国書に「日本国王」号を用いないのが先例となっており、幕閣をはじめ、林羅山（大学頭）や幕府の外交顧問であった南禅寺金地院の以心崇伝らも、当初からその方針」で、これは「自分の国を相手の国よりも、少しでも上位に考えようとする日本的中華意識が、こうした王の字を入れる、入れないなどのチグハグな国書の前例をつくっていた」からであったが、「朝鮮使節は国書に国王という文字が無いと受けとることができない」ため、「朝鮮から来た国書と同じように、これも書き替えという手段で解決することにし」、「返書の差出人に「王」の字を入れ、将軍の印鑑をこれまた対馬の職人に彫らせて、再び新しい国書を作りあげた」といい、「とりわけ日本からの国書も改ざんされるようになった元和と寛永年代は、宗氏は義智から義成へ、柳川氏は智永から調興へ、そして外交僧は玄蘇から玄方へと、それぞれが次の若い世代へ受けつがれていた時期」であったとされる（田代『書き替えられた国書』）。

以心崇伝らが日本側は王号を用いないのだと述べた意味については少し説明を要するが、この意味はロナルド・トビ氏によれば、「日本が中国の属国であることを含意することは不適当だ、という点にあった。つまり、「国王」の称号を用いることは、中国の属国であることを意味し、その行為と明の年号の使用は、日本の天皇を否定するから」ということであり、具体的には「秀忠の返書では将軍を「国王」と読んでいない。もし秀忠が「国王」と自署していたとすれば、それは秀忠が、朝鮮国王と同様、中国の冊封体制に従属することを意味した。しかし事実は、日本の天皇の地位は、「天子」の存在にもとづき、その存在自体が日本を中国と対等たらしめている、と承兌が秀忠に進言したと伝えられている」が、「この問題は一六〇七年には未解決のまま残され」、「それが日朝両国にとって重要な課題であることは明らかであった」という（トビ著／速水他訳『近世日本の国家形成と外交』）。

国書改竄表面化の時期と理由

ところで、なぜこの国書の偽造が明らかとなったのだろうか。荒野氏によれば、「柳川氏は、朝鮮と日本の中央政権に対する宗氏の「外交官」として双方に独自な地位を築き、その地位を梃子とし、また有能な実務家として宗氏の朝鮮外交と内政の実務をほぼ擅断するまでになった。しかし宗氏と柳川氏の主従関係が明確であり、当主が双方ともしっかりしている間はさほど問題はなかった」が、「一六一五（元和元）年大坂夏の陣後義智が没し、その子義成が一二歳で家督を継いだころから、両氏の確執がはじま」り、「調興は義成より一歳年長」であったが、「父祖以来の役目を執拗に辞退しようと」しており、「柳川氏を従来の主従制の枠内に押えこもうとする宗氏の意図と、宗氏の主従制の軛からぬけ出」て「幕臣化しようとする柳川氏」による「確執が続」いたという（荒野『近世日本と東アジア』）。

また田代氏は、当時の李氏朝鮮が直面していた寛永四年（一六二七）の「大陸の興亡、なかでも朝鮮国都への後金軍の侵入」も契機であったとしており、「おりから幕府は、この事件に深い関心をしめし」ており、「「朝鮮の都」に上って情報を探れ」と「宗氏に対して直接命令」したが、それが父祖以来、家康・秀忠から「諸大夫とされ、神田に屋敷を拝領した」柳川調興に「危機感」を抱かせ、「宗氏と柳川氏のミゾは、回復しがたいほどの深さにまで達し」、「柳川氏は、いかに宗氏が朝鮮外交をあずかる大名として不適格であるかという証拠に、あろうことか、これまで対馬の極秘事項とされてきた「国書改ざん」の一件を、幕府に暴露し出したのである。時に寛永十年（一六三三）、調興三十一歳、義成三十歳のことであった」としている（田代『書き替えられた国書』）。

この田代氏の言う国書偽造が明るみに出た時期についてだが、宗氏と柳川氏が「相前後して土井利勝が訴え出」た年を「一六三一年」とし、「しかし幕府はなかなか動きださず、この争論はほぼ二年間放置される。ようやく一六三三年五月、幕閣は両者の主張を聴取したうえで、争論の糺明は翌年の家光上洛の後に再開する旨を通達し」、「一六三四年、家光の上洛が終わった一〇月半ば、いよいよ幕閣による審議が再開された」ところ、「幕閣の訊問に答えて調興が」「具体的な「私曲」の数々を挙げはじめた時から、争論の様相は一変して日朝外交上の大問題に発展する」（荒野『近世日本と東アジア』）とした荒野氏の分析と異なっている。

柳川調興の目論見と家光

なお、柳川調興の行動の背景については、田代氏が指摘している二つの重要な点を見落としてはいけないだろう。すなわち、調興は「当時老中職の最高位であった土井利勝と、崇伝に代った外交文書の担当者、林羅山を抱きこんで」おり、「調興が訴訟におよんだとき、こうした最強の執権衆が背後にいたことは明らかな事実であり、それがひいては彼の予想した「勝算」の一つになっていたはずである」という指摘と、当時「大名と外国との関係は排除され、幕府の管理する長崎で集中的に貿易を行なうシステムがつくりあげられた」ことから、「調興はこうした時勢をぬけめなく読んだ」結果、「朝鮮関係は、いずれ遅かれ早かれ、幕府の管理下におかれる」ことになり、「中世いらいつづけられていた朝鮮との関係の修正がはかられ、国書の改ざんもいつかは露顕してしまう」と考えたという指摘である（田代『書き替えられた国書』）。

田代氏の分析は、まさにこの一連の問題が、前述のオランダやポルトガルの問題と同時並行で推移していたことを示唆しており、田代氏が注目した柳川調興の人脈もふまえれば、「寛永十二年三月晦日付細川忠利宛細川三斎書状」（『大日本近世史料　細川家史料』六、一三一八号）に、

一、対馬守（宗義成）柳河（調興）（ママ）公事、諸大名衆不残被罷出、御直ニ対決被　聞召、対馬守ハ不相替相済、柳河ハ

> つかる《津軽信義》へ御預、芳《方》長老《規伯玄方》ハなんふ《南部重直》へ御預ケ、柳河者七右衛門《松尾智保》親子、先籠へ入をかせられ候由之事、

と記されたように、この問題の決着の方法として「将軍家光の親裁のかたちがとられ」（田代『書き替えられた国書』）たことや、その結論として「調興が読んでいたこと―おそらく朝鮮との関係も幕府が直接管理する方向にむかうのだということ―と逆の結論が出されたこと」（田代『書き替えられた国書』）の意味も比較的明瞭となろう。荒野氏は「家光政権が在府中の諸大名をことごとく集めたうえで、義成と調興を対決させ、家光の親裁という形式をとって義成の無罪を宣言したのは、宗氏温存の方針を正当化するための演出だったと思われる」としたが（荒野『近世日本と東アジア』）、田代氏の見解はそれと異なり、もう少し踏み込んだものとなっている。

すなわち、田代氏は「幕府の選択には、三つあった。宗をとるか、柳川をとるか、あるいはそのどちらもとらないかであ」ったが、「幕府がもっとも苦慮したことは、だれを選ぶかということよりも、これからの日朝関係をどのように運営していくかにあ」り、「終始、義成を弁護する役にまわっていたのは、家光その人であ」り、「幕閣一の実力者を抑えこんでいたのは、どうやら将軍であった」ことを指摘している（田代『書き替えられた国書』）。田代氏の指摘は、この問題における、将軍家光と年寄衆との路線の違いを鮮明にしており、それは家光による「旧年寄衆」の牽制を重視する藤井讓治氏の学説（藤井『江戸幕府老中制形成過程の研究』）を援用すると、より理解しやすくなると思われる。また田代氏の指摘は家光が、かつてオランダ東インド総督からマカオ攻撃計画を報知された際、幕閣と

異なる観点から敢えて自らの態度を鮮明にしなかった時と同様、今回も日本の立場、対馬の宗氏の立場、李氏朝鮮の立場をふまえ、最終的に日本にとって一番よい選択は何かを検討し、かつ戦を回避できる道を選んだのではないかということをも推定させる。

だが、家光は宗義成を全くの放免にしたわけではなく、次の『江戸幕府日記』の寛永十二年三月十二日条（『江戸幕府日記　姫路酒井家本』第四巻）が示すように、

対馬守《宗義成》儀者、此度は被成御免、本任被仰付之、以来朝鮮之通事廉直ニ可仕、着手而非義於有之者、其節は御改易可有之旨、条々被仰出者也

と、家光は宗義成に改めて「朝鮮之通事」を誠実に執り行うよう命じるとともに、もし今後「非義」があった場合には「御改易」となることを明言した。宗義成も、今度失敗した場合には次はなかったのである。

日本国大君号の登場をめぐる諸説

荒野氏によれば、「幕府は「一件」解決直後の三月一三日、宗氏に朝鮮通信使の招聘を内命し、四月一四日に「一件」解決を朝鮮に通達することを許可し」たが、「宗氏の内で外交文書を扱える者がいなくな」り、また「宗氏の朝鮮に送る外交文書の文面がなかなか決まらなかった」ため、「朝鮮に対する正式の通達は実現せず、結局年末まで延引」したという（荒野『近世日本と東アジア』）。また同氏は「「一件」の解決を伝える書簡は宗氏が起草し、幕閣の

点検を受けたうえで作成され」、「ほぼ原案がまとまったのは、義成の帰国直前の八月であ」り、「「一件」解決後、この四ヶ月ほどの間に朝鮮外交上の重要問題の大部分が解決されたといってよい。徳川将軍の国際的称号としての「日本国大君」号の設定である」とし、「徳川将軍を新たに「大君」と称することは、道春・永喜の起草になる通信使要請の書簡原案にはじめて出てくる」とする（荒野『近世日本と東アジア』）。

この日本国大君という称号については、発案者に諸説あり、かつて中村栄孝氏は荒野氏とは別の寛永十三年（一六三六）の根拠から「林信勝（羅山）とするのが妥当ではあるまいか」としたが（中村『日鮮関係史の研究』下）、池内敏氏は寛永十二年（一六三五）「八月十六日に示された改定和文草案および原草案にかかわった人物群――対馬藩関係者・四老中（井伊直孝・松平信綱・土井利勝・酒井忠勝）および道春老・永喜老――に絞られると思われるから、中村栄孝説の成りたつ余地もある」が「中国の古典に由来するのではなくして武家の用語に由来するものではなかったか」とし（池内『大君外交と「武威」』）、ロナルド・トビ氏は中村氏の林羅山説に疑問を投げかけている（トビ著／速水他訳『近世日本の国家形成と外交』、このトビ説に対しては池内『大君外交と「武威」』による詳細な批判がある）。

この日本国大君の称号を用いた意味について、荒野氏は「気をつけなければならないのは、徳川将軍は朝鮮国王宛の「国書」の署名には従来どおりの「日本国源某」を用い、「日本国大君」号は朝鮮国王の徳川将軍宛の国書の宛先にのみ使用された、という点である。「大君」号の設定は徳川政権の朝鮮に対する外交姿勢の変化を意味するのではなく、むしろ従来の外交姿勢の貫徹を意味するものであった。また朝鮮国王は徳川将軍宛の国書の宛先を「日本国王」ではなく「日本国大君」とすることで、明皇帝が「国王」と設定した者のみと交隣関係を結ぶという従来からの外交の原則から逸脱することになる。徳川政権は「大君」号を設定することによって、朝鮮を一段低位に置く従来からの意識構造を体制化すると同時に、明中心の国際秩序を前提とした日朝関係からも脱却しようとし、かつそのことを朝鮮側に明示させようとしたといってよい」と説明し、「「大君」号の設定は、徳川政権が家康以来の外交政策の課題であった日明国交回復を断念し、明抜きで自己を中心とした国際秩序の設定に向かいはじめたことを意味して」おり、「朝鮮宛の外交文書に日本年号を使用するようになる」こととあわせ、「明からの自立と天皇の宣下によって国内の統治権を執行する徳川将軍の地位が、日朝外交文書の形式に明示された。これで朝鮮国王と徳川将軍は対等（敵礼）でありながら、将軍の上に天皇を置くことによって幕藩制国家全体としては朝鮮の上位に立つことになった」とした（荒野『近世日本と東アジア』）。

日本発簡の外交文書における日本年号の使用

しかし、ロナルド・トビ氏が言うように「全外交文書に日本年号を用いる決定は、「大君」号設定とは別の、後に行われた政治的決定であった」し（トビ著／速水他訳『近世日本の国家形成と外交』）、この時間差は、池内敏氏によると「寛永一二年五月、二人の老中（土井利勝・酒井忠勝）は、朝鮮宛外交文書に日本年号を用いることを主張したが、道春老・永喜老から外交上の先例に反することを指摘され、いったんは幕府としても外交上の伝統にしたがうことが決定された。しかしながら、それから一年半後、土井・酒井はふたたび議論を蒸し返し、日本年号の記載が以後の先例となった」（池内『大君外交と「武威」』）という事情によっていた。

問題は、なぜ土井利勝と酒井忠勝が日本年号の使用にこだわったかだが、池内氏は「近世における日本年号は、朝廷に由来するものとはいえ、幕府の承認を必要とした。日本年号の使用は、五山外交僧によって行われてきた不使用の伝統を破り、新たな形式を取ることで近世武家外交の個性化をこそ意味するもの」とし、「日本年号の使用の背景にイデオロギー支柱としての天皇存在を見」る荒野説を批判している（池内『大君外交と「武威」』）。だが、池内氏も記すように「朝鮮通信使正使」の「任絖が書中にみえる日本年号「寛永」の二文字を削除するよう求めたのに対し、「大炊等」は「わが国が天皇年号を用いるのは、朝鮮が明年号を用いるのと同じである」として削除要求を容れなかった」（池内『大君外交と「武威」』）のだから、日本の年号の使用に天皇の存在が影響していないと見るほうが難しいのではなかろうか。むしろ、ここへきて日本の年号でなければならなかったところに意味があるのであり、幕府が私年号を用いたわけではないのである。荒野氏の議論については、事実経過などをより正確に整理することが求められるものの、そう間違っているとも思われない。家光は、日明関係・日朝関係再編前後の、新たな外交の舞台における日本の優位性と存立の根拠の一つとして、日本が「簒弑」（北島『豊臣政権の対外認識と朝鮮侵略』）の国ではないことを示すためにも、敢えて天皇を間接的に登場させてきたといってよいのではなかろうか。だとすると、そのような決断をした家光にとってみれば、まさに同時期、天皇家において天照大神の位置づけが曖昧となり、しかもその近辺ではキリスト教の影響が絶えず増大していたという事態は、尚更看過し難いものであったに違いない。

家光の決断と中国大陸・朝鮮半島の情勢

それにしても、なぜ家光は前述のような決断に打って出ることができ、日朝関係は「おおむね徳川政権の意図するように改変された」（荒野『近世日本と東アジア』）のだろうか。ロナルド・トビ氏は「一六三六年、満州族の勢力勃興は、日本でもよく知られ、明の勢力弱体化を示していたので、決定の際の一つの要素となった。幕府は、一六二七年の第一回の満州族朝鮮侵略を早く知り、事件後朝鮮へ援軍の派遣の可能性についてさえ議論したほどである。第二回の、満州族の決定的な侵入は、一六三六～三七年の朝鮮使節が、まさに日本にいる時に起こった」としており（トビ著／速水他訳『近世日本の国家形成と外交』）、荒野泰典氏は「当時の朝鮮が、急速に勢力を増し北方を圧迫していた清との関係を最大の外交上の課題としており、日本との関係はできるだけ穏便にすますことを望んだからである」としている（荒野『近世日本と東アジア』）。

事実、『オランダ商館長日記』の一六三七年三月二十四日条（『日本関係海外史料　オランダ商館長日記』訳文編之二〈下〉）は次のように、

本日、朝鮮使節たちが先月十七日○寛永十四年一月二十四日に当る。イシオ○壹州。の嶋から朝鮮に向けて出発したと聞いた。噂によれば、彼等は陛下《(徳川家光)》に、もし韃靼人に備えて御援助して頂けるなら、そのことはフィンゴ○肥後。の領主○熊本城主、細川越中守忠利。によって行われ得るように、と願い出た由、

と、寛永十三年（一六三六）の朝鮮通信使が援軍要請をしたことを記しているし、のちに『オランダ商館長日記』の一六三九年五月二十五日条（『日本関係海外史料　オランダ商館長日記』訳文編之四〈上〉）も、松浦鎮信より聞かされた酒井忠勝の発言として次のような内容を記している。

この件は、嘗て彼等《オランダ》の大使○ピーテル・ヌイツ。に面倒な事があった。二度目ともなれば、これは簡単には事が運ばぬであろう。最近当地に来た朝鮮の大使○寛永十三年来日せる通信使。は、結局私《大使》は、陛下《徳川家光》の意向を伺い、検討してもらうために来た、と言った。これに対する返書の作成には大層骨が折れ、長い時間を費した。一体、彼等《オランダ》の大使は何に感謝しに来るつもりか。オランダの会社の商人達が日本に住み、繁昌していることに対してであろうか。そのようなことは大使の任務に価しない。国王や専制君主の大使の任務は、商人の用件ではなく、国王の用件を語るのがその本質であるべきだ、と我々《酒井忠勝ら》は理解している。すなわち、戦争のために援助を求める、或いは援助を申し出るなどのことについてである。それは名誉よりも、むしろ面倒を惹き起こすものである、と。

これによると酒井は、オランダからの大使派遣計画に難色を示す過程で、寛永十三年（一六三六）の朝鮮通信使の用件の一つが援軍要請であったことを示唆し、それへの対応に苦慮したことを語っているのである。この事実をふまえると、次の「東照大権現祝詞」の第九段（赤堀『東照大権現祝詞略注』）にあるような、そうのつしまのかみ《宗対馬守》（宗義成）、やながはぶぜんのかみ《柳河豊前守》（柳川調興）、くじ《公事》いたし候につき、てうせんごく《朝鮮国》と日ほんとつう《日本通》ろ《路》もたへ《絶》、事ぎれ《断》になり候はゞ、御出馬《しゅつば》もあるべきとおぼしめす《思召》ところに、てうせんごく《朝鮮国》御こゝろ《心》のまゝにしたがい《従》たてまつり《奉》、すなはち《乃》ひのへね《丙子》（寛永十三年）の年霜月、てうせん《朝鮮》ごくよりしんしきたる《信使来》、けつ《結》く《句》ゑど《江戸》より日光山までさんけいいたす《参詣致》、かのち《彼地》の御みやづくり《宮造》しんかう《信仰》よのつね《世常》ならず、三しおな《使同》じくはい《拝》書して、これをたてまつる《奉》、まこと《真》にこれ君の御いせい《威勢》、べつ《別》しては大ごんげん（徳川家康）の御神とく《徳》、こと《殊》に日本は神こく《国》のいはれ《謂》とたのもしく《頼》ありがたき事なり云々、

という寛永十三年の朝鮮通信使による日光社参について、使節団が応じた背景も、ある程度の推測が可能となるのではなかろうか。寛永十三年の朝鮮通信使は、日本の国内的には、「寛永十三年十月二十七日付井伊直孝・伊丹康勝宛細川忠利書状」（『大日本近世史料　細川家史料』二十、三三九八号）が、

承候へは高麗人も頓而参上仕由ニ候、当年者其表御普請幷日光御普請迄も思召儘ニ相調、其上異国人迄もか様ニ致伺公候儀、御威光と申、目出度儀可申上様も無御座候、

と述べたように、それまでの一連の家光による大規模土木工事の完成と結びつけ、家光の「御威光」を称賛させる一助となったが、この時の朝鮮通信使による日光社参については、池内敏氏による興味深い検討がある。同氏は「同じ年の四月に大造替なった日光社への朝鮮通信使参詣は、結果として将

軍家光の威光を高める役割を果したところから、この日光社参の発案者が将軍周辺にあったとするのは見やすい」が、「寛永一三年一二月九日になっていきなり提起された日光社参は、その発案者が誰なのか十分に解明されているわけではない」といい、「将軍家光は、通信使側の希望によって日光社参が提起されたかたちとなったが、実際のところは義成の働きであることを褒める意向を伝えた」点を紹介するとともに、「これまで度々日光社参を望んでいた宗義成の希望が今回通信使を伴うというかたちで叶えられる、というわけだ」ったことをふまえ、「日光社参の歴史的意味も通説的理解とは異なってくるように思われる」としている（池内『大君外交と「武威」』）。

その池内氏の指摘するところの「対馬藩側が信使客館へ赴いて日光社参の件を切り出し」て「やがて説得に成功」していた点もふまえると（池内『大君外交と「武威」』）、当時、宗氏と朝鮮通信使の側にも日光社参を行う必要性・メリットはあったということになろうから、前引の『オランダ商館長日記』の記述ともあわせ、寛永十三年の朝鮮通信使による日光社参を宗氏や通信使の側から見るならば、それは、日本からの援軍の実現を期待し、そのために家光の心証をよくしておこうと意図して実行されたものであった可能性もあるということになるのではなかろうか。

第六章　家光の病気治療と回復の兆し

1　沢庵宗彰による救い

家光もまた過酷な運命

「寛永十三年五月八日付佐方友信宛細川忠利書状案」（『大日本近世史料　細川家史料』十二、八二九号）が「中々御隙なき躰ニて御座候」と記しているように、まさに当時の家光は、自らの継嗣獲得と徳川将軍家の存続を東照大権現に祈願しなければならず、その一方で天皇家と日本国、東照大権現や徳川将軍家の思想的存立基盤が天照大神の定義の不明確さやキリスト教徒の増大によって揺らぎつつあった事態に対処し、キリスト教の問題への対応としてオランダやポルトガルとの外交関係を再編成すると同時に、宗義成と柳川調興の紛争で日朝間における国書偽造が明るみに出てからは、中国大陸や朝鮮半島における政情の変化にも対応する形で日明関係・日朝関係のあり方を改めるなど、内外ともに多忙で深刻な政務環境にあったといえるだろう。この状況が、家光を精神的・肉体的に追い詰め、家光は余裕をなくしていき、病を発症してしまったのではないかと思われるのである。思えば、将軍職への期待と絶望の中で、弟の忠長は精神的・肉体的・政治的に崩壊の道を辿ったが、ここへきて将軍家光自身も精神の不調を来し始めたとするなら、兄弟揃って、政治の渦中に巻き込まれることを運命づけられていたことの残酷さを思わずにはいられない。

沢庵宗彭との出会い

一方、そのような中で家光は、生涯で大変重要な出会いを果たしてもいる。「寛永十三年九月二十七日付細川忠利宛細川三斎書状」（『大日本近世史料　細川家史料』六、一四五七号）は次のように、

一、紫野三人（沢庵宗彭・玉室宗珀・江月宗玩）之長老衆を一人つゝ　召、色々聞召候処、玉室（宗珀）へ被　仰候ハ、弥三十年ほねをおり五十にて長老ニなし　権現様（徳川家康）御仕置のことくと被　仰候処、玉室御請ニ、百ニ成候ても、悟道なき者ハ長老ニなし申事不成候、左候へハ、年ニかまいなく悟道次第ニ無御座候へハ不罷成由、被申上候処、聞召わけられ、其分可然との　上意之由、此以前国師（以心崇伝）之被申様不届と可被思召と存候、紫野ハ埒明申之由、目出度候、又さんかく（三学）可被成由被　仰候へハ、さんかくハ物の理を極事候間、か様ニ被成御合点候へハ、更ニさんかくニ不及と被申上候故、ほめ申ノ由、左様ニ可在之と存候、扨玉室・江月（宗玩）ハ御暇被遣、沢庵（宗彭）ハ御留被成之由、沢庵以来何と可在之哉と存候事、

と、家光が大徳寺の沢庵宗彭・玉室宗珀・江月宗玩を召し出し、かつて「大徳寺の沢庵宗彭らが、寛永四年七月の「上方諸出世御法度共」に伴う「大徳寺諸法度」の遵守強制に抗して、寛永五年三月以前に幕府に提出したいわゆる抗弁書」（斎藤『禅宗官寺制度の研究』）について、改めて「権現様《（徳川家康）》御仕置のごとく」と述べたところ、玉室は年齢を基準に悟りの有無を議論しても意味はなく、たとえ百歳になっても悟らない者は悟らないのだからと、年齢ではなく修行を基準としての出世を認めるよう求めたのに対し、家光が「其分可然」と理解して「此以前国師《（以心崇伝）》之被申様不届」との見解を示したと記している。そして、それでは家光も修行に必要な三学を学ぼうと述べると、玉室らは「さんかく《（三学）》ハ物の理を極事候間、か様ニ被成御合点候ヘハ、更ニさんかくニ不及」と答え、悟りの基準を納得したならば、将軍が三学を学ぶ必要はないのではないかと応じたので、家光は褒めたらしく、その後、玉室と江月は暇を得たものの、沢庵のみは引き留められたとある。

沢庵と家光が出会うまで

前述のように沢庵らは流罪となっていたが、辻善之助氏によれば「流されたのは寛永六年でありますが、其翌寛永七年頃には赦免の事を斡旋して居る者があ」り、「寛永九年になって免るされて帰つた」といい、「それは喜多院の天海の厚意によつて、天海から将軍に頼んで免るされた」からであったという（辻「澤菴和尚と将軍家光」）。確かに前引の「寛永六年七月二十七日付貴田政時宛細川忠利書状案」（『大日本近世史料　細川家史料』九、三三一九号）で天海は「沢庵《（宗彭）》被中様ハ、京之書物之儀ハ、主一人ノ覚悟にて候間、両人《（玉室宗珀・江月宗玩）》之儀御赦免被成、沢庵ハ如何様にも被仰付候様ニと御申上候、糺明之上なとにて後、有様を申を白状と申候、はしめゟ有様を被申上候ハ、白状にてハ無御座候、寺之ため成立候様ニと被存、身ニかへ書物被仕候儀は奇特と存候、南光（南光坊天海）などの僧中ニハ、左様之者今ハ無之候間、感申候」と、自らの危険を顧みず、敢えて大徳寺のために幕府へ意見を具申し、罪を一身に背負おうとした沢庵の姿勢を高く評価していたから、あり得ることだろう。辻氏によれば、「澤菴が免されたのは寛永九年で、十一年までは江戸に居りました、京都に帰ることを許されなかつたのでありますが、十一年に、矢張天海に依て京都に帰ることを許された、同時に大徳寺に蟄居して居りました長老達も免るされたのであります、其時に、初めは澤菴と玉室を免すだけにして、長老等を前の如くにするのはどうだらうかと云ふことでございました、所が澤菴は、自分は兎も角他の長老が眼目であると云ふので、色々頼んで遂に他の者も蟄居を免ぜられた、又妙心寺も大徳寺と一緒に免るされることになつた、之に付ては矢張り天海の斡旋があ」ったといい、沢庵は「寛永十一年に家光が上洛を致しました」時に「柳生但馬だの堀丹後などが説い」たので家光に「御礼を申」したという（辻「澤菴和尚と将軍家光」）。

筆者は寛永六年（一六二九）に家光が既に沢庵の姿を見ていたのかどうかわからないのだが、この寛永十一年（一六三四）の出会いは重要であったと思う。辻氏は「この頃から、家光は和尚に心を寄せ、殊に大徳寺法度の事について考慮して居たらしい。和尚が帰洛前、江戸で病気にかゝつた時にも、誰かよき医者の薬をたべたらよからうとか、病気の間にも大徳寺の事が気にかゝつて居るだらうとか、話したといふことを、和尚は伝へ聞いて、忝く思うたといふ」ことを指摘しているし（辻「書簡によつて見たる澤菴和尚」）、沢庵は「寛永十二年になつて江戸に召され」（辻「澤菴和尚と将軍家光」）ているからである。

この寛永十二年（一六三五）の沢庵の江戸参府の経緯について、辻氏は「寛永十二年九月二十四日付柳生宗矩宛沢庵宗彭書状」（辻善之助編註『沢菴和尚書簡集』三〇号、以下『沢菴和尚書簡集』の編註者名は省略）に基づいて説明しているが（辻「澤菴和尚と将軍家光」・辻「書簡によつて見たる澤菴和尚」）、辻氏の同書状の解釈は「澤菴和尚と将軍家光」と「書簡によつて見たる澤菴和尚」とで少し異なっており、本書では辻氏が後年に発表した「書簡によつて見たる澤菴和尚」をもとに叙述したい。

辻氏によると、沢庵へは板倉重宗を通じて参府の打診があったが、「それはさきに、和尚が大徳寺一件について上げた弁解書の心持を聞きたいといふ考であるからといふことであつた」といい、「十二月に江戸に下つて柳生の麻布の別邸に居た」ところ、「翌十三年七月、玉室・江月と共に召されて城に登り、大徳寺法度の件について家光の諮問に答へ」、「玉室・江月はやがて京都へ帰されたが、澤菴和尚一人は引留められた」という（辻「書簡によつて見たる澤菴和尚」）。前引の「寛永十三年九月二十七日付細川忠利宛細川三斎書状」（『大日本近世史料　細川家史料』六、一四五七号）が伝える状況がこれだろう。辻氏は家光が沢庵を引き留めた理由について、天海が沢庵を推薦したという説と柳生宗矩が沢庵を推薦したという説の両説を紹介した上で、柳生宗矩推薦説を示し（辻「澤菴和尚と将軍家光」、なお浦井「沢庵と天海」は「天海の口添えもあって」とする）、のちの沢庵の動静と彼への処遇について「その後も或は能見物に或は茶に召されて屢々登城した。家光の欵待は、かゆい所に手が届くばかりであつた」としている（辻「書簡によつて見たる澤菴和尚」）。

江戸城二之丸での家光と沢庵

家光が沢庵を招いた場所は「寛永十三年九月晦日付小出吉英宛沢庵宗彭書状」（『沢菴和尚書簡集』三二号）に「二之丸之事候故、召候ハぬ衆ハ、被召使候衆も、出不被申候。いかにも人すくなに御さ候て、静なる御能にて御さ候」、また「寛永十四年十一月十七日付宗鏡寺他宛沢庵宗彭書状」（『沢菴和尚書簡集』三八号）に「二之丸へハ、惣別誰も召にて候ハねハ、年寄衆も不被参候。御能なとは、猶以其通ニ候」とあるように、江戸城の二之丸であった。藤井譲治氏によると「この時期江戸城の二丸は、家光が客を招いて私的に能や茶を楽しむところであ」り（藤井『江戸幕府老中制形成過程の研究』）、山本博文氏によれば「家光の私的な生活空間である本丸中奥」とは別の場所であった（山本『遊びをする将軍　踊る大名』）。

沢庵が言うように、二之丸は人も少なく、静かだったから、当時の家光の精神的・肉体的状態からすれば、そのような環境が必要だったのかもしれない。沢庵は、自身と家光とのやりとりや伝聞した他者と家光とのやりとりを関係者に報知するため、当時に限らず後年も詳細な書状を記しているが、その内容には、山本氏も指摘するように「家光が言った言葉そのもの」や「非常に臨場感のある記述」が随所に見られる（山本「徳川家光における政治と遊び」）。幸い辻善之助氏の編んだ『沢菴和尚書簡集』でそれらの書状を読むことができ、家光の人柄を知るにはよい史料であるので、以下、それによって寛永十三年（一六三六）から寛永十四年（一六三七）にかけての家光と沢庵の交流の様子を見てみよう。

まず、「寛永十三年九月晦日付小出吉英宛沢庵宗彭書状」（『沢菴和尚書簡集』三二号、以下ことわらない場合のカギ括弧の引用は同書状からのもの）では主に寛永十三年九月十七日と九月二十四日の様子が記されており、「其已後十七日(寛永十三年九月)ニ、二之丸へ召候」とあって、沢庵は二之丸へ召し出されている。場所は「常之御座にて候ハて、御庭へ　御出候て、大入籠之前ニ御座敷御座候。路地より入申候て、其御座へ参候」とあるように、二之丸の庭に設けられた「御座敷」で、「路地」のことに言及があるから茶室であったのだろう。そこで「八時分より、日之入まて、御前ニ只一人、間二尺ほとをき申候て居申候」とあるから、午後二時頃から夕方にかけて、家光との間は約一メートル程の距離で沢庵のみがいるという状況であった。そして、「色々御不審共、段々御尋候。一々御奏(答カ)申候。殊外御得心参候」とあって、家光から様々な「御不審共」についての質問があり、沢庵は一つずつ答えて家光を納得させ、喜ばせており、その日は「御茶共被下致退出候」ということになった。

　九月二十四日は「初夜時分まて居申候」ということであったが、家光からの「御尋之事」も終わったところ、家光は柳生宗矩を呼んで「兵法之事ニ付テ、沢庵(宗彭)前にて、わが存分を申て見よ」と命じ、柳生に話をさせ、しかも家光は堀田正盛をも呼び出して、「そちなとは、わかき程ニ、ちとそれへ出申、雑談共聞申せ」と家光・沢庵・柳生の「雑談」を聞くよう指示し、耳学問をさせようとしている。また、家光は沢庵に「御用多候へハ、御失念候間、連々少つゝ、書付て被申候へ」と述べ、多忙だから備忘のために沢庵の話を書いてまとめてほしいと頼んでいる。沢庵は「廿四日(寛永十三年九月)以後は、書物ニかゝり申て、登城も不仕候。廿七日(寛永十三年九月)ニ、一冊書申て上候。殊外御満足之由候」と記しているから、実際に書付を作り、進上して、家光を満足させたようである。この書付は「皆々此中御尋にて、御答申上候義共を書付申たる物にて御座候」というものであったが、このように家光から依頼されて沢庵がまとめた問答記録の一部の写しが、おそらく『大猷院殿沢庵和尚問答』（国立国会図書館古典籍資料室所蔵）であって、同史料では、日常の人の心理や生死の所以が仏教の観点から説明されている。

このような書付を進上するに際し、柳生宗矩からは「書物なと上申候へ共、但馬《柳生宗矩》ハかまい無之候。加賀殿《堀田正盛》迄上申候御意之通も、従賀州《堀田正盛》被仰聞候」という案内があったといい、沢庵が家光から召し出される際も「賀州《堀田正盛》ゟ御案内候て、賀州まて参候。いつもあれにて御振舞共候。従二之丸御左右次第罷上候。柳但《柳生宗矩》はとても内証入魂之人に而候。登城申時、御近々之衆取持うすく候はゝ、愚拙《沢庵宗彭》参ルニ無外方候ハんと思召、柳但へハ不被仰、賀州へ悉皆被仰付候。か様に御心賦細ニ候。奇特なる御事と存儀ニ候」とあって、万事堀田正盛が案内することになっており、それは沢庵が登城した際に不安がないようにという家光からの配慮であった。また、これは藤井氏も指摘しているように「家光が柳生宗矩と沢庵とを二丸に召し、兵法について談義をした席に正盛がお」ったこととあわせ、「正盛が江戸城二丸における披露については特異の地位を占めていた」からでもあった（藤井『江戸幕府老中制形成過程の研究』）。

精神的支柱の一つとなっていく沢庵

この沢庵の書状によれば、家光は「何事も申上候儀書付申候事も、御心ニしみ申候て御機嫌能候」という様子で、しかも九月十七日には「無理なる儀にてもあれ、仏道も昔之様ニなくおとろへ候故、権現之為法度被仰候て、就之儀、遠国へ台徳院《徳川秀忠》被遣候へ共、御そバにて候へハ、身がよびかへし、か様之事をも問度なと、おもふて、一ツハ心にもかけ候。左様之所をも、そちも定テよしミにおもふましきにてもなき程ニ、心やすく物をも問事ぢや、天下之万事ニかられ候て、坐禅ニかゝりて、工夫三昧もならぬ身に而候間、胸のふしんとも、一ツつ、はらし、連々心づき候様にとおもふ程ニ、さう心得て」という長い言葉を沢庵にかけている。「天下之万事ニかられ」る家光は、沢庵の心情が過去の様々な経緯から複雑であることは重々承知ながらも、自身は「坐禅ニかゝりて、工夫三昧もならぬ身」であるから、「胸のふしんとも、一ツつゝはらし、連々心づき候様に」したいので、「さう心得て」自分の側にいてほしいと沢庵に頼んだのである。家光にとって沢庵は、日頃の悩みや疑問を打ち明けられる精神的に重要な存在となりつつあった。

また、「寛永十四年十一月十七日付宗鏡寺他宛沢庵宗彭書状」（『沢菴和尚書簡集』三八号、以下ことわらない場合のカギ括弧の引用は同書状からのもの）によれば、沢庵は寛永十四年（一六三七）十月二十一日には「二之丸御座前新舞台始之御能被仰付候。見物仕候へ」ということで能見物に招かれている。そこでは家光から松平信綱が使者として遣わされ、能の間は「しつかに見申せ」、また能が終わると「おとりをも見申せ」と案内があり、しかも「本丸二之丸之間ニ、東照権現新宮被仰付候。乍次社参仕、其元景共見せ」ということで、「暮候はゝ成間敷」という理由から「御能之間ニ社参申候」という次第であった。その後、「結構御振舞、伊豆殿（松平信綱）付て御座候而、御馳走無残所儀候」ということで「振舞」をはさみ、戻って再び能の後は「おとり御座候。五おとり相果事済申候」という状況であったから、かなり慌ただしい。家光が思いつくまま沢庵に一生懸命かまう様子がうかがわれ、最終的には「入夜奥へ召候て、四つ時分まて、御前ニ只一人居申候。色々御尋之事共候ての儀ニ候」ということで、家光と対面し、例によって「色々御尋之事共」があった。そこで家光から「久々在府仕、苦労ニ可存候。御煩故、御対面もなく候つると御意」があり、沢庵は家光から「すつと是へ〳〵」と「上壇の上御火闥之キハ、御膝より二尺はかり間をゝき候」所まで招き寄せられたといい、沢庵は「御意とも御返事申候て、ちか〳〵と二時間はかりつゝ居申候」と記している。

沢庵が柳生邸に戻ったのは「柳生但馬《（宗矩）》殿屋形迄、四つ時分ニ罷帰候」とあるから午後十時頃であった。しかも、帰着後は「御上使被下候。中根平十郎《（正盛）》と中御前出頭人にて候」という次第で、沢庵は「御上使被下候儀者、国取大名ならてハ無之候」と驚いている。ここで上使として登場した「中根平十郎《（正盛）》と中御前出頭人」とは、高木昭作氏によると「家光施政後期の側近第一人者中根正盛のことで、家光は「正盛を通じて「内証」で自身の真意を知らせ」ることがあった（高木『江戸幕府の制度と伝達文書』）。「内証」とは、高木昭作氏によると「老中奉書による公式ルートに対して、出頭人や大奥の老女たちの書状による内々のルート」のことである（高木『江戸幕府の制度と伝達文書』）。本書でも、中根の行動や「内証」の件は後々重要となってくる。

江戸城内の東照社

ここで家光が松平信綱を通じ「本丸二之丸之間ニ、東照権現新宮被仰付候。乍次社参仕、其元景共見せ」として、沢庵に見せたがっていた「本丸二之丸之間」の「東照権現新宮」とは、次の「東照大権現祝詞」の第十四段（赤堀『東照大権現祝詞略注』）にあるような、去比《さるころ》御本城御ふしん《普請》のみぎり《砌》、かたじけ《忝》なくも君(徳川家光)御宮だち《建》のところ、おなじ《同》く方の事君おぼしめ《思召》したまふは、東照ごんげん(徳川家康)さまの御神ごう《号》にちなみ《因》て、ひがし《東》の方とおぼしめし、いよ〱《弥》神りよ《慮》にまかせ《任》て、御くじとら《籤取》せたまへば、ところも方もひがし《東》と御くじお《籤下》り候、御神がう《号》もかな《叶》い、御こゝろ《心》にもかな《叶》い候事、めで《目出》たくありがたくおぼしめされ、すなは《乃》ち吉日ゑら《選》みて、御やしろ《社》のなはばりおほせ《縄張仰》つけられ候、

という、家光が江戸城内に縄張りを命じた東照社のことと思われ、家光は東照大権現の神号に因んで、東の方角での造営場所を検討していたところ、籤を引けばやはり東の方角と出たので、それは神号にも家光の気持ちにも合致することから、家光は「めで《目出》たくありがたく」思って日を選んで縄張りを命じたというものであった。藤井譲治氏によれば、「寛永十四年、家光は江戸城二丸にあった東照社の造替を行なった。この宮は、秀忠の大御所時代には本丸にささやかに設けられていたにすぎなかったが、秀忠死去の翌年寛永十年春に二丸に移されたものである。この造替は、この時同時に進行していた江戸城内郭改造の一環としてなされたものでもあった」とされており、工事は寛永十四年（一六三七）四月から九月にかけて行われたとされる（藤井『徳川家光』）。

2　将軍家光の特徴的性格

家光を取り巻く江戸城内の環境

このように東照大権現の神号と籤引きの結果の符合を喜び、社殿を造り替える家光の感覚は、現代人の我々からするとやや特異に見えるが、『日光市史』は「東照権現家康への家光の思い入れは、家光の個人的な性格（あるいは性癖）に帰すべきことなのであろうが、しかしそれを支えたのは、家光を取り巻いた人々、さらにその外の社会全体の迷信的な雰囲気であった。そして、こうした雰囲気はさらに相乗的に家光を中心とする政権内部において強化され、政権それ自体が一種宗教的な色彩で覆われることになった」と指摘し、「ひとことで言えば、ここは呪いと迷信の世界であり、それが家光とその一族の身辺を包んでいたのである」として、様々な史料を引いてその状況を活写している（日光市史編さん委員会編『日光市史』史料編・中巻「解説」）。

例えば、「年月未詳十三日付天海宛春日局消息」（前引『日光市史』史料編・中巻）によれば、

いたくらすわう（板倉重宗）殿よりこの文のことく、京まち人むさうを見申候とて、わさとつきひきやくにて御下候まゝ、公方様へひろう申候へハ、すなハち御十七日ニそこ御ほとにて御ひらき候へと、御意被成候まゝ、御むさうのかきつけをも、すわう殿文をも、御めにかけまいらせ候、

とあって、『日光市史』は「むそう（夢想）の判断すなわち夢占いの依頼である。京都の町人がみた夢想がわざわざ江戸に所司代から報告され、それが家康の命日である十七日に開封される」ことを述べているし（前引『日光市史』史料編・中巻「解説」）、次の「年未詳十一月十九日付天海宛中根正盛書状」（前引『日光市史』史料編・中巻）に、

御本丸ニ而、きつね事之外あれ申により、かすかかた（春日局）より聞ニ越申よしきかせられ候、なにと申こされ候哉、あれ候やうす、くわしく可被申上旨、上意ニ御座候間、かすか方へ申こされ候通ちかい候ハぬやうニ被仰上へく候、

とある点について、高木昭作氏は「当時の江戸城の奥深いところには狐も多く住んでいたらしく」、狐が「事之外あれ申」したことで「家光がその吉凶を天海に問い合わせた」とし、「家光はこうした自然現象も大権現の加護に結びつけて解釈しようとした」が、「東照大権現祝詞」の叙述とあわせ、「家光のこうした心的傾向と病気との関係は、医学の専門家の検討にゆだねる必要があると思われるが、そのメカニズムはともかくとして、両親に疎んじられ、また病気がちだった家光が大権現の加護を求める心情」を有していたことに注意を促している（高木『将軍権力と天皇』）。

家光が好んだ人々の特徴

だが、家光は、このような呪術的な雰囲気とは別に、例えば「寛永十四年八月十六日付中沢一楽宛細川忠利書状案」（『大日本近世史料　細川家史料』十二、八八五号）や

「寛永十四年八月十六日付曽我古祐宛細川忠利書状」（『大日本近世史料　細川家史料』二十一、三八二二号）に見られるように、「周囲の者に風流踊りを踊ることを命じ」て「楽しみに興じ」ることもあった（山本『遊びをする将軍　踊る大名』）。さらに、次の「寛永十五年七月二日付小出吉英宛沢庵宗彭書状」（『沢菴和尚書簡集』四三号）によれば、

柳但州《柳生宗矩》無事ニ御座候。三十日餘、少御前悪候て引籠被居申候。御兵法之事ニて候。別之儀ニてハ無之候。あら〳〵しき事を　上様《徳川家光》へ被申、金篇すねと存候へ共、上様から但馬《柳生宗矩》機嫌をとらせられ候とて、笑事ニて御座候。此中色々御意之通共ニて、但州《柳生宗矩》へも異見を申候。上様まけさせられて、又々召出、いつものことくニ成申候。名誉なる主従之間ニて御さ候。但馬被申候様、おれ《柳生宗矩》ハ何共思ふてこそ、あなた《徳川家光》ニさう思召さは、あなた次第よ、おれか心ニそつとも如在かなひ物ヲ、まつすぐぢや程ニと被申候。大笑仕事候。此間ニ永井信州《尚政》、小堀遠州《政一》被参候へハ、此三十餘もふすべくれて居るハ、よひまでよとて、如右被申候へハ、両人之衆大笑被仕候。

と、柳生宗矩が「御兵法之事」で家光に「あら〳〵しき事を」言い過ぎて、「少御前悪候て引籠」っていたところ、「上様《徳川家光》から但馬《柳生宗矩》機嫌をとらせられ候」ということで笑い話になっており、当時は家光が柳生へ何かを言うと、いつも家光が負けてしまって機嫌が悪くなり、家光の機嫌が直ると再び召し出しがあるということの繰り返しであったらしい。沢庵はこの二人の間柄を「名誉なる主従之間ニて

御座候」と褒めているが、柳生のほうはというと、「おれ（柳生宗矩）ハ何共思ふてこそ、あなた（徳川家光）ニさう思召さは、あなた次第よ、おれか心ニそつとも如在かなひ物ヲ、まつすぐぢや程ニ」ということで、自分は自分、家光は家光と捉えており、あくまでも柳生は真っ直ぐの自然体で、大笑いするのであった。このように柳生と沢庵が話をしている所へ永井尚政と小堀政一が来訪すると、柳生は一ヶ月あまり自分が引き籠もっていることについて「此三十餘もふすべくれて居るハ、よひまでよ」といつもの荒々しい調子で話し、どうせまた家光から召し出しがあるよと言うのだから、皆は大笑いであった。

　このように家光は、当時の呪術的な志向に日々左右されながらも、踊りを楽しんだり、ずけずけと物を言い合える人々に囲まれて、荒々しくも和気藹々の雰囲気の中で過ごしていたのであった。おそらく家光は、沢庵といい、柳生宗矩といい、飾らず本音で物を言う人を好んだのではなかろうか。

家光による沢庵へのもてなしと気配り

　再び「寛永十四年十一月十七日付宗鏡寺他宛沢庵宗彭書状」（『沢菴和尚書簡集』三八号、以下ことわらない場合のカギ括弧の引用は同書状からのもの）に戻ると、沢庵は寛永十四年（一六三七）十月二十七日から十月二十九日にかけて登城しているが、十月二十九日に登城する道すがら、沢庵は「本丸下馬之橋之前」で家光の「出御ニ参相候」という状況となった。沢庵は「遠々とひかへ申」していたところ、家光は「はや被御覧付、松平伊豆殿（信綱）為　御上使被下」れて、「今日ハ寒候間、堀同はかり被成、早々可有　還御之間、二之丸へ参、可相待」と命じた。沢庵が「即二之丸へ参」ったところ、中根正盛が家光から「さむくなきやうニ、火鉢とも出し、時分ニ振舞をすゝめ申せ」との「上意」を「承」っており、松平信綱も「自道御立帰候て、付て御座候而、御馳走ニ候」という次第であった。家光が「やかて　還御」し、「入夜四つ時分迄、又いつものことく居申候て、退出申候」とあるから、やはり午後十時頃まで沢庵は家光と過ごしたことになる。

　また、寛永十四年十一月四日に登城した際には、家光から松平信綱を通じて「沢庵ハ御道具共未被見候間、御道具共見せさせらるへき為に、御茶可被下候間、路地へ参候へ」と案内があった。柳生宗矩らも「相伴ニ罷出候へ」と命じられたが、「路次へ参」ると松平信綱が待っていて、「御指南」があった。沢庵は「石灯籠行灯なと、路地之躰不及申候。」と感想を述べている。「御座へ入」ると、「床ニ居堂《（虚堂）》ノ墨跡」が掛けられ、「御釜野沢釜」が目に付いた。そこへ家光が「出御」して「沢庵ハ道具共被見間敷間、見せん為茶をと云事ぢや程ニ、ちかうよりて能見られよ、手燭く」と言うと、家光は「御内へ入せられ」た。沢庵は道具類を「能々見申」して「其後御振舞」となり、「中立」となったところへ、家光が「又出御」し、今度は「雅楽」と銘のある「生駒雅楽頭《（親正）》上被申候。御秘蔵」の「金之物」の「花入」に自ら「御花入させられ」た。そして、花を生け終わると家光は「御座へ入申候へハ、又出御」して、今度は「花ヲ御自身入させられ候後ニ、炭をも可被成候。御茶ハ久御煩にて不被成、御失念も御座候間、佐久間将監《（実勝）》ニ立させうず」と「御理ヲ被仰」た。家光は「花と炭点前はできるが、茶の作法は病気のために忘れているので、茶は代理で佐久間実勝に点てさせよう」と沢庵にことわりをするためだけに「出御」したのである。茶の点前が終わり、家光が再び「出御」して炭点前があり、「御炭殊外出来申、御機嫌能候」という次第であった。

　沢庵も特記するように「已上四度御出被成候」ということであったから、家光は茶室を出たり入ったりし、しかも花を生けたり、炭点前をしたりと忙しく動いたわけだが、家光は沢庵をもてなそうと一生懸命に立ち回ったのである。しかも先ほどの掛け物や釜、花入のみならず、他の道具類もすごかった。「御茶入ハ、ならしばと申かたつき」で、「御水さしハ、烏帽子箱と申候。備前物にて候。名物にて候」という具合であった。また、「御茶碗ハ織部《（古田）》持申候わりかうだい」で、茶杓は「高麗紫竹茶杓」、茶は「すて子と申御つほの茶」が用いられた。沢庵も「一々名物共、さて々々可申様も無之事ニ候」と驚嘆している。しかも家光はまだ病中であり、「諸大名于今無御対面候。其外出家なと誰々とても、僧正《（南光坊天海）》之外懸御目衆も無之候。御茶なとゝ申事ハ、誰も無之候。三大納言殿《（徳川義直・徳川頼宣・徳川頼房）》達へも、御茶ハ未被進候」という状況であったから、家光の沢庵へのもてなしぶりは、「中々之儀とて、御年寄衆も不大方之由被仰事ニ候」と周囲を驚かせる破格のものであった。家光は誠心誠意、沢庵に喜んでほしかったのだろう。

寛永十四年十一月八日には、「いつものことく、二之丸にて御振舞被下」た後、「午時より参」って時間も経ち、日も暮れて「はや文字見え不申候」ということになったので、沢庵が本をたたみつつ「御気盡させられ候ハん、我ら《（沢庵宗彭）》儀ハ、何時も御諚次第罷上儀ニ候間先」と引き上げようとしたところ、家光は「か様に面白事にハ、気ハ盡ぬ」と引き留めた。それでも沢庵が家光の様子を見ながら座を立とうとすると、家光は「沢庵《（宗彭）》ニ一ツ不審がある」と切り出した。驚いた沢庵が「何としたる儀にて御座候ぞ」と問いかけると、家光は「但馬《（柳生宗矩）》所ニ居ても、済ハせうすれ共、又不自由ノ事も可有候間、屋敷を言付、作事をといへとも、堅いやとの事にてある程ニ、先其通にてあるが、惣別ハ沢庵《（宗彭）》なと、上には苦になる事ハ、何も有間敷とおもへハ、物を苦にせらる丶、是か不審な」と「御わらいながら御意」を示した。家光は柳生邸に身を寄せる沢庵のために屋敷を普請しようとしていたのだが、沢庵が辞退しており、家光は、普通なら苦になりそうにないことを沢庵が苦にして嫌だと言うことがわからないと笑いながら指摘したのであった。家光は「大なる事ハ苦ニ可シ成、さ様之事嫌とある程ニ、少（小）クして、苦ニ不成様ニ、城近所ニ居所をそとして居たらは、登城の為にもよからんとおもふ。御花鼻（畠カ）なとも、可然からん」とまで言ったが、沢庵は「かたまり候てハいか丶と存、但馬守（柳生宗矩）と談合申、如何様にもと申てすべらかし罷退」いた。

沢庵とのやりとりに見る家光の性格

沢庵は、このような家光の様々な心遣いについて、「か様に御心賦細ニ候」（『沢庵和尚書簡集』三二号）であるとか、「いかにもこまやかに御意にて候」（『沢庵和尚書簡集』三二号）と述べたり、「不大形御念入タル忝次第共にて候」（『沢庵和尚書簡集』三八号）と評している。実際に接した人の感想だから、そうだったのだろう。家光は本当に繊細かつ純粋な人で、先回りをして色々と考え、気のつく人だったのではあるまいか。それは高木昭作氏の言う「両親に疎んじられ」（高木『将軍権力と天皇』）た経験が影響し、家光が幼い頃から両親に気に入られるよう頑張ってきた結果なのかもしれない。だから家光は若くして、年寄衆の人事では、異動者の体面を傷つけぬよう配慮しつつ時々で必要な実質を得る工夫を重ね、外交交渉などでも、年寄衆の気づかない点を指摘しながら、多角的に様々な選択肢を検討することができたのではなかろうか。しかも、両親を含む周囲の人々の様々な思惑も察知して鋭く見抜いたから、家光は考え過ぎて精神的に苦しむ結果になってしまったのかもしれない。沢庵と交流する家光の姿には、家光の性格がよく出ていると思うのである。

自身の行動を制限しつつ、沢庵との交流や柳生宗矩らとのやりとりで自分を大切にしながら過ごしてきた家光は、例えば「寛永十四年九月一日付曽我古祐宛細川忠利書状」（『大日本近世史料　細川家史料』二十一、三八二七号）に「上様（徳川家光）逐日御気力被為付、弥御機嫌能御座候間」とあるように、徐々に回復の兆しを見せ始め、次の「寛永十四年十一月十七日付宗鏡寺他宛沢庵宗彭書状」（『沢菴和尚書簡集』三八号）に、

　爰元ハしつかに候て、日々御城まハりの鳥なと御拳にてとらせられ、為御養生とて出御候。昨日も上野へ御成、今日も御鷹近辺御つかい候。諸大名衆へ無御対面候事ハ、殊外大勢にて礼義たゝしく被成御対面、其後ハ御振舞御能、殊之外御気之盡申事にて候故、不入義にて候。如何やうにもして、御養生御堅固ニ被為成候事専ニテ候との、皆々被申様と聞え候。見申たる所ハ、去年（寛永十三年）よりも、御色なとハよくふとせ（ら脱カ）られ候。然とも根本之元気之虚にて候由、いしや衆も被申候。御気虚心虚と聞え申候故、あふなく被申召候か、御養生一段能候。平人も不成事ニ候。医者衆ゆるし不申候へハ、蜜柑一ツモ不参候。堅御養生ニ候。奇特と申義候。

とあるように、家光はまだ諸大名への対面などは気も張って負荷がかかることから無理であったもの

の、鳥と戯れたり、外出したりし、「御養生御堅固ニ被為成候事専ニテ候」ということで、「医者衆ゆるし不申候へハ、蜜柑一ツモ不参候。堅御養生ニ候」と治療に専念していた甲斐もあり、沢庵の見るところ「去年(寛永十三年)よりも、御色なとハよくふとせ(ら脱カ)れ候」という所まで回復してきていた。しかし、沢庵は「根本之元気之虚にて候由、いしや衆も被申候。御気虚心虚と聞え申候故、あふなく被申召候か、御養生一段能候」と念を押し、経過を見守っていた。

千代姫の誕生と尾張徳川家への輿入れ

この回復傾向の背景には、次の「寛永十四年四月晦日付菅沼定芳宛細川忠利書状」(『大日本近世史料　細川家史料』二十一、三七〇号)に、

一、上様(徳川家光)、姫君様(千代姫)ニ而御機嫌如何と存候へハ、事之外姫君様を御自慢と承候、さてハつぎ木の台ニ可被成と思召候哉、さてハ頓而なり木ニ成可申候間、ミなり候を被下、目出度かり可申と存事候、如何思食候哉、

とあるように、千代姫の誕生でひとまず長年の懸案であった家光の継嗣問題に展望を得たということもあったかもしれない。すなわち、ここで言う千代姫が「つぎ木の台ニ可被成」とは、次の「寛永十四年六月二十五日付中沢一楽宛細川忠利書状案」(『大日本近世史料　細川家史料』十二、八七五号)にいうような、

一、慥ニハ不存候、此度之　御姫様《(千代姫)》ハ、御腹之内より尾張大納言殿《(徳川義直)》へ御祝儀有度との望ニ而御座候、
此比かすか殿《(春日局)》切々尾張殿《(徳川義直)》へ御出之由、定而御望叶候事ニて御座候ハんと、推量仕事候、

という、千代姫の尾張徳川家への輿入れの噂と一連のことであり、事実、のちに「寛永十五年三月五日付松平定綱宛細川忠利書状」（『大日本近世史料　細川家史料』二十二、四一三〇号）が、

一、去月廿日《(寛永十五年二月)》ニ被仰出　姫君様《(千代姫)》御縁辺、右兵衛督様《(徳川光友)》へ相究、両大納言殿《(徳川義直・徳川頼宣)》・水戸殿《(徳川頼房)》被為召、御直ニ被
仰渡、其後在府之御譜代衆五六人被召出、おそからさる儀と被思食候へ共、㝡初ゟ御約束被成
候間、御縁辺之儀被仰出候由、御尤之儀と奉存候事、

と伝えたように、千代姫は尾張徳川家の光友に輿入れすることになり、家光は三家と在府の譜代大名に直接その件を説明し、寛永十六年（一六三九）九月二十一日には「千代姫君御方、尾張右兵衛督殿《(徳川光友)》江御入輿」（『江戸幕府日記』寛永十六年九月二十一日条〈『江戸幕府日記　姫路酒井家本』第八巻〉）となった。

この婚姻の目的は国内史料では明言されていないが、それが将軍家の姫君の尾張徳川家への輿入れという実態以上の意味を有していたことは、「東照大権現祝詞」の第七段（赤堀『東照大権現祝詞略注』）に「ちよひめ君《千代姫》さま御ふくろ《母》御そくさいゑんめい《息災延命》にならせたまふ事、これもひとへ《一重》にごんげんさま《(徳川家康)》の御神となり」とあって、千代姫の無事の成長が手放しで喜ばれていることからもわかるし、次の

『オランダ商館長日記』の一六三九年五月七日条（『日本関係海外史料　オランダ商館長日記』訳文編之四〈上〉）は、より明確にこの婚姻の目的を解説してくれている。

しかも来年には、或いは国の祭日として、皇帝《(徳川家光)》が王冠を授けるかも知れないので、既に多くの事が行われている。何故ならば、陛下《(徳川家光)》には息子がないので、彼《(徳川家光)》の養子、すなわち上述の十二歳になる尾張の王《(徳川義直)》の息子《(徳川光友)》に、公式に、次のような辞で、栄誉を与えたからである。すなわち、皆も知っているように、今年私《(徳川家光)》は三十六歳になるが、今日に到るまで、この国を統治すべき自分の息子を持たない。もしも私の子孫が続かぬ場合には、私はその時が来たならば、私の養子に日本の皇帝の冠を授けるつもりである、と。

これが前引の「寛永十五年三月五日付松平定綱宛細川忠利書状」（『大日本近世史料　細川家史料』二十二、四一三〇号）における「仰渡」を指すのかどうかは不明だが、家光は千代姫と婚姻する徳川光友を後継者に指名する可能性を示唆したという。ただし、「もしも私《(徳川家光)》の子孫が続かぬ場合には、私はその時が来たならば」という条件付きであったことに留意する必要はあるだろうが、千代姫の誕生によって、家光のかねてからの不安の一つであった継嗣不在問題が緩和される見込みとなり、それは家光の病状を好転させる一つの材料にもなったものと思われる。

第七章　島原の乱という試練の克服

1　戦争指導経験のない将軍

一揆の発生と家光の初動

ようやく家光の病に回復の兆しが見え始めた矢先、「寛永十四年十一月十七日付宗鏡寺他宛沢庵宗彭書状」（『沢菴和尚書簡集』三八号）は次のように、

大ウス皆々コロビ申者共成返、一揆ヲ起、村々皆一味仕候テ、島原ノ城へ取かゝり、二之丸を取候て居申候。男女貳万四千三百餘人、有馬之古城ニ居申人数、島原へ取詰申候。寺沢兵庫殿領内天草と申にも、一揆を起、皆々やき申候。

と、改宗していたキリスト教徒が「成返」って「一揆ヲ起」こし、それは島原のみならず、天草にも

及んでいることを伝えている。藤井譲治氏によれば、「寛永十四年（一六三七）十月、肥前有馬で蜂起した一揆」に関する「豊後目付からの報は、十一月九日に江戸に届いた。この報を聞いた家光は、即日、上使として板倉重昌・石谷貞清の派遣を決定し、松倉勝家と豊後府内藩日根野吉明に帰国を命じ、さらに鍋島勝茂・寺沢堅高を呼んで松倉氏が一揆を鎮圧できないときには留守居のものが加勢するよう命じた」という（藤井『徳川家光』）。「寛永十四年十一月十七日付宗鏡寺他宛沢庵宗彭書状」（『沢菴和尚書簡集』三八号）によれば、

> 今度越中殿（細川忠利）内衆、早速横目衆へ様子被申候事、されとてハ常之仕置能故ニ、か様之はづを合候。越中殿手柄とて、上意にも殊外御感にて、九州ノ目にと思召候て、大名ニなさせられ、西国のはしに被為置候　上様（徳川家光）之御目も違候ハぬとて、御教書被下、殊外之規模にて候。

とあり、家光は肥後国熊本の細川家がいち早く幕府の目付に事態を通報したことに満足しており、細川を「九州ノ目」として「西国のはしに」配置した自分の目は確かであったと喜んだといい、また藤井氏によると、一揆発生後、「武家諸法度に幕府の指示なく領外への出兵は禁じられていると援兵を断わ」った「大名による武家諸法度の遵守は家光を喜ばせた」というから（藤井『徳川家光』）、家光の立場からは、まずまずの初動であった。

一揆の原因をめぐる新説

この一揆の原因については、古くから様々な議論がなされてきたが、近年、神田千里氏の『島原の乱』が刊行されて、研究は大いに進んだと言ってよいだろう。神田氏は、「寛永十四年（一六三七）が飢饉だったのは事実であ」り、また「重税が課せられたことも事実と考えられる」が、「蜂起したキリシタンたちの行動は、単に領主の重税への抗議であるとみるにはあまりにも特異な面が多すぎるように思われる」とし、「彼らが寺社を攻撃し、キリシタンではない「異教徒」の周囲の住民をも攻撃の対象にしていること」と「島原の各地でキリシタンへの「立ち帰り」が起っていること」を挙げ、「乱の主役はあくまで立ち帰りキリシタンである」ことに注意を促し、「島原の乱は間違いなく宗教運動であったと思われる」と指摘して、「飢饉・重税と宗教運動とはどのようにつながっているのだろうか」と問題を提起している（神田『島原の乱』）。確かに前引の「寛永十四年十一月十七日付宗鏡寺他宛沢庵宗彭書状」（『沢菴和尚書簡集』三八号）にも「大ウス皆々コロビ中者共成返、一揆ヲ起」とあった。

神田氏によると、「キリシタンの「立ち帰り」とは、単に個人がキリシタンの信仰を回復することを決意するだけではなく、寺院の檀家から離れることを表立って宣言することだったと考えられる」が、「藩の役人や僧侶を面前にしてのこうした宣言は、敵対宣言ともなる。武器をもち、団結して先制攻撃をすることよりも、ある意味ではずっと危険なことである」といい、また「寺社の破壊、僧侶・神官への攻撃、そして信仰強制そのもの」は「島原・天草地域がキリシタン大名有馬晴信、小西行長に支配されていた時代に、実のところ少なからずみられた行為」だというから、なぜ寛永十四年になってそのような「キリシタン大名の時代への回帰」となる行動が起こってきたのかという点が問題となるのである（神田『島原の乱』）。

なお、神田氏の言う「キリシタンの「立ち帰り」」の実態については、前引の「寛永十一年十月八日付榊原職直宛細川忠利書状」（『大日本近世史料　細川家史料』十八、二六三九号）に「きりしたん改、一旦ニ而其儘事済申わけニ而無之と見え申候、其子細ハ、七度迄ハ成帰り候へとの許参候由申候間、弥とだへなく連々ニきりしたんたやし可申候」とあった点をふまえて検討する必要があるようにも思われるが、当時は既に寛永十四年以前から、諸国が飢饉となる状況は存在しており、次の「寛永十一年十一月十八日付永井直清宛細川忠利書状」（前引『細川家史料』十八、二六九六号）で細川忠利は永井直清に対し、

一、とかく天下之大病ハ、下々の草臥迄ニ候、其外ニ非道成儀不承候、少つゝの事ハなくてハ不叶儀ニ候、何と思案仕候ても、諸人之甘候御仕置なくてハ済不申候、何と存候哉、御代を此時と下々も存躰ニ候、我等なとも手前之草臥ニ構申わけにて無之候へ共、手前之借銀なと皆ニ仕候ハゝ、此儀是非申度候て、去年も随分当年も随分、借銀を済候へ共、半分迄も調りかね居申候、加様之儀、手前ニ草臥なく候ハゝ、是非と存候キ、身之上之訴訟のことくニハ御年寄○《衆》へハ難申事ニ候、控申候、是もいやしき心ゟ如此候、餘の御仕置ハ入申間敷と存候、如何、（以下略）

と、とにかく「天下之大病」は「下々の草臥」だとし、これを解決するには「少つゝの事」を積み重ねる以外にないが、どのように考えても「諸人之甘候御仕置なくてハ済不申」と断言している。その上で、細川家自体も「借銀」をなかなか返済できずに「草臥」の状況で、「此儀」すなわち「諸人之甘候御仕置」を申したくても申せないのだと打ち明けている。

疲弊する大名家と領民

なぜかくも「下々」は「草臥」れて、大名家も「借銀」で「草臥」れているのかといえば、高木昭作氏によると、「大規模な大名御手伝普請」によって幕府が大名家に課した「夫役の賦課」を大名家の「地方知行の家臣が、これらの人夫・人足を、そのすべてでないにせよ、その知行地から挑発した」ことや、細川家の場合は「農耕の妨げとなる夫役を廃止して農業経営を安定させるとともに、百姓一揆が起きるのをあらかじめ防止するため」に「領内の百姓に対して、「公儀之御用」と上洛に際しての人馬のほかは夫役を止め、米による代納とすると約束した」が、「廃止された夫役に見合う仕事は足軽が代行することになるし、それでも不足する場合は日用を雇用することになる。これらの扶持や賃金の分だけ藩の支出は増すことにな」り、しかも「江戸に参勤し屋敷を維持する」ためや「主として献上や音信贈答に使用される織物・反物などで、領内では調達できないもの」など「極度に硬直化した支出内容」を伴う「財政状態のため、臨時の支出や不作による年貢の減収は、ただちに赤字の累積に直結した」という（高木「将軍権力（Ⅱ）」）。したがって、次の「寛永十二年九月七日付榊原職直宛細川忠利書状」（『大日本近世史料　細川家史料』十九、三〇〇八号）で細川忠利は、

爰元　上様（徳川家光）ハ何程もはかやり候へと　上意ニ候へ共、事多かさなり、御用思召候様ニはか不参、
下々是のミニ存と申候、　御耳ニ立候ハ、如何と申申（衍）事ニ候、（中略）、扨も〳〵事々敷かねの入様、
思召外ニ候〳〵、　御普請ニはや三万両の上入由申候、又、国から下々たち候ハ、如何と存候、

と、家光から「御普請」すなわち江戸城の大修築を「何程もはかやり候へ」と急き立てられるけれども、その経費は「はや三万両」となり、その上に「国から下々たち候ハ、如何」なるのかと案じざるを得なかったし、事実、高木昭作氏が述べたように「寛永十三年には西国大名には江戸城の枡形・石垣の、東国大名には濠・土手の大がかりな普請が割り当てられた。これによって江戸城の惣構えが確定したが、大名の財政は大きな打撃を受けた」のである（高木「将軍権力（Ⅱ）」）。このように何とか工夫しようとする細川家とは異なり、杣田善雄氏によると、肥前国島原の松倉勝家は「寛永一〇年代に入ると天候の異変が重なり、凶作・飢饉が連年つづいた」にも拘わらず、「江戸城普請に一〇万石大名相当の課役を負担し、負担は領民に転嫁」したから、「領民をおおう惨状は果てしなく、餓死者が出るまでの飢餓的状況が進行していった」という（杣田『将軍権力の確立』）。

終末の予感と家光の病

このような中、神田千里氏は「有名な天草四郎を擁立した一党の活動」により「領民たちが色濃い終末観に囚われて」おり、「終末の到来は、キリシタンの宗旨を転んだために葬礼も仏式で行ってきたことの報いである」というように「終末の到来と棄教とは結びついていると領民たちが認識していたという事実」を指摘し、「単に説法のみで終末の認識が広まったとは

思われない」ことから、その「現実的根拠」として「三年来の飢饉」と「拷問に等しい重税の取立てが行われ、飢えが人々を襲い、草木の根や葉で露命をつなぐような飢餓地獄が現出していた」ことを挙げ、「何故このような困難に直面させられるかを自問した人々の脳裏に浮かんだのは、十年ほど前、迫害に屈してキリシタンの宗旨を転んだ苦い思い出だったのではないか」と推定している（神田『島原の乱』）。

そして神田氏は、「迫害に抵抗をみせず、何年も経った後に突如蜂起する行為を殉教と見なすことは少々無理がある。殉教者は武力抵抗をしない代わりに、如何なる迫害にあっても公然たる信仰の主張をやめないのが普通だったからである。島原の乱を理解する上で重要と思われるのは、殉教への情熱ではなく立ち帰りであ」り、「端的にいって、一揆の求めたものはキリシタン大名の時代への回帰である」と指摘し、「当時将軍徳川家光が死去したとの噂が人々の間に流れていた」ことから、「改宗させられた元キリシタンたちは「我々が最も優れたキリシタンの教えに背いて仏教徒になったのは、したくてしたことではない。ただ幕府の禁令が厳しかったからだ。今は将軍が死んで、次の将軍さえ決まっていない。統治者がいないのだから、キリシタンの教えを禁ずる者もいないことになる」と述べて家中や領民に苛斂誅求を行う松倉勝家に対して蜂起するよう主張し」ていたことを紹介している（神田『島原の乱』）。

当時の家光の病状がこのような死亡説を生んだものと思うが、実際「家光の病気がちに付け込んだ「失職」や無頼の徒がキリスト教宗徒と反乱を起こした」との「情報」は李氏朝鮮にも伝わっているから（松浦「清に通報された「島原の乱」の動静」）、家光の病気も蜂起の重要な要素と目されていたのだろう。また、藤井讓治氏によると「一揆が起ったとき、島原藩主松倉勝家、天草を領した肥前唐津藩主寺沢堅高だけでなく、病気で参勤を免除されていた鹿児島藩主島津家久一人を除いて九州には一人の大名もいなかった。この機を捉えて一揆は蜂起した」というから（藤井『徳川家光』）、神田氏の言う「少年時代はキリシタン大名の統治下で過ごしたはずの人々」と「小西行長に仕えていたと伝えられる牢人益田甚兵衛好次の子四郎時貞」（神田『島原の乱』）に率いられた一揆勢は、幕政の隙を突く形となった。

だからだろうか、「寛永十四年十一月十二日付伊達忠宗宛細川忠利書状」（『大日本近世史料　細川家史料』二十一、三八四六号）で細川忠利は伊達忠宗に対し、

一、きりしたんの儀ニ候間、如何様之才覚を遠国へ可仕も不存候間、御国之内も其御分別を被加、おち候きりしたんニ心を付候へと可被仰付候哉、我等（細川忠利）国なとも前廉おち候きりしたん成かへりの番を仕らせ申候、此外替儀も不承候事、

と述べ、キリシタンはどのような手立てを用いてくるかわからないので、伊達氏の領国でも警戒をするよう促すとともに、細川氏の肥後国熊本でも「成かへり」の見張りをしていると報じている。

板倉重昌の戦死

神田氏によると、寛永十四年（一六三七）十一月二十四日の松倉勝家の帰国以降、「一揆勢は驚き、原城に籠城することを合議の上決定した」といい、「島原からはかなり大量の一揆勢が、天草四郎に従い、寺沢軍との合戦に向っていた」ものの、「今や攻守所を替え、島原の一揆はもちろん、天草の一揆も島原半島の南有馬地域にある原城（現・長崎県南高来郡南有馬町）に籠城した」（神田『島原の乱』）が、藤井譲治氏によれば、上使として派遣された「板倉重昌・石谷貞清は、十二月五日に島原城に入り、十日、島原・佐賀・久留米・柳川藩の兵と上使の兵を合わせ約五万で一揆勢の籠もる原城を攻めたが、一揆勢の反撃にあい退いた。二十日ふたたび佐賀・柳川の兵をもって原城を攻めるが、またも失敗し」て「寛永十五年元旦の原城総攻撃」で「一揆勢の反撃にあい、松倉勢を助けるために前線にでた板倉重昌が一揆側の鉄砲で眉間を撃ちぬかれ戦死し、石谷貞清も戦闘のなかで負傷した」という（藤井『徳川家光』、なお『オランダ商館長日記』一六三八年二月十八日条〈『日本関係海外史料　オランダ商館長日記』訳文編之三（上）〉は「ともに肩を撃ち抜かれて引返さなくてはならなかった」とする）。

これに関連し、「寛永十五年正月十五日付細川忠利宛沢庵宗彭書状」（『沢菴和尚書簡集』三九号）には、

夜前二之丸にて、御意にハ、為　御名代、上使なと二参候内膳（板倉重昌）大将仕候て、城せめなと仕候ニ、いのし、むしやとやらんニ、無方かゝりニかゝり候て、被相果候事、沙汰之限とて、御腹立之由、以

伝被申候、誰之上にも、御分別之為ニ成事にて候。

とあって、家光は板倉の戦死の報を受け、上使として派遣された板倉が大将として城攻めをしたことについて、「いのし、むしやとやらんニ、無方かゝりニかゝり候て、被相果候事、沙汰之限」と憤った。しかし、これについて山本博文氏は「幕府は、重昌らが、原城に到着しない一一月二七日に、第二次の上使として、老中松平信綱と美濃大垣藩主戸田氏鉄の派遣を決定していた。これによって、重昌は焦り、無謀な総攻撃をかけたのであ」り、「彼の戦死は家光にも原因があった」とし、しかも「伯父にあたる戸田氏鉄から「我々の到着前に城を落とせ」という書状を受け取り、計画を変更して氏鉄らの到着直前の正月元旦に総攻撃をかけた」が、「敗北の色が濃くなった時、重昌らの脳裏には、「上使が先に出て下知しないから諸勢も進まず負けてしまうのだ」という家光の怒りが浮かび、自分たちの手勢だけででも出丸を取り、諸勢を進ませようとやみくもに塀に取り付いていった」ことで「重昌は鉄砲に当たり即死、貞清も負傷して家臣に運ばれて陣まで退いたのであ」り、これは「城攻めに十分な時間を与えずすぐに信綱らの派遣を決定した家光の重大な失策であった」と鋭く指摘している（山本『寛永時代』）。

戦争経験のない家光による初の戦争指導

なぜ家光がそのような立て続けの上使派遣を行ったのかについては、「寛永十四年十一月二十八日付中沢一楽宛細川忠利書状案」（『大日本近世史料　細川家史料』十二、九〇三号）が「嶋原・天草之儀はや可相済候間、松平伊豆殿（信綱）・戸田左門殿（氏鐵）跡之為御仕置

可被遣旨被　仰出候」と記すように、家光が一揆はすぐに済むだろうとの予測から「御仕置」のための上使として松平信綱と戸田氏鐵《うじかね》を派遣したようである（藤井『江戸幕府老中制形成過程の研究』も異なる史料から同様のことを指摘する）。だが、これは現地の戦況を甘く見すぎていた結果だろうし、また現地の過酷な状況を認識できていなかったことも示すから、なぜ家光は目付からもっと情報をとらなかったのか、不思議でならない。しかも、藤井氏によれば「信綱と戸田氏鐵の二人の上使は、島原到着以前から一揆鎮圧の指揮に関与していった」（藤井『江戸幕府老中制形成過程の研究』）というから、これでは先行した上使の板倉と石谷の立場はなかっただろう。実質的にこの一揆への対応は、家光にとって初めての、しかも遠隔操作の戦争指導となったが、細川忠利らの機転もあって初動はまずまずであったものの、大事な臣下と多くの兵を失った上に、自身で長期化の原因の一つを作ってしまうことになった。いつも慎重な判断を怠らない家光にしては、派遣されている者の立場を考えない粗い指揮ぶりである。家光自身の戦争経験のなさの影響と、周囲から家光へ適切な助言がなされにくい状況のあったことも想定される。

藤井讓治氏によると、「前年十二月三日に江戸を発足した松平信綱と戸田氏鐵は、正月四日有馬に到着した」が（藤井『徳川家光』）、山本博文氏によれば、板倉重昌の戦死という結果を受け、「正月元日の敗北にこり」（山本『寛永時代』）たのか、「寛永十五年二月四日付酒井忠勝・柳生宗矩・永井直清宛細川忠利書状」（『大日本近世史料　細川家史料』二十二、三九五四号）が「上意にもいかにも緩々仕寄をよせ切申様ニとの仰ニ付而」と記すように、家光は原城へ「仕寄の線を徐々に城際に寄せていく」

（山本『寛永時代』）戦法を指示した。なお、「仕寄」とは「味方の被害を防ぎながら城に接近するための道具や設備」のことである（高木「〔補説4〕島原の乱について」）。また「寛永十五年二月八日付中沢一楽宛細川忠利書状案」（『大日本近世史料　細川家史料』十二、九一四号）に「従江戸度々　上使ニ、諸手揃不申候てハ、必手負可有之候間、其段堅御法度にて御座候」とあるように、けが人が出ぬよう「諸手」が揃って行動することを堅く命じる家光の上使が現地へ度々派遣され、同書状案（前引『細川家史料』十二、九一四号）が「昨日も従江戸　御黒印参候、弥見合はし〳〵の丸取候へとの御意にて」と記すように、家光は「はし〳〵の丸」から攻め取るよう「黒印状」で命じたりした（前引『細川家史料』十二、九一四号）。

　このように、松平信綱や戸田氏鐵以外に、江戸から家光の上使が数多く派遣され、山本博文氏はそれらを表化してまとめているが（山本『寛永時代』）、上使を通じて家光の指示した慎重な戦法と諸大名の考えとの整合性が問題であった。

参陣大名の危機意識

　大名の意識としては、次の「寛永十五年正月八日付細川光尚宛細川忠利書状」（『大日本近世史料　細川家史料』十四、一二三一号）にあるように、

此度我々（細川氏）者きも入不申候へハ、上使次第〳〵と申候を、わらい事ニ可仕候間、なる事とミ切候ハヽ、きも入候て尤ニ候、家中へ心をつけ候へと、としゟともへ申候、はや事すミ可申候、

と、あまり上使次第にと言い過ぎると笑われてしまうから、動くべき時には自分で動かねばならないという意識であった。そして、「寛永十五年正月六日付細川光尚宛細川忠利書状案」（『大日本近世史料細川家史料』十五、一四三六号）が、

此度我等（細川氏）人数御奉公不申、理だてニかゝり候て居申候ハゝ、後々日本国へ之ゆいわけニかゝり候て居可申候、

と述べるように、大名の軍勢が「御奉公」をせず、理屈ばかり重視していては「後々日本国へ之ゆいわけニかゝり候」という意識もあり、また同書状案（前引『細川家史料』十五、一四三六号）ではより直接的に、

かやうの時御奉公我々（細川氏）人数不仕候ハゝ、大国拝領之はち、うへ様（徳川家光）迄ニはちかゝり申候間、少もぬけぬ様ニなくてハなり不申候、

とあって、このような時に「御奉公」ができないようでは、肥後国熊本という「大国」を「拝領」としている者として恥であり、自分を「大国」に封じた家光の恥にもなってしまうという考えが示されていた。かといって上使を蔑ろにし、自分勝手な行動をして、また負け戦となったらどうなるか。次

の「寛永十五年三月十二日付伊達忠宗宛細川忠利書状」（『大日本近世史料　細川家史料』二十二、四一八八号）に示されている展望は深刻である。

此度又仕そこないては日本之外聞其上九州之はちニ候、左候て仕りそこない候ハヽ、中国四国之人数ニ両大納言殿《（徳川義直・徳川頼宣）》ニ御老中をくわへられ人数を可被入替候、左候へハ、きりしたんハ弥こハり、日本半分之まけと下々も存候処ニ、手間一人ニかせきなと仕候儀念も無御座候、

すなわち、また負け戦となれば、「日本之外聞其上九州之はち」となり、今度は代わりに中国・四国地方の大名が動員され、そこに尾張徳川家と紀伊徳川家に老中が加わった軍勢に入れ替えられてしまうだろうし、そうなればキリシタンはいよいよ強くなり、「日本半分之まけと下々も存候」事態となるから、「手間一人ニかせきなと仕候儀念」はないのだとも言わざるを得なかった。大名は、外国からの目と九州の大名がどのように見られるかを強く意識しており、この戦に負ければ、キリシタンが勢いづいてしまうという危機感も抱いていた。

益田四郎時貞

一方、原城内の一揆勢を指揮している益田四郎時貞の状況はといえば、次の「寛永十五年二月九日付堀直寄宛細川忠利書状」（前引『細川家史料』二十二、三九七三号）が示すように、

一、城内之大将四郎《（益田時貞）》ハ何とて大将仕候哉と尋候へハ、廿日之城責、朔日之城攻、又大名衆本陣□□《（など）》の事、二三日前ゟか様ニ可在之候、気遣仕候へなと丶申候処、相申候故、人間にてハ無之と申候て驚申候、此段は外のきりしたん責衆之儀を内通仕と見え申候、今程ハ諸手の柵の手相番はきつく成申候間、四郎分別も相兼可申候事、

と、城攻めの日取りなどを予言していたといい、「人間にてハ無之」と皆が驚いていたが、これはキリシタンが内情を探っていたから可能であったと見え、今は「諸手」の陣の「柵」を厳重に警戒しているので、今後は益田四郎のそのような予言は不可能になると思われた。また神田千里氏は「一揆が原城に籠城してからの話であるが、幕府軍の撃った「石火矢」（鉄砲）の弾が天草四郎の左袖を撃ち抜いて、その弾によって側にいた男女五、六人が撃ち殺されたことがあった。これをみていた城内の者たちは衝撃を受け」たことを紹介し、「キリシタンたちが、天草四郎に従う者は不死身であると考えていたことを垣間見させる」と指摘しており、原城に籠城する前の戦闘の様子も分析して「既に四郎は人々の間で、立ち帰りキリシタンの頭目として、一揆はもちろん敵方からも、カリスマ的存在に祀り上げられていたのだろう」と見ている（神田『島原の乱』）。

2　上使の戦略とオランダ

松平信綱によるオランダ人の活用

さて、原城に対する松平信綱の攻め方として有名なものは、オランダ人の加勢を求めたとされる点だろうが、これについては、先行研究でも評価が分かれているようであり、山本博文氏は「よく知られているオランダ人の原城攻撃も、信綱の必死の方策であった」とする一方（山本『寛永時代』）、永積洋子氏は松平信綱が「有力な長崎商人たちに、「オランダ人に砲撃を頼んだのは、ポルトガル人もオランダ人も同じキリスト教徒であるから、オランダ人がよく敵対するか試すためである。しかし彼らがこれを行ったので、閣老はオランダ人に特別の意見と感情を持っている」と語っている」ことを紹介している（永積『近世初期の外交』）。

また藤井譲治氏は「信綱は、オランダ商館長クーケバッケルに命じ、平戸に来航していたオランダ船デ・ライプ号を廻漕させ、海上から原城を攻撃させた。このオランダ船の砲撃は、一揆側から「日本に誉れ高き武士がいるのに、なにゆえにオランダの力を借りるのか」と非難され、また領主軍の側でも反発が出たため中止された」とし（藤井『徳川家光』）、服部英雄氏は「一揆の味方であるキリシタンがいちばん多かったのは長崎ですよね。天草四郎のお父さんの甚兵衛は、一揆が始まった時すぐに長崎にいってます。一揆の大将格が戦列を離れた。一体なにをしに行ったのかと考えると、一つはやっぱり、そういったキリシタンたちに呼び掛けたんだと思います。つまり、国内に内乱状態を起こそうとした形跡があるわけです。それが一つの可能性を開く。しかし、それだけではなくて、私は、もう一つの本命としての援軍を、一揆はほかに期待していたのではないかなと思っています。当時、オランダとポルトガルは戦争をしておりました。オランダという国はスペインから独立した国です。独立した理由はスペインという国が、自分たちの宗教を認めてくれないからだというわけですね。つまり、オランダはプロテスタント、新教の国です。ポルトガル、スペインは旧教、ローマ教の国です。独立戦争は宗教戦争です。八十年戦争ともいいます。一五八七年の独立宣言のあとも戦争を続けておりまして、島原の乱真っ最中に、インドのゴア沖で、両方の船が海戦をしております。両方は敵同士だったわけですね」とした上で、「信綱はオランダに、沖から攻撃してほしいと頼んだ」が、「オランダとポルトガルが戦争をしていた。オランダが一揆を攻めた。それは一揆の側が旧教側、ポルトガルと連合しているとみていたからだろうと、私は考えるわけです」とし、「日本はオランダと結んで、共同の敵にあたる。オランダにとっては、自分たちの宗教を認めないポルトガル。それから幕府にとっては、自分たちに背く一揆。そういうものを、軍事同盟＝幕府とオランダが手を結んで、共同の敵を倒そうとしていた」と想定している（服部「原城と有明海・東シナ海」）。

神田千里氏は「正月十三日から平戸にいたオランダ船を動員して原城を砲撃させた」が、「信綱は原城を拙速で攻略するつもりはなかったし、海陸双方からの間断ない射撃が一揆勢を「草臥れさせる」ためのものであったこともあわせ考えれば、服部氏の見解は説得的である」とする（神田『島原の乱』）。

オランダ人加勢の実態

おおむね先行研究では、オランダは松平信綱からの依頼によって船から原城を砲撃したということになっているようだが、その事情と実態はどのようなものであったのか。この点について、管見の限りではあまり検討されていないようである。『オランダ商館長日記』の一六三八年一月二十七日条（『日本関係海外史料　オランダ商館長日記』訳文編之三〈上〉）によると、

> 本日（一六三八年一月二十七日）、執政官フェゾ（末次茂房）殿から手紙を受取ったが、そこには、とりわけ、アリマの陣中で火薬が非常に闕乏しており、それ故五ないし六ピコルを貸すこと、そして彼のところへ大至急送りつけることを望む旨に触れてあった。その通りに、今晩、彼の急使に托（ママ）して六樽を送ったが、彼等殿（末次茂房ら）下等よ、目下のところ我々として大変残念であるが、大型の船舶が皆出発してしまい、ほんの少量の火薬以上は供給されていないので、これ以上はもう御用立てできない、との手紙を添えてやった。

とあって、既に和暦の寛永十四年（一六三七）十二月段階で、長崎代官の末次茂房が幕府勢における火薬の不足を理由に、火薬の貸与をオランダに依頼しており、オランダ側は火薬を六樽提供したが、これ以上はできないと断っている。次の『オランダ商館長日記』の一六三八年二月九日条（前引『オランダ商館長日記』訳文編之三〈上〉）によれば、

> 彼（フランソワ・カロン）がフェゾ（末次茂房）殿の前に到着し出頭すると、いつもそうであったように歓迎されるのではなく、とりわ

け、ある不機嫌な気分でこう話しかけられた。すなわち、彼《（末次茂房）》が口頭で申出をし、ついでさらに書翰を贈ったのに、何故、それ以前ではなくとも知事たち《（榊原職直・馬場利重）》の到着のそのさいに、カピテン《（ニコラース・クーケバッケル）》自身が、この時機・機会にこそ我々なりの奉仕を願い出るため長崎に出頭しなかったのか、彼○フュゾ《（ママ）》殿。は、前記の閣下等《（榊原職直・馬場利重）》がアリマに向かって別れそして旅立ったさい、彼自ら我々のために彼等殿下等《（榊原職直ら）》に、オランダ人は彼等の大砲、弾丸、火薬及びその他彼等にできることで、皇帝陛下《（徳川家光）》に奉仕をするよう申出ることを怠らない筈であることを保証した。そのことを彼等はしかし必要とはしなかったし、しかも、あらゆる徴候から見て我々の申出を受入ようとも思われないが、それにも拘らず、我々の日本に奉仕するとの意志と意向は、彼が常々言いかつ叫んでいるように、明らかになる筈なのである、と。

とあり、まだ和暦では寛永十四年十二月段階だが、末次茂房は上級商館員のフランソワ・カロンに対し、不機嫌な様子で、なぜオランダが積極的に「奉仕」を申し出ないのかと詰問し、既に末次は長崎奉行に「オランダ人は彼等の大砲、弾丸、火薬及びその他彼等にできることで、皇帝陛下《（徳川家光）》に奉仕をするよう申出ることを怠らない筈である」と話したが、長崎奉行は「必要とはしなかった」上に「申出を受入ようとも思われない」のだけれども、そこで敢えて「奉仕」を申し出ることが大切なのだと力説している。どうやらこの段階では、長崎代官が熱心なだけであり、長崎奉行はオランダの「奉仕」を必要とは考えていなかったし、オランダも同様だったようである。

末次茂房の提案と板倉重昌らのオランダ人への依頼

ところが、末次の熱心さは、次の『オランダ商館長日記』の一六三八年二月九日条（『日本関係海外史料　オランダ商館長日記』訳文編之三〈上〉）にあるように、

さらにまた〔フェゾ《（末次茂房）》殿は〕船舶のうち一隻は、閣僚インシン《（松平信綱）》殿のために長崎へ呼ばれるだろうことは明らかである。何故なら、殿下〇インシン殿。はまだ一度もこんな大きな船を見たことがなく、きっとそうしたいとの希望が出される筈だからである。そこでもしそのようなことが予想通りに起ったら、私《（末次茂房）》は貴下に警告するため平戸へ急使を送るつもりである。それにつき熟慮してほしい、〔と勧告した〕。（中略）このことは命令ではなく、ただ善意からの提案なのである。

と、依然として和暦の寛永十四年（一六三七）十二月段階でありながら、平戸のオランダ商館の船について、松平信綱が見物を所望することはあり得るので、もしそうなった場合は急ぎ知らせるから、よく考えておいてほしいという「提案」まで行うに至っている。末次の「提案」は、まだ到着していない松平信綱の希望を想定し、先回りしたものであったことに留意しておく必要がある。このような末次の動きは、彼の熱意による独走なのかと思いきや、そうでもなかったらしく、次の『オランダ商館長日記』の一六三八年二月十日条（前引『オランダ商館長日記』訳文編之三〈上〉）によれば、

平戸の領主《（松浦鎮信）》から最も大きな大砲五門とそれらに適合する砲弾及びそれらのその他の附属品を、それらが閣僚ネイジェン殿《（板倉重昌）》と長崎の執政官《（榊原職直ら）》たちからアリマへ送るよう要求されたため、直ちに送るようにとの命令を受けた。

とあり、和暦の寛永十四年十二月下旬の段階で、板倉重昌と長崎奉行は肥前国平戸の松浦鎮信《しげのぶ》経由でオランダ商館に対し、「最も大きな大砲五門とそれらに適合する砲弾及びそれらのその他の附属品」の送付を依頼していた。既に板倉重昌の段階で、オランダ商館からの助力が求められていたことは確認しておくべきことだろう。しかし、前述のようにこの後、板倉は戦死してしまうので、指揮は松平信綱と戸田氏鐵に引き継がれる。和暦で寛永十五年（一六三八）の正月上旬に当たる『オランダ商館長日記』の一六三八年二月十九日条（前引『オランダ商館長日記』訳文編之三〈上〉）によれば、

朝、平戸の領主《（松浦鎮信）》は通詞レモン〇貞方利右衛門。を呼ばせて、そして彼《（貞方利右衛門）》に、インシン殿《（松平信綱）》とサモン殿《（戸田氏鐵）》がアリマから出した、なお平戸にいる筈の船舶を総べてその大砲を積んだまま直ちに戦場へ向け派遣し、同地に臨ませよとの命令を彼が受取ったことをカピテン《（ニコラース・クーケバッケル）》に伝えよと命じた。

とあって、松浦鎮信はオランダ商館の通詞に対し、松平信綱と戸田氏鐵から平戸のオランダ商館の船を大砲を積んだ状態で戦地まで廻漕させよとの命令があったことを伝えている。和暦で寛永十五年正

月中旬となる『オランダ商館長日記』の一六三八年二月二十四日条（『日本関係海外史料　オランダ商館長日記』訳文編之三〈上〉）には、

朝食のころ出帆し、そして午後、アリマの領地の下方、叛乱を起した農民たちの城塞から四分の一マイルのところで凪と逆方向の潮流のため、水深八尋の良い砂地の海底のところに静止した。約一時間碇泊していたのちに、通詞レモン《貞方利右衛門》がクーバイで船に帰って来てプレジデント《ニコラース・クーケバッケル》閣下にこう伝えた。すなわち、閣僚インシン《松平信綱》殿及び領主サモン《戸田氏鐵》殿、並びに長崎の執政官フィンダ《榊原職直》殿及びサブロゼイモン《馬場利重》殿の両人の前に出頭して、閣下○プレジデント。自ら船で来著し、その船がどこに碇泊しているかを伝えたが、殿下等からは、カピテン《ニコラース・クーケバッケル》自身もまた陛下《徳川家光》に奉仕したいと望んでいることを明らかにしているわけで、かくも速かにやって来てここに到着したことは祝著なことである、との答えを得た由。

とあり、松平信綱と戸田氏鐵はクーケバッケル自ら出向いたことを高く評価したようである。また同日条（前引『オランダ商館長日記』訳文編之三〈上〉）では、

前記の通詞はまた、長崎にいるジャンク船群もかの地に○有馬沖。現れて、近日中に海上並びに陸上から叛乱を起してて《ママ》いる農民たちを三、四箇所で襲撃するよう計画されていると聞いた旨を語っ

た。皇帝《(徳川家光)》の陣地から大型カノン砲や重い扠銃が発射されたが、蜂起した農民たちの城塞からは何も発射されないか、或いは僅かしか発射されなかった。

とあるように、長崎の「ジャンク船群」も攻撃に参加予定であること、幕府勢からも「大型カノン砲や重い扠銃が発射された」が、一揆勢からの応射はほとんどなかったことが記されている。

オランダ商館長と松平信綱・戸田氏鐵の会見

さて、『オランダ商館長日記』の一六三八年二月二十五日条（前引『オランダ商館長日記』訳文編之三〈上〉）によれば、

朝、夜明けとともに叛乱軍が海手の側を補強して新たな胸壁をいくつも築いたと聞いた。正午近くプレジデント《(ニコラース・クーケバツケル)》閣下と通詞レモン《(貞方利右衛門)》とは平戸の執政官ターケモン殿○松浦内匠頭信知。とダイカック殿○松浦大学助。から、上陸してインシン殿《(松平信綱)》とサモン殿《(戸田氏鐵)》のもとに出頭せよと呼び出された。その通りに実行したが、しかし前記の執政官たち○松浦氏奉行人。のもとへ行くと、彼等殿下等がその天幕にも、戦場にも居らず、恐らくは船○レイプ号。を検分するため船上に行ったらしいことを知った。その後閣下《(ニコラース・クーケバツケル)》○プレジデント。はその噂が確実であることを知って、平戸の執政官二人とともに船に向かったところ、船から帰って来る途中の彼等殿下等と長崎の両執政官《(榊原職直・馬場利重)》○長崎奉行。と出くわした。恭しい表敬と、総べてが陛下《(徳川家光)》と彼等殿下等への奉仕のためであるとの申出が行われたのち、前記の閣僚インシン殿は、船で当地まで来るについては御苦労あで《(ママ)》あった、かくも速かに到着したことは

殊勝の事である、と語り、さらに平戸にはこれ以上の船はいないのか、と訊ねた。それについては、平戸の執政官（松浦信知ら）たちによって、命令が受取られた前日に、二隻目の船が出発してしまった旨が答えられた。殿下等はもう一度前記の話題を繰返して、さらに、彼等はカピテン自身が当地まで出向いたことを良き奉仕と認める旨を附加えた。それに対して執政官フィンダ殿（榊原職直）により、次のような答えが述べられた。すなわち、オランダ人が陛下と日本の国に彼等の船舶、大砲、人員を以て奉仕したいと申し出たのは今から既に三年以上も前のことであったし、彼等は屢々その機会を一度は得ることができるのを願って来たが、今やそのことを明らかにし、かつ彼等の申出ていた奉仕を示しているのである、と。

とあって、クーケバッケルは松平信綱と戸田氏鐵の陣所へ来るよう呼び出されたので出向くと、ちょうど入れ違いで信綱と氏鐵らはオランダ船のほうへ出かけており、クーケバッケルは船へと戻ったが、そこで帰ってくる途上の信綱らと出会い、会談となった。信綱からはクーケバッケルらの労をねぎらう発言などがあり、長崎奉行からもオランダ商館の有言実行ぶりを評価する旨の発言があった。その後、同日条（『日本関係海外史料　オランダ商館長日記』訳文編之三〈上〉）によれば、次のような戸田氏鐵からの重要な発言があったようである。

これらの話ののちにサモン殿（戸田氏鐵）はプレジデント閣下（ニコラース・クーケバッケル）に、手許にありかつ使用に供せられるものをできるだけ有効に活動させて、良き奉仕に励んでほしいのであり、そうでないと、事柄が有利に運ばないに違いない、何故なら、申し出た奉仕が全世界の前に逆のものだったことが判ってしまうに違いないからである、と勧告し、さらに平戸の執政官《（松浦信知ら）》たちに、プレジデント閣下及び砲手○オランダ人。と共に接近作業を検分しに行くよう、そして（平戸から運ばれた五門のゴーテリング砲を据えつけるのに）適当な場所を最外縁の構築物近くの地域のひとつに探すよう、同時に、今述べた構築物から若干の花火式焼夷弾を発射することで叛乱を起した農民たちの小屋もしくは家々が火をつけられ灰にさせられ得るか否かについて、閣下《（ニコラース・クーケバッケル）》○プレジデント。と砲手の助言を聞くように、との命令を与えた。

すなわち、戸田はクーケバッケルに対し、可能な限りの「良き奉仕」を依頼するとともに、そうしなければ「事柄が有利に運ばないに違いない」と述べている。この「事柄」の内容が判然としないが、可能な限りの「良き奉仕」をしなければ「申し出た奉仕が全世界の前に逆のものだったことが判ってしまうに違いないから」という戸田の発言を考慮すると、戸田はオランダの行動が世界から注目されており、その成否は今後のオランダにとっても、日本にとっても、また日蘭関係にとっても重要なものになるという認識を示したということになろうか。松平信綱によるオランダへの依頼は、当時の国際社会との関連で理解すべきだとした服部英雄氏の説（服部「原城と有明海・東シナ海」）を思い起こさせる発言である。そして戸田は、かつて板倉が依頼していた五門の大砲を適切な場所に設置することを指示し、あわせて「花火式焼夷弾」の「発射」で原城内の建造物を焼き払うことができるかどうかを検討するよう命じている。

オランダ人による攻撃の開始

だが、『オランダ商館長日記』の同日条によれば、クーケバッケルは自ら幕府勢の各陣地を見て回ったが、砲台に適していると思われた陣所では射程距離が足らず、少ない焼夷弾では原城の建造物を焼くことはできないこともわかり、松平信綱にその旨を報告すると、信綱は船から焼夷弾を発射できないかと質したものの、クーケバッケルは海底の地形と船底の関係で近くまで船を寄せられず、無理である旨を答えている（『日本関係海外史料　オランダ商館長日記』訳文編之三〈上〉）。

また、『オランダ商館長日記』の一六三八年二月二十六日条によると、再び焼夷弾の使用が検討されているが、やはり射程距離の問題で難しかったようであり、建造物を大砲で壊すにしても、原城内の建造物は「藁や筵で設計されているため、実行困難である。何故なら、弾丸が届いても、ただ穴を開ける以上の効果はなく、それに反して、石造もしくは木造の建造物なら大きな裂け目を作り、そしてその結果崩れ落ちることになろうから」とのことであり、結局この日は「東にせよ西にせよ海上から最大の損害を与えることができるのはどこからか、だが、幾つか弾丸が飛んで来ても皇帝（徳川家光）の陣地に、もしくは若干の大官たちのところに何等の危害を与えないよう注意深く撃たなくてはならない」との方針で、「船上に戻ると、大砲が発射され、本日（一六三八年二月二十六日）は一四発が放たれた」とある（前引『オランダ商館長日記』訳文編之三〈上〉）。さらにその翌日の二月二十七日条からは、陸上での大砲の設置作業が行われて発射も試みられたが、「平戸の領主《松浦鎮信》のところから来たものには良い火薬が闕乏していたためそれは行われず、そして明日まで延期され」て「夕方ごろに閣下《ニコラース・クーケバッケル》は再び船上に戻った。本日《一六三八年二月二十七日》は船から二七発放った」ことがわかる（前引『オランダ商館長日記』訳文編之三〈上〉）。

以後、和暦の寛永十五年（一六三八）正月中旬から下旬にあたる『オランダ商館長日記』の一六三八年二月二十八日条から三月十二日条によれば、連続して船と陸上から原城への砲撃が加えられているが（前引『オランダ商館長日記』訳文編之三〈上〉）、以上のことから当時のオランダは、先行研究において指摘されてきた船からの砲撃に加えて、陸上からも連日の砲撃を行っており、原城包囲戦の緒戦は、あたかも西洋の戦争のような様相を呈していた。

オランダ人加勢の終焉とその理由

このオランダによる原城への攻撃が終わりを迎えるのは、次の『オランダ商館長日記』の一六三八年三月十三日条（前引『オランダ商館長日記』訳文編之三〈上〉）における戸田氏鐵の発言によると、

サモン殿《戸田氏鐵》はそれに答えて、我々の申し出た奉仕に対しては、他の大官たちもそうであるように完全に満足に思っていること、また閣僚インシン殿《松平信綱》は我々に暇を与えるのを既に認可したし、その上、彼等の接近作業は非常に敵陣近くに来始めているため目下のところ大砲ももう役に立ち得ないことに鑑みて、我々が出発し、船がタイオワンへその航海を進めるほうがよいことを告げた。

幕府勢が原城の近くまで到達したので、砲撃の効果も得られなくなりつつあるからという戦術面からの理由と、次の同日条（『日本関係海外史料　オランダ商館長日記』訳文編之三〈上〉）における松平信綱の発言にあるように、

昨日こちら側へ逃亡して来た農民は、貴下等〇オランダ人。の大砲により多くの損害を及ぼして、日々一五人、一〇人そして五人の死者、また数人の負傷者を得た、と説明したが、貴下はまことに御苦労なことを果し、陛下《徳川家光》に対する良き奉仕を遂げたものである。我々〇閣僚等。は、貴下等によってなされたことを毎日、そして大砲〔の事故〕で死去したオランダ人《ヒリス》のこともまた皇帝に書き送った、と。〔さらに〕、そのオランダ人が皇帝《徳川家光》への奉仕にあたって戦死したことはさぞかし彼等〇オランダ人。の悲しみであろうということ、彼が、カピテンを食事に招きたいと思っていたが、しかし多種多様の仕事があるため、また陣中のことで何も手に入らないし、かつオランダ人の作法を知らないために、彼は〔そうできないのを〕弁解しなくてはならないこと、を語り、もう一度、彼等〇オランダ人。の働きで叛乱軍の胸壁すなわち城壁がこんなに崩れ去ったので、先ずは撃ち合いにより、彼等自身の兵員を傷つける危険がないとはいえない、それ故出発することが許可されたのであると繰返し、速かに平戸に到着できるようにと希望した。

実は二日前の『オランダ商館長日記』の一六三八年三月十一日条（前引『オランダ商館長日記』訳文編之

三〈上〉に「鉄のゴーテリング砲のひとつは装塡口のあたりが破裂して、様々の破片となって飛散ったが、その破片のひとつによって煉瓦職人ヒリスは腹部を打たれ、砲台の竹垣を超《ママ》えて撥ね飛ばされ、そして一言も発することなくこの世を去ってしまった」とあるところの、ヒリスというオランダ人が戦死したことも大きかったものと思われる。

さらに、『オランダ商館長日記』の一六三八年三月十四日条（前引『オランダ商館長日記』訳文編之三〈上〉）には次のようなことも記されている。

> 彼《（末次茂房）》がアリマに滞在中、船の到着が知らされたさい、彼は閣僚インシン殿《（松平信綱）》及び長崎の知事たち《（榊原職直・馬場利重）》にとりわけ、もし船が同地にそれほど長く引留められているならば、日本に滞留する必要が生じ、そのことは、日本人からかなりな額の金子を利子附きで借りているため会社にとって大きな損害となる筈である、との話をしておいたが、それ故にこんなに早く暇を得たのだと思う、と。

すなわち、長崎代官の末次茂房は松平信綱と長崎奉行に対し、オランダ船を長期間拘束することによる、オランダ東インド会社の経済的損失を考慮せねばならない点を指摘したとあるから、これも信綱がオランダによる砲撃を終わらせねばならなかった理由の一つであったろう。だが、松平信綱が前引の『オランダ商館長日記』の一六三八年三月十三日条で述べていたように、オランダ人の行動と戦死者の件は家光に報告され、また信綱もオランダ人に対して充分な礼を尽くすことができないと悔やんでいたことなどから推すと、オランダはまさにこの時、幕府から「手許にありかつ使用に供せられるものをできるだけ有効に活動させて、良き奉仕に励ん」（『オランダ商館長日記』一六三八年二月二十五日条〈『日本関係海外史料 オランダ商館長日記』訳文編之三〈上〉〉）だと評価された可能性が高い。

オランダ商館の把握した島原の乱の戦闘規模

ところで、クーケバッケルらが平戸へ引き上げる際、『オランダ商館長日記』の一六三八年三月十三日条（前引『オランダ商館長日記』訳文編之三〈上〉）には島原の乱をめぐる次のような重要情報が記録された。

> 我々の出発のとき、確報により、以下のことを知ることができた。すなわち、叛乱を起した農民たちに対して行われた二度の攻撃において、覚書によれば、皇帝《（徳川家光）》軍の兵員のうち五七一二人が戦死したが、しかも攻撃のたびに後方から来た彼等自身の側の兵員によって多数の者が撃ち殺されたり負傷させられたことが確認されたこと。一般の計算に従えば、〔皇帝の〕軍隊は奴隷や船頭は除外して、なお八〇〇〇〇の兵士から成っていたこと。戦争の統率とその指揮に関して言えば、フィンゴ〇肥後。やリュゾイジョ〇龍造寺、即ち佐賀。の領主《（細川忠利ら）》たちのようなこのあたりの最も古参で経験豊かな領主《（細川忠利ら）》たち四人が陛下から命令されて軍務の指揮に当っていたが、これら四人の上に、なおインシン《（松平信綱）》殿、サモン《（戸田氏鐵）》殿、ジュウゾウ《（石谷貞清）》殿、及び長崎の執政官《（榊原職直・馬場利重）》たちのような大官二〇人が、総べてを良く監督し、かつ必要な場合互いに良い意見と行動をもって補佐し合っていたこと、この農民たちの叛乱は多数の大官たちによって、重大な結果をもたらすもの、また今後益々困難を来すものであり、大坂の包囲

と占領○慶長十九、元和元《（ママ）》両度（一六一四―一五）の徳川氏による豊臣氏攻略を指す。すらかつて動員しなかったほどの兵力を動員したものだと評価されているが、それが何故だったかいう理由は一般の人々には秘密にされていること。

これによると、この段階での幕府勢の戦死者は「五七一二人」で、同士討ちも多かったこと、また兵員の数は「八〇〇〇〇」とあり、これは様々に推定される幕府勢の数（高木「〔補説4〕島原の乱について」）を知る上でも貴重な数字である。また、島原の乱は幕閣から「重大な結果をもたらすもの、また今後益々困難を来すもの」と見なされたが、兵の動員数は大坂冬の陣と大坂夏の陣を超える規模であるとされ、なぜそれほどの人数が動員されたのかは「秘密にされている」とある。この点は、幕閣の考える「重大な結果」と「今後益々」の「困難」の内容が鍵だろうが、一つは前引の「寛永十五年三月十二日付伊達忠宗宛細川忠利書状」（『大日本近世史料　細川家史料』二十二、四一八八号）に示されていたところの、

此度又仕そこないては日本之外聞其上九州之はちニ候、左候て仕りそこない候ハヽ、中国四国之人数ニ両大納言殿《（徳川義直・徳川頼宣）》ニ御老中をくわへられ人数を可被入替候、左候へハ、きりしたんハ弥こハり、日本半分之まけと下々も存候

という展望が、幕府をして大軍勢を動員させた理由の一つとして考えられよう。いま一つは、『オランダ商館長日記』の一六三九年八月八日条にある次の「一六三九年六月末日付松浦鎮信宛オランダ東インド総督アントニオ・ファン・ディーメン書状」（『日本関係海外史料　オランダ商館長日記』訳文編之四〈上〉）の一節がヒントになるのではないかと筆者は考えている。

　有馬と天草の叛乱が処罰され、完全に殲滅されたことを知って、我々は殊の外喜び、かつ嬉しく思っています。

　マニラとマカウの人々が、これ等の悪意ある人々と気脈を通じて、日本の国を混乱させようと考えていたことは確かで、これは、我々のカピテン・カロン《（フランソワ）》に送った彼等《（マニラとマカウの人々）》自身の手紙に見られる通りであります。

すなわち、島原の乱に際して、スペインとポルトガルが「日本の国を混乱させようと考えていたことは確かで」あり、その情報は「マニラとマカウの人々」からフランソワ・カロンにもたらされた「手紙」によるという内容である。もしこれが確かだとすれば、細川忠利が「日本之外聞」（『大日本近世史料　細川家史料』二十二、四一八八号）を意識し、戸田氏鐵が「全世界」（『日本関係海外史料　オランダ商館長日記』訳文編之三〈上〉）を意識していた意味もわかるような気がするし、島原の乱とそれへの家光の対応の歴史的意味を考えるに際しては、服部英雄氏の説がより重要となるのではないかと思われる。

3　島原の乱の死者と家光

原城の落城

この後、藤井譲治氏によれば、「一揆勢の食料不足と脱走者の現れたのをみた信綱は、二月二十六日を総攻撃の日と定めたが、その日は雨が止まず、攻撃は延期され改めて二十八日が総攻撃の日となった。ところが、二十七日の午後、一揆勢が二丸出丸から兵を引いたのを機に、鍋島勢が攻撃を開始し、それを抜け駆けとみた他の大名の軍勢も城へ乗り込もうと戦闘を開始した。戦闘は、夕方から翌日の昼前まで続」いたという（藤井『徳川家光』）。「寛永十五年三月十四日付前田越前守宛細川忠利書状」（前引『細川家史料』二十二、四二〇七号）によれば、

きりしたん悉なてきりニ申付候つる、存候よりも城内之人数多候て男女三万七千と申候、其きりしたん共もらし不申候様殺候故、思之外手負死人諸手ニ多候、

とあって、原城内の人数は「三万七千」と記されているが、それらを「悉なてきりニ申付」けて「きりしたん共もらし不申候様殺」したので、寄せ手のほうにも「思之外」死傷者が出たとされる。なお、神田千里氏は「籠城人数について、確かなことは分らない」とし、「原城落城時に幕府上使三浦正次

から籠城者およそ三万七千人との情報が大坂に届いて」おり、「これが幕府の公式発表であろう」としている（神田『島原の乱』）。細川忠利の記した数字はこの数字なのだろう。

一方、藤井氏は「一揆側は、女子供にいたるまですべてが領主軍の殺戮の対象となり、その数は二万七〇〇〇に上った。いっぽう領主側の損害も少なくなく、伝えるものによりその数は異なるが、討ち死にしたものは千数百人、死傷者は一万人を超した」（藤井『徳川家光』）としているが、神田氏によると「松平信綱の家臣長谷川源右衛門は、山田右衛門作の証言として籠城者は三万七千人、但し「惣責め」の時は二万三千人と記している」といい、また「右衛門作は、延岡藩士有馬五郎左衛門に二月初頭の会見で四万七千人と答えている」というから、「いずれの想定でも落城までに一万人以上が城を去ったことになる。「落人」はかなり多かったと考えられる」とのことである（神田『島原の乱』）。

この点はおそらく原城での一揆勢の死を殉教と位置づけることへの疑問としても指摘されているらしく、神田氏は「最後の「惣責め」の時はいざ知らず、籠城者が皆殺しにされたという見解は、全員殉教という印象に基づいている部分が少なくないように思われる」とした上で、「もちろん最後まで降伏を拒否し、城内の家が燃えているなかで、その火を手で押し上げ、中に入って自害した人々が大量にいた」が、「これは殉教ではない。キリスト教で自殺は厳禁されているからである」と指摘している（神田『島原の乱』）。

一揆勢の殲滅と家光

彼らの死をどのように理解すればよいのかは難しい問題だが、今のところ神田氏の「彼らが信仰に基づかない人生、言い換えれば困難に向き合う自信と勇気とを剝奪された人生を拒否したことは疑う余地がない」（神田『島原の乱』）という指摘が的確なのではないかと筆者は考えている。家光は、そのような人々と徹底的に対決したのであり、その対決をめぐる家光の総括は、次の「東照大権現祝詞」の第十三段（赤堀『東照大権現祝詞略注』）において具体的に示されている。

あまくさしまばら《天草島原》のでいうすども、げどう《外道》のしうし《宗旨》をひろ《弘》め、此くに《国》のさはり《障》となるべきたくみ《工》をくはだつ《企》といへども、神《しん》こく《国》においてい《於》かでか天とう《道》のめぐみ《恵》あるべきや、じやほう《邪法》のしうし《宗旨》ひと《一》つにあつ《集》まり、おのづから《自》そのしうし《宗旨》をたやし《絶》ほろび《亡》めつ《滅》する事、みなこれ一ごう《業》しよかん《所感》のじや《邪》ほう《法》のゆへなり、まつせ《末世》なりといへども、まことに神国《しんこく》のきどく《奇特》、別而《べっして》は大ごんげん《（徳川家康）》の御神とく《徳》とおぼへ《覚》たまへり

政治の論理と宗教の論理が混在しているため、注意を要するが、すなわち、天草と島原のキリシタンが「しうし《宗旨》」を布教して、「此く《国》にのさはり《障》とな」り得る工作を企てたとしても、「神《しん》こく《国》」でどうして「天とう《道》のめぐみ《恵》」を得ることができようか、キリシタンが自らの「しうし《宗旨》」に結集し、自ずとその「しうし《宗旨》」も絶えて彼ら自身も滅亡した原因は、その教えが「じやほう《邪法》」だからであり、今は「まつせ《末世》」だといっても、このような「じやほう《邪法》」を退けられたことは、「神国《しんこく》」の「きどく《奇特》」であり、特に東照大権現の「御神とく《徳》」によると家光は考えているという内容である。現状が「まつせ《末世》」であ

るという認識は、神田氏の指摘するキリシタンの「色濃い終末観」（神田『島原の乱』）と大きな意味で共通していても、それに立ち向かう方法論は全く異なり、しかも家光の立場からは、キリシタンが「此くに《国》のさはり《障》となるべきたくみ《工》をくはだ《企》」てたことが許せなかったのである。

問題はその家光が察知した「此くに《国》のさはり《障》となるべきたくみ《工》」の内容だが、おそらくそれはオランダ東インド総督が示唆していた「マニラとマカウの人々が、これ等の悪意ある人々と気脈を通じて、日本の国を混乱させようと考えていたこと」（『日本関係海外史料　オランダ商館長日記』訳文編之四〈上〉）に相当するものだろう。そのような企みをする者は「此くに《国》」では生きていけないし、東照大権現などの神々もそのような企てをする者を容赦しないのだという恐ろしいまでの威圧である。「此くに《国》」を脅かす者は許さない。その決意は政治家として大切である。その上で、では家光は、この「まつ《末》せ《世》」に政治家としてどのように立ち向かい、「此くに《国》」の人々をいかに救い、導くのか。島原の乱を鎮圧し、神田氏によって「一揆の求めたもの」と指摘された「キリシタン大名の時代への回帰」（神田『島原の乱』）を完全に否定して見せた以上、今度は家光が代わりの処方箋を示し、政治家として救いの手を差しのべなければならない。

益田四郎時貞の首などの行方

ところで、島原の乱の首謀者の一人であった益田四郎時貞はどのようになったか。「寛永十五年三月一日付中沢一楽宛細川忠利書状案」（『大日本近世史料　細川家史料』十二、九二二号）によると、

一、本丸ニて、大将四郎《（益田時貞）》首、我等もの陣佐左衛門《（安昶）》取申候、上様《（徳川家光）》へも右之首之儀御注進ニ候、忝かり申候事、

とあり、細川家中の陣安昶が四郎の首を討ち取り、家光にも注進されたとのことであったが、『オランダ商館長日記』の一六三八年五月二日条（『日本関係海外史料　オランダ商館長日記』訳文編之三〈上〉）によれば、

彼等の首長は一七ないし一八歳ほどの無名の人〇天草四郎時貞。で、首はとうとう見つからなかったが、しかし肥後《（細川忠利）》の領主の兵士たちがそれを彼等の主君のところへもって来て、その後行方が判らなくなったと推測されている由。

とあるように、四郎の首は見つからず、行方不明だとされている。また、『オランダ商館長日記』の一六三八年六月十五日条（前引『オランダ商館長日記』訳文編之三〈上〉）には、

最も主要な人々の首四つは、約四〇〇〇の他の人々の首とともに長崎に運ばれ、そして若干は棒に刺して梟しものにされた。両軍の死体は海中に投ぜられたため、海岸一帯、長崎の湾内、並びにその近隣では多数の死体が浮いた由。征服以前には一六ないし一七歳の肥後生まれの少年〇天草四郎

時貞。により週に二回の弥撒が行われていたが、この少年は彼等の主要人物でしかも首長であると認められ、皆彼に服従していた由。

とあって、「最も主要な人々の首四つ」と一揆勢の首は長崎に運ばれたといい、そのうちの「若干は棒に刺して梟しものにされた」といい、遺体は海に投棄されたという。四郎が生前にミサを行っていたことなどへの言及はあるが、「最も主要な人々の首四つ」に四郎の首が含まれていたのかどうかは定かではない。しかし、中村質氏の執筆になる『長崎県史』は「島原の乱の鎮定後、上使松平信綱は戦後処理の一環として長崎を巡見し、首領益田（天草）四郎一族の首を出島門前に晒し、徒党の首級三千三百を長崎に送らせて西坂に埋め」たとしており（長崎県史編集委員会編『長崎県史』対外交渉編）、おそらくこれを受けてだろうか、服部英雄氏は「当時の出島橋というのは、ポルトガルの商館があっただけですね。出島橋を渡るのは、ポルトガルの関係者だけです。わざわざ、出島橋にさらしたというのは、やはり、ポルトガルに対する見せしめだというふうに思います」としている（服部「原城と有明海・東シナ海」）。

4　島原の乱後の将軍と大名

島原の乱鎮圧後の奇妙な光景

島原の乱を鎮圧した家光の反応だが、「寛永十五年三月二十二日付以伝宛細川忠利書状」（『大日本近世史料　細川家史料』二十三、四二九九号）に、

> 三月（寛永十五年）七日之御状、令拝見候、有馬落城之儀、被聞召、上様（徳川家光）御機嫌ニ而、御年寄衆・御咄衆被召寄、御酒宴ニ而候ツる由、目出度儀候、

とあるように、原城落城の報を受けて家光は「御機嫌」となり、年寄衆らと酒宴を催したという。だが、このような雰囲気の中で、聊か奇妙な動きも見られる。例えば、「寛永十五年三月十四日付阿部正次宛細川忠利書状」（『大日本近世史料　細川家史料』二十二、四二二三号）には次のように、

> 此中人そこね不申候様ニと被仰付候故、殊外ねはく仕、御機嫌いかゝと存候而、此度も少は人もそこね候へ共、壹人ももれ候ハん様ニ仕上は、少者手負もなく候てハ不成事ニ候、其上俄事にて候間、是ほとになくてハ不罷成候、御機嫌之程承度、無御心元存候、

とある。細川忠利は、かつて「寛永十五年二月八日付中沢一楽宛細川忠利書状案」（『大日本近世史料　細川家史料』十二、九一四号）で「従江戸度々　上使ニ、諸手揃不申候てハ、必手負可有之候間、其段堅御法度にて御座候故」と述べていたように、「手負」を気にする家光が「諸手揃」っての戦を命じていたことを認識していたが、いま乱が平定され、多くの死傷者が出てしまったことを受け、犠牲なしの鎮圧は無理だったけれども、死傷者が出たことに対する家光の反応はどのようなものかと心配し、家光の周辺に尋ねているのである。同じようなことは「寛永十五年三月十四日付曽我古祐宛細川忠利書状」（『大日本近世史料　細川家史料』二十二、四二一五号）にも、

江戸御機嫌之程如何候とうけ給度迄ニ候、壹人ももれ候ハぬ様ニころし申候故、思外ニ人はそこね申候、無如在事にて候、

とあり、キリシタンを一人も漏らさず殺したので、予想以上にこちらの犠牲も生じたのだと述べ、やはり「江戸御機嫌之程如何候」と問い合わせているのである。

犠牲者を減らすべく指示と努力をしたにも拘わらず、それが戦況によって及ばなかったことを家光と大名が揃って反省している様子ではない。この細川忠利の狼狽ぶりは、犠牲者を想って生じたものではおそらくなく、明らかに家光の反応のみを気にしたものである。だが、この関係は何か妙ではなかろうか。もし家光の反応がわかったとして、この時の細川に何ができるだろうか。細川は、犠牲者

の多かったことによる処分を恐れていたのだろうか。この関係は、死闘を強いた将軍と死闘を演じた大名の関係としては、いびつである。家光は板倉重昌の戦死以降、戦で犠牲者の生じることを明らかに恐れていたが、大名はその家光の恐れと戦闘命令の両方に応じなければならなかったのである。

松倉勝家の抱えた矛盾

しかも、この島原の乱の原因者をとりまく状況も、かなり混沌としていた。それは例えば、次の『オランダ商館長日記』の一六三八年七月二十九日条（『日本関係海外史料　オランダ商館長日記』訳文編之三〈上〉）に、

　またアリマの領主〇松倉勝家。も、その上の方への来著にさいして、何故箱に入ったひとりの塩漬けの人間や数枚の聖人聖女の画像が彼の城や住居の検分のさい発見されたのかと質問され、またこの領主(松倉勝家)自身がキリスト教徒であるに違いないと「　　　」(ママ)そして「　　　」(ママ)のため、江戸、ミアコ、大坂及びその他各地を引廻され、その後殺されるに違いないとの由。

とあるように、肥前国島原の松倉勝家自身がキリシタンであったとの情報が記されていることである。松倉の屋敷からは塩漬けの人体やキリスト教関係の絵画が出てきたといい、同様のことは「寛永十五年五月十三日付戸田氏鐵宛細川忠利書状」（『大日本近世史料　細川家史料』二十二、四四九二号）にも「一、松倉(勝家)江戸屋敷之土蔵、塩漬之人の事、必定候へハ、是又不審不晴御事候事」とあり、塩漬けの人体は松倉家の「江戸屋敷」で発見されたらしく、また「寛永十五年六月十九日付有馬直純宛細川忠

利書状」（『大日本近世史料　細川家史料』二十三、四六〇〇号）には「松倉屋敷《（勝家）》にハきりしたんの道具も多御座候、其上埋候死骸も多御座候由、取さたにて御座候間、扨ハきりしたんにても御座候哉と不審を仕由申来候」とあって、松倉の屋敷は「きりしたんの道具」と「埋候死骸も多御座候」という状況であった。このように松倉がキリシタンだったのではないかとの疑惑は国内史料にも記された。

そもそも松倉については、「寛永十五年五月十五日付久貝正俊・曽我古祐宛細川忠利書状」（前引『細川家史料』二十三、四四九八号）が「常々松倉《（勝家）》事ハ色々取沙汰申候ツる間」と記すように、当初から様々な噂があったらしい。「寛永十五年六月二十一日付馬場利重宛細川忠利書状」（前引『細川家史料』二十三、四六〇三号）には「松倉《（勝家）》屋敷闕所之砌、毒在之候、方々もらひ候を遣候者ひかへなとも御座候由候」とあって、松倉の屋敷からは毒物が見つかり、授受のリストも発見されたという。松倉の治政がある意味で異常な苛政であったことを想起すると（杣田『将軍権力の確立』）、その遠因はこの松倉の猟奇的な部分にもあったように想像されるが、もし松倉自身がキリシタンであったならば、あの島原の乱とそこに至るまでの苛政は一体何だったのだろうか。

松平信綱の評価の向上

そのような中、島原の乱を経て一躍名を上げた人物が松平信綱である。例えば、細川忠利は松平信綱について、次の「寛永十五年二月十五日付永井直清宛細川忠利書状案」（『大日本近世史料　細川家史料』二十二、三九八〇号）で永井直清に対し、

伊豆殿《（松平信綱）》・左門殿《（戸田氏鐵）》御手にても御かゝへかね候ハんと存候へハ、重而ハ御人数御入かへなくてハ不成候、

　然ハ、中国・四国之御人数ニ尾張・紀伊国被仰候、左候へハにか〳〵敷儀と存候故、中〳〵手柄たてニ軽々と押込、率爾出来候へハ、上様（徳川家光）の御為不可然と伊豆殿・左門殿と相談を究申候間、可被成其御心得候、手際たて其身一人之上にて候、今度は御為能様にと被仰聞候間、右之通ニ仕、そろり〳〵と押込申様ニ相談を究申候、伊豆殿之儀御心中感申候、今度爰元御為悪御仕成候ハヽ、二度御奉公之覚悟ニ無之ニすわり申候と見え申候、右よりかほとに丈夫ニ御座候ハん事不存候故、今度懸御目万見申候て肝をつふし申候、左門殿之儀は右ゟ得御意候故、存知候事、

と述べ、島原の乱の鎮圧に際し、もし失敗したならば「人数御入かへ」となる可能性が想定されていたが、かといって手柄を急いでは将軍のためにならず、細川は松平・戸田とよく打ち合わせ、今回は将軍のためを第一にと指示されていたので、「そろり〳〵と押込申様ニ相談を究申」したが、その時の信綱の「御心中」には「感申」したという。また信綱は今回鎮圧に失敗した場合は、二度と「御奉公」するつもりはないと堅く心に決めていたようで、信綱がこれほど「丈夫」とは思わず、「肝をつふし申」したと論評している。これはあるいは、信綱を褒めつつ、細川自身の働きもあわせて家光へ伝わるように主張しているとも読めなくはないが、当初思っていたよりも信綱がしっかりした人物だということが島原の乱の過程でわかったということのようである。

　同じようなことは、次の「寛永十五年三月五日付柳生宗矩宛細川忠利書状」（前引『細川家史料』二十二、四一〇七号）でも述べられており、

伊豆殿《（松平信綱）》之儀は此度初而切々申談候、出頭人をか様ニ申ハついしやうかましき事ニ候へとも、我等申と御前《（徳川家光）》へハ被仰上間敷候、人の申口を能々御聞候上、被仰上可然候、伊豆殿儀被申候事、跡先すハり、此度被申様、御為と被存候へハ其身を何と申候も少も無構、扨又、此度有馬表之儀仕そこない候ハヽ、中〳〵二度江戸へ可罷下と不被存、若先手崩候ハヽ、手前之儀ハ縦手負候共、覚え御座候内ニ引申事被仕間敷候、又、御軍法を破り候人候ハヽ、言上被申、御法度ニ不被仰付候ハヽ、幾度も言上申、御法度背候人ハ伊豆殿之相手と被存様、其物語ニ而候キ、其様子も少も偽無之躰ニ見及申候、さすが御取立之人と存候、此我等申所を能御覚候而、後々歴々衆の口御聞届候て、我等申所相候ハヽ、是非被達　御耳可然存候、万叓埒明、肝をつふし申候事、

と、家光の「出頭人」をこのように言うのは追従がましいけれどもと前置きし、細川が言っていたとは言わないでくれよと述べつつ、他の人からの評判もよく聞き合わせて、合致しているようならば家光に言上してくれとも言っているから厄介な出だしだが、やはりここでも、信綱が自分の身を顧みず、もし島原の乱の鎮圧に失敗したならば、二度と江戸には戻らないと決意していたこと、もし「先手」が崩されたならば、自分が負傷しようとも意識のあるうちは退却しないと述べていたこと、軍法を破った者がいたならば将軍へ言上し、処罰されない場合は処罰されるまで何度も言上したこと、「御法度」に背く者は信綱が相手になると述べていたことなど、その様子は全く偽ったりする所がなく、さすがは家光の「御取立之人」だと細川は信綱のことを褒めている。この内容であれば、信綱を褒める

ことは家光を称賛することにつながるから、ここまで信綱を褒める細川の意図が気になるが、思っていたよりも信綱はしっかりしており、家光が取り立てただけのことはあると思ったことは事実なのだろう。逆に言えば、それまでは、なぜ家光が信綱を取り立てるのかわからなかったということでもある。だから、それまでの細川は、例えば「寛永十年正月二十九日付木下延俊宛細川忠利書状」（『大日本近世史料　細川家史料』十七、一九八七号）に、

新敷出頭人に候之条、門派すくなく取入能候而、扨又埒明申人故、上様《（徳川家光）》御取立之人、其上無病にて年若、二代まてハ御用を可被叶候間、成ほと御才覚尤候、

と記したように、信綱の取り柄としては、健康で若いということくらいしか思い付いていなかった。そのような評価が、今回まさしく「寛永十五年三月五日付浅野長治宛細川忠利書状」（『大日本近世史料　細川家史料』二十二、四一〇九号）における「さすが御とり立之伊豆殿《（松平信綱）》と存候」という評価へ一気に好転したのであった。藤井讓治氏も「有馬での信綱の動きは、諸大名の信綱評価を大きく転換させ、老中としての信綱の力を再認識させた」（藤井『江戸幕府老中制形成過程の研究』）としている。

家光の病状回復と自信

しかも、これまで病がちであった家光の体調も、次の「寛永十五年四月十九日付細川忠利宛細川三斎書状」（『大日本近世史料　細川家史料』六、一五二〇号）によれば、

上様《（徳川家光）》之御気色、存外能相見へ候、目出度儀難盡筆紙候、前〻も少御瘦、少御色白キ様ニ見へ申迄に
て候、物被　仰事なとハ、前ニ卒度もちかい無之候、

とあるように、かなりよく見えたようで、家光は以前より少し痩せ、色も白くなったようだが、物言いなどは以前と全く変わらないということであった。また、「寛永十五年四月十一日付小出吉英宛沢庵宗彭書状」（『沢菴和尚書簡集』四一号、以下ことわらない場合のカギ括弧の引用は同書状からのもの）も「大樹《（徳川家光）》御気色、今程者すきと御本復、去去年之御顔色ニ被為成、諸人珍重ニ存候」と記しており、家光の体調が回復していることは、周囲からもわかるような状況となっていた。

そのような中、沢庵はそろそろ帰洛したいと考え、「我等《（沢庵宗彭）》事、此中いとまの儀、堀田賀州《（正盛）》迄申入候」とあるように、暇のことを堀田正盛まで申し入れていた。家光からは「我等《（沢庵宗彭）》当府《（江戸）》ニ住居を相定、上方へハ或養生湯治なと〻申儀は、心まかせニ仕候へ」という「御内証」は得ていたが、「然共従前角、色々様子共御座候間、いか〻可有御座哉らん、難定存候」という状況であった。

家光としては沢庵に「本寺之為をも、法の為をも、深く思フヨシ、連々被聞召候間、為法又ハ為本寺にも、か様ニして居申、御前をも仕候は〻、悪クハ有まじ、其上権現様《（徳川家康）》仏法之法度をも御心ニ思召、さ様之儀ニ付、遠国へ台徳院《（徳川秀忠）》ノ被遣候。悪様ニ御耳ニ立候儀、御存知之上にて、早々被召出、帰京之儀をも被仰付、其上ニか様ニ御近々ニ召サれ候。御内証之儀共、御直々ニ、被仰聞様ニ被成候間、卅年山居閑居仕、今罷出候事を、定而迷惑ニ可存候。それをすて候て、我《（徳川家光）》へノ奉公ニすましきか」と述

べていて、沢庵が大徳寺のことや仏法のことを深く考えていることはよく知っており、だからこそ、家光の側に仕えていることも悪くはなかろうという勧め方をし、沢庵を帰洛させるつもりはなかった。家光は沢庵を流罪先から呼び戻してからというもの、「御内証之儀共、御直々ニ、被仰聞様ニ被成」て「定而迷惑ニ可存」だが、「それをすて候て、我《（徳川家光）》へノ奉公ニすましきか」と沢庵に声をかけ続けていた。事実、沢庵は後水尾上皇や公卿との人脈を活かし、宮中と家光との「内証」ルートとして、五摂家の官位叙任をめぐる調整などにも関与するようになっていく（野村『日本近世国家の確立と天皇』）。

　家光は沢庵を手離したくなかったから、沢庵に「二之丸へ切々召候而、物をも御問被成候事、世間ニかくれも有間敷候、然は但馬《（柳生宗矩）》下屋敷長屋之すみニ、いつくの修行者とも往来とも不知躰にて、密々ニ二之丸へ召候事も、外聞いかゝニ候間、寺をも被仰付、本丸へも罷出候様に、面むきに候ハねは不成事ニ候。其上諸宗諸寺之御仕置をも被成度思召候。さ様之事も、御談合をも被成度」と述べ、人知れず二之丸へ登城し続けるのは「外聞」からもどうかと思うので、堂々と本丸にも出られるように寺なども造営して「面むき」にしていきたいし、「諸宗諸寺之御仕置」についても相談したいと思うからと寺の造営の話まで出していた。これに沢庵は「只御いとま申罷上候共、又御用と候はゝ、いなとハ難申候。在府仕候上者、今之ことくにて候間、住宅仕候も同前ニ御座候間、住居住宅と被相定義者、御免も候様ニ」と答え、暇を得て帰洛したとしても、「御用」とあらば拒否はできないから、せめて江戸にいる間は今のままで、住居を定めることは容赦してほしいと願ったが、これへの家光の答えがすごかった。

すなわち、家光は「筑紫のはて、奥州のはてにて、僧にても俗にても、わか《（徳川家光）》用とあらんニ、いなとハ誰か可申そ、そこの事ハ、沢庵《（宗彭）》一人にはかきらぬ、住宅仕候て、よろつ御談合にも立入り、猶々御問あり《（るカ）》事ハ、限もなき事なれハ、いつまでも穏《（隠カ）》密之様ニ、二之丸へはかり召候儀も、いかゝニ思召候間、任御意申候へ、寺も末々迄の残候為、沢庵相果候已後迄も、跡をも残し、紫野の末寺と成候へハ、本寺の為にても候」と述べ、九州の果て、東北の果てで、たとえ僧侶でも俗人でも、将軍の用があるというのに誰が否などと言えようか。それは沢庵だけではないと言うのである。すごい自信である。船岡誠氏も「ここに将軍家光の自負がある」と指摘する（船岡『沢庵』）。この自信を背景に、家光は沢庵に寺の造営を持ちかける。寺は沢庵が亡くなった後も残るし、大徳寺の末寺にすれば、大徳寺のためにもなるではないかと説得するのである。あまりの攻勢に沢庵は「か様ニ候へ共、先御返事をハ、重而可申上」として、また改めて返事をする旨を述べるのだが、家光は「それハ心か残りて悪キ、此返事ニ、別ニ思案ハ入間敷」と沢庵に即答を求めるのであった。

ここで確認したいことは、体調の回復と同時に、島原の乱を鎮圧し、松平信綱の実績作りにも成功した家光の自信である。家光は、この自信を背景に、島原の乱前後の課題に取り組んでいくことになる。

第八章　島原の乱後の現実とキリシタン対策

1　家光の積極的政治姿勢とその限界

家光による九つの「仰」と政治組織体制の確立

藤井譲治氏によると、家光は「老中制を核とした幕府機構・組織の再編成」のため、寛永十五年（一六三八）十一月七日・九日・十七日・十二月十四日に全部で九つの「一連の「仰」」を出している（藤井『江戸幕府老中制形成過程の研究』）。今その藤井氏の指摘の典拠となる史料を同氏監修の『江戸幕府日記　姫路酒井家本』第七巻から引用すると次の如くである。なお、丸数字は、藤井氏が『江戸幕府老中制形成過程の研究』で指摘・整理している「仰」の条数・順序をもとに筆者が便宜的に付したものである。

『江戸幕府日記』寛永十五年十一月七日条

一、午上刻、御黒書院　出御、掃部頭（井伊直孝）・加賀守（堀田正盛）・大炊頭（土井利勝）・讃岐守（酒井忠勝）・伊豆守（松平信綱）・豊後守（阿部忠秋）・遠江守（土井利隆）・備後守（酒井忠朝）・志摩守（三浦正次）・対馬守（阿部重次）・民部少輔（朽木稙綱）被　召出、①大炊頭・讃岐守義、唯今迄被　仰付細成御役御赦免、朔日・十五日可致　出仕、其間ニも御用等之時分罷出、何茂致相談、油断仕間敷之由被　仰付之、②遠江守・備後守茂御役御免、③酒井与四郎（忠清）儀、当番ヨリ如父阿波守（酒井忠行）可被召仕之、幼少之内ハ備後守差加可申旨、被　仰出之也

一、④阿部対馬守（重次）義、伊豆守・豊後守並ニ御用可奉之旨、被　仰付之

一、⑤御旗本於殿中御番仕面々者、三浦志摩守（正次）・朽木民部少輔（稙綱）万事御用可奉之旨、上意也

一、⑥大御番幷寄合者、伊豆守・豊後守・対馬守御用可奉之旨被　仰付之

（以下略）

『江戸幕府日記』寛永十五年十一月九日条

一、⑦大御番衆・御留守居衆・寺社奉行・奏者番衆・町奉行・大目付衆・御作事奉行・御鑓奉行・御勘定奉行・小堀遠江守（政一）・大坂町奉行・駿府町奉行・堺政所・船手之衆・川船奉行・井上外記（正継）・吉田久米助（重信）、今日依　召登城、此面々御用幷訴詔之儀、自今以後伊豆守（松平信綱）・豊後守（阿部忠秋）・対馬守（阿部重次）を以可申上之旨、

仰之趣、右三人被伝之

『江戸幕府日記』寛永十五年十一月十七日条

一、⑧御小性組之頭・御書院番頭・大御番頭幷此三組之組頭・小十人組之頭、右組中共ニ被為　召、惣番之面々、屋敷境・知行所堺目又ハ召仕者以下之事等於有之者、其組中寄合致穿鑿、相済可申、若違背之輩在之者、曲事ニ可被
仰付之、又頭中済様悪候ハヽ、不届ニ可被　思食《召》之、各不及分別儀有之者、其上老中江可申之旨、被
仰出之、右之趣、於大広間、伊豆守（松平信綱）・豊後守（阿部忠秋）・対馬守（阿部重次）・志摩守（三浦正次）・民部少輔（朽木稙綱）伝之

『江戸幕府日記』寛永十五年十二月十四日条

一、⑨御旗本・惣物頭之面々、御用之儀、御直ニ可致言上之旨、雖被　仰出、御病後ニ被成御座間、以書付可申上、其上、可被聞召義も有之者、直ニ可被成御尋之旨、豊後守（阿部忠秋）・伊豆守（松平信綱）・対馬守（阿部重次）・志摩守（三浦正次）・民部少（朽木稙綱、輔脱カ）、於御白書院、右之物頭之面々へ申渡之

藤井氏によれば、この時に「老中の人的構成とその権限・権能が大きく変わった」といい、「老中の権限・権能が、寛永十二年の家光による諸職直轄制での老中の権限に比して大幅に強化された」ことが指摘され、従来は①の「土井利勝と酒井忠勝とが老中の地位を去り松平信綱・阿部忠秋・阿部重次が老中となった点に注目」が集まっていたが、藤井氏は⑥から⑨の中でも⑦を重視し、「言上は、

老中松平信綱・阿部忠秋・阿部重次を通してするように命じられて」いる点から「諸職」は「すべて老中支配の職として位置付けられることにな」り、「家光―老中―諸職と言うヒエラルヒッシュな組織へと再編され」たという（藤井『江戸幕府老中制形成過程の研究』）。また、同氏は②と⑤における「六人衆の組織・機能をめぐる」「再編」にも注目し、「六人衆体制は、その人数の点でも最早「六人衆」と言うには相応しくないものとなった」として、「彼等の職を若年寄と呼ぶこと」を提起するとともに、⑤・⑥・⑧・⑨によって「大番と寄合の旗本については老中支配と」し、「「殿中御番」の旗本」については「若年寄三浦正次・朽木稙綱の支配となった」ことと、「旗本間の公事についてはできるだけ組内で解決させ」て「各組を老中・若年寄の下に編成することを許っている」と見ている（藤井『江戸幕府老中制形成過程の研究』）。

このような制度改編が行われた背景について、前引の「寛永十四年四月五日付中沢一楽宛細川忠利書状案」（『大日本近世史料　細川家史料』十二、八六二号）の内容や「寛永十四年六月二十五日付中沢一楽宛細川忠利書状案」（前引『細川家史料』十二、八七五号）に、

一、何と仕たる事ニ而候哉、大炊殿（土井利勝）・讃岐殿（酒井忠勝）間しか〲と無御座候而、物を御申候へともあしく御座候、（以下略）

とあることもふまえ、藤井氏は家光が「老中としての松平信綱の評価を確固たるものとし、阿部重次

を五万三〇〇〇石岩槻城主に取立てた上で、」「家光側近による政治体制の確立」と「寛永十四年から十五年にかけて顕在化した家光と土井利勝との確執、土井利勝と酒井忠勝との不和、そしてそれによる幕政の遅滞といった事態への対処」や「家光自身の病気」による「将軍諸職直轄制」の「機能停止状態」と「こうした状況からの脱却」という「課題」を認識していた点を指摘しており、「さらに寛永十六年一月に」「三人の老中はいずれも五万石から六万石の江戸周辺に城を持つ大名となった」点が「この後の老中のもっとも定形的なあり方であり、これがこの時点に形成された点も老中制の確立の一つの指標」であり、「この再編によって幕政機構のなかでの老中制の位置が確定したのであり、このことをもって老中制の確立とみることができよう」としている（藤井『江戸幕府老中制形成過程の研究』）。なお、土井利勝と酒井忠勝への処遇については、藤井譲治氏と山本博文氏ともに「排除」ではないという点で意見は一致しており、山本博文氏は両名の当時の健康状態から「家光は、彼らの負担を軽減した」点をあわせて指摘している（藤井『江戸幕府老中制形成過程の研究』・山本『寛永時代』）。

九州領国の疲弊・牛死と一揆再発の懸念

だが、島原の乱後の現実は依然厳しかった。「寛永十五年四月三日付島田利正宛細川忠利書状」（『大日本近世史料　細川家史料』二十三、四三五八号）には次のように、

一、此次而ニ百姓の武具ハ、何も〳〵取候而置申度候、左候ハヽ、か様之事仕かね可申と存候、如何〳〵、

一、きりしたんハ、成帰り申と申候へハ、済申と存候ツる、此度のことくニ候へハ、何を印ニ可仕様無之候間、すまぬ仏法と存候事、

一、思召外ニ九州ハ今度之一揆ニ草臥申候、何も嶋原ニ似申候ニ成申由申候、更共、能時済候而、何も国ニ痛薄成申候、

とあり、細川忠利は、百姓の所持する武器を取り上げる必要性や、「きりしたん」の「成帰り」（神田『島原の乱』で言う「キリシタンの「立ち帰り」」）への不安が述べられるとともに、考えている以上に「九州ハ今度之一揆ニ草臥」れて島原と同じような状況になりつつあるが、早い内に問題が顕在化したことで却って「国ニ痛薄成」るのではないかとの認識を示している。

藤井讓治氏によると幕府は、「国法に背くものがある場合には幕府からの下知がなくとも出兵し鎮圧することを、五月二日命じた」り、「特定の地域に大名が参勤のため一人もいないという状況が生じないよう、徐々に東は東、西は西の大名同士が交代で参勤するよう組合わされるように」し（藤井『徳川家光』）、小倉宗氏によれば「寛永一六年の時点ですでに、将軍の「上意」を得ることなく（大坂―引用者註）城代・定番・町奉行が連名で西国の大名などに対して軍事指揮権を発動するとともに、船を動員したり、武器・弾薬を提供しうるように」したが（小倉「江戸幕府上方軍事機構の構造と特質」）、三宅正浩氏の指摘では寛永十六年（一六三九）に至るまで「天草で一揆が勃発したという噂がたった」というから（三宅「幕藩政治秩序の成立」）、細川の「百姓の武具」への懸念は、現実問題として島原の

乱の再燃はあり得ると真剣に危惧したものであったろう。

このような状況下、『江戸幕府日記』の寛永十五年九月二十日条（『江戸幕府日記　姫路酒井家本』第七巻）によれば、

一、伴天連門徒、累年雖為御制禁、無断絶、今度於九州企悪逆早、因茲、弥諸国相改之後、宗門無之而、致訴人族者、縦同宗門者被宥其科、従　公儀御褒美可被下之旨被　仰出之、此趣、在国之諸大名江従老中奉書幷相添御褒美之覚書被差遣之、在江戸之大小名者昨今土井大炊頭（利勝）宅江家老中召寄、被伝之、御旗本之面々江者、今日於殿中遠江守（土井利隆）・対馬守（阿部重次）被申渡之

という内容の「仰出」も出されているが、山本博文氏によるとこれは、キリシタンについて「藩領の密告者へも幕府より賞金を出すと宣言」したもので、「キリシタンに関しては、幕府とか藩とかいうものを越えて、国家として弾圧し抹殺すべきものだという観念」がうかがわれる内容であり、この幕府の発想は細川忠利にも先取りされ、既に共有されていたようである（山本『寛永時代』）。

だが、より深刻なことは、次の「寛永十五年八月二十六日付中沢一楽宛細川忠利書状案」（『大日本近世史料　細川家史料』十二、九四八号）にあるように、

更共、近国事之外牛死申候而、有玄（有馬豊氏）なとの領ハ一疋も不残候様ニ申来候、豊前なとも其分ニ承候、

我等国も、筑後堺ハかた端牛死申候、益城郡のあたりへも、はし〳〵牛死候事有之由申来候、

と、前述の「草臥」の問題に加え、「牛死」の問題が生じてきたということである。藤田覚氏によると、「寛永飢饉の直接的前提のひとつ」が寛永「十七年の牛疫病の流行による大量の牛死」であり、「牛死は十六年から始まるが、全国的流行は十七年のようである」とのことだが（藤田『近世史料論の世界』）、そのような状況は既に寛永十五年（一六三八）から始まっていたことになる。

領民の疲弊に対する家光の認識

このような「草臥」の原因について、家光はどのように認識していたのだろうか。次の「寛永十六年四月二十五日付細川光尚宛細川忠利書状」（『大日本近世史料　細川家史料』十四、一三二二号）は、当時の家光の認識を具体的に伝えてくれている。

一、御本復被成、今日（寛永十六年四月二十二日）之御能目出度思食候、其上、両大納言（徳川義直・徳川頼宣）・水戸殿（徳川頼房）をはしめ、年比も能、天下も三代つゝき、諸大名心入も無残所候、左候へハ、天下ニ思召所もなく御満足候、左候へハ、後之代之聞え之ため第一ニ思食、先年之御法度ニ、日本之おごり大なる儀ニ候間御いましめ被成候へ共、于今至テ終ニおごりやミ不申、国々迄も其分と聞召候、いつれも公儀へ如在なく候へ共、か様ニおこりやミ不申候へハ、末々迄も如何ニ思召候、一々こまかに可被　仰聞様無之儀ニ候間、必おこりなき様ニ心得可申事、

一、きりしたん之儀、年々御三代被　仰出御法度ニ而候へ共、于今絶不申、嶋原事之様成儀出来申

候、其上于今きりしたん方々ゟ出候、然上ハ、未方々油断なる所在之故ニ而候間、弥精を出シ可申付由　上意ニ候間、両条之所、其元にても心得ニ成可申候、きりしたん之儀、弥無由断、年寄共へも可被申付候事肝要ニ候事、

家光は、自らの病状回復を祝して能を申し付けたが、そこで「天下ニ思召所もなく御満足候」と発言した上で、「日本之おごり大なる儀ニ候間御いましめ被成候へ共、于今至テ終ニおごりやミ不申、国々迄も其分と聞召候」との認識を示し、「か様ニおこりやミ不申候へハ、末々迄も如何」と思うので、「必おこりなき様ニ心得可申」と命じている。また、「きりしたん之儀」についても、「于今絶不申」という状況である上に島原の乱も発生し、しかも乱後にあって「きりしたん方々ゟ出候」始末であるから、「弥精を出シ可申付由」が命じられているから、当時の国内問題に関する家光の認識は、奢りの問題とキリシタンの問題を軸に形成されていたと考えてよいだろう。高木昭作氏も、奢りの問題に対する当時の家光のこだわりを指摘しているし（高木「将軍権力（Ⅱ）」）、また『オランダ商館長日記』の一六四一年四月二十八日から四月三十日条（『日本関係海外史料　オランダ商館長日記』訳文編之五）は次のように、

皇帝陛下《（徳川家光）》は、華美と贅沢が一般の貴族層、市民たち及び使用人たちの間へと段々に下って行くにつれて、その勢は益々増大し、事態は遂には人々が主人と召使の間に何等の区別を見出さない程に立

ち至っていること、小身の人々は力ある者に対して果敢に立ち向かうには餘りにも小さい能力しか持ち合わせていないため、彼等の闕乏を何がしかの間接的手段で遣り繰りせざるを得ないこと、そしてこの已むを得ぬ状況から、盗賊たちの群が生じて今や既に数年来引続き跋扈して江戸の町の内部や周辺で大きな盗みを働いて来たが、この事態は、今までのところ穏便な手段では防ぎ切れなかったことを知っていたのであり、このため皇帝陛下は、前記の布告を出して、これらの違反者たちを最も厳しく処罰するのを餘儀なくされたわけで、皇帝陛下は、華美が排除されれば、大きな闕乏は制止され、前記の盗賊たちは道理を悟るに至り、そして彼等の群もこのことによって自然に消滅するに違いないと結論し給うた、というのである。

と、家光が奢りの問題について、それは身分的秩序と治安維持にも悪影響をもたらすものだと認識していたらしいことを伝えている。

非現実的な展望と寛永末期の上洛計画

だが、刻々と進行して変化する現状に奢りの問題のみで対応できるはずもなく、家光の展望は非現実的であった。事実、高木昭作氏が指摘したように「寛永十八年から二十年にかけて日本を襲った「寛永の飢饉」は、根本的な対応を家光と幕府に迫ることになった」が、家光による「本格的対策の展開は、（寛永十九年〈一六四二〉—引用者註）四月の将軍家光の日光社参終了以後になった」という（高木「将軍権力（Ⅱ）」）。しかも当時の家光は、「寛永十六年閏十一月二十六日付小出吉英宛沢庵宗彭書状」（『沢菴和尚書簡集』五二号）で沢庵が、御上と候へハ、一入御残多様ニ存候事、紫野入院抔の義ニ、来年自然罷上候義も可有之か御座候共、四月、日光へ御供申候様ニ候は丶、日光過候ハすは、上落（洛）も成申間敷候。日光ヲ見申候かと御意候。未見申候由申候へハ、来年（寛永十七年）よく候由、か様ニ御意ニて御座候間、大概可被召連かと存事候。若又来年上申事成不申候は丶、来々年（寛永十八年）ニ可為御上洛候間、其時は必御供仕、罷上候て可有御座候。

と述べているように、寛永十八年（一六四一）に上洛する計画を沢庵に話していた模様で、また『オランダ商館長日記』の一六四三年十一月二日条（『日本関係海外史料　オランダ商館長日記』訳文編之七）も、

来年（寛永二十一年）の第五の月に、皇帝（徳川家光）は内裏（後光明天皇）に拝謁する為め、京に上ることとなり、この目的の為めに既に準備が行われている由であるが、これに依って、あらゆる品物の価格が高騰することは確実である。

と記す通り、寛永末期の家光の上洛を視野に入れていた。なるほど確かに当時は明正天皇の譲位と後光明天皇の即位が予定されていて、寛永六年（一六二九）の後水尾天皇による突然の譲位以来の女帝在位に終止符を打ち、幕府の事前了解のないまま譲位が実行されるような事態の再発防止のため、皇位継承に将軍家が事前に関与できるよう様々な手が打たれていた時期であったから（野村『日本近世国家の確立と天皇』）、家光が上洛する必要性は皆無ではなかったものの、飢饉が本格化しつつある中、

莫大な経費と課役および動員の必要な上洛が構想されていたこと自体、家光に現実が見えていなかったことの証拠だろう。

高木昭作氏は、当時「幕府の蔵に米はあるのにそれを放出しない」家光の政治責任を追及する声が上がり、しかも江戸では「この頃から札差が成立してい」て「公定米価で占め買いをすることにより、米価を操作して」いたことから、ようやく幕府による米対策が開始され、「都市、なかんずく江戸の飢饉状況に対する当面の対応」がなされるとともに、「農村に対して」も「幕府が直接に農業の進め方にまで口を出した」り、「田畑の永代売買を禁止する」などしたことを指摘し、これらは「逆にいえば、幕府や大名がそれまでとってきた農村政策が、かならずしも「身上ならざる百姓」の「身上」を続けさせるようなものではなかったことを、幕府自身が告白しているといえよう」と評価した（高木「将軍権力（Ⅱ）」）。

2　制圧できないキリシタン

度重なる江戸城と宮中でのキリシタン発覚

一方、家光自身をとりまく環境は別の意味でも厳しさを増していた。『オランダ商館長日記』の一六三九年五月五日条（『日本関係海外史料　オランダ商館長日記』訳文編之四〈上〉）は次のような内容を記している。

また、上記の内蔵助《（長村純正）》殿はこう語った。最近、内裏の宮廷で数人のキリスト教徒が見附けられたが、秘密にされている、と。

同じく、当地江戸では、第二の月第十七日○一六三九年三月二十一日に当る。に、キリシタンである身分の高い兵士達が（告発されたのち）彼等は自らを司直の手に委ねようとはせず、非常に烈しい争いとなり、多数の人を殺生したので、終に武器の力で斃された。陛下《（徳川家光）》や国家の統治者達は、これら総べてのことに非常に驚き、皇帝《（徳川家光）》の宮廷の周辺や彼等の監督のもとで、彼等○キリスト教徒。が、敢えて不敵にも跳梁している事情を理解できなかった。そこで、迫害と探索は益々厳しく行われているのである、と。

すなわち、寛永十六年（一六三九）段階でも、宮中ではキリシタンが発見されていたといい、しかも江戸では和暦の寛永十六年三月二十一日のこととされているが、「身分の高い兵士達」がキリシタンとして「告発」を受け、抵抗したために騒動となり、家光と幕閣は大きな衝撃を受け、したがって、キリシタンへの「迫害と探索は益々厳しく行われている」というのである。これとは別件とも思われるが、『オランダ商館長日記』には一六三九年三月六日条から同月十日条（前引『オランダ商館長日記』訳文編之四〈上〉）にも「宮廷すなわち、陛下《（徳川家光）》の城で、数人の貴族がキリスト教徒であることが暴露された。彼等は捕えられる時に抵抗し、そして、斬首される前に、多くの者が自害した由」とある。

国内史料を見ていると、『オランダ商館長日記』の一六三九年五月五日条で言われている月日と完全に一致するわけではないが、「寛永十六年三月二十一日付中沢一楽宛細川忠利書状案」（『大日本近世史料　細川家史料』十二、九七六号）には次のように、

一、当月(寛永十六年三月)十四日、御城ニ何事哉覧有之由申、御馬廻小性衆はたか馬にて御城へかけ付、下馬之橋之あたりにてハ人も下へ落申候由、はし〳〵ハぬき身なとにてかけ付、加々肥前殿(前田利長)屋敷なとニハ、何事そと申、上屋敷・下屋敷共ニ下々具足にて相待、筑前殿(前田光高)ハ城へ被参候由申来候、（以下略）

とあって、寛永十六年（一六三九）三月十四日に江戸城で騒動のあったことが記されており、『江戸幕府日記』の寛永十六年三月十四日条（『江戸幕府日記　姫路酒井家本』第八巻）にも「一、申ノ刻、江戸中無何支騒動甚シ、雖然、依無根元経時静ル云々」とあって、当日の江戸城がただならぬ雰囲気であったことが記録されている。『オランダ商館長日記』の示す月日とは一週間のずれがあるため、留保が必要だが、京都と江戸における日本の中枢部分は依然としてキリシタンをめぐって不穏な情勢下にあり、しかも「寛永十六年八月十一日付細川忠利宛細川三斎書状」（『大日本近世史料　細川家史料』七、一五八二号）が伝えるところでは、

御本丸ハ不残やけ、只今ハ御矢倉ノ様ニ見へ申由、扨々不慮成儀ニ候きもをつふし申候、

とあるように、江戸城の本丸が寛永十六年八月十一日に全焼してしまい、『オランダ商館長日記』の一六三九年九月二十二日条（『日本関係海外史料　オランダ商館長日記』訳文編之四〈上〉）にも、

江戸の陛下《徳川家光》の城が火事で焼け、幾つかの櫓しか残っていない。このため皇帝《徳川家光》の珍奇な品々も、殆ど総べて焼けてしまった。この烈しい火事の火元は妻《鷹司孝子》の屋敷○大奥。であった。陛下は、この火事を少しでも消火せよとは命令せず、成るがままにさせて、金、銀、銅、鉄、木材など、新しい建物を造るのに必要な資材は、何一つ不足する物はない筈だ、と言った由。

とあるように、同様の内容が記されていて、家光は消火を命じず、「成るがままにさせて、金、銀、銅、鉄、木材など、新しい建物を造るのに必要な資材は、何一つ不足する物はない筈だ」と言い放ったとある。しかし、これはあるいは前述の江戸城をめぐる情勢をふまえると、キリシタンの動静が関係した火災かもしれない。

ポルトガル人の追放検討とマニラ攻撃計画

キリスト教からの影響を根絶するには一体どのようにしたらよいのか。家光にとっても幕閣にとっても難しい問題であったが、『オランダ商館長日記』の一六三八年五月十九日条（『日本関係海外史料　オランダ商館長日記』訳文編之三〈上〉）は、留守居の牧野信成が次のように語ったと伝えている。

最高政府は以前から、私《牧野信成》もまたそうであるように、ポルトガル人は今後日本に来ることを許されず、彼等《ポルトガル人》の寄港と貿易は完全に禁止されるようにすべきだとの心証を有し、かつ考えているが、しかし、この件に関して陛下《徳川家光》のもとではなお何ら最終的な発表や決定はなされておらず、命令も発せられていない。しかもそのことはまさに、〔ポルリガル人が《ママ》〕なお毎年宣教師たちを日本国に連れ込むこと、そしてキリスト教の教えを広めることを怠りもせず、已めもしないことを考慮してのことであり、同時に、当地《江戸カ》にはなお著実に勧奨活動や覚醒運動が存在していて、それが以前からそう考えられている通り、アリマやアマクサの地方に起った混乱や叛乱の、また年々数え切れないほど多数の人々が宣教師のためといって殺され、生命を奪われたことの、唯一無二の原因であるという事情を考慮してのことである、と。

すなわち、牧野によれば、幕府首脳部はポルトガル人の入国を禁止し、同人の「貿易は完全に禁止されるようにすべきだ」と考えるものの、まだ家光による結論は出されていないとし、そのようなことが検討される原因は、キリスト教勢の拡大が島原の乱に結びつき、多くの人々の死をもたらしているからであり、ポルトガル人が「毎年宣教師たちを日本国に連れ込むこと、そしてキリスト教の教えを広めることを怠りもせず、已めもしない」からであるとのことであった。幕府としては、次の『オランダ商館長日記』の一六三九年五月五日条（『日本関係海外史料　オランダ商館長日記』訳文編之四〈上〉）が示すように、日本全国で、再びキリスト教に対する新たな厳しい探索が、次のような方法で命令された。これまでに、総べての家族は、相互に厳しく監視させるため、各々五戸を一組に纏めるよう、すなわち、この互いに連帯関係に置かれた五戸〇五人組。に属する一軒で一人のキリスト教徒が発見されると、他の四軒の人々は、罪状が明らかとなった一軒のために皆が死なねばならないと、命ぜられていた。しかし、今やこれは一層厳しく行われることとなった。すなわち、人は各々、身代の大小、老若、男女、貴賤を問わず、理性を以て話のできる程の成人は、誰も一人の例外もなしに、各自が彼等の頭人に、キリスト教徒ではなく、日本の宗旨である旨、二人の証人を立てねばならない。その上、証書や証拠書類を以て、どの僧侶が彼等の司祭であり、どの異教徒の教会が彼の属する教会であるかを証明しなければならない。今、これを提出できぬ人は、身を隠すか逐電しなければならない。（中略）所詮は、逃亡者は総べて網にかかることになろう。何故ならば、この探索は国の隅から隅まで始められており、上記の証明書がないため、その家や土地から逃れた者は、他の町や土地ではなおのこと、このような証明を得る方法を見出すことはできないからである。

と、従来の捜索に加えて、もともと百姓を「農業経営から脱落させないようにするため、公的につくりだされた組織」としての「五人組」（朝尾『鎖国』）や、「寛永一〇年代に全国化し」た「寺請」など「すでに成立していた人民支配の諸機構」を「キリシタンの摘発に総動員」していたが（山本『寛永時代』）、次の『オランダ商館長日記』の一六三九年五月二十日条（『日本関係海外史料　オランダ商館長日

記』訳文編之四〈上〉）が大目付の井上政重の行動として、

昨年《一六三八年》、有馬の戦争の帰途、長崎に来て、マニラの状況について詳細に報告させ、そして、これに対する様々な計画を出させた。

と記録しているように、スペインの拠点であるマニラを攻撃する計画も真剣に検討し始めていた。その過程で、同じく一六三九年五月二十日条（『日本関係海外史料　オランダ商館長日記』訳文編之四〈上〉）によれば、井上政重からマニラの情勢を尋ねられた商館長のフランソワ・カロンは、

彼等《スペイン人》が同地に非常に堅固な要塞を築いており、少数の兵員と軍事力では（度々マニラに渡航したことのある、長崎の数人の日本人が申し立てているように）これを占領したり破壊したりすることは到底不可能であることを、良く知っている。これを行うためには、非常に大きな軍事力と大がかりな準備が要求せられるであろう。それでもなお、その結果は不確実である。

と答えており、これを受けて井上は「思慮浅く、戦争の経験に乏しい人達は、この件を容易な事であると言った。しかし、貴下《フランソワ・カロン》も言うように、私《井上政重》は重大な結果を齎すものと信ずる」（『オランダ商館長日記』一六三九年五月二十日条〈前引『オランダ商館長日記』訳文編之四〈上〉〉）と発言し、マニラ攻略の困難

さを再認識させられている。このように幕府は、内外のあらゆる方法を検討してキリスト教の影響から脱しようとしていたが、『オランダ商館長日記』の一六三九年五月二十一日条（前引『オランダ商館長日記』訳文編之四〈上〉）が酒井忠勝と松平信綱から「平戸の領主《（松浦鎮信）》の二人の執政官」への問いとして、

ポルトガル人が日本から追放される事態が起ったなら、スペイン人やポルトガル人が、オランダ人の日本へ来るのを禁止したり、これを妨害することができるであろうか。

という内容の質問を記していることからも明らかなように、幕府はポルトガル人を追放した場合に生じる様々な政治的影響を考慮・検討しつつあった。

ポルトガル人の追放決定とオランダ商館への余波

次の『オランダ商館長日記』の一六三九年五月二十二日条（前引『オランダ商館長日記』訳文編之四〈上〉）によれば、

今朝、オランダから日本までの地図と陸地の投影図を苦心のすえ完成させたので、上記の執政官二人がそれを携えて城へ行った。間もなく、我々も《（フランソワ・カロンら）》そこへ来るよう呼び出された。そこは城の中にある閣僚達の専用の会議室で、我々は彼等が《（酒井忠勝ら）》評議会全員で集まっているのを見出した。彼等の前の中央には、様々な世界全図が置いてあったが、それらは、シナ人、ポルトガル人、日本人によって作られたもので、それぞれは彼等の理解したところを聞き及んだところに基づいて描かれたものであ

る。我々の地図は、これ等のものと見較べられ、主要な点ではこれ等と一致することがわかった。

とあるように、フランソワ・カロンは酒井忠勝らの列席する「評定所」（永積『近世初期の外交』）に招かれ、そこに地図を提供しているが、同じく一六三九年五月二十二日条（『日本関係海外史料　オランダ商館長日記』訳文編之四〈上〉）によると、酒井らの質問は、前日の「平戸の領主《松浦鎮信》の二人の執政官」への質問に加え、

もしもポルトガル人が日本から追放された場合、我々《オランダ人》はこの日本国に、従来ポルトガル人がしていたように、生糸や絹織物、薬種や乾物を供給することができるか、

というものであった。カロンは次のように答えたようである（『オランダ商館長日記』一六三九年五月二十二日条〈前引『オランダ商館長日記』訳文編之四〈上〉〉）。

今後、我々《オランダ人》の貿易が益々増大するに違いないことについては、どのような証言も、証明書も無用である。ただ我々の行動のみがその証拠たり得るであろう。他方、殿下達《酒井忠勝ら》は、ポルトガル人が日本から追放されたと知った時には、シナ人は今以上にやって来るであろうことを御考慮頂きたい。

すなわち、永積洋子氏によれば、「オランダ人、中国人により日本に必要な物資が確保されること

が、ポルトガル人追放の大前提とされて」おり、「このように慎重な調査が行われた後、遂に家光はポルトガル人追放の決断を下した」という（永積『近世初期の外交』）。

次の『オランダ商館長日記』の一六四一年一月二十三日・二十四日条（『日本関係海外史料　オランダ商館長日記』訳文編之四〈下〉）は、その様子を別の角度から具体的に示している。

> ポルトガル人達の挙動の総てが、皇帝《（徳川家光）》〔の命令〕によって、大層長い間、慎重に注目され、殊更に詮索され、それによって彼等《（ポルトガル人）》の計画と行動基準を徹底的に把握し得るよう研究された。遂にこのことは十分に調査され、そして彼等は日本国にとって警戒すべき者共である、と判断されたので、陛下《（徳川家光）》は、昨年彼等を彼《（徳川家光）》の国から追放した。同様に、現在オランダ人の貿易と生活についても絶えず観察されているが、それは、（彼等○オランダ人。もキリスト教徒であるので、）〔彼等○オランダ人。が〕如何なる旗幟を人々の前に掲げようとするのか○原文、「如何なる紋章を掲げ以て之を衆目に示す」即ち、「本性を現わす」の意。を見出すためである。（以下略）

これによると、ポルトガル人追放の動きはオランダ人にも負の影響を与え、オランダ人もまた、家光の監視の対象とされたようである。それは例えば、次の『オランダ商館長日記』の一六三九年五月七日条（前引『オランダ商館長日記』訳文編之四〈上〉）にあるように、平戸の領主《（松浦鎮信）》が江戸に到着して、閣僚讃岐殿《（酒井忠勝）》（この人は国家の最高の顧問官で、会議の第一人者であるが）に挨拶に行き、殿下〇讃岐殿。から、色々な話の中で次のように言われた。すなわち、秘かに諸国を巡視している密偵から我々〇閣僚。は次のような報告を受けた。オランダ人は彼等の船舶の糧米を上廻る米を日本から運び出しており、それは単に彼等の航海中の糧米たるに留まらず、多数の船舶に満載されているが、これは禁令に反することである。何故なら、陛下《（徳川家光）》は、外国人すなわち他国の人々が、日本国の助けにより、何らかの軍事行動に有利となり、それによって彼等の敵対者と互いに攻撃しあい、損害を与えるようなこととなり、或いは互いに苦しめあうようなことになるのを望んでいないからである、と。

酒井忠勝が隠密からの報告により、オランダが多量の米を輸出していることを把握していて、それは日本が海外での軍事行動に関与していることを疑われることになるから、家光の意に沿わない行為だと肥前国平戸の松浦鎮信に指摘していることでも明らかである。

オランダ商館の建造物破壊などを命令

しかも、次の『オランダ商館長日記』の一六四〇年十一月九日条（『日本関係海外史料　オランダ商館長日記』訳文編之四〈下〉、和暦で寛永十七年〈一六四〇〉九月二十六日条）によれば、

皇帝陛下〇徳川家光。は、貴下達《（オランダ人）》が皆、ポルトガル人と同様にキリスト教徒であることについて、

確かな報告を受けておられる。貴下《フランソワ・カロン》は日曜日を守り、我が国の総ての国民の面前にあって、しかもその眼に触れる貴下達の家屋の棟と破風にキリスト生誕の紀年をしるしている。十戒、主の祈り、また、信仰、洗礼並びに聖餐式、旧約聖書、新約聖書、モーゼ、預言者並びに使徒達、要するに、〔ポルトガル人達と〕同一の作業、原理を持っており、そのことは明白である。我々は両者の間の相違が僅かなものと見做しており、貴下達がキリスト教徒であることはずっと以前から知られている。しかし、別のキリスト教徒と考えられていた。これらの事から、上記の陛下《徳川家光》は、貴下に、私《井上政重》を通じて、貴下の住居の総てを（先に述べた年号が掲げられているものは一つの例外もなしに）取毀し、これを最近建てられた北側の棟から始めて、逐次全部に及ぼすように、と命令させた。貴下達が貴下達の日曜日を公に守ることは許されない。その名称の記憶を断つためである。

カピテン、すなわち貴下の国民の指揮官は、今後一年以上日本に留まってはならない。そして、マカウの人々の間で慣例となっていたように、毎年交替せねばならない。それは〔この国の〕国民とより永く接触を保って、〔キリスト教の〕教義が弘められぬためである。何故ならば、そうならないことは何等の保証も出来ないからである。この他に貴下がそれに従わねばならぬことは、今後平戸の執政官達によって貴下に伝達される筈である。

我々《フランソワ・カロン》は、皇帝《徳川家光》の命令に対しては、承知したということ以外の言葉が口にされてはならず、そして、何か要求したり或いは抗弁したいことがあっても、その場ではなく、それは後になって行われねばならないことを知っていたので、冷静に、そして度量を見せて、しかも恭々しい言葉で、陛下が我々に命令なされる事には総て正確に従うつもりである、と答えた。

とあって、家光はポルトガル人と同様にオランダ人もキリスト教徒であるとして、その行動を捜査しており、その結果を受けて井上政重が、オランダ人と日曜日の関係や、平戸のオランダ商館に関係する建造物に西暦の付されていることなどを問題点として指摘するとともに、建造物の破壊と日曜日の廃止を命じ、商館長の一年交替制を指示している。フランソワ・カロンはこの指示を抵抗せずに受けたが、永積洋子氏は「このカロンの判断がオランダ人を救ったのである」としている（永積『近世初期の外交』）。この井上政重による指示は、同じく一六四〇年十一月九日条（『日本関係海外史料　オランダ商館長日記』訳文編之四〈下〉）によると、

陛下《徳川家光》の言葉を自ら受けた私《井上政重》以外は、これら《酒井忠勝ら》の人達も、また他の誰もがこの事については関知していない、

とあるように、家光から井上のみに命じられたことであり、しかもそれは『オランダ商館長日記』の一六四〇年十一月十日条（前引『オランダ商館長日記』訳文編之四〈下〉）に、

これは万人に畏怖されている皇帝《徳川家光》から出ており、彼《徳川家光》の欲することは常に満たされねばならない。

とあるように、まさしく絶対の命令であった。この指示が酒井忠勝らを通さず、井上のみへの特命であったことの理由について、永積氏は「酒井忠勝、松平信綱など有力な年寄はすべてオランダ人に好意的であったから、家光の決断は上使政重に直接口頭で命令するという形が取られたのであろう」としているが（永積『近世初期の外交』）、もう一点、井上政重が岩生成一氏の指摘したように「もとキリシタンであり、キリシタンの教義や慣習を熟知してい」た（岩生『鎖国』）ということもあったものと思われる。

寛永十七年のポルトガル使節団を処刑

しかし、このように様々な手を打って、ポルトガル人を追放し、オランダ人の宗教的な生活慣習の是正をも命じるなどして、キリスト教の影響を極力排除しようとしているのとほぼ同時に、次の「寛永十七年六月二十三日付中沢一楽宛細川忠利書状」（『大日本近世史料　細川家史料』十三、一〇二八号）が示すように、

一、天川（澳門）舟之事、重而参間敷之由　上意にて候処ニ、又参候事曲事ニ思召候由ニ而、六十▨餘人ハ御成敗、十三人ハ小舟にて天川へ御返し、右之様子彼地ニ而可申由、扠乗参候小黒舟へ道具以下不残入、御焼わり候て、御すて候事、

一、加民部（加々爪忠澄）・野々山（兼綱）も唯今天草を被廻候、何も九州衆へ御申渡候　上意有之とて、我等（細川忠利）・有玄（有馬豊氏）・鍋嶋（勝茂）なとハ嶋原へ頓而参候へ、残九州衆ハ小倉へ集候へとの儀にて、頓而嶋原へ我等も参候、

と、ポルトガル船が来航したが、山本博文氏によると、同船は「貿易再開のために来航した」が、これに対する「家光の決定は迅速なもの」で、「黒人や水夫一三人を除いて全員の処刑を命じ」るとともに、「外国からの使節を処刑したわけだから、報復行動を予想していたと考えても不思議ではな」く、「九州大名を島原および小倉に集め」て「諸大名の領内に、遠見番所の設置が命じられた」という（山本『鎖国と海禁の時代』）。家光がポルトガルからの報復を想定していたかどうかについては、次の『オランダ商館長日記』の一六四一年四月四日条（『日本関係海外史料　オランダ商館長日記』訳文編之五）に、

フィンゴ〇肥後。領主は細川越中守忠利、この年間もなく死亡する。アリマ〇有馬。領主は高力摂津守忠房、一六三八年までは浜松に在封。、及びオメムラ〇大村。領主は大村丹後守純信。の領主たちは、彼等の領地に留まって、絶えず帆影に監視の眼を見張るよう皇帝陛下（徳川家光）から命ぜられたが、その理由は、或いはポルトガル人たちが彼等のガリオット船群で将来日本の国土に何らかの攻撃を加えようとすることが起るかも知れず、或いはまた、そのこと自体が彼等〇ポルトガル人。と同様我々〇オランダ人。によっても起るかも知れず、しかも、我々が既に蒙った侮辱に対して我々が、何らかの報復手段をとろうとするに違いない、と怖れられているらしい、というのが彼（徳川家光）の思惑にあるからである、と。

とあることからも、家光は自らの政策が外国からの報復攻撃を招く可能性のあることを充分に認識していたものと考えてよいと思われる。

それにしても、なぜポルトガルはこのように執拗に日本への来航を継続したのだろうか。日本側がキリスト教への警戒を強めていることは明らかであっただろうから、ポルトガルの真意を測りかねるが、それは当時の幕府としても同様だったようで、例えば、『オランダ商館長日記』の一六四〇年八月五日条（『日本関係海外史料　オランダ商館長日記』訳文編之四〈下〉）には次のように、

> キリスト教は、厳重なる禁令にも拘らず、今なお、絶えず弘められているが、日本の国家に対する、最も破壊的にして叛逆的な悪事であると認められる。この理由により、ガリオット船○かれうた。はその来航を禁止され、これを聴かずして、執拗にも再来する場合には、彼等の船を沈め、これに乗組んでいる者は誰も容赦されない、と命令された。〔しかるに、〕この下された命令は、彼等《（ポルトガル人）》によって不敵にも無視され、そして、それ故に彼等は死罪に処せられた。あまつさえ、彼等はこの国を、軽率な、劣った国であると見做して、彼等の奸計により、この国を欺くことができると判断し、これを実行に移した。

とあって、これは『オランダ商館長日記』に留められた「寛永十七年六月三十日付馬場利重宛老中等連署書状」の一節だが、幕府としては、ポルトガルが日本を「軽率な、劣った国であると見做して、

彼等《ポルトガル人》の奸計により、この国を欺くことができると判断し」ているからだと考えていたようである。また、『オランダ商館長日記』の一六三七年九月二十二日・二十三日条（『日本関係海外史料　オランダ商館長日記』訳文編之三〈上〉）には、「カロン《フランソワ》が長崎にいたとき、同時に四人の宣教師と彼等に同行していた二人の普通の日本人が捕えられてザツマ〇薩摩。から連行されてきた」際の「宣教師たちと執政官《長崎奉行》たちとの間に」おける「問答」が次のように紹介されている。

問　貴下は日本の皇帝陛下〇徳川将軍。《徳川家光》が彼《徳川家光》の国において貴下等はもちろん貴下等の教えを望まず、しかもこれを厳しく禁止したことを知っていないのか。

答　然り、知っている。

問　それなら何故、知っていてわざわざその禁令を破ったのか。

答　総べてこの世の皇帝たち、国王たち、並びに有力者たちを統治しているひとりの神があり、その神の意志は彼の聖なる名と教えとを目の見えない人々に知らせなくてはならないからである。それ故我々はやはり彼により統治されているひとりの人よりもなお一層心から喜んで彼に従わなくてはならないのである。

これによると、宣教師は「総べてこの世の皇帝たち、国王たち、並びに有力者たちを統治しているひとりの神」と「彼の聖なる名と教え」を「知らせ」るために来たのだという。この発言に従えば、家光もその「ひとりの神」に「統治」されていることになる。だがそれは、東照大権現と天照大神を重視してきた家光にとって、全く受け容れることのできない発想であったろう。

オランダ商館の長崎移転を命令

一方、オランダに対しては、『オランダ商館長日記』の一六四一年五月十一日条（『日本関係海外史料　オランダ商館長日記』訳文編之五）によると、さらに幕閣から次のような指示がなされた。

> 今後彼等《オランダ人》の船舶を長崎に寄港させることと、同時に、彼等の全財産を平戸から引揚げ、そしてこれを同地へ移すこととが実行されねばならない、と告げさせたが、それは、皇帝陛下《徳川家光》が、いかなる外国人にも前記の地〇長崎。以外には彼の《徳川家光》国土〔に住むこと〕を許さない積りでおられるからである、と。

すなわち、平戸のオランダ商館の長崎への移転が命じられたのであるが、山本博文氏は「日本にとっての必需品の輸入を、一平戸藩に任せておくことはできない」ことから、「前年のオランダ商館の倉庫の破却までが家光の当初の意思であって、長崎移転は、経済的な混乱を食い止めようとする幕閣の政策であったと考えられる」とし、「ある意味では、この最終決定は、家光が幕閣の決定に折れたものであったと言えよう」としている（山本『鎖国と海禁の時代』）。しかし、前引の『オランダ商館長日記』では、幕閣が長崎以外に外国人の居留を認めるつもりのない家光の意思の存在を明言しているし、次の『オランダ商館長日記』の一六四一年五月十四日条（『日本関係海外史料　オランダ商館長日記』訳文編之五）が留守居の牧野信成の発言として、

> しかし今のところはこの総べてを堪忍すべきで、しかも、その他総べての事柄は以前の状態のままで置かれるのであるから、この処置により、一つの場所から他の場所へと転居すること以上の何らかの変化が企てられたものとは思うべきでない。むしろそのことは、ただ外国人たちを一つの場所に集めるためにのみ起ったのであり、そのことは既に以前から、しかもポルトガル人たちの退去の直後に閣僚たちにより決定されていた。然り、そのことはポルトガル人たちの時代に既に考慮されていたが、しかし、貴下等は互いに仇敵であったため、当時はそのままにして、そして皇帝《（徳川家光）》陛下のもとで今日まで延ばして置かれたものである。

と記していることからして、オランダ商館の長崎移転は「外国人たちを一つの場所に集める」ことが重視された政策として捉えるほうがよく、それが直ちに実行されなかった時間差の問題（山本『鎖国と海禁の時代』はこの点を重視している）は、牧野の言うところの「そのことは既に以前から、しかもポルトガル人たちの退去の直後に閣僚たちにより決定されていた。然り、そのことはポルトガル人たちの時代に既に考慮されていたが、しかし、貴下等は互いに仇敵であったため、当時はそのままにして、そして皇帝《（徳川家光）》陛下のもとで今日まで延ばして置かれ」ていたからという説明で理解は可能と思われるの

である。すなわち、オランダ商館の長崎移転が延期されていた理由は、長崎におけるポルトガルとオランダの衝突の可能性を回避するため、ポルトガル人が退去するまで時期を待つべきだとした家光自身の判断があったからであった。

オランダ人の本音と家光・幕閣の新たな期待

だが、この決定はオランダ人にとって頗る不満なものであった。次の『オランダ商館長日記』附録の「一六四一年二月十日付マクシミリアーン・ル・メール宛フランソワ・カロン訓令」（前引『オランダ商館長日記』訳文編之五）は、オランダ人の本音をよく伝えてくれている。

事態がこれ程までの状況に立ち至ろうとは（神よ、救い給え、）全く思いも寄らなかったことである。会社の業務は（最近ではそれでも良好な状態にあるように見えたのに）キリスト教徒という名のために、〔今では〕殆ど足蹴にされてしまった上、さらに、会社の使用人たち〇職員。は、（我々〇カロン。及び我々の先任者たちによって常々行われて来たような）勤勉な勤務によって任務を充分果すことも、この傲慢で残忍な国民に満足を与えることもできずにいるが、それというのも、彼等《（日本人）》のもとに（総べて彼等のキリスト教に対する憎悪に基づいて）拾い集められた材料には事闕かないからであり、とりわけ、彼等が、我々〇蘭人。はポルトガル人が崇拝しているのと同じ神とその子キリストの存在を信じているのを知っているからである。

オランダ人からは、日本人が「傲慢で残忍な国民」にしか見えず、今後の損害などについて不安に思わざるを得なかった。このオランダ人の深層心理を知ってか、幕閣はオランダ人を必死で宥めている。例えば、『オランダ商館長日記』の一六四一年五月十三日条（『日本関係海外史料　オランダ商館長日記』訳文編之五）は次のように、

そのことを貴下《（マクシミリアーン・ル・メール）》は総べて善意に理解すべきであって、貴下が同地へ行ったら平戸に於けるよりももっと悪い待遇を与えられるであろうなどと悪く取ってはならない。皇帝陛下《（徳川家光）》も閣僚《（酒井忠勝）》たちも意図しているところは、貴下も自ら聞いての通り、そのようなものではなく、寧ろそれとは別で、住居の場所が変わる以外何の変化も起らず、それ以外のことは、総べて、これまでの平戸での慣例通りに行われるのである。

と、単なる場所の移転だと強調する井上政重の発言を記録しているし、また同日条（前引『オランダ商館長日記』訳文編之五）には、

皇帝陛下《（徳川家光）》はまた貴下《（マクシミリアーン・ル・メール）》に、閣僚《（酒井忠勝）》たちを通じて大変熱心に、もし貴下の船舶が、海上で日本に向けて来るのを意図している若干のガリオット船に出遭ったら、それらを攻撃し、且つ当地へ連行して欲しいと望んでいる。ポルトガル人やカスティリア人は凡ゆる手段を盡くして彼等の宣教師を使って日

本の国を不安に陥れようとして已まない、とのことであり、確実に報告を受けているところによれば、彼等《（ポルトガル人とカスティリア人）》はマカウからマニラへそして再びそこから当地へと彼等の航路を取り、日本の前面の島々が見える程に北上して、その際、殊更その目的のために彼等が携行している小型の舟で彼等の宣教師たちを夜遅くなってから上陸させる方法を知っている、とのことである。もし貴下の船舶がそのような船を捕獲して我々のところへ連行することができるなら、それによってどれ程の御奉公が皇帝陛下に生れるか、またそのことを皇帝陛下がどんなに喜びとなさるか、それは言い表しようもないのである。

という井上の発言も記録されている。すなわち、宣教師を乗船させていると思われるポルトガル船やスペイン船の監視と拿捕およびその日本への曳航をオランダ船に求め、それこそが今後のオランダ人の家光への「御奉公」だと強調し、新たな役割を付与することでオランダ人の存在意義を強調して見せている。だがこれは、あまりにも日本にのみ都合のよい政策で、また当初外国船同士の戦闘への関与を回避していた家光の政治姿勢との整合性をも問われかねない内容である。それだけ当時の家光がキリシタン対策で追い詰められていたということでもあろうが、本来ならば日本自らの責任でポルトガル船とスペイン船の監視・拿捕はなされるべきものであり、そこの部分を全面的にオランダに依存するという判断は、当時の幕府の対外的軍事力に関する構想力の限界を示すものであった。

第九章　家光の政治理念と神々

1　追加作成された『東照社縁起』の世界と家光

『東照社縁起』の追加作成の開始

一方この頃、家光独自の特徴的な行動も確認することができる。すなわち、神崎充晴氏によると、家光は前述の『東照社縁起』上（真名本）に加え、再び『東照社縁起』の作成に取り組み、「絵巻「東照社縁起」制作企図と並行して、この上巻に追加すべく、新たに中・下二巻の「真名縁起」の制作が企図され」て「寛永十七年、絵画と同時期に完成」させるとともに、「「東照社縁起」（仮名縁起）の本文」についても「縁起の詞書の草案が、寛永十六年九月中旬頃にはできあがって」おり、「これは、来るべき寛永十七年の家康二十五回忌の記念事業の一環として発企されたもの」だという（神崎「「東照社縁起」制作の背景」）。

なぜ家光が再び『東照社縁起』に注目したのかについて、神崎氏は「家康二十五回忌の記念事業の一環として発企」したということをふまえつつ、「寛永十三年四月に東照社に奉納された後水尾上皇宸筆の「真名縁起」一巻について、天海撰述の漢文縁起に多少の議論のあったこと」すなわち「天海撰述の漢文縁起の難渋を暗に批判した」議論があり、「かような周辺の空気を察知した家光が、いま一度、仮名交じりの縁起の制作を発企したのではなかったか」とし、本書でも前引の『凉源院殿御記』の寛永十三年二月二十七日条（『凉源院殿御記』十一、国立公文書館所蔵謄写本）に注目して、「寛永十三年四月の「真名縁起」奉納後、ほどない時期に、ふたたび天海に、改めて仮名交じりの縁起撰文が下命されたというのが実情ではなかったか」と推定している（神崎「「東照社縁起」制作の背景」）。

だが、その日野資勝の日記である『凉源院殿御記』の寛永十三年二月二十七日条（『凉源院殿御記』十二）を改めて見ると、

阿野殿《（実顕）》ヨリ人を給、仙洞《（後水尾上皇）》ヨリ御談合ノ義ニ而、三条殿《（三条西実条）》へ御出候間、三条殿へ拙子《（日野資勝）》ニモ可参由承候間、則参候得者、東照之縁起之被遊様、南光《（南光坊天海）》ヨリハカタカナニテ付テ参候、真名・仮名ニテ被付候テ可然カトノ義ヲ三条殿被申候、又ヒラカナニテ被付可然カト申候衆も候、又五条《（為適）》ニ縁記《（ママ）》ニマナ付候事を被仰付候得者、宣命中臣ハラヒナトニ付申候、縁キナトニハ、ヒナカナ《（ママ）》可然カト被申上候由、又御談合之由候也、三条被申候ハ、何も先々仮名ましり候へハ、ヒナカナ《（ママ）》可然事ニ候、是ハ一所ノ事ニ候間、如何候、只真名にて被付可然由被申候

とあって、寛永十三年（一六三六）当時、天海は縁起の草稿を「カタカナニテ付テ参」った。そして、その天海の片仮名による草稿を見て三条西実条が「真名・仮名ニテ被付候テ可然カ」と問題提起し、種々議論の後、三条西が「只真名にて被付可然由被申」たとあるのだから、天海が真名で草稿を書いたのではなく、真名を指示したのは三条西であった。したがって、神崎氏の議論は成立しないことになるから、『東照社縁起』が再び追加で作成されねばならなかった背景は、家康の二十五回忌法要（この時に追加分が奉納されたことは事実である〈『東照大権現二十五回御年忌記』〈財団法人神道大系編纂会編／曽根原校注『続神道大系　神社編　東照宮』〉〉）の意味とあわせ、再検討する必要がある。また、寛永十六年（一六三九）段階でも真名本が作成されていることからすると、家光にとって重要なことは文字の表記方法ではなく、内容だったのではないかと推測されるから、追加作成分の内容の特徴を把握することが重要なのではなかろうか。

後水尾上皇の宸筆を奏請

なかでも家光は、「寛永十七年二月七日付天海宛尊純法親王書状」（日光市史編さん委員会編『日光市史』史料編・中巻）によると、『東照社縁起』の仮名本のうち、「少々」を後水尾上皇の「宸筆」で記してもらうべく、板倉重宗から権大納言局を通じて上皇へ依頼しており、上皇は「御筋気ニ候故一円御筆難被叶思食候」ということであったが、家光と上皇との間で「為末代第一之初段幷白鶴之段被染宸翰候様ニとの義」が合意された（なお山澤『日光東照宮の成立』は「上皇は筋気を理由に渋ったというが、単に体調不良と解釈すべきではなかろう」とし、「紫衣事件以降の政治的な緊張関係も想起するなら、「御立願」「鶴」の両段には同意しにくい内容が含まれていたことを想定することができる」とするが、これは個別具体的な政治状況を混同した解釈だろう）。

すなわち、『東照社縁起』の仮名本で家光は、第一の初段と第四の鶴の段の内容を重視していたことがわかるのだが（この点は山澤『日光東照宮の成立』と見解が一致しているが、『東照社縁起』の解釈は山澤氏と筆者とではかなり着眼点が異なるので、ぜひ両方を参照されたい）、このうち『東照社縁起』第一（仮名本）の初段とは次のような内容である（財団法人神道大系編纂会編／西垣他校注『神道大系　神社編二十五　上野・下野国』）。

伝聞、いにしへ溟滓の蒼海に、三輪の金光有て浮浪す、あめつちひらけ陰陽わかるゝに至て、三輪の金光同しく三光の神聖となつて、其中に化生す、此故に神国たり、神世万々人皇千々にいたり、一刹利種系聯禅譲して、いまたかつて移革せす、相胤も亦しかなり、閻浮界の裡豈如是至治の域あらんや、されは日域を根本として、印度志那を枝葉とせる事、良有以哉、

抑、本朝帝皇の苗裔、姓氏あまたにわかれし中にも、第五十六代水尾帝（清和天皇）の御末の源氏は、たけきいきほひありて、君を守り国をおさむること世に超過せり、殊更当家の祖神に祝ひたうとひ給ふ東照大権現（徳川家康）の名高き世のほまれは、言説にものへかたく、筆端にも盡しかたし、今この本縁を顕すも巨海の一滴、九牛か一毛のみならし、そのかみ、彼慈父贈大納言広忠卿、若君のなきことをなげき、北方もろともに参州煙厳山鳳来寺の医王善逝に参詣ありて、丹誠を凝し、諸有願求悉令満足の誓約を深くたのみ給ひき、

神国思想の表明

高木昭作氏なども注目する箇所だが、高木氏によるとこの部分の前半は「『日本書紀』の巻頭」の「天地創成の部分の、三輪神道による解釈であ」り、「天地創成のはじめにまず大日の化身である三輪明神が日本に出現したこと、それゆえに日本は神国であり、周辺の諸国に超越した国であることを主張している」とされる（高木『将軍権力と天皇』）。後段は「本朝」に「あまた」ある「姓氏」の中でも「源氏」が「君を守り国をおさむること」は「世に超過」しており、特に東照大権現の名誉は筆舌に尽くしがたく、この縁起が述べる内容もそのほんの一部である旨が述べられている。

『寛永諸家系図伝』の編纂

おそらく、この数多ある「姓氏」の中から「源氏」が台頭して「君を守り国をおさ」めてきたことの具体的様相と徳川家康の名誉ある登場という、『東照社縁起』第一（仮名本）初段で「言説にものへかたく、筆端にも盡しかたし」とされた内容を補うために編まれたものが、「寛永十八年（一六四一）二月七日に徳川家光が台命を下して諸家の系図を献上させるよう命じた」（山本「『寛永諸家系図伝』について」）とされる『寛永諸家系図伝』なのではなかろうか。

この『寛永諸家系図伝』については、「新たに成立した武家社会秩序の固定化を図ろうとする」（橋本「寛永諸家系図伝と諸家の呈譜」）ものであるとか、「徳川家を核に作り上げられた政治秩序を固定化しようとしたもの」（藤井『徳川家光』）という説明がなされてきた。その一方、「この系図は「太平御一統」「国家治安のまつりごとさかんなるしるし」という徳川氏による政治的統一の象徴として編纂

されたもの」（藤井『徳川家光』）だという指摘や、次の『大猷院殿治世略記』（国立公文書館所蔵謄写本）に、

> 武家面々系図献之、太田備中守（資宗）奉行、於評定所清書之、真名・仮名有両通、（中略）、至寛永二十年功成、亦公家系図・門跡・院家・列祖等、各依仰連連調進之、吉良少将義弥奉之

とあるように、『寛永諸家系図伝』は『東照社縁起』と同じく真名本と仮名本が作られたこと、あわせて公家などの系譜も収集されたことをふまえると、『寛永諸家系図伝』は『東照社縁起』と対応し、それを補うための事業であった可能性があるように思われる。

敬神の国柄の強調

また、後水尾上皇の宸筆が求められたもう一段の『東照社縁起』第四（仮名本）鶴とは次のような内容である（財団法人神道大系編纂会編／西垣他校注『神道大系 神社編二十五　上野・下野国』）。

> 寛永丁丑（寛永十四年）夏のはしめ、征夷大将軍家光公、東照大権現の霊威をあかめられ、城郭のうちにもとよりありし神殿を、猶孝敬のふかきあまりに、瑞籬の内外いま一しほの荘厳をそへ、造替あるへきにて、其所を定給ふ折しも、まな鶴二つとひ来り、しはらくありて東のかたにさる、かくあやしく妙なることをおもひて、世に鳴騒人墨客おの〳〵心々に、やまともろこしのめて度ためしを勘へてほめ奉

る、中にも大僧正天海（南光坊）の祭文の詞には、神の御社を都率内院と号し、仏のみてらを金剛浄刹と名つけ、敬神を以て国のさかへとし、祭祀を以て国の法とすとかけり、又宣帝世宗廟をまつれる日、白鶴きたりて後庭にあつまりし瑞を引て祝せしをは、やかて内陣にそ納をき給ひける、されは霊神此鳥に駕し来て、万代不易の所をしめし、大樹のことふきは千季のゝちまでもたもち給はむ事を告給ふよと、世こそりてゐみさかへけると也、

これは前述の「寛永十四年十一月十七日付宗鏡寺他宛沢庵宗彭書状」（『沢菴和尚書簡集』三八号）で家光が松平信綱を通じて沢庵に「本丸二之丸之間ニ、東照権現新宮被仰付候。乍次社参仕、其元景共見せ」と言って見せたがっていた江戸城内の東照社のことを述べた文章であり、その造営地に鶴が舞い降りたことを祥瑞と見て皆が褒め称えたことや、天海の「祭文」に「敬神を以て国のさかへとし、祭祀を以て国の法とすとかけり」とあったことを強調し、初段で述べていた「神国」の様子を補強する内容になっている。

天照大神・八百万の神々に参画する東照大権現

そして、この天海の「祭文」における「敬神を以て国のさかへとし、祭祀を以て国の法とす」の文言を受ける形で記された文章が次の『東照社縁起』第四（仮名本）祭礼である（前引『神道大系　神社編二十五　上野・下野国』）。

宗廟をまつる事は、もろこしにもこれを専とせり、殊更本朝はあまてるおほん神の御末にて、皇孫

降臨し給しよりこのかた、八百万の神たち、国家をしつめまほり給ふ、就中廿二所の神祠は、おほやけの恭敬他に異なるにより、大社にあかめおはします、今此東照三所大権現もこれにひとしくなそらへ、当社開基より廿一年にして、寛永十三丙子造替の時至りて、征夷大将軍家光公（徳川）ひたのたくみに課て、不日に成功をとく、社壇の厳飾は殿宇金銀を鏤め、柱扉丹青を盡して、玉垣の外までも、玲瓏くはかり也、これによりて（寛永十三年）四月十日新造の御社に神躰を遷御なしたてまつり、掛まくもかしこき勅使をたてられて、宣命をよみ官幣をさゝく、散齋致齋の行儀も厳重にして、（寛永十三年四月）十七日神輿臨幸の期には、社司以下の供奉人まて、美つくし善つくせり、さて家光公御社参ありて、神拝の御作法甚以神妙なり、人みつから安にあらす、神の助によりてやすきわさなれは、末代に及ても、豊年凶年のけちめなく、礼奠のつとめ退失有へからすとそさためたまひける、

この部分は良恕《りょうじょ》法親王の筆になるが（神崎「「東照社縁起」制作の背景」）、「宗廟をまつる事」自体は中国大陸でも行われていると前置きした上で、「殊更本朝はあまてるおほん神の御末にて、皇孫降臨し給しよりこのかた、八百万の神たち、国家をしつめまほり給ふ」と述べて日本の特質を天照大神の存在に求め、その子孫である「皇孫降臨」の後は「八百万の神たち」がこの国を鎮護しており、そこに東照大権現も参画する様子を描き、前段の「敬神を以て国のさかへとし、祭祀を以て国の法とす」の文言が補強されている。

「国民」を守り「泰平」に導く「聖君」家光

さらに、この『東照社縁起』の仮名本には、次のような『東照社縁起』第五(仮名本)跋がある(財団法人神道大系編纂会編／西垣他校注『神道大系　神社編二十五　上野・下野国』)。

当寰天下をたもちたまふこと、戦を以て戦をやむるは戦といへとも可なり、いかにいはむや、無為にして各親其親、各子其子、君臣樽節、海晏河清平、而今当君(徳川家光)を仰みるに、人におゐては親昵の情をなしたまへとも、獅子嚬呻の勢を現するかことく、貴賤頭を低る、物において柔和の語ありといへとも、象王爪牙の全を蔵ににたり、緇素掌をあはす、僉いふ、賢君其国に王たゝし時は、百性四面鉄壁の室に居るかことくなり、しかのみならす、最初好世依正の人主は、動せすものいはす、無為にして自から化し、自信し自なる、当寰濁世の国民は、善を勧め悪を懲とも、よこしまなからむことを思はす、賢君忝も賞を以てすれとも、欲に欲をかさね足ぬといふことをしらす、干戈止ことなし、たとへは荷葉の雨をうけて鮮なり、雨あまるときむは池水にかするかことし、且は奢侈又は濁世の所以なり、而に
(徳川)家光公御在位年尚し、慈恵のいたり息燸の及ところ、異国なお昵しむ、況親戚に至るおや、国の煙塵を鎮め、人の泰平をいたす、一天曇なし、豈宿植徳本の聖君にあらすや、

(小松茂美編『続々日本絵巻大成　伝記・縁起篇8　東照社縁起』は「当君」を家康と比定するが家光だろう)

この跋は「天海の担当分」であるが(神崎「『東照社縁起』制作の背景」)、そこでは表面上穏やかなの

にも拘わらず、内面に力を秘めた家光を皆が慕っている様が描かれ、家光のような「賢君」が国に立っている時、百姓は四方を鉄の壁で囲まれた部屋にいるようなものだと皆が言っているとした上で、本来の世の中は「無為」のはずだが、現在の汚れた世の中に住む「国民」は勧善懲悪の精神はあっても、邪念は棄てられず、家光が忝いことに「国民」を褒めたとしても「国民」の「欲」には際限がないから争いも止むことがなく、奢りが「濁世の所以」であるとの見解が示されている（すなわち「濁世」の責任は家光にないということか）。そして、家光の在職は長期間に及んでいるが、家光の慈悲の心は「異国」にまで及んでおり、ましてや「親戚」（三家をはじめとした一門大名のことか）は言うに及ばず、家光がもたらす「泰平」には一点の曇りもなく、家光は「聖君」ではないのかとして文章が締め括られている。

ここからは、家光がいるからこそ天下が治まっており、「国民」は家光のおかげで鉄の部屋にいるかのような安心感を得ているが、その「国民」は奢りを抱えた厄介な存在であり、奢っているから争いも止まないのだという主張を読み取ることができ、これは前引の「寛永十六年四月二十五日付細川光尚宛細川忠利書状」（『大日本近世史料　細川家史料』十四、一三二二号）における家光の「日本之おごり大なる儀ニ候」という発言と共通する発想である。これまでの『東照社縁起』の仮名本の叙述とあわせて考えると、「神国」の日本は「敬神を以て国のさかへとし、祭祀を以て国の法とす」る国だが、その国は奢りに満ちて濁っており、その「煙塵を鎮め」て国を治める「賢君」・「聖君」が家光であるという主張なのだろう。

ここで展開されている主張は、『東照社縁起』上（真名本）にはなかった内容であり、なぜこの主張が寛永十六年（一六三九）から寛永十七年（一六四〇）にかけて出てきたのかという点が問題である。『東照社縁起』の仮名本は『東照社縁起』の真名本と「要するに一長一短、両者相合して始《ママ》めて全きを期する」関係にあったが（別格官幣社東照宮社務所編『東照宮宝物志』）、果たしてその両本が奉納された家康の二十五回忌法要とはいかなる儀式であったのだろうか。

2　家光の思い描く将軍像

家康の二十五回忌法要の性格

家康の二十五回忌法要は、『東照大権現二十五回御年忌記』（財団法人神道大系編纂会編／曽根原校注『続神道大系　神社編　東照宮』）によると、家光の参拝が行われたことは勿論ながら、家光の帰還後、在府の東北と西国の大名も参拝し、彼らは参拝後に帰国の暇を与えられていることが特徴的であり、さらに『東照大権現二十五回御年忌記』は巻末を「国家治而福寿長、揚神風于四海、垂芳声于万世者、誠可祝而可崇」（前引『続神道大系　神社編　東照宮』）と締め括っている。これらのことからすると、この法要はまさに寛永十六年から寛永十七年にかけて家光が直面していた対外情勢への対応の一環として営まれた法要であった可能性がある。その際、大名らの参拝した東照大権現の性格が問題となるが、この点に関連して中野光浩氏は次の『天寛日記』の寛永十七年十一月二十八日条（前田育徳会『加賀藩史料』第貳編）を紹介しており（中野「諸大名による東照宮勧請の歴史的考察」)、参考となる。

一、松平筑前守光高《（前田）》、酒井讃岐守《（忠勝）》をもつて、東照大権現を加州金沢の城北郭の内に勧請したてまつらんことをのぞむ事、すでに将軍家に達し、これをゆるしたまふ。其のち光高《（前田）》登営して拝謁のついで、おほせにいはく、大権現を加賀国にあがめたつ《（ママ）》まつらんとする事をきく。其こゝろざしあさからず、その敬また至れり。光高はわが甥なり、他にあらず、よろしく大権現を祭りたてまつりて国家《（闕字）》を鎮め、かつ軍神とすべしとなり。光高拝謝して退く。他日讃岐守《（酒井忠勝）》再び欽命をのべて、その事を議定す。爰において遂に霊廟を営す。

「軍神」東照大権現

これはすなわち、家康の二十五回忌法要が営まれた時とほぼ同時期の東照大権現について、その加賀国への勧請を願い出た前田光高に対する家光の返答であり、家光は東照大権現を「国家を鎮め」る「軍神」だと観念していたことが示されている。これをふまえると、東北・西国の大名が日光東照社へ参拝した意味も比較的明瞭となろう。おそらく当時の東北・西国大名は、前述のようなポルトガルやオランダへの対応から生じた対外情勢の緊迫化を受け、「国家を鎮め」る「軍神」としての東照大権現に結集し、結束を誓わされたのだろう。そのような場面に追加作成分の『東照社縁起』は奉納された。

しかし、大名は奉納時も含めて『東照社縁起』を見た形跡がなく、東照大権現に参拝したのみである（野村『日本近世国家の確立と天皇』）。神崎氏によれば、追加作成された『東照社縁起』の内容はあくまでも家光や三家らを中心に検討され、後水尾上皇以下の宮中の関係者により執筆されており（神崎「『東照社縁起』制作の背景」）、また『東照社縁起』第五（仮名本）跋が家光や「親戚」に言及していたことからすると、この時の『東照社縁起』は家光と三家、宮中の問題だったようである。そのようなものを作成せねばならないと考えた家光の意図とはどのようなものであったろうか。その意図は、『東照社縁起』の追加作成分が日本を「神国」だと説明した際、かつて豊臣秀吉や徳川家康も明言することのなかった「あまてるおほん神」と「八百万の神たち」が東照大権現とともに初めて前面に押し出されたこととも関わっているだろう（野村『日本近世国家の確立と天皇』）。

家光の神観念と将軍像

この家光の意図を考察する上でまず重要となるのは、日光山輪王寺所蔵の重要文化財「東照権現像附蒔絵箱入守袋内文書」だろう。これは『徳川家光公伝』によると、「元来御守袋は家光公の身につけられ、もしくは身辺に秘蔵されたものであ」り、「その多くが、いづれも家光公の自筆と考へられる」というものである（日光東照宮社務所編『徳川家光公伝』）。この文書については近年、井澤潤氏の詳細な研究が発表され、「これらは一個の箱に収められ、御守袋七点の中には計十四点の文書が在中する」といい、「寛永十六年以降の御守のみがここに現存して」おり、「寛永十六年頃に、家光による東照大権現信仰が高まり、そして「蒔絵箱入守袋」の現存から、それが生涯を終えるまでの一貫した家光の信仰になった」ことなどが指摘されている（井澤「御守袋文書にみる徳川家光の心理」）。井澤氏は各文書の年代の比定を積極的に試みており、また文書の写真も掲載して新たな翻刻と解釈を提示している。筆者は『日本近世国家の確立と天皇』などにおいて、これまで『徳川家光公伝』の翻刻から引用してきたが、その引用の際には誤植もあったので、改めて井澤氏の研究を参考にしつつ、筆者も日光山輪王寺宝物殿から写真の提供を受けて行論に必要な範囲で「東照権現像附蒔絵箱入守袋内文書」（日光山輪王寺所蔵）を再検討しておきたい。

家光にとって東照大権現がいかなる存在であったのかを如実に示す史料は、「東照権現像附蒔絵箱入守袋内文書」のうち次の文書だろう（日光山輪王寺所蔵、2-2）。井澤氏は藤井譲治氏の「徳川家光花押文書の研究(二)」を参考に、花押からの年代比定を試みているが、これは難しいように思う。

いきるも
しねるも
なに事も
みな
大こんけんさましたに（い脱カ）将くん
ことも ミな
しんへあけ候
ま丶な事も
おもわくす

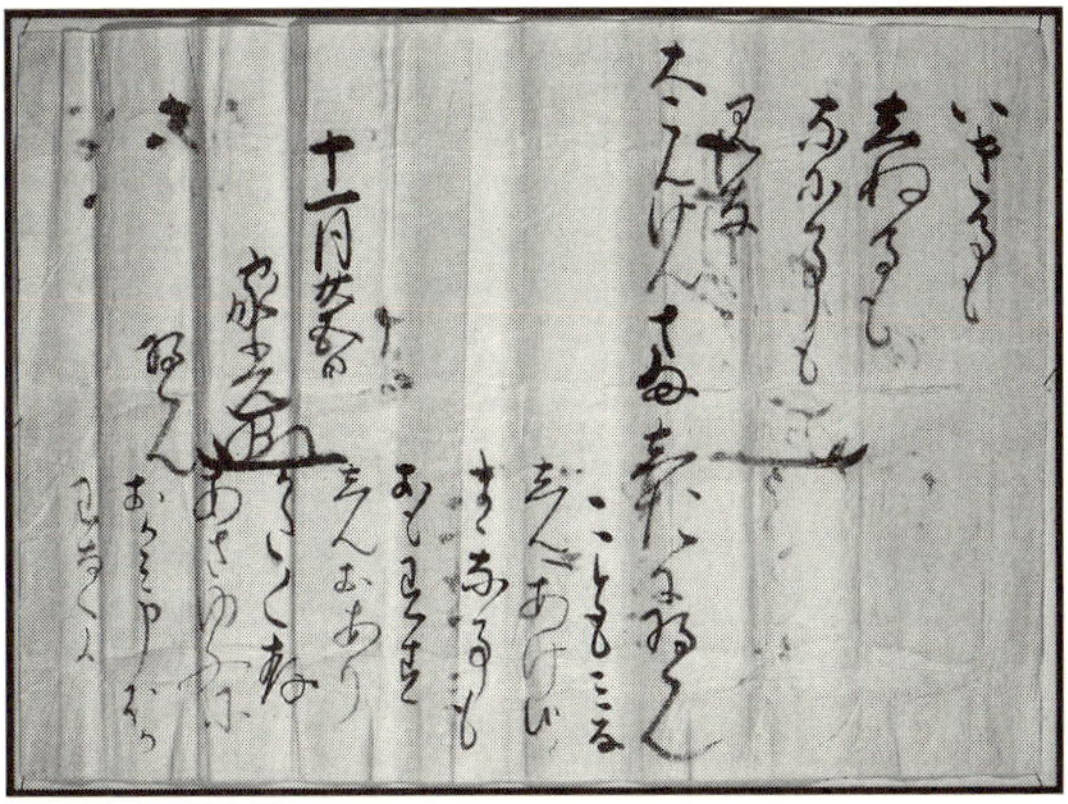

「東照権現像附蒔絵箱入守袋内文書」2-2
（重要文化財，日光山輪王寺所蔵）（日光山輪王寺宝物殿より写真提供）

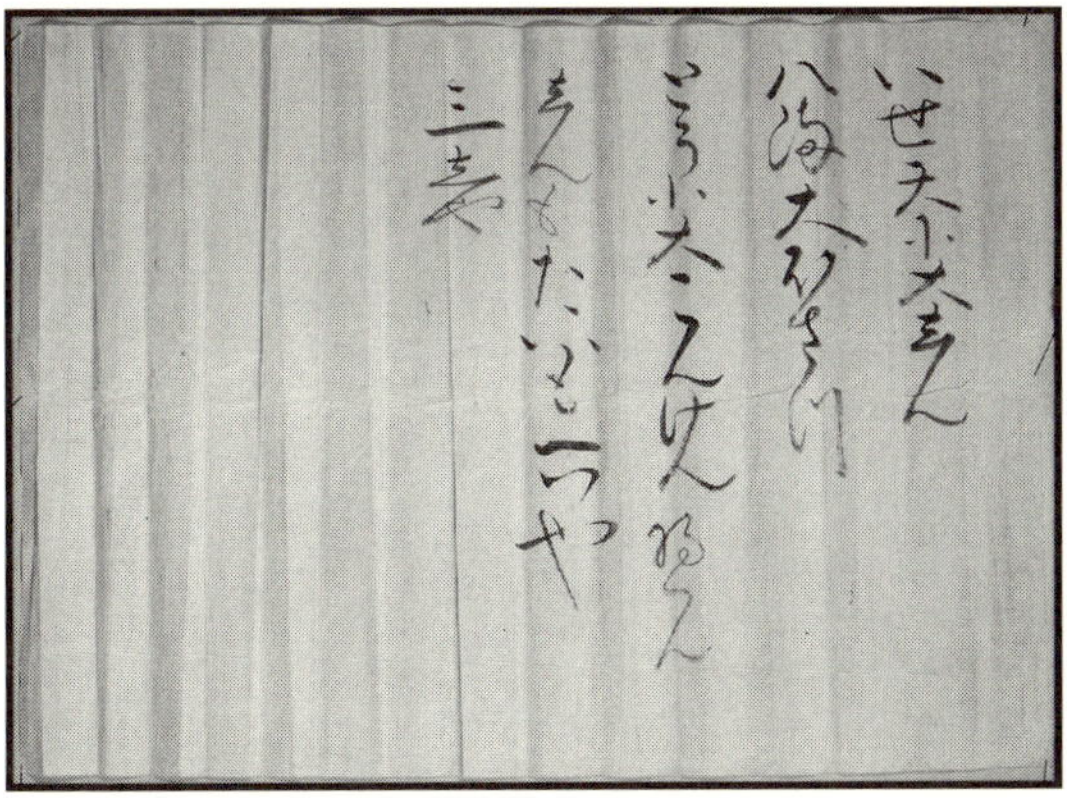

「東照権現像附蒔絵箱入守袋内文書」6-2
（重要文化財，日光山輪王寺所蔵）（日光山輪王寺宝物殿より写真提供）

十一月廿五日　　しんおあり
家光（徳川）（花押）　かたく存
将くん　あさゆふに
おかミ申ほか
わなく候

従来、筆者も含めて先行研究と井澤氏が「しぬる」と読んでいた箇所は「しねる」ではないかと思われるが、ここから読み取ることのできる内容は、将軍の生死を含む命運を東照大権現に託し、将軍と東照大権現との一体化を認識している家光の姿である。その家光が全てを託す東照大権現は、「東照権現像附蒔絵箱入守袋内文書」において（日光山輪王寺所蔵、6-2）、

いせ天小大しん
八満大ほさつ
とう小大こんけん将くん
しんもたいも一ツ也
三しや

とあるように、天照大神や八幡大菩薩とも「一ツ」だと認識されていた。その「三しや」の関係に将軍も入り「しんもたいも一ツ」とするところに、家光独特の将軍像があり、家光にとっては、その神々の関係を具体化したものが、天皇家と徳川将軍家の関係だったのだろうし、『東照社縁起』の追加作成における宮中との共同作業そのものだったのだろう。また本書でも繰り返し述べたように、現に当時の天皇家と徳川将軍家は血縁でつながっていた。八幡大菩薩の位置づけが難しいが、これは井澤氏も言うように、源氏の氏神としての位置づけと軍神としての位置づけの両方があり得ると思われる（井澤「御守袋文書にみる徳川家光の心理」）。

このように家光は、ここへきて将軍職や徳川将軍家、天皇家の存在を神の論理で統合的に説明しようとしているのだが、この傾向の生じる原因の一つには、『オランダ商館長日記』の一六三七年九月二十二日・二十三日条（『日本関係海外史料　オランダ商館長日記』訳文編之三〈上〉）で示されていた「宣教師たちと執政官（長崎奉行）たちとの間に」おける「問答」で、なぜキリスト教が禁じられているにも拘わらず、入国しようとするのかという長崎奉行からの問いに対し、宣教師が、

答　総べてこの世の皇帝たち、国王たち、並びに有力者たちを統治しているひとりの神があり、その神の意志は彼の聖なる名と教えとを目の見えない人々に知らせなくてはならないからである。それ故我々はやはり彼により統治されているひとりの人よりもなお一層心から喜んで彼に従わなくてはならないのである。

と答えていたこともあるだろう。すなわち、宣教師の言う「ひとりの神」ではない神を体系化しておく必要が家光に生じていたということであり、いま一つは家光が島原の乱を鎮圧して、「東照大権現祝詞」の第十三段（赤堀『東照大権現祝詞略注』）で言うところの「でいうすども」の「げどうのしう《外道宗》し《旨》」を完全に否定した結果、家光として「まつせ《末世》」を乗り越える独自の方法の提示を迫られていたということもあったのかもしれず、それが『東照社縁起』第五（仮名本）跋における家光への称賛と彼の統治する国に暮らす百姓の幸福の強調へとつながったのかもしれない。

家光の危機感

また、当時の家光の心情を別の角度から明らかにする史料が、次の「寛永十八年七月五日付酒井忠勝宛徳川家光御内書」（東京大学史料編纂所所蔵小浜酒井家文書、東京大学史料編纂所「所蔵史料目録データベース」）の一節だろう。

此天下の義ハ　こんけん様《（徳川家康）》御ほねをおられ、ほこさき《（矛先）》にて御納被成候て、たいとく院殿《（徳川秀忠）》ちんきにて御あと《（跡）》つか《（継）》セられ、代々納たる天下のきハ、から《（唐）》にも日本にもまれ《（稀）》なるきに候ニ、其御あとをふせう《（不肖）》なる身にてつき候義、ミやうり《（冥利）》の程おそろしく候まゝ、いかやうにも天下のつゝきおさまらん義をあさ夕くふう《（工夫）》するといへとも、あまつさへ近年ハ病者ニなり、はかぐしく天下のまつり事もつとめかね候事、両御所《（徳川家康・徳川秀忠）》のミやうりの程もいかゝ思ひ候付、昨日も其段其方《（酒井忠勝）》へくわしくいひきかせ候、

かつて山本博文氏が紹介した史料の一部だが（山本「新発見の小浜酒井家文書」）、家光としては、家

康・秀忠と続いてきた天下を不肖の身である自分が継いだことは冥利の程も恐ろしく、どうにか天下が続き治まるようにと朝に夕に工夫しているけれども、さらに最近は病気にもなり、うまく天下の政事も務められておらず、家康と秀忠はどのように思っているだろうかと心配になり、酒井忠勝へその思いを語って聞かせたという内容である。

いまだ自身の子にも恵まれない中で、対外情勢は複雑となり、キリスト教への有効な対抗論理もないまま、もし自分の身に何かあれば、徳川将軍家の思想的存立基盤はより一層危うくなる。事実、江戸城や宮中においてでさえ、多くのキリシタンが摘発され続けていた。だから家光は、『東照社縁起』の追加作成作業と奉納を通じ、将軍家の思想的存立基盤を三家や宮中と相互に確認し合うとともに、大名に対しては家康の二十五回忌法要の場を活用して「軍神」としての東照大権現への結集を促したのではなかろうか。この家光による『東照社縁起』の追加作成と家康二十五回忌法要の催行は、キリスト教の流入による内部からの体制崩壊への危機感とポルトガルやオランダによる報復の可能性という対外的危機に直面し、いかに将軍を中心に三家・宮中・諸大名を結束させ、将軍自身が精神的に持ちこたえるかという観点から取り組まれたものと思われるのである。

第十章　家綱の誕生と晩年の家光

1　待ちに待った新たな命

家綱（竹千代）の誕生

家光の長年の祈りが通じたのか、藤井譲治氏によれば、ようやく「寛永十八年八月三日に江戸城本丸で生まれた」子がのちの徳川家綱であり、その子は「家光の幼名である竹千代と名付けられ」て「土井利勝・酒井忠勝等の子供一三人が小姓として付けられた」という（藤井『徳川家光』）。

オランダと李氏朝鮮からの祝賀

竹千代の誕生は外国からも祝福され、『オランダ商館長日記』の一六四一年九月十九日条（『日本関係海外史料　オランダ商館長日記』訳文編之五）には、

会社側からは旗の掲揚と、まだコーニンギンネ号上にある二門の大砲による若干の礼砲発射によっ

てこのことに対する我々《マクシミリアーン・ル・メールら》の満足感が示された。

とあるように、長崎には礼砲の音が響き渡り、ロナルド・トビ氏によれば、幕府は「家光の世嗣誕生の祝賀のため、朝鮮に先例のない使節派遣を承認させ」ていた（トビ著／速水他訳『近世日本の国家形成と外交』）。『朝鮮通信総録』（国立公文書館所蔵謄写本）に所収される「寛永二十年八月十八日宗対馬守家来石川右馬助持来書付」によると、寛永二十年（一六四三）八月三日に「信使ニ御暇被下」たが、翌日には使節来日の件を調えた「対馬守《宗義成》ニ御暇被下」た上で、寛永二十年八月五日に次のようなことがあった。

> 奥之御座ニ被　召出、御直ニ被成　御諚候者、信使召連参上、苦労被　思召上旨云々、其方《宗義成》子彦満丸《宗義真》被成　御覧候、ほとなく〱盛長候ハ、能時代生合候、竹千代様《徳川家綱》御代ニハ相続て只今之如ク朝鮮国之指引、彦満丸に似合たる儀と被　思召上之由、蒙　御諚、

家光は宗義成を召し出して直接に義成の労をねぎらうとともに、一昨日に「五歳ニシテ」家光父子へ異例の「御目見」をした義成の子の彦満丸にも言及し、彦満丸が成長したならば、竹千代の代となっても「只今之如ク朝鮮国之指引」をすることになって、さぞや似合いのことだろうとの言葉をかけている。かつて前引の『江戸幕府日記』の寛永十二年三月十二日条（『江戸幕府日記　姫路酒井家本』第

四巻）で「以来朝鮮之通事廉直ニ可仕、着手而非義於有之者、其節は御改易可有之旨」が言い渡されていた時とは隔世の感があり、ここに宗氏による「朝鮮国之指引」は家光によって安堵されたのであった。それだけ家光が、竹千代の誕生を祝賀する名目で李氏朝鮮から使節団の来日したことを喜んだということなのだろう。

思えば、家光は日光東照社のみならず、伊勢神宮にも継嗣誕生祈願を行ってきたし（大西・神宮『大神宮史要』）、また「年月未詳二十四日付天海宛英勝院消息」（日光市史編さん委員会編『日光市史』史料編・中巻）に、

つね〳〵《常々》こんけん《徳川家康》様御意なされ候御事ハ、御ぬし御所《徳川家康》さまハとら《寅》の御とし、将くん《徳川秀忠》ハう《卯》のとし、たけ千代《徳川家光》ハたつ《辰》のとし、たけ千代み《巳》のとしの子をもたれ、天下をゆつられ《譲られ》、代々天下をもたせられ候ハんと、御意の御事ニて御さ候つる、そのうへ、こんけん様御三十八の御とし、たいとく院《徳川秀忠》さまよろこひまいらせられ候ニ、ことし公方様《徳川家光》三十八ニて御さ《座》なされ候まゝ、なにもかない《叶い》申候時分にて候まゝ、あわれ若君さまにて御さなされ候へかしと、そんしまいらせ候、

とあって、「ことし公方様《徳川家光》三十八ニて御さ《座》なされ候」とあるから寛永十八年（一六四一）の消息と思われるが、家康・秀忠・家光の生まれ年の連続と、秀忠誕生時の家康の年齢を根拠に、家光の生まれ年の辰年を受け継ぐ巳年でかつ家光が家康と同じ数え三十八歳を迎える寛永十八年には、俄然男子誕生

の期待が高まっていた。高木昭作氏によれば、英勝院は「春日局とともに大奥を差配していた家康の側室」であり、だから「つね〳〵《常々》こんけん様《徳川家康》御意なされ候御事ハ」と回想できたが（高木「将軍権力（Ⅱ）」）、『日光市史』の「解説」によると「消息の署名は「永しょういん」となっているが、系譜の類では「英勝院」となっている」という）、「こうした偶然が、家康・秀忠・家光・家綱の間にある種の力が受け継がれている証拠とみなされたの」だという（高木「将軍権力（Ⅱ）」）。

皇族に準ずるかそれ以上の待遇で宮中は祝福

竹千代の誕生を重視したのは、家光とその周辺ばかりではなかった。次の「寛永十八年十月五日付最教院・双厳院宛中根正盛書状」（松岡久人編『広島大学所蔵猪熊文書（二）』）によれば、

一筆啓上候、先以公方様《徳川家光》若君様《竹千代（徳川家綱）》御機嫌能被成御座、去三日ニ伝奏衆《今出川経季・飛鳥井雅宣》御礼相済申候、従　禁中様《明正天皇》わか君様《徳川家綱》へ御ほそなか《細長》御きやうほう《襁褓》なと被遣候、是ハ近代ハ王子御誕生にも被遣候事ハ無御座候、ことに武家へ被遣候事ハ上代ニも無御座候由承候、目出度儀計うちつゝき何之替儀無之候間、御気遣被成間敷候、此等之趣僧正様《南光坊天海》へも御心得可被下候、（以下略）

とあって、竹千代の誕生を祝って明正天皇から細長と襁褓、すなわち産着などが贈られたとあり、それらは「近代ハ王子御誕生にも被遣候事ハ無御座候」もの、「ことに武家へ被遣候事ハ上代ニも無御座候」ものらしいと、家光が中根正盛を通じて天海に知らせようとしたことがわかる。竹千代への細

長・襁褓の下賜は皇族にもないことらしいと家光は知り、喜んだのであった。実際には、摂政二条康道の日記の寛永十八年八月十七日条（『二条家記録』東京大学史料編纂所所蔵原本、東京大学史料編纂所「所蔵史料目録データベース」）に、

十七日（寛永十八年八月）　晴　菊亭（今出川経季）来、今度今广禁裏（明正天皇）・仙洞（後水尾上皇）ヨリ江戸へ御使者事、産衣被遣候哉、細長、常之小袖にても可然歟可有差別歟由也、予（二条康道）申云、差別何《イツレ》にても可然候ハん哉之由也

とあり、宮中では当初下賜品として「産衣」か「細長」か「常之小袖」かの三案で差異があるのかどうかが検討されたが、摂政二条が「何《イツレ》にても可然候ハん哉」と指示したため、細長・襁褓の下賜となったようであり、最初から宮中が力んでいたわけではなかったが、「常之小袖」が選ばれなかったことには意味があったのだろう。

しかも後水尾上皇からは、竹千代の誕生を祝して、次のような宸筆の女房奉書も発せられた（「女房奉書写　将軍家若君誕生之事　本源自性院殿御筆」〈『陽明文庫記録　第十四函（二）』東京大学史料編纂所架蔵写真帳、公益財団法人陽明文庫原蔵〉）。

此たひわかきみ（竹千代〈徳川家綱〉）誕生の御事、まめやかに悦いらせおハしまし候、武家の繁栄ハ、全く朝廷の光輝にてわたらせおハしまし候へは、ひとつ御心の御まんそく（満足）こそ候ハんすらめとをしはかり（推し量り）まいらせら

れ候へく候、いよ〳〵いくちとせ《幾千歳》の、蛛もかはらぬ《変わらぬ》松の色そふ《添う》めてたさのミにて、よく〳〵心得候
て申とて候、かしく
たれ《誰》にてもの人々へ

この中で上皇は、「武家の繁栄ハ、全く朝廷の光輝にてわたらせおハしまし候」との認識を示し、家光も喜んでいることだろうと述べている。おそらくこの宸筆の女房奉書に対する家光の返書が、かつて『舊幕府』第五巻第七号（一九〇一年八月）に掲載された次の「寛永十八年十二月十日付東福門院宛徳川家光仮名消息」（戸川残花編『舊幕府』）だろう。

竹千代《徳川家綱》誕生につき
震筆《宸筆》の　勅書頂戴し奉り、希有の御事かたしけなく《忝く》そんし《存じ》候、武門の繁昌は
朝家安泰の御為よろこひ覚しめしおきし御こゝろに御祝ひなさるゝよし、浅からぬ仰にて候、いよ
〳〵千代万代までも相かはらすめてたさ、御申うけ給はしく、このおもむき《趣》
天聴におよはれ給はしく、かしこ
十二月十日《寛永十八年》　家光《徳川》御判
東福門院《徳川和子》
御方へ

ここで家光が述べている文面は、前引の宸筆の女房奉書と対応しているから、おそらくそれへの返書であることは間違いないだろう。家光は、竹千代の誕生にあたり、宸翰が下されたこと自体を「希有の御事かたしけなく（忝く）そんし（存じ）候」と喜んだ。宮中のこのような対応は、当時の徳川将軍家が明正天皇や後水尾上皇夫妻との関係から天皇家の外戚で、竹千代もそれに連なることから、あくまでも縁戚の慶事に対する祝賀としてなされたものと思われるが、将軍家の継嗣への宮中からの祝賀は、竹千代の立場に、他大名とは異なる特別の意味を付与することにもなった。

家綱の元服は摂家をも超越

藤井譲治氏によると、竹千代は「正保元年（一六四四）十二月十七日、家康の忌日に因んで家綱と名乗ることにな」り、「同二年四月二十三日に元服、同日従三位・権大納言に叙任」したが（藤井『徳川家光』）、その際の家綱への待遇は、まさに誕生時の処遇の延長線上にあった。すなわち、家綱へは「女院（東福門院）御所より若君（徳川家綱）へまいらせらる、御冠・御烏帽子・御装束の箱」（『徳川家綱元服記』宮内庁書陵部所蔵九条家旧蔵本）が届けられたが、元服に際しての叙任については、次の『徳川家綱元服記』が、

今日、直叙従三位、直任任大納言之儀ハ、元和六年
将軍家始て大納言に直任しましますの御吉例也、此度の上卿ハ三条大納言藤原実秀、職事ハ葉室頭弁
藤原頼業なり、宣旨の執筆ハ大外記中原師定、位記をハ五条大内記菅原為庸調進し、東坊城少納言
菅原知長請印とそ聞へし、昔淳和天皇の時、源定三位に直叙し、鳥羽院の御宇、源有仁三位に直叙

すといへとも、ためしすくなき事也、いはんや直任大納言の吉例を用ひ給ふをや、累代摂家・前代柳営の叙爵ニ高く超越したまふ事、誠に末代までの規模なるへし

と記すように、そもそも家綱が他の官位を経ることなく、従三位と大納言に「直任」されたこと自体、「累代摂家・前代柳営の叙爵ニ高く超越したまふ事」とされるものであった。家綱は摂家と武家の先例を「超越」する存在として位置づけられたのである。しかも、同じく『徳川家綱元服記』は、

つら〳〵本朝の旧記を見るに、元明天皇の時、皇太子元服したまふは聖武天皇の事也、それより代々の初冠めすハいともかしこし、文徳天皇の御宇、昭宣公《藤原基経》元服ありしより此かた、歴代摂政・関白・大臣の元服、かねてハ鎌倉・京都大樹度々の元服、かたのことくありといへとも、此度のさかり《盛り》に大なるにハいかてかおよふへきや、天下の大名・小名こと〳〵く、皆来りつとひしたかひ仕へてあかめ奉る、三通の綵綸ハ叡旨をあらはし、列国の衣冠ハ御前を拝す、たとへハ衆星の北にむかひ、万水の東におもむくかことし、されハ、元服ハよき年のよき月をさため、よき日のよき時をかんかへて、その徳をおさめ、ことふき《寿》なかく大なるさいわひ《幸》をうけたまへと賀し奉る事、呉朝にも此礼法おなしかるへし、か、る御儀式ハ、昔よりならひなき《並びなき》御事ともなれハ、人皆めてたしと申もかきりなかるへし

と述べ、家綱の元服式そのものについても「歴代摂政・関白・大臣の元服、かねてハ鎌倉・京都大樹度々の元服、かたのことくありといへとも、此度のさかり《盛り》に大なるにハいかてかおよふへきや」と、これまでにない規模であったことを誇っている。家綱は摂家と武家をも超える、皇族に準じた天皇家の外戚として元服し、表舞台に登場したのであった。明らかに家光は、元服式を通じ、家綱が天皇家に連なる人物として別格であることを他大名に示すことを意図していたものと思われ、それは同じ将軍後継者の元服であっても、元服式の日取りすら不明である家光の段階とは全く異質の世界であった。あるいは、元服を満足な形で実現できなかった家光だからこそ、家綱には立派な元服式を催行してやりたいとの思いもあったのかもしれない。

2　去りゆく大切な人々

春日局らの病没

しかし、家光の周囲は慶事ばかりではなかった。寛永二十年（一六四三）九月十四日に春日局が亡くなるが（北原「春日局」）、藤井譲治氏によると家光は「寛永二十年九月」のものと「推定」される次の「徳川家光書状」（人間文化研究機構国文学研究資料館受託山城国淀稲葉家文書、稲葉正輝氏所蔵）を発している（藤井「徳川家光花押文書の研究（二）」）。

とし月われ《徳川家光》〳〵ためにくすり《薬》事もきゝ《効き》、そくさい《息災》に候やうとのりうくわん《立願》に、くすりもたへ《食べ》す候、

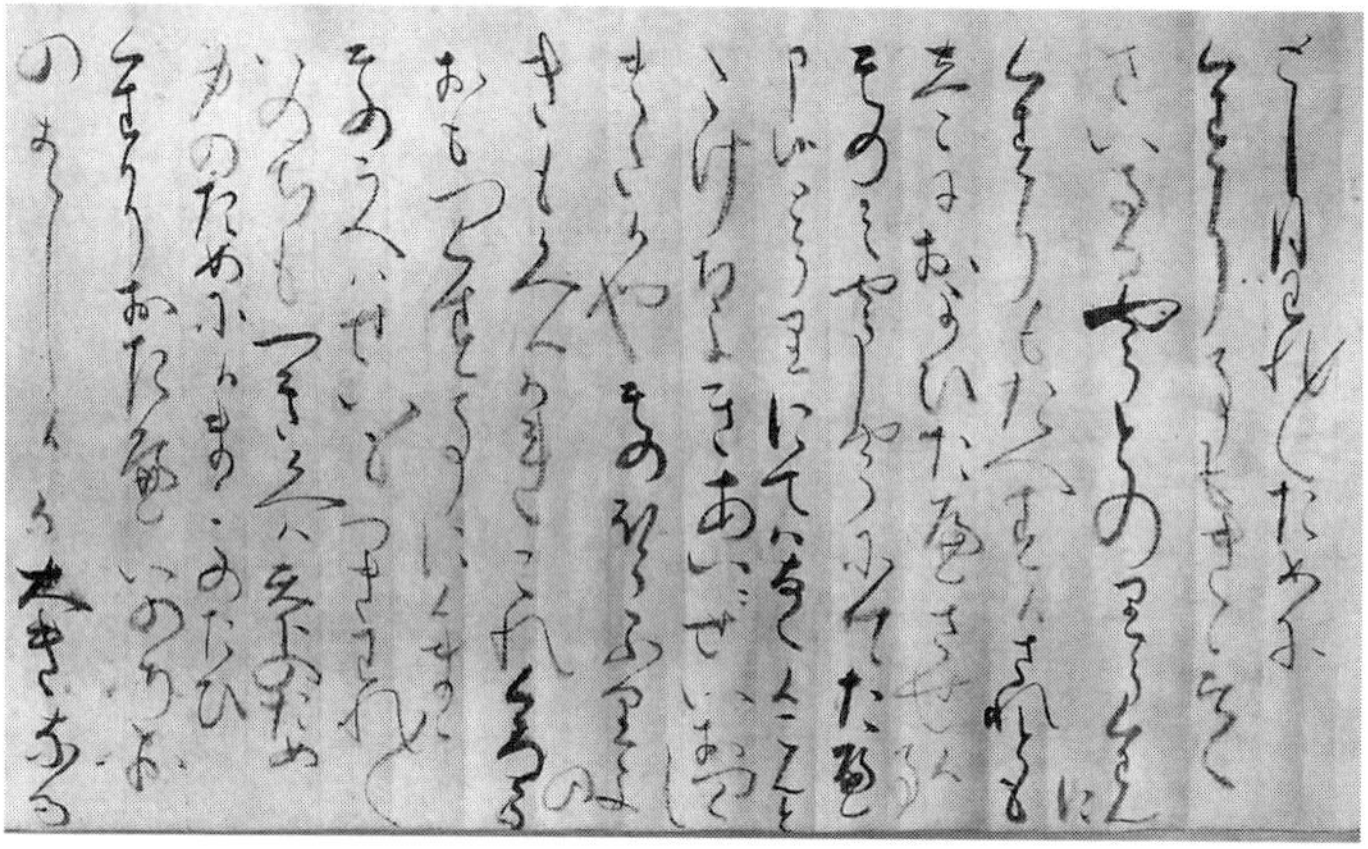

受託山城国淀稲葉家文書，稲葉正輝氏所蔵）（禁二次使用）（筆者撮影）

されともしこ《死期》におよひ、たへさせ候事、そのミ《身》
やうしやう《養生》にてたへ申候とうり《道理》にてハなく候、こん
とたけちよ《竹千代（徳川家綱）》きあい《気合》ニせいおつくし《精を尽くし》きたう《祈禱》也、
そのほう《春日局》ふりよき《不慮儀》も候へハ、かれこれ《彼是》くろうおも《苦労をも》つ
くす事に候まゝ、そのうへハせいもつき《精も尽き》、われ〳〵
いのちもつき《命も尽き》候へハ、天下のため、身のために候
まゝ、このたひくすりお《を》たへ、いのちおのはし《命を延ばし》候か
大きなるこうく《孝行》にてあるへく候まゝ、とく《疾く》しろ《城》に
てもやと《宿》にてもくすりたへ、そのうへのほうかう《奉公》の
心もちハあるへく候半も、くすりのまさる《飲まざる》よりハた
へ申、ほうかうたるへく候、このことはおむに《言葉を無に》いた
し、くすりたへさるにおいてハ、はてたるのちまても《果てたる後までも》
とゝかさる《届かざる》物もおもふニ候まゝ、そのこゝろへ《心得》ある
へく候《徳川家光》（花押）

藤井氏によれば、「本書状には、年月日も宛名もない。宛名については、この文書の末尾が切断されてお

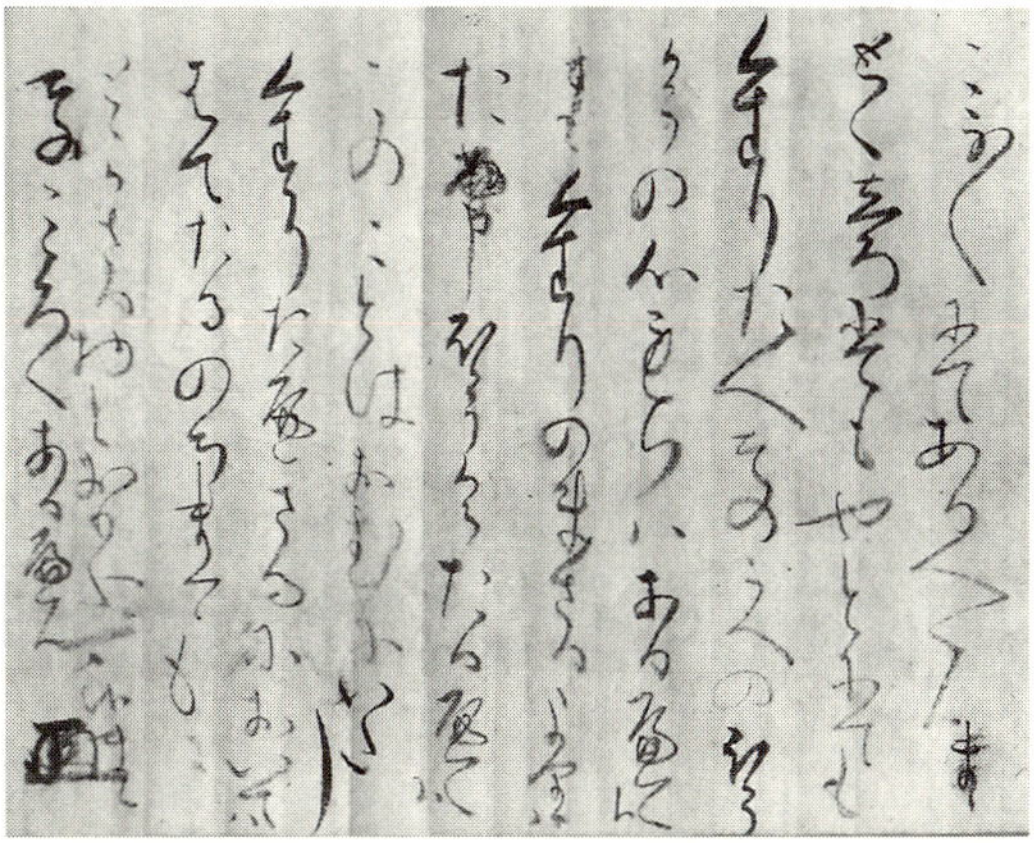

「徳川家光書状」（人間文化研究機構国文学研究資料館

り、もともとなかったのかどうかは明らかではないが、伝来と内容からして家光の乳人である福、春日局であることは疑いない」という（藤井「徳川家光花押文書の研究（二）」）。藤井氏の「推定」と見解の根拠は、『新訂　寛政重修諸家譜』第十の一八五頁における次の記述だろう。

この月（寛永二十年九月）大猷院（徳川家光）殿親筆の御書を賜ひ、ふたゝび薬餌を用ふべきむ（ママ）ね仰下さる。これさきに疸を患へたまひ、すでに危篤にみえさせたまふにより、御身にかはりたてまつらむ事を神仏に誓ひ、小き桶に水を入て頭にさゝげ、もし御快全なくばすみやかに局（春日局）が命をめさるべしとて、短刀をさしはさみ、月の出るをまつ。その内御病怠り給ふのよし告来りしかば、これより終身服薬鍼灸を断べしと誓願せし事を、おぼしめし出さるゝによりてなり。しかれどもかつて誓ひしむねあればとて、つゐに薬を服せずして十四日（寛永二十年九月）卒す。

年六十五。

確かにこの光景と前引の書状は一致するから、藤井氏の見解に従ってよいのではないか。とすると、家光はかなり強い調子で春日局に服薬を命じていることになる。竹千代（家綱）も必死で春日局のために祈禱しているといい、家光は、もし春日局に何かあったら、家光の命も尽きてしまうから、天下のために、春日局のために服薬するよう命じるとともに、延命することが孝行となり奉公となるのだと諭している。そして、もし家光の言葉を無にして服薬しないなら、死後も不届きに思うからそう心得よとまで述べている。それでも春日局は服薬しなかったのだから、この人間関係は想像を絶するものである。春日局のために祈禱しているという竹千代（家綱）は、寛永二十年（一六四三）九月五日に見舞いのためか彼女を訪問している（『新訂　寛政重修諸家譜』第十、一八四頁）。家光父子にとって、まだまだ元気でいてもらわねばならない大切な人が亡くなってしまった。家綱の元服を見届けられなかったことは、さぞや無念であったろう。

家光と春日局との絆を示す遺構や遺品はこの他にも伝わっており、神奈川県横浜市の三溪園にある「聴秋閣」（口絵写真）については、平井聖氏によると「京都の二条城内にあったものを春日局が拝領し、その子にあたる稲葉家の江戸屋敷に建てられ、明治になって稲葉家から三溪園の現在の地に移されたということになって」いたが、「聴秋閣に当たる建物が、東京の稲葉邸内にあった時の写真が見つか」って、「この写真で見る限り、聴秋閣が稲葉邸から移築されたことに間違いありません」との見解が示されている（平井「明治初期に撮影された御亭遺構（現　横浜・三溪園聴秋閣）」）。また、東京都世田谷区の静嘉堂文庫美術館所蔵の国宝「曜変天目茶碗」（口絵写真）は、長谷川祥子氏によれば「淀城主稲葉家に代々伝世したことから「稲葉天目」とも呼ばれる」もので、「稲葉家の伝承によると、もと徳川将軍家の宝物（柳営御物）にあったこの茶碗が、徳川家光より、病床にあった乳母春日局の手に薬とともに下賜され、それがのち姻戚関係の稲葉家に譲られ、以降伝えられたものという。この伝えを裏付ける資料はまだ知られていないが、万治三年（一六六〇）序の『玩貨名物記』には「ようへん　稲葉美濃殿」とあり、稲葉美濃守所蔵として記録されている」という（長谷川「曜変天目茶碗」）。

この他、家綱の元服直後、正保二年（一六四五）十二月十一日には沢庵宗彭が亡くなったのをはじめ（船岡『沢庵』）、柳生宗矩も正保三年（一六四六）三月二十六日に没している（島田「柳生宗矩」）。家光の苦しい時を支えてくれた人々が、家綱とほぼ入れ替わりに、次々とこの世を去っていった。

最晩年の沢庵が見た家綱の姿

ところで沢庵は、亡くなる数ヶ月前に家綱の元服式を実見しており、その様子を次の「正保二年四月二十六日付小出吉英宛沢庵宗彭書状」（『沢菴和尚書簡集』九五号）に、

然ば去る廿三日（正保二年四月）ニ御任官、美々敷御事、日本国の諸大名装束にて出仕、勅使院使綸旨御渡、御装束召させられ候。御五つ（徳川家綱）にて候ニ、少しもいぢをも不被成御意、綸旨御頂戴、伝奏衆（今出川経季・飛鳥井雅宣）御礼、其後諸大名御礼、久敷間にて、次ニ畏ミ被居候衆も、退屈仕候程の間、少しも御行儀くづれ不申、其後黒書

院にて、三献の御引渡、将軍様《（徳川家光）》へ御腰物進上、又将軍様より、同じく其間御仕舞被成被為居候。実に希代の御事、たゞ〳〵の儀にてハ無御座、化現之御人と申す儀に候。五つに成申子などは、世上にても、少しの間も、静かにしては居り不申、其上人をめ仕《（し脱カ）》候、日本国の諸大名並居られ、人の多く候事□《（ママ）》楓山《（紅葉山カ）》へ御参詣、猶以其通ニ候。兎角不思議までにて御座候。

と記している。高木昭作氏は、この書状の内容について「五歳の子どもが、すこしも意地（わがまま）をいわず、おとなしくしており、周囲の大人たちに人怯めもしないでいる、そのように育てられているのだから、当然といえば当然のことなのであるが、「化現の人」と沢庵は感心してみせている。つまり何かが化けてこの世に出現したというわけであるが、これはもちろん東照宮《（ママ）》を頭においたものである」と解釈し、「東照宮《（ママ）》の予言と祝福のもとで生まれた（と信じられる）家綱」について、「誕生の瞬間から、いやそれ以前から人びとは家綱に次代の将軍であることを期待し」ており、「その期待に応えて幼い家綱はりっぱに「化現の人」を演じたのであ」り、「弟を殺さなければならなかった家光に比べ、家綱こそが、まさに「生まれながらの将軍」といえるのではないだろうか」と評価している（高木『将軍権力と天皇』）。家綱は、家康以来の系譜と摂家をも超越する家格とを体現した人として、沢庵と諸大名の前に登場したのであった。

徳川将軍家による
将軍職世襲の理論化推進

したがって、幼少期で既に高位高官へと昇り、もはや政治的立場としては充分と思われた家綱が、さらに家光没後、将軍職を帯びねばならなかった理由については、高木氏の考察もふまえると、自らが家康の創業を受け継いで家康の化身として天下に臨むことを天皇の承認の下で客観的に明示するためだったとは考えられないだろうか。

すなわち、この頃までに、東照大権現の子孫である徳川将軍家の家長（その時点の最年長者）と将軍職の関係は、天照大神の子孫とされる天皇家の家長（その時点の最年長者）と皇位の関係と同様になっていたものと思われるのであり、だから後世、天皇と上皇（法皇）の関係と同じく、生前に将軍職を次代へ譲渡することや前将軍（大御所）として政務に携わることが家康や秀忠のような実戦経験者でなくとも可能となったのだろう。

このように仮定してみると、山澤学氏が『東照社縁起』の仮名本について、それが「徳川将軍家の立場をより明示してい」き、「徳川将軍家は、水尾帝（清和天皇）の後裔であり、君を守り国を治める固有の家職を有する存在で、その祖神が東照大権現であると述べ」ていることを指摘した（山澤『日光東照宮の成立』）重要性も浮かび上がってくる。家光は、『東照社縁起』を追加作成した段階から、自らの継嗣が実子であろうと養子であろうと、将軍職の次代への継承を可能とする論理を周到に構築しようとしていたと思われるのであり、その論理が現実に作動した段階が家光から家綱への継承の段階だったのだろう。

3　家光を襲う新たな試練

依然として根絶できないキリシタン

だが、次の『オランダ商館長日記』の一六四三年六月二十四日条（『日本関係海外史料　オランダ商館長日記』訳文編之七）が、

江戸で最近また、四、五十名ものキリスト教徒が発見され処刑され、（中略）、京でも同じく三、四名のキリスト教徒が殺された、

と記すように、江戸や京都においてでさえ、依然キリシタンは摘発されており、次の『オランダ商館長日記』附録の「一六四二年六月二十八日付ヤン・ファン・エルセラック宛オランダ東インド総督アントニオ・ファン・ディーメン等書翰」（『日本関係海外史料　オランダ商館長日記』訳文編之六）によれば、

最高政府と日本の国事顧問官たちから、我々（アントニオ・ファン・ディーメンら）は、陛下（徳川家光）の名に於いて、我々が知り得る限り、教皇の追随者がこの国に敵対し且つこの国の平和を乱す意図を示そうとする凡ゆる企てを暴くよう命令されていますから、それに従って、我々は、ローマ教の聖職者たちの間では、シャム、カンボディ

ア、クイナング、トンキン、マカオ及びマニラを経由して、中国船その他の船腹を利用して宣教師たちを日本に送り込もうとする作業と行動がしきりに行われているという、我々の有する良い情報を貴下に知らせずにはおけません。

とあって、当時はローマ・カトリックの「聖職者たち」が「宣教師たちを日本に送り込もうとする作業と行動」をとり続けているとの情報がオランダ東インド総督からオランダ商館を経由して幕府へもたらされている状況であった。

このような状況に対し、次の「寛永二十年十一月七日付井上政重他宛老中等連署書状」（太田勝也編『近世長崎・対外関係史料』）が示すように、

一、南蛮人之儀者、日本へ渡り、邪法をひろめ、悪事をくハたつる尓付て、御にくミふかく、御せいたうのをもむき存知なから、去年当年（寛永十九年・寛永二十年）蜜々伴天連を差渡尓より、是をとらへ、或被行死罪、或宗旨をころひ候、如此の仕合別而御悪ミ被成之旨、阿蘭陀人も其旨をそんし、自今以後、日本へきりしたん宗門を南蛮人ひろむるてたて仕尓おゐてハ、承届申上へき事

と、家光は「南蛮人」が繰り返し「日本へ渡り、邪法をひろめ、悪事をくハたつる」ことについて「御にくミふかく」思っており、引き続き「阿蘭陀人」に対して家光の「御悪ミ」をふまえて「南蛮

人」の動向を通報するよう命じている。

マニラ・マカオへの攻撃の有無に関心

このように家光がポルトガルなどの動向を通報するようオランダに繰り返し求めていた一方、『オランダ商館長日記』の一六四四年九月十六日条（『日本関係海外史料　オランダ商館長日記』訳文編之八〈下〉）は次のような長崎奉行の馬場利重の談話を記している。

オランダ人が海外で多数行なっている戦争は、日本の司法管轄権の外であるから、日本のためにしていると思い上がってはならない。何故なら、陛下（徳川家光）は外国の問題には、係わったり気にかけたりはなさらないからである。しかし、オランダ人がマニラ、マカオ、或いは他のどの地でもいいのであるが、を攻略しようとするならば（それが日本のためにもなると想像するなら）、その時はまず〔日本の〕最高政府にそのことを知らせ、打ち明けなければならない、とのことであった。

すなわち、ここには全く相反する内容が同時に述べられており、この矛盾した長崎奉行の発言については商館長も通詞たちも解釈に困ったようだが（『オランダ商館長日記』一六四四年九月十六日条〈前引『オランダ商館長日記』訳文編之八〈下〉〉）、この長崎奉行の発言からは、一向に根絶できないキリシタンの動向に業を煮やした当時の家光が、ポルトガルやスペインの拠点に対するオランダの攻撃を暗に期待し始めていたことがうかがわれよう。

東照宮号宣下の奏請

またその一方で家光は、家綱の元服式後の正保二年（一六四五）五月八日に次のような指示を武家伝奏に対して行っている（『徳川家綱元服記』）。

次に両伝奏《（今出川経季・飛鳥井雅宣）》を召て　女院《（東福門院）》の御所への御返事を被　仰渡、両人《（今出川経季・飛鳥井雅宣）》退く、又　御前《（徳川家光）》へ召て今度　大納言殿《（徳川家綱）》御元服・御任官幷御推叙の御礼被　仰渡て退く、又　御前へ召て、仰に云ク、東照大権現《（徳川家康）》一代官位の次第、目録あれとも、其内、口宣々旨・位記紛失するもあり、又先年日光遷座の時、贈正一位の聞へあれとも、其宣命・位記尋出させ、よろしきやうに奏し、改書賜へし、台徳院殿《（徳川秀忠）》官位の次第、口　宣々旨両通共にそろわさるあり、書添たまふへし、其外の事ハ讃岐守《（酒井忠勝）》告申すへしと云々、両伝奏平伏してかしこまりを言上、讃岐守・周防守《（板倉重宗）》挨拶す、伝奏退く、

すなわち、家光は家綱の元服に関する礼などを述べた後、徳川家康の叙任文書に欠損があるため、「改書」を求めるとともに、徳川秀忠の叙任文書にも不足があるので、「書添」を求めているのである。これら家康と秀忠の叙任文書の再作成の経緯については米田雄介氏の研究に詳しく（米田「徳川家康・秀忠の叙位任官文書について」）、また最近、矢部健太郎氏はこの件について、「家光が実子家綱の元服に関わり故実を調査させた所、徳川家の元服儀礼の不備、という重大な問題が明らかとなったことを」ふまえ、この時に「史実としての秀忠の叙任過程とは異なる「位記」「宣旨」などが創作された」ことを指摘し、その「背景には、単に「豊臣姓」による叙任文書を歴史上から削除する目的だけでなく、

徳川将軍家の通過儀礼を確立しようとする家光の意図があった」と評価している（矢部「「源姓」徳川家への「豊臣姓」下賜」）。この矢部氏の見解をふまえると、前述の家綱の盛大な元服式も、「徳川将軍家の通過儀礼を確立しようとする家光の意図」（矢部「「源姓」徳川家への「豊臣姓」下賜」）から発したものなのかもしれない。

ところが、これら叙任文書の、特に宣旨が調進されていた過程で、元和三年（一六一七）度の日光東照社造営に係る宣旨調進も命じられていたところ（米田「徳川家康・秀忠の叙位任官文書について」）、家光は宣旨の様式で「左弁官下」の語の下に「下野国東照社」とあることを問題視し、祖父と父の叙任に係る宣旨の再作成をも止め、再検討を指示している（野村「東照宮号宣下をめぐる政治過程再考」）。

すなわち、正保二年（一六四五）九月下旬段階で家光の見た宣旨の下書には東照社号が記されており、家光はその文書様式における東照社号の位置を問題視したのだが、同年十月下旬段階には東照宮号を記した文書案が作成された（野村「東照宮号宣下をめぐる政治過程再考」）。このことは、正保二年十月頃には東照社への宮号下賜が合意されていたことを示すと思われ（野村「東照宮号宣下をめぐる政治過程再考」）、東照宮号宣下の太政官符は正保二年十一月三日付けであったものの（日光東照宮社務所編『徳川家光公伝』・口絵写真）、東照宮号が一体いつ浮上し、宮中で合意されたのかは長らく不明であったから、それは今のところ正保二年九月から十月頃であったと考えてよいのではないかと思われる（野村「東照宮号宣下をめぐる政治過程再考」）。

とすると、なぜ家光が正保二年九月から十月頃に東照社号を許容できなくなり、東照宮号への昇格を望んだのかが問題となるが、そもそも宮号は山澤氏によれば「本来、皇祖神たる宗廟のみが天皇の宣下にもとづき称する号」であるから（山澤『日光東照宮の成立』）、東照社が宮号を称すること自体、通常は実現困難なことのはずである。ところが、先行研究はなぜこの東照宮号が実現可能となったのかを全く問うておらず、結果論的な解釈を行う傾向にある。宮中の慣例に従えば、この種の問題は、然るべき先例の存在など理論的根拠がなければ奏請も困難なものである。家光はどのような方法でこの困難な東照社の昇格を実現し、またなぜその必要を感じたのかをもっと議論する必要があるのではなかろうか。その意味で次の史料は、やはり家光が然るべき先例の必要性を認識していたことを示す重要な史料である。

権現様（徳川家康）宮号之御事、正保貳年酒井讃岐守（忠勝）・今川刑部大輔（直房）両人被　仰付、伝　奏菊亭大納言（今出川経季）与相談仕、武家宮号之旧例考可申上旨被　仰出、依之、菊亭（今出川経季）考旧例、言上仕候処、為　上使刑部大輔（今川直房）被差遣之、則宮号之勅宣有之、罷下
　勅答趣言上仕候
大猷院（徳川家光）様御感悦不斜、於即座為御褒美御知行五百石拝領仕候、重而　上意ニ宜所拝領可仕之旨被仰
　出候、

これは高家今川直房の事績を整理した「覚」（国立公文書館『内閣文庫影印叢刊　譜牒餘録』下）だが、

今川直房は前述の宣旨の問題で、家光の命により江戸と京都の間を往復していた当事者である（野村「東照宮号宣下をめぐる政治過程再考」）。この史料によると、今川は、酒井忠勝とともに家光から武家伝奏の今出川経季と相談し、「武家宮号之旧例」を考えて報告するよう命じられており、今出川経季が「旧例」を考えて家光に「言上」したところ、上使として今川直房が京都へ遣わされ、今川が「宮号之勅宣」を得て復命したところ、家光は大変喜び、今川に加増を行ったとある。家光は東照宮号の必要性を山澤氏の言うような神宮や八幡宮との関係（山澤『日光東照宮の成立』）から立論したのではなく、あくまでも「武家宮号之旧例」から立論していたことがわかるが、その「武家宮号之旧例」とは何であり、またそれはなぜ必要とされたのかを考える必要があるだろう。

その参考となる史料が、「東照宮位記宣旨竝宣命官符目録」（宮内庁書陵部所蔵原本）に収められた次の「東照社宣旨官符目録　元和三年十二月至正保二年十一月」である（吉田洋子氏のご教示）。

（前略）

今度　一、改社号奉授宮号官符

正保二年十一月三日　日光之義同十七日

改社号為宮号宣命一通

記云　風宮

正應六年三月廿日官符改社号

奉授宮号預官幣依異国降
伏之御祈也

これは宮号宣下に関係する文書の調進を担当した壬生忠利の記録であり、そこには宮号宣下の太政官符（日光東照宮社務所編『徳川家光公伝』・口絵写真）を調進した際の先例が書き留められている。すなわち、その先例とは『類聚神祇本源』の伊勢神宮別宮風宮についての記述であり（神宮司廳編『大神宮叢書　度会神道大成』前篇）、風宮とはもと風社で、その宮号は元寇の際に「神風」を吹かせた功績に対して与えられたものであった（東京大学史料編纂所編『史料綜覧』巻五）。この先例がまさに「武家宮号之旧例」であったのだろう。山澤氏は「そのように解釈するなら、東照社の神格は伊勢神宮の別宮レヴェルと同格になり、降格してしまう」（山澤『日光東照宮の成立』）とするが、それは現代人の感覚であり、家光はまず宮号の獲得を優先したし、また彼には宮号を獲得しなければならない何らかの事情があったのである。当時、最初から神宮や八幡宮を先例として持ち出せば、宮中の抵抗は必至で、かえって宮号宣下は実現しなかっただろう。家光にとっては、あくまでも宮中に対して神宮や八幡宮とは同格にならないと主張することのできる現実的な先例としての「武家宮号之旧例」で立論し、宮号を獲得すること自体が重要だったものと思われる。

今出川経季宛仮名消息と正保期の上洛計画

その家光の切実さは、宮号宣下後、そのことに尽力した今出川経季に対して家光が与えた「正保二年十一月二十七日付今出川経季宛徳川家光仮名消息」

（国立公文書館『内閣文庫影印叢刊　譜牒餘録』中）でより明らかである。

尚々心中さつし《察し》られ、度々ことに《毎》御礼のたん申あけらるへく候、今度の御れいに名代の使上候ニつき、とれにても名代にさうおう《相応》の者をあけ候ハてかなハぬ御用にて候へとも、今度の御礼つかふする名代なく候まゝ、やかて二三年のうち上洛いたし御礼申上へくまゝ、わさと此度ハきらわかさ《吉良若狭、義冬》をしん《進》上申まゝ、此たんもよろしく御こゝろえ《心得》あるへくかしく

今度の覚書乃通、よく〳〵とくしん《得心》せられ、仙洞《後水尾上皇》へ御つゐて《序で》の時分申上られ候へく候、神慮の御事は時乃いせひ《威勢》にて候ハヽ、宮号をうけ候ハても人のうやまひ候事ハ少もおろかハ有ましく候へとも、是は末代日本の有内事にて候間、此たひ仙洞へ申上候所に、する〳〵と相とゝのひ、神慮かんおう《感応》とまんそく此上ハ何かあるへくや、いよ〳〵しやうらく《上洛》せられ候ハヽ、仙洞へ幾重も〳〵しんしつかたしけなきたん《忝き段》、くわしく申上られ候ハヽ、少も時のおこり《奢り》、わか身のいせい《威勢》、よく《欲》にて申あくる事にてハ神慮をかけてなく候間、此たんくわしく申上られ候候へく候、いよ〳〵末代まて権現の御徳たゆる《絶ゆる》事なく候やうにとそん《存》するねんくわん《念願》斗にて候、猶々此御代に御そんけう《尊敬》の上ハ王法乃ある内たゆる事にてハなく候間、なを〳〵末代まてたゆる事なきやうに御そんけうのところねんくわん《念願》まてにて候

霜月《正保二年》廿七日家光《徳川》御判

菊亭大納言《今出川経季》とのへ

家光は、宮号を願った理由について、「是は末代日本の有内事にて候」だとした上で、「少も時のおこり《奢り》、わか身のいせい《威勢》、よくにて《欲》申あくる事にて八神慮をかけてなく候」と念を押し、あくまでも日本のためであって、家光の私心で願ったことではないと強調しており、感謝の気持ちを示すべく、「やかて二三年のうち上洛いたし御礼申上へく」とまで述べ、正保期にも家光が上洛する計画のあったことも判明する。なぜ家光はここまで意を尽くし、宮中に対し東照大権現について「なを〳〵末代までたゆる事なきやうに御そんけう《尊敬》のところねんくわん《念願》」しなければならず、しかもなぜ家光は宮号を願うにあたって元寇時の立役者であった風宮を先例としたのかが問題となろう。

その手がかりは、宮号が願われた正保二年（一六四五）九月から十月頃という時期、家光がどのような状況に置かれていたのかを考えることから得られるだろう。確かに宮号の獲得に動き出した直接の契機は、元和三年（一六一七）度の日光東照社造営に係る宣旨の調進を進めていた過程で気づいた宣旨の様式の不備であったが、当時そこには今までのような東照社のままでは東照大権現への「御そんけう《尊敬》」を尽くすことができないと家光に考えさせるだけの深刻な状況があったと考えるべきだろう。

実は当時、幕府のもとには大きく二つの情報がもたらされている。一つは「正保元年（一六四四）一二月二四日、唐船に便乗してきたマニラよりの宣教師の告白により、マカオの使者が石火矢二〇数丁にて武装した軍船に乗って日本に嘆願にくる、という知らせ」（山本『寛永時代』）であり、いま一つは『オランダ商館長日記』の一六四五年七月二十四日・二十五日条（『日本関係海外史料　オランダ商館

長日記』訳文編之九、和暦で正保二年〈一六四五〉六月初旬）に、

本日、タルタリア人○女真、すなわち満州族。が中国に於いて非常に前進し、日増しにより大きな有力な地域を勢力下に入れていること、北京の大官が一時的に、もし彼がその官職に残れるならすべての兵士を引き渡すという条件でタルタリア人に服属したこと、今やこの前の去る六月二十三日、優に八十万人の兵力で大都市南京を〔周辺の〕地域全体とともに占領したらしいこと、さらに旅程六日分も南方へ進み、同国最大の河を渡ったこと、このように、現れた徴候から見ると、中国全土が襲撃され大部分が壊滅させられたのではないか、ということを知った。このことは、当地の知事（長崎奉行）も中国人たちから告げられており、概ね真実と考えられる。

とあるような、明清交替の情報である（山本『寛永時代』も別の史料で指摘している）。家光にとっては、日本の安全上、さらなる外交上の試練が待ち受けていることが明らかとなっていたのであり、家光はそのような状況に立ち向かうべく、「軍神」東照大権現をさらに増強しなければならず、また前述の天照大神と八幡大菩薩との連合も強化しなければならないと考えたのではなかろうか。このような対外情勢の深刻化をふまえると、家光が「武家宮号之旧例」として元寇時の風社から風宮への昇格例を採用した理由も比較的明瞭となるのではなかろうか。正保二年（一六四五）九月から十月頃の家光は、元寇時における「神風」のような支援を東照大権現に求め、なおかつ天照大神や八幡大菩薩と東照大

権現が名実ともに肩を並べられるよう、今こそ東照社に宮号を宣下してもらうことが必要だとの認識に至り、宮号宣下を奏請したものと思われるのである。

東照宮号宣下に伴う日光例幣使派遣の奏請

そして家光は次の「今出川経季宛覚書」（国立公文書館『内閣文庫影印叢刊　譜牒餘録』中）にあるように、

一、せんとう《後水尾上皇》へきうに申上候事ハ無用におほしめし候、ことし《今年》中ニなりとももらいねん《来年》中になりとも御つゐて《序で》又ハ御きけん《機嫌》よき時御見はからひ候て御申あけやうにと申わたさるへく候こんけんさま《徳川家康》御事、きうかう《宮号》しんせられ候ほとの御しつし《執事》にて候まゝ、此うへハいよ〳〵きん中より御そうきやう《崇敬》なされ、此御代にはしまり、ばんし《万事》まつ代まで　神の御ゐくわう《威光》つきせさるやうに、きん《禁》中より御とりもちなされ候やうにおほしめし候よし、くわしく申わたさるへく候、またなる事に候ハヽ、年に一度ツヽ、ねんとう《年頭》の御つかひに　ちよくし《勅使》ゑと《江戸》へまいられ候まゝ、日光へもちよくちやう《勅諚》とあつて、ちよくしつかハされ候やうに、此たひきうかうのまいらせられ候まゝ、このきわ《際》にはしまり、日光へもちよくしたち候へハ、まつ代までかやうのれい《例》つゝき候物にて候まゝ、かやうの時からはしまり、すゑ〳〵《末》までも日光へちよくしたち候へは、めてたくまつ代までも神の御いくわうつゝき候まゝ、さやうニなる事ならはなされたくふかく《深く》おほしめし候、たとへとし〳〵《年々》までなく候とも、三ねんに一度ほとつゝさたまりて《定まりて》、のち〳〵のれいに成候やうにとおほしめし候とをり申

わたさるへく候、めてたくかしく

と、日光東照宮への勅使について、「めてたくまつ代までも神の御いくわう《威光》つゝき候」ために「たとへとし〳〵《年々》までなく候とも、三ねんに一度ほとつゝさたまりて《定まりて》、のち〳〵のれいに成候やうに」発遣をと願っている。家光は「ことし《今年》中ニなりともらいねん《来年》中になりとも」と述べているから、この件はいつでもよかったのではなく、家光にとっては宮号宣下と連動していることが重要だったのだろう。

伊勢例幣使の再興と石清水八幡宮などへの奉幣

このように考えると、従来伊勢例幣使の問題も日光例幣使の問題とセットで議論されてきたが（朝尾『鎖国』）、それは伊勢例幣使の再興の「見返り」として日光例幣使が発遣されたという議論（高木『将軍権力と天皇』）というよりはむしろ、家光にとってはやはり双方の神々の神威の増強の問題だったのではなかろうか。その証拠に、家光は正保三年（一六四六）七月二十五日に伊勢・石清水・賀茂への奉幣を求めている（『忠利宿禰記』宮内庁書陵部所蔵原本）。東照社への宮号宣下や日光例幣使、伊勢例幣使などの問題は、対外情勢が緊迫化してくる中、家光が自らへの支援を期待し、国家鎮護の「軍神」東照大権現の神威を増強させるべく採った政策だったのではないかと今のところ筆者は考えている。

明清交替の波及が現実化

そして明清交替は、小宮木代良氏によると南明政権からの援兵要請という形で現実的に波及し、状況は「それまで情勢認識のための情報収集のみであった段階から、政権としての具体的な対応が求められるという新たな段階へ」と移行した（小宮「「明末清初日本乞師」

に対する家光政権の対応」)。次の『華夷変態』(国立公文書館所蔵林家旧蔵本)によれば、

去月(正保二年十二月)廿六日之御状到来候、然者林高持参之書簡幷林高申口之書物令披見候、大明兵乱ニ付、加勢幷武具之事申越候通、御老中へ申候へハ、日本と大明と勘合百年に及て無之によりて、日本人唐へ出入無之候、唐船年来長崎へ商買に参候といへとも、密々にて渡候由ニ候間、此度林高参候て、訴訟申候共、卒尓に言上申事にて無之の旨に候条、右之通申聞セ、早々林高帰国候様ニ可被申渡候、

恐々謹言

正月(正保三年)十二日　馬場三郎右衛門(利重)

井上筑後守(政重)

山崎権八郎(正信)殿

右上意ノ趣、松平伊豆守(信綱)承テ、殿中ニテ春斎(林)自筆ニ書之、御右筆衆モ不知之

とあり、正保二年(一六四五)の林高からの援兵要請に対して幕府は、「日本と大明と勘合百年に及て無之」という理由で「訴訟申候共、卒尓に言上申事にて無之」として、そもそも要請自体を将軍へは取り次がない旨を長崎奉行の山崎正信に回答しており、その回答にあたっては「右上意ノ趣、松平伊豆守(信綱)承テ、殿中ニテ春斎(林)自筆ニ書之、御右筆衆モ不知之」とあるように、文書作成に際しても右筆には関与させず、徹底した秘密主義が貫かれた。

援兵要請を拒否

また、同じく次の『華夷変態』に記されている正保三年（一六四六）の黄徴明からの援兵要請については、

当月八日（正保三年九月）之書状到来候、従大明之使者黄徴明さゝげ候書簡二通幷其方へ越候書簡一通ニもやハらけ相添、被差越候、其外、黄方謹口上別紙之覚書も令披見候、然者、黄徴明下り候て上とはからい、かる〳〵敷書簡をさゝけ、加勢之儀申越し候、如此之卒尓成義、江戸へ言上罷成事ニ而ハ無之由、具ニ申聞セ、早々帰帆可被申付候、恐々謹言

九月廿一日（正保三年）　阿対馬守重次判
阿豊後守忠秋判
松伊豆守信綱判

馬場三郎左衛門（利重）殿
山崎権八郎（正信）殿

とあるように、黄徴明の持参した文書様式の不備を指摘し、この時も「江戸へ言上罷成事ニ而ハ無之」との方針で回答がなされた。小宮氏はこれらの回答について、「家光政権としては体面を保てるに十分な勝利の得られる見通しが確実でないかぎり、外部勢力との紛争を起こすのには極めて消極的たらざるをえなかった」とし、「将軍権威を守るために、対外的な紛争は極力避けるというのが家光

政権の基本方針である」と分析している（小宮「「明末清初日本乞師」に対する家光政権の対応」）。

牢人などの動向を調査させる

だが、小宮氏によると「家光は、今回の請援への自らの対応方針に関して、それへの上方、とりわけ都市部における「町人・牢人」の評判を相当に気遣っている」といい（小宮「明清交替期幕府外交の社会的前提」）、それを示す史料が次の「正保三年十一月三日付永井直清宛中根正盛書状」（高槻市史編さん委員会編『高槻市史』第四巻（一）永井家文書四六号）である。

わさと《（態）》以飛脚を申入候、今度大明より御加勢申請度由申越候義《（儀）》、唐王《（隆武帝）》・一官《（鄭芝龍）》書かん《（簡）》なと越申候事、其元京都なとニて町人・牢人共如何取さた《（沙汰）》仕候哉、具ニ承可申上旨上意ニ御座候、恐惶謹言

中根壱岐守

正盛（花押）

霜月《（正保三年）》三日

永井日向守《（直清）》殿

小宮氏によれば、この時既に「十月三日に長崎に入港した福州船により福州陥落の報が伝えられた」から、事態は「解決」していたのだが、この聞き合わせからは、家光の自らの立場に「本当に傷がつかなかったのか、市中の風評を聞くことにより確認せずにはおかない欲求が感じられる」という（小宮「「明末清初日本乞師」に対する家光政権の対応」）。一体家光は「町人・牢人」の何を恐れたのだろうか。また、もし家光が対外支援を拒むほどに自らの軍事力に自信がなかったとするならば、武家政

権であるはずの彼らはなぜそのような事態に陥ったのかという点も検討せねばならないだろう。

4　ウィレム・フルステーヘンの洞察

ポルトガル使節団の来航

中国大陸の情勢が一段落したのも束の間、今度はかねて来航情報のあったポルトガル船が来航し、『オランダ商館長日記』の一六四七年七月二十六日条（『日本関係海外史料　オランダ商館長日記』訳文編之十）は「国王旗を掲げた二隻のポルトガルのガリオン船」の来航を記録している。これらの船は同日条（前引『オランダ商館長日記』訳文編之十）によると「〔同船は〕四年前にポルトガルの国王から日本の皇帝（徳川家光）に対する一人の大使を乗せて送られ」てきたもので、山本博文氏によると、これは「一六四〇年、ポルトガル王室の血を引くドン＝ジョアンが、独立運動を組織し、国内からイスパニアの副王らを追放し、独立を勝ちとった」と「報告する国王使節の船であった」とされている（山本『寛永時代』）。

日本の軍備に対するオランダ商館長の酷評

このポルトガル船への対応については、従来、例えば藤井譲治氏によると「動員された兵力は五万、うち二万近くが水主で、船は早船を含め一五八四艘にのぼった。こうして寛永十七年以来、ポルトガル船来航に備えて構築されてきた幕府の沿岸防備体制は、この時確かに作動したのである」と評価されてきた（藤井『徳川家光』）。しかし、当時の状況を実見していたオランダ商館長のウィレム・フルステーヘンの見方は異なっており、例えば次の『オ

ランダ商館長日記』の一六四七年七月二十六日条（前引『オランダ商館長日記』訳文編之十）には、

慣例に従い、林立させた長槍と張り巡らした幔幕でよく装備がされていたが、それは防備というよりは威嚇と言える〇B本「威嚇に及んでいる」に作る。。

とあって、フルステーヘンは幕府の軍備について、あくまでもそれは「防備」ではなく「威嚇」だと述べている。しかも、次の『オランダ商館長日記』の一六四七年八月三日条（前引『オランダ商館長日記』訳文編之十）によれば、

総じて、長崎もその中に位置する九つの州すなわち九州のすべての主立った者たちが、知事三郎（馬場利重）左衛門殿ともに、互いに額を集めて相談していたにもかかわらず、多くの法螺、僅かな実行と劣悪な装備と乏しい指導力を伴うあまりにも大げさな茶番劇が繰り広げられた挙句、効果は〔全くないことが〕正しく示された〇「総じて」以下原文文意不明瞭、試訳。。十万人以上の人間が集まっていると語られ、約三〇〇門の大砲に加え、優に二〇〇〇隻の船、加えて博多の領主（黒田忠之）はこの仕事を単独で彼の〔手勢〕で実行しようと思っているのだが、そしてその他諸々〔にもかかわらず〕。その後、我々〔の人員〕が沖へ出た際に、〔時間と天気が充分彼等に利していたにもかかわらず〕すべてがあまりにもお粗末なものでしかないことが見て取れた。そして、彼等の普通の船の何隻かが見え、その上に櫓が、

単に遊戯でも演じてみようとするかのように、組まれており、また〔湾の〕外からの入口はまだ開いていて、妨げられていないのを見た。全般的な動揺は、彼等全体の間に、貴族にも一般の人々にも認められ、それゆえ私《ウィレム・フルステーヘン》はそれをペンでここに書くのも恥じる。私の生きているうちに、日本人がかくも完膚なきまでにかくもひどい結果を招くことなど、考えられなかった。

とあって、この時の備えは数こそ多かったものの、その表面的な備えが見抜かれており、またかつて山本博文氏は当時家光なども建造した安宅船が「幕府軍船」であると同時に「遊び」の場でもあったことを指摘したが（山本「徳川家光における政治と遊び」）、まさにフルステーヘンが「彼等の普通の船の何隻かが見え、その上に櫓が、単に遊戯でも演じてみようとするかのように、組まれて」いると指摘していることをふまえると、フルステーヘンの洞察力には驚かざるを得ない。

軍事的感覚の退化

彼は「日本人がかくも完膚なきまでにかくもひどい結果を招くことなど、考えられなかった」と述べているが、同じような指摘は『オランダ商館長日記』の一六四七年八月三十日条（『日本関係海外史料　オランダ商館長日記』訳文編之十）でも「非常に多くの○B本「多くの見慣れぬ」に作る。日本の戦闘準備を目にしたが、それらは皆今まで思っていたよりも非常に粗末であると判断された」という具合になされている。木村直樹氏はこの時に「長崎に関係する各藩が自藩の軍事力を増強」した点を指摘したが（木村『幕藩制国家と東アジア世界』）、どうやらフルステーヘンの目には、日本の軍備は劣化したと映っていたようである。この指摘は、家光が先ほどの明清交替に際しての援兵要請に自らの軍事力の自信のなさから踏み出せなかった状況や、島原の乱の折、将軍と大名ともに戦への向き合い方の基準がどこかおかしくなっていた状況とあわせて考えると、無視できないものと思われるのである。

古川祐貴氏によると、この正保四年（一六四七）のポルトガル船来航時、幕府は「使節船への攻撃命令が諸大名兵の自滅を引き起こす可能性」を認識していたというが（古川「慶安期における沿岸警備体制」）、それはすなわち幕府が自らの軍事力は相手方に到底叶わないということを自覚していたことを意味する。しかも、松尾晋一氏によれば、この時の防備体制はあまりにも大がかりで、大名は長崎奉行らに不信感を抱いていたというから（松尾「正保四年のポルトガル使節船来航をめぐる対応」）、軍備の劣化は単に装備だけの問題ではなかったことになる。これへの幕府の言い訳は、木村直樹氏によると「長崎へ諸藩の兵を集結した理由として、撃沈することは幕府の意図ではなく、相手側が攻撃をしてきた場合、反撃に出なければ幕府の威光に関わるためであった」からというものだったが（木村『幕藩制国家と東アジア世界』）、なぜかくも幕府の軍事力がうまく機能しなくなったのかは重要な検討課題だと思われるのである。山本博文氏によれば、秀忠没後の家光が「真っ先に行ったのは、軍団の再編である」（山本『寛永時代』）というから、この軍事力の機能不全ぶりと対外的軍事力としての構想力のなさは、意外かつ異様な感すらある。

軍備の西洋化の好機を逃す

しかし、対外的軍事力の構想という点では、家光には早くからそれを強化する好機があったはずであった。例えば、『オランダ商館長日記』の一六三五年四月二十六

日条（『日本関係海外史料　オランダ商館長日記』訳文編之一〈下〉）によれば、

商務員カロンは、閣下の家に、しかも閣僚タコモン《牧野信成》殿、閣僚サンニケ《酒井忠勝》殿の弟や、なお数人の領主や貴人たちの集まっているところへ呼出されたが、それは、前記の大官たちに、ソレム《ダフィト・サレム》君によって造られたヨーロッパの軍隊の模型の検分にさいして尋問に返答と回答を与えるためであった、そのものは、この目的のため互いに寄せ集めてあった。上記の作品は、彼等殿下等をかなり喜ばせたものと思われ、それに払われた多大の労苦に驚喜の意を表わした。閣僚タカモン《牧野信成》殿は、人々が七つの卓子のそれぞれ別々に指の骨の半分位の小さな紙片をはりつけ、そして日本語で、それぞれが何であり、それらが何の目的に役立つかという説明が小さな文字であちこちに書かれるようにと命じた。それは陛下《徳川家光》が、近日中に彼《徳川家光》にこれが贈呈される筈なので、上記の作品に現わされているもの総べてを速かにしかも完全に見かつ理解できるためである。

とあり、家光は「ヨーロッパの軍隊の模型」の献上を受けており、それには詳細な説明が付されていたから、何がどのような機能を有するのかを理解しようと思えばできたはずである。また、次の『オランダ商館長日記』の一六三八年十二月四日・五日条（『日本関係海外史料　オランダ商館長日記』訳文編之三〈下〉）が示すように、本日、会社により本年日本に齎らされた臼砲のことを最高政府に報告し、図面を示し、その操作を説明し、かつそれが有し、もしくは有し得る威力について知らせるため、十月二十日、平戸の領主によってかの地へ派遣された貴人が、上の方〇江戸。から帰著して、とりわけ、次のことを語った。すなわち、閣僚サンニケ殿〇酒井忠勝。からは、これにつき極めて詳細かつ正鵠を得た質問を受け、そして彼には、オランダ人にとって、彼等〇オランダ人。が皇帝陛下に珍奇な品を贈ることにより奉仕しよう、等々と努めていることは、大変良いことであること、もし殿下〇酒井忠勝。からも許可を得たら、オランダ人は臼砲一ないし二門を鋳造するのに必要なだけの銅を大坂で買付けかつ精錬することができるであろうことを、伝えた、と。

オランダからは臼砲も献上され、家光はこれも受け取っていたのである。前述の軍事力の機能不全と対外的軍事力の構想力不足をもたらした原因を考える上で問題となることは、家光がこれらのヨーロッパの軍備とどのように向き合ったのかという点である。

内向きの発想

家光はオランダ献上の臼砲の威力を充分認識していたようである。それは次の『オランダ商館長日記』の一六三九年六月二十三日条（『日本関係海外史料　オランダ商館長日記』訳文編之四〈上〉）に、

彼（牧野信成）は我々（フランソワ・カロンと砲手）に、臼砲に関して大官達や彼自身（牧野信成）から陛下（徳川家光）に報告が行われ、陛下がそのことを聞いて殊の

外満足されたことを、委しく語った。そして二度三度、次のような言葉を述べた。たとえ貴下達《（フランソワ・カロンら）》が今年日本に来た十二隻の船舶に高価な物を満載して、これを総べて皇帝陛下《（徳川家光）》に献上したとしても、これ程には評価されなかったであろう。何故ならば、陛下の財宝や富に何か不足している物があろうか。しかし、この大砲、すなわち臼砲には殊の外お悦びになり○「殊の外」B本に拠り補う。、私は貴下にそのことを充分に伝えることができない程である。何故ならば、陛下がそれによって、今後、この装備を以て攻撃される者は誰も城や要塞を維持することができないと考えておられるからである。

とあって、家光がその破壊力を称賛したことからも明らかである。だが、その称賛の言葉のうち「この大砲、すなわち臼砲には殊の外お悦びになり○「殊の外」B本に拠り補う。、私《（牧野信成）》は貴下《（フランソワ・カロン）》にそのことを充分に伝えることができない程である。何故ならば、陛下《（徳川家光）》がそれによって、今後、この装備を以て攻撃される者は誰も城や要塞を維持することができないと考えておられるから」という点が気にかかり、この時の家光は国内における「城や要塞」への「攻撃」のみを想定していたようなのである。家光は次の一六三九年六月二十三日条（『日本関係海外史料　オランダ商館長日記』訳文編之四〈上〉）に、

また、陛下《（徳川家光）》は各自が臼砲の件について話し、かつその操作に関して意見を語ったのち、技師外記殿《（井上正継）》に対して次のように言った。すなわち、外記殿よ、私《（徳川家光）》はこれまで、貴下《（井上正継）》の知性は貴下の技術

以上のものであり、その知性から技術が生み出されたものと考えていた。しかし、貴下の人柄から、私にはそうでないことが判った。ここにいる代表委員達は皆非常に驚歎して語り、私もまた彼等の説明を聞き、殊の外驚いている。しかるに、独り貴下だけはここで何の意見も述べていない。貴下は、それがどのようなものであろうと、これに拘泥せず、賞賛に値するものは正当にこれを褒め、軽蔑すべき点は軽蔑して然るべきである。オランダ人達は、今日この賞賛すべき発明を日本に齎した。それは昨日まで貴下の技術では考えることができなかった。そこで、貴下はオランダ人の弟子であり、彼等が貴下の師であることを認めねばならない。

とあるように、ヨーロッパの優れた軍事技術を謙虚に学ぶべきことを理解していた。そして、さらに同日条（前引『オランダ商館長日記』訳文編之四〈上〉）では、

さらに、上記の閣僚内匠殿《（牧野信成）》はこう語った。陛下《（徳川家光）》は、別室に行き、彼《（牧野信成）》、すなわち内匠殿を独り呼び寄せ、次の命令を与えた。すなわち、貴下○内匠殿。はオランダ人達を貴下の家に呼び、彼等から秘かに射撃の方法と榴弾の調製の仕方を習得するように。これは如何なる場合においても、技師外記の職務であり、彼にも習得させねばならないが、しかし、そうする価値があると見做されても、彼は自分自身の考案ではないので、この技術を褒めようとはしない、と。

とあって、牧野信成に「秘かに射撃の方法と榴弾の調製の仕方を習得するように」と指示しているし、次の『オランダ商館長日記』の一六三九年六月二十五日条（『日本関係海外史料　オランダ商館長日記』訳文編之四〈上〉）によると家光は、

オランダ人は貴下《（松浦鎮信）》の所領に通航し、彼等の最高司令官から私《（徳川家光）》に素晴しい、精巧を極めた大砲が贈られた。これはこの国の宝として保管されるであろう。また、これは貴下の所領に来たものであるから、私は、これが貴下にとっての栄誉となり、私に対する忠勤の徴であることを認める。今後、さらに多くの、斯様な大砲を鋳造させる命令を出させるつもりである。貴下はその際、その製造を誰にも見られぬよう、またこれを広めぬよう、厳重に注意するように、と。

述べたといい、肥前国平戸の松浦鎮信に対しても秘密裡に臼砲の製造を指示し、『オランダ商館長日記』の一六三九年八月十二日条（前引『オランダ商館長日記』訳文編之四〈上〉）に、

貴下達《（松浦家奉行人）》は御地〇平戸。において、貴下達〔の監督〕によって臼砲七門を鋳造するよう手配すべきこと。その中、六門は中位の大きさとし、一門は凡そ二百カティーの弾丸を発射する非常に大きなものとする。これ等は総べて皇帝陛下《（徳川家光）》のためのものである。また、次のことが命令された。すなわち、近日中にこの仕事に著手すること、そして、たとえ如何なる人であっても（以前陛下《（徳川家光）》が我々にも伝達

させたように）誰にも見られてはならない。それ故、御地において適当な場所を選び、これを三重の塀で囲い、各々の塀の戸口には番人を立て、そして、この塀の中で鋳型や銅を溶かすための炉とその他これに附属するところの物を用意させるように。それは、（前に述べたように）誰ひとりこの珍しい、精巧な大砲の鋳造を学んだり、またそれによって弘めたりしないためである。何故ならば、陛下は、これを遵守し、かつ貴下達に伝達するよう、我々に厳命されたからである。従って、総べてはこのように実行するように。

とあるように、実際に製造を実行しているのである。その作業は徹底的に秘密にされ、『オランダ商館長日記』の一六四〇年七月十六日条（『日本関係海外史料　オランダ商館長日記』訳文編之四〈下〉）によれば、

この仕事がオランダ人によりなされねばならなかったのは、これに関して、先日（皇帝陛下（徳川家光）のために）出された厳しい命令に由来するもので、その命令は、臼砲、榴弾及び信管は、この国民の誰によっても取り扱われてはならず、見られてもならないとを要求している。

とあるように、製造はオランダ人の手によってなされるという徹底ぶりであった。したがって、家光がヨーロッパの軍事技術の優秀さを見抜けなかったわけではなく、またそれらを排除したわけでもな

かった。では何がいけなかったのか。何がどう災いして、日本の軍勢はヨーロッパの軍事力を前に自壊せねばならないくらいに劣化してしまったのか。

臼砲の数に満足してしまう

その答えは、次の『オランダ商館長日記』の一六四一年十月二十八日条（『日本関係海外史料　オランダ商館長日記』訳文編之五）にあるように思われる。

今後は日本ではもはや不足していない臼砲ないしこれに類する重砲は何門たりとも皇帝陛下《（徳川家光）》のために貴下等《（マクシミリアーン・ル・メールら）》が齎すには及ばない。

すなわち、家光は確かに臼砲の威力も理解し、その必要性も認識して、実際に製造までさせたが、自身の必要な数だけ鋳造すると、新規の取り扱いを行わなくなってしまったのである。これは、やはり家光の目線が外にではなく、国内に向いていたからだろう。自身に謀反する大名の城が破壊できるだけの数があれば家光にとってはよかったのであり、幕藩制である以上、将軍家と大名家がともに軍事的に向上することはあり得ず、将軍家は常に内なる敵にも備えねばならなかったから、大名家に臼砲の詳細やヨーロッパの軍事技術や戦法を見せるわけにはいかなかったのである。木村直樹氏によれば、寛永十七年（一六四〇）のポルトガル船来航の際も、「幕府は、沿岸警備が各藩の軍事力を増強させない範囲内で行われるべきと考えて」おり、「長崎警備に必要な重火器は、各藩が独自に調達するだけではなく、幕府が貸与していることが確認できる」という（木村『幕藩制国家と東アジア世界』）。

日本全体として対外的軍事力を底上げすることは、国内事情が優先し、不可能であった。したがって、日本勢としてはまず数を見せる以外に方法がなかったのである。

藤井譲治氏によると「幕府勢は湾口を船橋で閉鎖し、ポルトガル船が港外へ出ることを差し止めた」が（藤井『徳川家光』）、これを受けてか、次の『オランダ商館長日記』の一六四七年八月十五日条（『日本関係海外史料　オランダ商館長日記』訳文編之十）によると、

> 彼等《ポルトガル船》の後ろ側の旗竿を、何のためか私《ウィレム・フルステーヘン》にはわからなかったが、取り込んだ。九時頃、彼等の以前の求め〔による方法〕で、何か願って白い旗が後部に掲げられた。

とあり、ポルトガル船は白旗を掲げた。この意味が通じたのかどうかはわからないが、藤井氏によると、幕府は「長崎に集まった軍勢を整列させ、ポルトガル船を港の外に出し」て「国交再開拒否」という「回答書を渡し、出港を許可した」とされる（藤井『徳川家光』）。

この一部始終を見ていたオランダが、日本の軍備の劣化に気づきながら、それでも日本との関係を維持したことが不思議でならないが、『オランダ商館長日記』附録四の「一六四九年七月二十七日付ディルク・スヌーク宛オランダ東インド総督コルネリス・ファン・デル・レイン等書翰」（『日本関係海外史料　オランダ商館長日記』訳文編之十二）は当時のオランダの基本的立場を明確に述べてくれている。

陛下《徳川家光》の命令に従って会社の事業、商品、船舶そして人員について良好で厳格な秩序を保つこと、同様に、貴下《ディルク・スヌーク》が、この尊大な国民に対し、敵意や我儘を微塵も露呈させず、謙虚さと礼儀正しさを持ちこたえることです。

江戸時代の日本が長期間の「平和」を維持できたことは、日本の力というよりも、多分に外国の様々な思惑と偶然の要素が大きかったのではないかという気がするのは筆者のみだろうか。この後、家光が没して家綱が将軍職を継承するが、木村直樹氏はその後の状況について「幼将軍を擁する幕府にとって、外交政策の正当性を維持する上で、家光政権期以来の外交方針を転換させることができなかった。そのため幕府は、日本に来航した船と紛争になる可能性についてはいまだ払拭しきれないものの、来航した場合、日本から退去させることを最大の目的とした」といい、「家綱政権は、前将軍家光の政策継続によってのみ政策の妥当性が主張できる状況に置かれた」ため、「外交体制が硬直化しはじめるのは、家綱政権になってからであ」り、「この硬直化は前家光政権路線の継続であったため、外交体制の固定化につながり、結果として対外関係の確立を意味し」たと展望している（木村『幕藩制国家と東アジア世界』）。

5　次なる世代へ

これまで様々な史料や先学の成果をふまえながら叙述してきたが、ここで本書の叙述を振り返りつつまとめてみると、父母や弟との関係に悩み、つらい幼少期を過ごしながらも、祖父家康と春日局らに支えられて育った家光は、父秀忠から将軍職を継承してからというもの、秀忠の存命中は自我を抑制して過ごしていた。秀忠没後は巧妙な人事を実行し、新旧勢力をうまく配置して下部への権力の集中を防ぎつつ自らの政治基盤を着実に築き、その過程で弟の忠長を粛清した。

本格始動した家光政権の向き合った課題は、なかなか継嗣に恵まれなかったことによる将軍家の存続問題と、カトリック教国・プロテスタント教国との外交を含む対外問題、国内にあっては幕府からの度重なる役賦課による大名家と領民の疲弊という構造的問題、そして何よりもキリシタンの広範な拡大であった。そのような中、いかに他大名に対する将軍家の優位を保ちつつ、政権の存続を図るかが家光の課題であったが、彼は織豊系の系譜からは距離をおく一方、神となった祖父家康への依存と秀忠以来の天皇家との関係の再構築によって将軍家の他大名に対する優位を確保しようとした。その過程で家光は、天皇家すら自覚していなかった天照大神の神位を後水尾上皇に明確化させ、祖父家康の神格である東照大権現と関連づけるとともに、現実世界で将軍からの問いかけがあった場合には朝廷が一つとなって応じることを求め、また外交関係にあっては、東アジアにおける日本の位置づけを行う際に敢えて天皇の存在を間接的に登場させ、さらに継嗣としての家綱の立場を固める際にも、東福門院（徳川和子）を通じて時の天皇や上皇とも縁戚となる徳川将軍家の立場を前面に出して、摂家をも超越し、武家をも超越する継嗣として家綱を育てようとした。ある意味で家光は、天皇家の積極的活用の道を閉ざすのではなく、むしろ開き、そのままにしたということができよう。

だが、そのような中、家光は病に襲われる。積極的な政策を推進すればするほど、家光には負荷がかかり、彼の体は耐えられず、悲鳴を上げ、精神的にも肉体的にも追い詰められた。そのような窮地を救った人々が、春日局であり、沢庵宗彭であり、柳生宗矩であった。本当に家光のことを考えてくれる人々に囲まれ、治療に専念できたことは彼にとって不幸中の幸いであった。

その病が回復基調にあった時、家光の体力的な弱まりを看て取ったのか、国内の構造的矛盾は一気に爆発し、島原の乱が勃発した。上使として派遣した板倉重昌の戦死という衝撃的な戦況は家光を追い詰めたが、それは戦争体験も戦争指導経験もない将軍家光が戦況を読み違えた結果であった。その過ちを救って余りあった人物が松平信綱であり、彼は板倉重昌が加勢を依頼していたオランダ人を引き続き活用し、陸上と海上から砲撃を加えさせてあたかも西洋の戦争のような戦いを展開し、ある程度の戦果を得つつも、オランダ人の戦死者が出たことなどからオランダ人を撤退させ、それまでに一揆勢の籠城する原城へ接近していた軍勢を攻め込ませることで総攻撃をかけ、原城を落城させた。だが、そこでは思いの外に犠牲者が出たため、犠牲者を出さぬよう命じていた家光の上意との関係に大名は思い悩んだ。将軍と大名の戦の感覚がどこか変わり始めていた。

この島原の乱後も国内の現実は依然厳しく、領民の疲弊は解消されず、牛死まで発生し、寛永の飢饉という最悪の事態を迎える。しかも対外的にはキリシタンの流入と拡大が止む気配はなく、家光は国内問題への対処とともに外交関係の整理と外国勢力の放逐が可能かどうかも検討しなければならなくなった。

その後、ポルトガル人の追放を決定したものの、再度来航したポルトガルの使節団の大半を処刑したことは、幕府をさらなる対外的緊張の渦に巻き込んだ。しかも、家光にはいまだ継嗣がいなかった。そのような状況下、家光はさらに祖父家康の神格である東照大権現への依存を深め、東照大権現と天照大神や八幡大菩薩が将軍と一体となり政権を維持する構想を『東照社縁起』に結実させた。しかし、これは多分に家光の精神的不安を解消するための政策で、内外の困難な諸問題への抜本的かつ現実的な解決策とはならないものであった。

家光をとりまく現実は厳しさを増し、ポルトガル船の再来航や明清交替への対応を余儀なくされ、またキリシタンの根絶にも程遠かった。家光はさらに東照社を東照宮とすることで、天照大神や八幡大菩薩と真の意味で肩を並べ得る神として東照大権現の神威を増強しようとし、その実現を後水尾上皇に奏請した。将軍を支える神々の連携の構築は順調に進んだかに見えたが、現実の軍備は劣化が進み、オランダ商館長からその限界を見抜かれる事態に陥っていた。この時までに、幕府の軍事力とその構想力は明らかに退化しつつあった。しかし、家光にはその軍備を立て直すだけの時間も能力もなく、彼の政権は未完のまま、数え十一歳の家綱に引き継がれ、その結果、さらなる軍備の更新は望むべくもなく、現状維持が限界となった。

また天皇との関係も、家光は「禁中并公家中諸法度」の改正を試みたが実現せず、徳川将軍家は天皇をあくまでも自らの祖先神話と将軍職世襲の理論化の中で位置づけたのみで、天皇の存在そのものは国家機構的に完全には詰められぬままとなった。だが、家光が祖先神話の枠内とはいえ、天皇の存在を正面から認定し、また外交面でも天皇の存在を対外的に暗示するなどしたことも影響し、その詰められぬまま置いておかれたことが、かえって天皇の存在を江戸時代を通じて強固なものにしたともいえ、天皇は明確な否定をされぬまま、むしろ曖昧に肯定された状態で近世中・後期を迎えることになった。

家光による治世は、確かに重要な一時代を築いたことは事実だが、実は長期的に見て江戸幕府の終焉へとつながる様々な要素を確実に内包していた時代でもあったのではないか。このように考えると、丸山眞男氏自身は再考しているけれども（丸山「『日本政治思想史研究』あとがき」）、やはり同氏が論文「近世儒教の発展における徂徠学の特質並にその国学との関連」で示した日本の近世に対する慧眼は、日本近世史学界においてもっと評価されて然るべきではないかとも思われる。しかし、家光の政策や行動が幕府を確立させた一方で終焉も準備したとなると、家光にとってはやや一方的で酷な評価なのかもしれない。この点について筆者は、細川忠利が家光を名医に喩えていたことは（『大日本近世史料 細川家史料』二十一、三六〇四号）、ある意味で卓見だったのではないかと述べることで、少々家光の弁護を試みたい。

細川は家光がまるで名医のように天下の病巣を診断して治療してくれることを期待して家光を名医に喩えていたから、以下に述べる筆者の私見は厳密には細川の意図と異なるのかもしれない。けれども、政治体制そのものを人体に喩えてみると、政治家としての家光は「医者」として立派に活動したのではないかと思うのである。

人はいつか必ず死ぬが、いつも死を意識しているわけではない。日々確実に死へ近づいてはいるのだが、本能的に生きることを追求している。だが、日常のふとしたことが人体に負荷をかけることがあるし、様々な出来事が寿命を縮めることもあるだろう。だから人は医者の力を借り、死なぬように病を予防し、不幸にして病を得れば治療してもらって生きていく。

政治家と体制の関係もおそらく同じで、日々の体制は滅亡よりも常に存続を前提としながら推移しているはずである。しかし、歴史を振り返れば明らかなように、永遠に存続した体制は存在しない。体制も人体と同様に死を運命づけられているとすれば、政治家にできることは、医者と同様、その体制が少しでも長続きするよう現状を的確に把握し、必要なあらゆる手を打ち続けること以外ない。おそらく家光はそれを行ったのである。そこでどのような処方をするかに、政治家（医者）としての優劣があるのだろう。

だが、政治家も医者も、人間である限り自ずと限界がある。家光は将軍就任時に既にあった幕藩制という体制と、自家が天皇家と縁戚にあるという関係性から完全に自由になることができず、むしろそれらにとらわれ、こだわった。そのこだわりが家光をして大名家の軍備増強に対する警戒を解かせることなく、日本国全体としての軍備・軍制の西洋化を限定的にさせ、また戦わずして将軍家の存続および大名家との差異化を図るため、天皇家との関係性をさらに積極的に活用する選択をさせたと思われる。しかし、幕藩制は内外ともに変質していき、天皇家と徳川将軍家との血縁も次第に薄まっていく。その行手には立ち遅れた軍備・軍制と、曖昧に肯定されながらも徳川将軍家と少し距離の生じた天皇家があり、それらが後々、長い時間をかけてじわじわと幕府に副作用をもたらしていったということなのではなかろうか。以上が、本書の一応の結論ということになるだろう。

あとがき

ようやくこの評伝を締め括ることができた。このような書物を書くことは初めてだったので、とても苦しい作業であった。この評伝を執筆するにあたり、お手本としていたものは丸山眞男氏による佐久間象山の優れた評伝であった（丸山「幕末における視座の変革」、以下の一字下げとカギ括弧の引用は丸山氏の同論文からのもの）。これは管見の限り、過去の歴史的人物をまさに現代に甦らせることに成功した数少ない作品の一つだと思う。もちろん、筆者のこのたびの評伝がそれに遠く及ばないことはわかっているが、丸山氏は佐久間象山を論ずるにあたり、「百年もまえに生きた思想家を今日の時点で学ぶため」の方法を提言している。同氏によるとその一つは、

　今日から見てわかっている結末を、どうなるかわからないという未知の混沌に還元し、歴史的には既定となったコースをさまざまの可能性をはらんでいた地点にひきもどして、その中にわれわれ自身を置いてみる、ということ

で、「過去の追体験」とされるものであり、いま一つは、

その思想家の生きていた歴史的な状況というものを、特殊一回的な、つまりある時ある所で一度かぎり起こったできごととして考えないで、これを一つの、あるいはいくつかの「典型的な状況」にまで抽象化していく操作

である。丸山氏のまとめによれば、

当時のことばと、当時の価値基準で語ったことを、彼が当面していた問題は何であったか、という観点からあらためて捉えなおし、それを、当時の歴史的状況との関連において、今日の、あるいは明日の時代に読みかえることによって、われわれは、その思想家の当面した問題をわれわれの問題として主体的に受けとめることができる

という内容の提言になる。筆者は、この文章を読んだ時、これは思想家のみならず、政治家にも当てはまるのではないかと考えた。そして同時に、現在の日本近世史の研究者が行っている議論の大半は、丸山氏の言う「歴史的には既定となったコース」の史料的な追跡に近く、その過程で新事実が発見されると若干の微修正はなされるものの、基本的には「歴史的には既定となったコース」の追認になりがちなのではないかと、自戒の念を込めて大いに反省させられたのであった。

筆者は丸山氏の提言を少しでも受け止めるべく、本書ではあまり史料を加工せず、そのままの言葉

遣いで引用するよう努め、普段の調査研究の中で考えたことなどをふまえながら、論文の執筆時よりもやや踏み込んだ叙述をするようにした。

しかし、執筆に割くことのできた時間が日々限られていた上、筆者の様々な事情や能力の問題もあり、当初の本書の意図がどこまで実現できているかは甚だ心許ない。本来採り上げて然るべき業績などがもれていることもあるかもしれない。至らぬ点はひとえに筆者の責任なので、ご寛恕願いたい。

それにしても、執筆の過程で改めて認識したことは、各史料所蔵機関とその関係者各位による史料の保存・公開へのご尽力と公刊事業への深い敬意であった。私ども研究者は、各史料所蔵機関・所蔵者・関係者各位のご尽力とご理解がなければ研究できず、叙述もできない。ここにお世話になった各機関・各位に謹んで御礼を申し上げたい。

なお、主要参考文献・公刊史料の一覧と略年譜および一部の写真については家内の手を煩わせた。日々の協力と合わせ、このたびの助力に感謝したい。また、編集をご担当くださったミネルヴァ書房編集部の田引勝二氏には、長期間お待たせすることになり、ご苦労をおかけしてしまった。

このように様々な機関・人々のご協力によって完成した本書が、徳川家光という歴史的人物と江戸時代に対する現代人の理解の深化に少しでも役立つならば幸いである。

二〇一三年（平成二十五）六月九日

野村　玄

主要参考文献・公刊史料（編著者名による五十音順、未公刊史料については本文中の表示を参照されたい）

主要参考文献

朝尾直弘「幕藩制と天皇」（朝尾直弘『朝尾直弘著作集　第三巻　将軍権力の創出』岩波書店、二〇〇四年）

朝尾直弘「将軍政治の権力構造」（朝尾直弘『朝尾直弘著作集　第三巻　将軍権力の創出』岩波書店、二〇〇四年）

朝尾直弘「「元和六年案紙」について」（朝尾直弘『朝尾直弘著作集　第四巻　豊臣・徳川の政治権力』岩波書店、二〇〇四年）

朝尾直弘『朝尾直広著作集　第五巻　鎖国』（岩波書店、二〇〇四年）

荒野泰典『近世日本と東アジア』（東京大学出版会、一九八八年）

池内敏『大君外交と「武威」――近世日本の国際秩序と朝鮮観』（名古屋大学出版会、二〇〇六年）

井澤潤「御守袋文書にみる徳川家光の心理」（『駒沢史学』第七五号、二〇一〇年十月）

井澤潤「東照大権現祝詞にみる徳川家光の東照大権現崇拝心理」（『駒沢史学』第七九号、二〇一二年十一月）

今谷明『室町の王権――足利義満の王権簒奪計画』（中央公論社、中公新書、一九九〇年）

今谷明『武家と天皇――王権をめぐる相剋』（岩波書店、岩波新書、一九九三年）

岩生成一『日本の歴史　14　鎖国』（中央公論社、一九六六年）

靫矢嘉史「江戸城寺社年頭礼の濫觴と制度化――家康・秀忠期から家光期を中心に」（『早稲田――研究と実践』

第三四号、二〇一二年十二月）
浦井正明『もうひとつの徳川物語——将軍家霊廟の謎』（誠文堂新光社、一九八三年）
浦井正明「沢庵と天海——品川歴史館特別展に因んで」（『品川歴史舘紀要』第二五号、二〇一〇年三月）
大口勇次郎・高木昭作『日本近世史』（財団法人放送大学教育振興会、一九九四年）
大西源一・神宮『大神宮史要』（神宮司廳教学課、二〇〇一年）
小倉宗「江戸幕府上方軍事機構の構造と特質」（『日本史研究』第五九五号、二〇一二年三月）
笠谷和比古『関ケ原合戦と近世の国制』（思文閣出版、二〇〇〇年）
笠谷和比古「近世の幕府と朝廷（三）　徳川和子の入内」（『ミネルヴァ通信「究」』通巻第二七号、二〇一三年六月）
金井圓・加藤榮一「日本関係海外史料　オランダ商館長日記　訳文編之一（上）」（『東京大学史料編纂所報』第一一号、一九七六年）
鎌田純一「近世における天照大御神論」（神道文化会創立三十五周年記念出版委員会編『天照大御神（研究篇二）』財団法人神道文化会、一九八二年）
神崎充晴「「東照社縁起」制作の背景」（小松茂美編『続々日本絵巻大成　伝記・縁起篇8　東照社縁起』中央公論社、一九九四年）
神田千里『島原の乱——キリシタン信仰と武装蜂起』（中央公論新社、中公新書、二〇〇五年）
北島万次『豊臣政権の対外認識と朝鮮侵略』（校倉書房、一九九〇年）
北原章男「春日局」（国史大辞典編集委員会編『国史大辞典』第三巻、吉川弘文館、一九八三年）
木村直樹『幕藩制国家と東アジア世界』（吉川弘文館、二〇〇九年）
久保貴子『徳川和子』（吉川弘文館、二〇〇八年）

久保貴子『後水尾天皇——千年の坂も踏みわけて』（ミネルヴァ書房、二〇〇八年）
熊谷功夫『後水尾天皇』（中央公論新社、中公文庫、二〇一〇年）
熊本県立美術館編『生誕四五〇年記念展　加藤清正』（生誕四五〇年加藤清正展実行委員会、二〇一二年）
小池進『江戸幕府直轄軍団の形成』（吉川弘文館、二〇〇一年）
小池進「保科正之と徳川家光・忠長」（『日本歴史』第七五八号、二〇一一年七月）
小宮木代良「明末清初日本乞師」に対する家光政権の対応——正保三年一月十二日付板倉重宗書状の検討を中心として」（『九州史学』第九七号、一九九〇年五月）
小宮木代良「明清交替期幕府外交の社会的前提——牢人問題を中心として」（中村質編『鎖国と国際関係』吉川弘文館、一九九七年）
小宮木代良『江戸幕府の日記と儀礼史料』（吉川弘文館、二〇〇六年）
小村弌「松平忠輝」（国史大辞典編集委員会編『国史大辞典』第一三巻、吉川弘文館、一九九二年）
斎藤夏来『禅宗官寺制度の研究』（吉川弘文館、二〇〇三年）
島田貞一「柳生宗矩」（国史大辞典編集委員会編『国史大辞典』第一四巻、吉川弘文館、一九九三年）
菅原信海「家康公を祀った天海の神道」（栃木県立博物館編『第49回企画展図録　天海僧正と東照権現』栃木県立博物館、一九九四年）
下重清『幕閣譜代藩の政治構造——相模小田原藩と老中政治』（岩田書院、二〇〇六年）
曽根原理「『東照社縁起』の基礎的研究」（『東北大学附属図書館研究年報』第二八号、一九九五年十二月）
曽根原理「『東照社縁起』の基礎的研究（承前）」（『東北大学附属図書館研究年報』第二九号、一九九六年十二月）
曽根原理『徳川家康神格化への道——中世天台思想の展開』（吉川弘文館、一九九六年）

杣田善雄『日本近世の歴史2　将軍権力の確立』（吉川弘文館、二〇一二年）
「大徳川展」主催事務局編『大徳川展』（「大徳川展」主催事務局、二〇〇七年）
高木昭作「乱世――太平の代の裏に潜むもの」（『歴史学研究』No.五七四、一九八七年十一月）
高木昭作「将軍権力（Ⅱ）」（井上光貞・永原慶二・児玉幸多・大久保利謙編『日本歴史大系　3　近世』山川出版社、一九八八年）
高木昭作「〔補説4〕島原の乱について」（井上光貞・永原慶二・児玉幸多・大久保利謙編『日本歴史大系　3　近世』山川出版社、一九八八年）
高木昭作『江戸幕府の制度と伝達文書』（角川書店、一九九九年）
高木昭作『将軍権力と天皇――秀吉・家康の神国観』（青木書店、二〇〇三年）
高埜利彦「江戸幕府の朝廷支配」（『日本史研究』第三一九号、一九八九年三月）
田代和生『書き替えられた国書――徳川・朝鮮外交の舞台裏』（中央公論社、中公新書、一九八三年）
田中暁龍「近世の武家昵近公家衆」（『桜美林論考　人文研究』第三号、二〇一二年三月）
塚本学「武家諸法度の性格について」（『日本歴史』第二九〇号、一九七二年七月）
辻善之助「澤菴和尚と将軍家光」（『史學雜誌』第二四編第八号、一九一三年八月）
辻善之助「書簡によつて見たる澤菴和尚」（辻善之助編註『沢菴和尚書簡集』岩波書店、岩波文庫、一九四二年）
辻善之助『日本文化史Ⅴ』江戸時代（上）（春秋社、一九七〇年）
辻達也『江戸幕府政治史研究』（続群書類従完成会、一九九六年）
長坂良宏「「摂家」松殿家の再興――寛永・明和期の事例から」（『人文』第六号、二〇〇八年三月）
長崎県史編集委員会編『長崎県史』対外交渉編（吉川弘文館、一九八六年）
中川学「近世将軍の院号と朝廷――死後の称号とその決定問題」（『歴史評論』第六九〇号、二〇〇七年九月）

永積洋子『近世初期の外交』（創文社、一九九〇年）
中野光浩「諸大名による東照宮勧請の歴史的考察」（『歴史学研究』№七六〇、二〇〇二年三月）
中村彰彦『保科正之――徳川将軍家を支えた会津藩主』（中央公論新社、中公新書、一九九五年）
中村栄孝『日鮮関係史の研究』下（吉川弘文館、一九六九年）
日光東照宮社務所編『徳川家光公伝』（日光東照宮社務所、一九六一年）
野村玄『日本近世国家の確立と天皇』（清文堂、二〇〇六年）
野村玄「東照宮号宣下をめぐる政治過程再考」（『史海』第五五号、二〇〇八年五月）
野村玄「東照大権現号の創出と徳川秀忠」（『日本歴史』第七六九号、二〇一二年六月）
芳賀徹編『現代のエスプリ別冊　江戸とは何か1　徳川の平和』（至文堂、一九八五年）
芳賀徹「いま、ふたたび「徳川の平和」に学ぶ」（米欧亜回覧の会編『世界の中の日本の役割を考える――岩倉使節団を出発点として』慶應義塾大学出版会、二〇〇九年）
橋本訓人「秀忠院号「台徳院」の成立」（『駒澤大学史学論集』第三〇号、二〇〇〇年四月）
橋本政宣「寛永諸家系図伝と諸家の呈譜」（日光東照宮社務所編『日光叢書　寛永諸家系図伝』第一巻、日光東照宮社務所・続群書類従完成会、一九八九年）
橋本政宣『近世公家社会の研究』（吉川弘文館、二〇〇二年）
服部英雄「原城と有明海・東シナ海――天草・島原の乱を見直す」（長崎県南有馬町監修／石井進・服部英雄編『原城発掘――西海の王土から殉教の舞台へ』新人物往来社、二〇〇〇年）
長谷川祥子「曜変天目茶碗」（週刊百科編集部編『朝日百科　日本の国宝』一〇、朝日新聞社、一九九九年）
平井聖「明治初期に撮影された御亭遺構（現　横浜・三溪園聴秋閣）」（平井聖監修／浅野伸子解説『現状比較地図と写真で見る幕末明治の江戸城』学習研究社、二〇〇三年）

深井雅海『江戸城――本丸御殿と幕府政治』(中央公論新社、中公新書、二〇〇八年)
福島県立博物館編『生誕四〇〇年記念　保科正之の時代』(福島県立博物館、二〇一一年)
福田千鶴『淀殿――われ太閤の妻となりて』(ミネルヴァ書房、二〇〇七年)
福田千鶴『江の生涯――徳川将軍家御台所の役割』(中央公論新社、中公新書、二〇一〇年)
福田千鶴『徳川秀忠――江《ごう》が支えた二代目将軍』(新人物往来社、二〇一一年)
藤井譲治『江戸幕府老中制形成過程の研究』(校倉書房、一九九〇年)
＊元和期から寛永期における江戸幕府の政治組織体制の形成過程を膨大な史料の分析に基づいて跡づけ、人事や組織再編の事実確定と整理のみならず、その政治的背景までを問題として解明した大著である。
藤井譲治「徳川家光の居所と行動」(藤井譲治編『近世前期政治的主要人物の居所と行動』京都大学人文科学研究所、京都大学人文科学研究所調査報告第三七号、一九九四年)
藤井譲治『徳川家光』(吉川弘文館、一九九七年)
＊徳川家光に関する伝記としては日光東照宮社務所編『徳川家光公伝』以来のもので、家光について調べる際にはまず参照すべき必読文献である。藤井氏の『江戸幕府老中制形成過程の研究』の成果が随所に反映されている。
藤井譲治「徳川家光花押文書の研究(一)」(『京都大學文學部研究紀要』第三八号、一九九九年三月)
藤井譲治「徳川家光花押文書の研究(二)」(『京都大學文學部研究紀要』第四〇号、二〇〇一年三月)
藤井譲治「八月二日付徳川秀忠仮名消息をめぐって」(大野瑞男編『史料が語る日本の近世』吉川弘文館、二〇〇二年)
藤井譲治『徳川将軍家領知宛行制の研究』(思文閣出版、二〇〇八年)
藤田覚『近世史料論の世界』(校倉書房、二〇一二年)

船岡誠『沢庵――徳川家光に慕われた名僧』（中央公論社、中公新書、一九八八年）
舟沢茂樹「松平忠直」（国史大辞典編集委員会編『国史大辞典』第一三巻、吉川弘文館、一九九二年）
古川祐貴「慶安期における沿岸警備体制」（『日本歴史』第七五八号、二〇一一年七月）
別格官幣社東照宮社務所編『東照宮宝物志』（別格官幣社東照宮社務所、一九二七年）
間瀬久美子「神社と天皇」（『講座・前近代の天皇3　天皇と社会諸集団』青木書店、一九九三年）
松浦章「清に通報された「島原の乱」の動静」（『関西大学東西学術研究所紀要』第一九号、一九八六年三月）
松尾晋一「正保四年のポルトガル使節船来航をめぐる対応」（『日本歴史』第六四三号、二〇〇一年十二月）
丸山眞男「『日本政治思想史研究』あとがき」（『丸山眞男集』第五巻、岩波書店、一九九五年）
丸山眞男「近世儒教の発展における徂徠学の特質並にその国学との関連」（『丸山眞男集』第一巻、岩波書店、一九九六年）
丸山眞男「幕末における視座の変革――佐久間象山の場合」（『丸山眞男集』第九巻、岩波書店、一九九六年）
三宅正浩「幕藩政治秩序の成立――大名家からみた家光政権」（『日本史研究』第五八二号、二〇一一年二月）
村井早苗『天皇とキリシタン禁制――「キリシタンの世紀」における権力闘争の構図』（雄山閣出版、二〇〇〇年）
八代市立博物館未来の森ミュージアム編『八代の歴史と文化シリーズ12　平成十四年度秋季特別展覧会　天草・島原の乱――徳川幕府を震撼させた百二十日』（八代市立博物館未来の森ミュージアム、二〇〇二年）
矢部健太郎「「源姓」徳川家への「豊臣姓」下賜」（『古文書研究』第七四号、二〇一三年一月）
山澤学『日光東照宮の成立――近世日光山の「荘厳」と祭祀・組織』（思文閣出版、二〇〇九年）
山田貴司「出羽庄内丸岡村加藤忠広屋敷絵図　一幅」作品解説（熊本県立美術館編『生誕四五〇年記念展　加藤清正』生誕四五〇年加藤清正展実行委員会、二〇一二年）

山本信吉「『寛永諸家系図伝』について」（日光東照宮社務所編『日光叢書寛永諸家系圖傳』第一巻、日光東照宮社務所・続群書類従完成会、一九八九年）
山本博文『寛永時代』（吉川弘文館、一九八九年）
山本博文『鎖国と海禁の時代』（校倉書房、一九九五年）
山本博文「新発見の小浜酒井家文書」（『東京大学史料編纂所研究紀要』第七号、一九九七年三月）
山本博文『徳川将軍と天皇』（中央公論新社、一九九九年）
山本博文『遊びをする将軍　踊る大名』（教育出版、二〇〇二年）
山本博文・小宮木代良・松澤克行「大日本近世史料　細川家史料　十九」（『東京大学史料編纂所報』第三九号、二〇〇四年十月）
山本博文「徳川家光における政治と遊び――品川御成の意義」（『品川歴史舘紀要』第二五号、二〇一〇年三月）
山本博文「大会報告批判　三宅正浩「幕藩政治秩序の成立――大名家からみた家光政権」」（『日本史研究』第五八四号、二〇一一年四月）
米田雄介「徳川家康・秀忠の叙位任官文書について」（『栃木史学』第八号、一九九四年三月）
ロナルド・トビ著／速水融・永積洋子・川勝平太訳『近世日本の国家形成と外交』（創文社、一九九〇年）

主要参考公刊史料

赤堀又次郎『東照大権現祝詞略注』（赤堀又次郎、一九一五年）
石井良助編『近世法制史料叢書2　御當家令條・律令要略』（創文社、一九五九年）
太田勝也編『近世長崎・対外関係史料』（思文閣出版、二〇〇七年）
小野沢精一『新釈漢文大系26　書経』下（明治書院、一九八五年）

宮内庁書陵部『図書寮叢刊　九条家歴世記録四』（宮内庁書陵部、一九九九年）
黒板勝美・国史大系編修会編『新訂増補国史大系　徳川実紀』第一篇・第二篇・第三篇（吉川弘文館、一九七六年）
国書刊行会編『新井白石全集』第一巻（国書刊行会、一九七七年）
国立公文書館『内閣文庫影印叢刊　譜牒餘録』中（国立公文書館、一九七四年）
国立公文書館『内閣文庫影印叢刊　譜牒餘録』下（国立公文書館、一九七五年）
近衛通隆・名和修・橋本政宣校訂『史料纂集　本源自性院記』（続群書類従完成会、一九七六年）
小松茂美編『続々日本絵巻大成　伝記・縁起篇8　東照社縁起』（中央公論社、一九九四年）
近藤瓶城編『続史籍集覧　第六冊』（近藤出版部、一九三〇年）
斎木一馬・岩沢愿彦校訂『徳川諸家系譜』第一（続群書類従完成会、一九七〇年）
斎木一馬・岩沢愿彦・戸原純一校訂『徳川諸家系譜』第二（続群書類従完成会、一九七四年）
財団法人神道大系編纂会編／西垣晴次・小林一成校注『神道大系　神社編二十五　上野・下野国』（財団法人神道大系編纂会、一九九二年）
財団法人神道大系編纂会編／曽根原理校注『続神道大系　神社編　東照宮』（財団法人神道大系編纂会、二〇〇四年）
史籍研究会（代表坂本太郎）『内閣文庫所蔵史籍叢刊　第2巻　東武実録（二）』（汲古書院、一九八一年）
史籍研究会（代表坂本太郎）『内閣文庫所蔵史籍叢刊　第22巻　教令類纂初集（二）』（汲古書院、一九八二年）
史籍研究会（代表坂本太郎）『内閣文庫所蔵史籍叢刊　第38巻　憲教類典（二）』（汲古書院、一九八四年）
神宮司廳編『大神宮叢書　度会神道大成』前篇（神宮司廳・臨川書店、一九五七年）
副島種経校訂『新訂　本光国師日記』第一～第七（続群書類従完成会、一九七一年）

高槻市史編さん委員会編『高槻市史　第四巻（一）　史料編Ⅱ』（高槻市役所、一九七四年）
高柳光寿・岡山泰四・斎木一馬編集顧問『新訂　寛政重修諸家譜』第一～第二二・索引一～索引四（続群書類従完成会、一九六四～六七年）
武部敏夫・川田貞夫・本田慧子校訂『史料纂集　泰重卿記』第一（続群書類従完成会、一九九三年）
辻善之助編註『沢菴和尚書簡集』（岩波書店、岩波文庫、一九四二年）
東京大学史料編纂所編『史料綜覧』巻五（東京大学出版会、一九六五年覆刻）
東京大学史料編纂所編『日本関係海外史料　オランダ商館長日記』訳文編之一（上）～訳文編之十一（東京大学出版会、一九七六～二〇一一年）
東京大学史料編纂所編『日本関係海外史料　イギリス商館長日記』訳文編之上・下（東京大学出版会、一九七九年・一九八〇年）
東京大学史料編纂所編『日本関係海外史料　イギリス商館長日記』訳文編附録（上）・（下）（東京大学出版会、一九八一年・一九八二年）
東京大学史料編纂所編『大日本近世史料　細川家史料』一～二十三（東京大学出版会、一九六九～二〇一二年）
戸川残花編『舊幕府』（臨川書店出版部、一九七一年）
豊田武編『会津藩家世実紀』第一巻（吉川弘文館、一九七五年）
日光市史編さん委員会編『日光市史』史料編・中巻（日光市、一九八六年）
日光東照宮社務所編『日光叢書　寛永諸家系図伝』第一巻～第六巻・索引（日光東照宮社務所・続群書類従完成会、一九八九～九一年）
萩野由之監修／堀田璋左右・川上多助共編『日本偉人言行資料　圓心上書全・仰景録全』（国史研究会、一九一七年）

藤井讓治監修『江戸幕府日記　姫路酒井家本』第一巻〜第二十五巻（ゆまに書房、二〇〇三〜〇四年）
藤井讓治・吉岡眞之監修『後水尾天皇実録』第一巻・第二巻・第三巻（ゆまに書房、二〇〇五年）
藤井讓治・吉岡眞之監修『後光明天皇実録』（ゆまに書房、二〇〇五年）
藤井讓治・吉岡眞之監修『後西天皇実録』（ゆまに書房、二〇〇五年）
藤井讓治・吉岡眞之監修『霊元天皇実録』第一巻（ゆまに書房、二〇〇五年）
前田育徳会『加賀藩史料』第貳編（清文堂、一九七〇年復刻）
松岡久人編『広島大学所蔵猪熊文書（一）』（福武書店、一九八二年）

＊なお、『吉良家日記』については、宮内庁書陵部所蔵謄写本が西尾市史編さん委員会編『吉良家日記　吉良町史　別冊資料』（西尾市、二〇一三年）として公刊された。あわせてぜひ参照されたい。

徳川家光略年譜

和暦	西暦	齢	関係事項	一般事項
慶長　九	一六〇四	1	7・17出生。父・徳川秀忠、母・江。	8月フィリピン長官、家康にキリシタン布教の許可を求める。
十	一六〇五	2		3月家康、李氏朝鮮の使節を引見し、本多正信・西笑承兌を講和に当たらせる。4・16秀忠将軍宣下。この年、諸大名に郷帳・国絵図を作らせる。
十一	一六〇六	3	6・1国松（忠長）出生。	9月宗義智、家康の国書を偽作して李氏朝鮮に送る。
十二	一六〇七	4	10・4和子出生。	5月李氏朝鮮の使節、初めて江戸に来る。
十四	一六〇九	6		5月オランダ船二隻平戸に入港、通商を求める。7月オランダ船に貿易を許す。8月オランダ人

				平戸に商館を建設。12月家康、イスパニア国王に書簡を送り、貿易の保護を約束する。
十六	一六一一	8		7月家康ポルトガル使節に貿易を許す。
十七	一六一二	9		3月キリシタンを禁ず。
十八	一六一三	10		9月家康、イギリスに通商を許す。
十九	一六一四	11		10月大坂冬の陣。
元和 元	一六一五	12		4月大坂夏の陣。5・8大坂城落城、豊臣秀頼自害。7月「武家諸法度」「禁中并公家中諸法度」「諸宗諸本山法度」制定。
二	一六一六	13	4・17家康没。久能山に葬る。	正月ヌルハチ後金を建国。8月中国以外の外国船の来航を長崎・平戸に限定。
三	一六一七	14	12月江戸城西丸に入る。	8月朝鮮通信使来日。
四	一六一八	15	5月具足始が検討される。	
六	一六二〇	17	9・6「家光」名乗決定。この頃元服か。この年、任大納言叙正三位。	6・18和子入内。

年号	西暦	齢	事項	一般事項
八	一六二二	19		8月キリシタン五十五人を長崎で処刑。この年、江戸城本丸普請。
九	一六二三	20	7・13上洛、伏見城に入る。7・23参内。7・27任内大臣および将軍宣下。8・6参内。閏8月禁裏料一万石を増進。閏8・24江戸帰着。11・19和子、女一宮を出産。	
寛永元	一六二四	21	正・25秀忠より馬印・旗等を譲り受ける。8月忠長を駿府城主とする。11・3江戸城本丸に入る。11・28和子、中宮となる。	この年、朝鮮通信使来日。
二	一六二五	22	7月日光社参。	
三	一六二六	23	8・18任左大臣、参内。9・6～10二条城行幸啓。9・13参内。9・15江没。9・16大坂城入城。	
四	一六二七	24		2月李氏朝鮮、宗義成に後金軍の侵入を告げ、援助を求める。この年、長崎奉行水野守信、キリシタン三四〇人を島原城主松倉重政に渡し処刑させる。
五	一六二八	25	4月日光社参。	4月スペイン艦隊朱印船を襲う。5月幕府、ポルトガル船を抑留。

六	一六二九	26	3月疱瘡を患う。7月玉室宗珀・沢庵宗彭を流罪とする。9月日光社参。10・10春日局参内。11・8後水尾天皇、興子内親王へ突然譲位する。	7月台湾で長官ピーテル・ノイツとの争いが発生する。
七	一六三〇	27	9・12明正天皇即位。	
九	一六三二	29	正・24秀忠没。5・29加藤忠広を改易する。7月沢庵らを許す。	
十	一六三三	30	2・16軍役人数割を改定。3月六人衆を置く。8・3武蔵国品川で馬揃えを見る。9月病を患う。12・6忠長自害。この年、諸国巡見を命じる。	
十一	一六三四	31	3・3「御法度書」を出し、老中・六人衆の分掌を定める。7・11上洛。7・16～17太政大臣推任の打診を辞退。7・18参内。7・23京都町人に銀五千貫を与える。閏7・3仙洞料七千石を増進し一万石とする。閏7・16諸大名に領知判物を発給する。閏7・23後水尾上皇の院政を承認。閏7・25大坂城入城。閏7月大坂・堺・奈良の地子銀を免除。8・1参内。8・20江戸帰着。9月日光社参。江戸町人に銀五千貫を与える。	閏7・23江戸城西丸焼失。

十二	一六三五	32	3月日朝関係上の不正により、柳川調興を南部に流す。5月外国船の入港・貿易を長崎・平戸に限り、日本人の海外渡航・帰国を禁止する。6・21「武家諸法度」改正。8月諸大名にキリシタン改めを命じる。9月譜代大名・旗本にキリシタン改めを命じる。11~12月寄合日と諸役人の分掌を定める。12・12「諸士法度」改正。	
十三	一六三六	33	4月日光東照社大造替遷宮につき日光社参。12月朝鮮通信使来日。のち日光社参。	この年、江戸城普請。
十四	一六三七	34	春、病を患う。9月江戸城本丸へ移る。10月島原の乱。この年、千代姫出生。	この年、江戸城本丸普請。
十五	一六三八	35	正・1板倉重昌戦死。2・28島原の乱鎮圧。11・7、11・9、11・17、12・14九つの「仰」を出す。	
十六	一六三九	36	7月ポルトガル船の来航を禁止。9・21千代姫徳川光友へ入輿。	8・11江戸城本丸焼失。
十七	一六四〇	37	4・18日光社参、家康の二十五回忌法要。6・16ポルトガル船乗組員六十一人を処刑。9・26平戸のオランダ商館に関係する建造物の破壊と日曜日の廃止を命じる。	
十八	一六四一	38	2月黒田忠之らの参勤を止め、ポルトガル船来航に	

				備えさせる。4月オランダ商館を平戸から長崎出島に移す。8・3家綱出生。	
	十九	一六四二	39	4月日光社参。5月譜代大名に参勤交代を命じる。	
	二十	一六四三	40	7・18朝鮮通信使来日。のち日光社参。9・14春日局没。	
正保	元	一六四四	41	12・25郷帳・国絵図の作成を命じる。	3月北京が陥落し、明が滅ぶ。6・25琉球使節来日。のち日光社参。
	二	一六四五	42	11月東照社に宮号宣下。	
	三	一六四六	43	3月家光の奏請で日光奉幣使（のち例幣使）が発遣される。伊勢神宮例幣使も再興される。	10月幕府、明の鄭成功からの援兵要請を断る。
	四	一六四七	44	11・13犬追物を見物する。	6・26ポルトガル船が長崎へ来航。九州四国の大名警固する。
慶安	元	一六四八	45	3・17および10・17～19諸国の寺社に朱印状を与える。4・13日光社参。	
	二	一六四九	46	この年、諸国の寺社に朱印状を与える。	
	三	一六五〇	47		10月鄭成功の再度の援兵要請を断る。
	四	一六五一	48	4・20没。堀田正盛・阿部重次・内田正信ら殉死。4・23遺体を寛永寺に移す。5・6日光山輪王寺の	4・16江戸東叡山東照宮遷宮。7・26家綱将軍宣下。

			5・17	大黒山に埋葬。同日、後水尾上皇剃髪する。
				太政大臣正一位が贈られ、大猷院と号す。

（註）『大猷院殿治世略記』（国立公文書館所蔵謄写本）、日光東照宮社務所編『徳川家光公伝』（日光東照宮社務所、一九六三年）、福田千鶴『江の生涯――徳川将軍家御台所の役割』（中央公論新社、中公新書、二〇一〇年）、藤井譲治『江戸幕府老中制形成過程の研究』（校倉書房、一九九〇年）、藤井譲治『徳川家光』（吉川弘文館、一九九七年）、歴史学研究会編『日本史年表　増補版』（岩波書店、一九九三年）をもとに野村洋子作成。

や・ら行

さ　行

た　行

人名索引

あ 行

か 行

《著者紹介》

野村　玄（のむら・げん）

1976年　大阪府生まれ。

大阪大学大学院文学研究科博士後期課程修了。博士（文学）（大阪大学）。

現　在　防衛大学校人文社会科学群人間文化学科准教授。

著　書　『日本近世国家の確立と天皇』清文堂，2006年。

論　文　「天和・貞享期の綱吉政権と天皇」『史林』第93巻第6号，2010年11月。

「元禄・宝永期の綱吉政権と天皇」『歴史の理論と教育』第137号，2012年5月，ほか。

ミネルヴァ日本評伝選

徳《とく》川《がわ》家《いえ》光《みつ》

——我等は固よりの将軍に候——

2013年9月10日　初版第1刷発行　〈検印省略〉

定価はカバーに
表示しています

著　者　野　村　　玄

発行者　杉　田　啓　三

印刷者　江　戸　宏　介

発行所　株式会社　ミネルヴァ書房

607-8494　京都市山科区日ノ岡堤谷町1

電話代表（075）581-5191

振替口座　01020-0-8076

共同印刷工業・新生製本

ISBN978-4-623-06749-7

Printed in Japan

刊行のことば

歴史を動かすものは人間であり、興趣に富んだ人間の動きを通じて、世の移り変わりを考えるのは、歴史に接する醍醐味である。

しかし過去の歴史学を顧みるとき、人間不在という批判さえ見られたように、歴史における人間のすがたが、必ずしも十分に描かれてきたとはいえない。二十一世紀を迎えた今、歴史の中の人物像を蘇生させようとの要請はいよいよ強く、またそのための条件もしだいに熟してきている。

この「ミネルヴァ日本評伝選」は、正確な史実に基づいて書かれるのはいうまでもないが、単に経歴の羅列にとどまらず、歴史を動かしてきたすぐれた個性をいきいきとよみがえらせたいと考える。そのためには、対象とした人物とじっくりと対話し、ときにはきびしく対決していくことも必要になるだろう。

今日の歴史学が直面している困難の一つに、研究の過度の細分化、瑣末化が挙げられる。それは緻密さを求めるが故に陥った弊害といえるが、その結果として、歴史の大きな見通しが失われ、歴史学を通しての社会への働きかけの途が閉ざされ、人々の歴史への関心を弱める危険性がある。今こそ歴史が何のためにあるのかという、基本的な課題に応える必要があろう。評伝という興味ある方法を通じて、解決の手がかりを見出せないだろうかというのも、この企画の一つのねらいである。

狭義の歴史学の研究者だけでなく、多くの分野ですぐれた業績をあげている著者たちを迎えて、従来見られなかった規模の大きな人物史の叢書として、「ミネルヴァ日本評伝選」の刊行を開始したい。

平成十五年（二〇〇三）九月

ミネルヴァ書房

上代

*俾弥呼　古田武彦
日本武尊　西宮秀紀
仁徳天皇　若井敏明
雄略天皇　吉村武彦
*蘇我氏四代　遠山美都男
推古天皇　義江明子
聖徳太子　仁藤敦史
斉明天皇　武田佐知子
小野妹子・毛人　大橋信弥
*額田王　梶川信行
弘文天皇　遠山美都男
天武天皇　新川登亀男
持統天皇　丸山裕美子
阿倍比羅夫　熊田亮介
*藤原四子　木本好信
柿本人麻呂　古橋信孝

*元明天皇・元正天皇　渡部育子
聖武天皇　本郷真紹
光明皇后　寺崎保広
孝謙天皇　勝浦令子
藤原不比等　荒木敏夫
吉備真備　今津勝紀
*藤原仲麻呂　木本好信
道　鏡　吉川真司
大伴家持　和田　萃
*行　基　吉田靖雄

平安

*桓武天皇　井上満郎
嵯峨天皇　西別府元日
宇多天皇　古藤真平
醍醐天皇　石上英一
村上天皇　京樂真帆子
花山天皇　上島　享
*三条天皇　倉本一宏
藤原薬子　中野渡俊治

小野小町　錦　仁
藤原良房・基経　瀧浪貞子
菅原道真　竹居明男
*紀貫之　神田龍身
源高明　所　功
*安倍晴明　斎藤英喜
藤原実資　橋本義則
*藤原道長　朧谷　寿
藤原伊周・隆家　倉本一宏
藤原定子　山本淳子
清少納言　後藤祥子
紫式部　竹西寛子
和泉式部　ツベタナ・クリステワ
大江匡房　小峯和明
阿弖流為　樋口知志
坂上田村麻呂　熊谷公男

*源満仲・頼光　元木泰雄
平将門　西山良平
藤原純友　寺内　浩
空　海　頼富本宏
最　澄　吉田一彦
*空　也　石井義長
奝　然　上川通夫
*源　信　小原　仁
後白河天皇　美川　圭
式子内親王　奥野陽子
建礼門院　生形貴重
藤原秀衡　入間田宣夫
平時子・時忠　元木泰雄
平維盛　根井　浄
守覚法親王　阿部泰郎
藤原隆信・信実　山本陽子

鎌倉

源頼朝　川合　康
*源義経　近藤好和
源実朝　神田龍身
後鳥羽天皇　五味文彦
九条兼実　村井康彦
九条道家　上横手雅敬
北条時政　野口　実
熊谷直実　佐伯真一
*北条政子　関　幸彦
北条義時　岡田清一
曾我十郎・五郎　杉橋隆夫
北条時宗　近藤成一
安達泰盛　山陰加春夫
平頼綱　細川重男
竹崎季長　堀本一繁
西　行　光田和伸
藤原定家　赤瀬信吾
*京極為兼　今谷　明

*兼好　島内裕子
重源　横内裕人
*運慶　根立研介
快慶　井上一稔
法然　今堀太逸
慈円　大隅和雄
明恵　西山　厚
親鸞　末木文美士
恵信尼・覚信尼　西口順子
覚如　今井雅晴
道元　船岡　誠
叡尊　細川涼一
*忍性　松尾剛次
*日蓮　佐藤弘夫
一遍　蒲池勢至
*宗峰妙超　竹貫元勝

南北朝・室町

後醍醐天皇　上横手雅敬
護良親王　新井孝重
*赤松氏五代　渡邊大門
*北畠親房　岡野友彦
楠正成　兵藤裕己
*新田義貞　山本隆志
光厳天皇　深津睦夫
足利尊氏　市沢　哲
佐々木道誉　下坂　守
円観・文観　田中貴子
足利義詮　早島大祐
足利義満　川嶋將生
足利義持　吉田賢司
足利義教　横井　清
大内義弘　平瀬直樹
伏見宮貞成親王　松薗　斉
山名宗全　山本隆志
日野富子　脇田晴子
世阿弥　西野春雄
雪舟等楊　河合正朝
宗祇　鶴崎裕雄
*満済　森　茂暁
一休宗純　原田正俊
蓮如　岡村喜史

戦国・織豊

北条早雲　家永遵嗣
毛利元就　岸田裕之
毛利輝元　光成準治
*今川義元　小和田哲男
*武田信玄　笹本正治
*武田勝頼　笹本正治
*真田氏三代　笹本正治
三好長慶　天野忠幸
*宇喜多直家・秀家　渡邊大門
*上杉謙信　矢田俊文
島津義久・義弘　福島金治
長宗我部元親・盛親　平井上総
吉田兼倶　西山　克
山科言継　松薗　斉
*雪村周継　赤澤英二
織田信長　三鬼清一郎
豊臣秀吉　藤井讓治
*北政所おね　田端泰子
*淀殿　福田千鶴
前田利家　東四柳史明
*黒田如水　小和田哲男
*蒲生氏郷　藤田達生
*細川ガラシャ　田端泰子
伊達政宗　伊藤喜良
*支倉常長　田中英道
ルイス・フロイス　エンゲルベルト・ヨリッセン
*長谷川等伯　宮島新一
顕如　神田千里

江戸

徳川家康　笠谷和比古
*徳川家光　野村　玄
徳川吉宗　横田冬彦
*後水尾天皇　久保貴子
光格天皇　藤田　覚
崇伝　杣田善雄
春日局　福田千鶴
*池田光政　倉地克直
シャクシャイン　岩崎奈緒子
*田沼意次　藤田　覚
*二宮尊徳　小林惟司
末次平蔵　岡美穂子
*高田屋嘉兵衛　生田美智子
*林羅山　鈴木健一
吉野太夫　渡辺憲司
中江藤樹　辻本雅史
山崎闇斎　澤井啓一
山鹿素行　前田　勉
*北村季吟　島内景二
貝原益軒　辻本雅史
松尾芭蕉　楠元六男
*ケンペル　B・M・ボダルト＝ベイリー
荻生徂徠　柴田　純
*雨森芳洲　上田正昭
石田梅岩　高野秀晴
前野良沢　松田　清
平賀源内　石上　敏
本居宣長　田尻祐一郎
杉田玄白　吉田　忠
上田秋成　佐藤深雪
木村蒹葭堂　有坂道子
*大田南畝　沓掛良彦
菅江真澄　赤坂憲雄
*鶴屋南北　諏訪春雄
良寛　阿部龍一
*山東京伝　佐藤至子
*滝沢馬琴　高田　衛
平田篤胤　山下久夫
シーボルト　宮坂正英
本阿弥光悦　岡　佳子
小堀遠州　中村利則
狩野探幽・山雪　山下善也
尾形光琳・乾山　河野元昭
*二代目市川團十郎　田口章子
与謝蕪村　佐々木丞平
伊藤若冲　狩野博幸
鈴木春信　小林　忠
円山応挙　佐々木正子
*佐竹曙山　成瀬不二雄
葛飾北斎　岸　文和
酒井抱一　玉蟲敏子

孝明天皇　青山忠正
＊和宮　辻ミチ子
徳川慶喜　大庭邦彦
島津斉彬　原口泉
＊古賀謹一郎　小野寺龍太
＊栗本鋤雲　小野寺龍太
西郷隆盛　家近良樹
＊塚本明毅　塚本学
＊月性　海原徹
＊吉田松陰　海原徹
＊高杉晋作　海原徹
ペリー　遠藤泰生
オールコック　佐野真由子
アーネスト・サトウ　奈良岡聰智
緒方洪庵　米田該典
冷泉為恭　中部義隆

近代

＊明治天皇　伊藤之雄
＊大正天皇　F・R・ディキンソン
＊昭憲皇太后・貞明皇后　小田部雄次
大久保利通　三谷太一郎
山県有朋　鳥海靖
木戸孝允　落合弘樹
井上馨　伊藤之雄
＊松方正義　室山義正
北垣国道　小林丈広
板垣退助　小川原正道
長与専斎　笠原英彦
大隈重信　五百旗頭薫
伊藤博文　坂本一登
井上毅　大石眞
井上勝　老川慶喜
＊桂太郎　小林道彦
渡辺洪基　瀧井一博
＊乃木希典　佐々木英昭
林董　君塚直隆
＊児玉源太郎　小林道彦
＊高宗・閔妃　木村幹
山本権兵衛　室山義正
金子堅太郎　松村正義
高橋是清　鈴木俊夫
小村寿太郎　簑原俊洋
＊犬養毅　小林惟司
加藤高明　櫻井良樹
加藤友三郎・寛治　麻田貞雄
牧野伸顕　小宮一夫
田中義一　黒沢文貴
内田康哉　高橋勝浩
石井菊次郎　廣部泉
平沼騏一郎　堀田慎一郎
宇垣一成　北岡伸一
＊宮崎滔天　榎本泰子
＊浜口雄幸　川田稔
幣原喜重郎　西田敏宏
関一　玉井金五
水野広徳　片山慶隆
広田弘毅　井上寿一
安重根　上垣外憲一
＊グルー　廣部泉
＊永田鉄山　森靖夫
東條英機　牛村圭
今村均　前田雅之
蔣介石　劉岸偉
石原莞爾　山室信一
木戸幸一　波多野澄雄
＊岩崎弥太郎　武田晴人
伊藤忠兵衛　末永國紀
五代友厚　田付茉莉子
大倉喜八郎　村上勝彦
＊安田善次郎　由井常彦
渋沢栄一　武田晴人
益田孝　鈴木邦夫
山辺丈夫　宮本又郎
武藤山治　阿部武司・桑原哲也
西原亀三　森川正則
小林一三　橋爪紳也
大倉恒吉　石川健次郎
大原孫三郎　猪木武徳
＊河竹黙阿弥　今尾哲也
イザベラ・バード　加納孝代
＊林忠正　木々康子
＊森鷗外　小堀桂一郎
二葉亭四迷　ヨコタ村上孝之
夏目漱石　佐々木英昭
巌谷小波　千葉信胤
樋口一葉　佐伯順子
＊島崎藤村　十川信介
泉鏡花　東郷克美
有島武郎　亀井俊介
永井荷風　川本三郎
北原白秋　平石典子
菊池寛　山本芳明
宮澤賢治　千葉一幹
正岡子規　夏石番矢
高浜虚子　坪内稔典
与謝野晶子　佐伯順子
＊種田山頭火　村上護
＊斎藤茂吉　品田悦一
＊高村光太郎　湯原かの子
萩原朔太郎　エリス俊子
＊原阿佐緒　秋山佐和子
＊狩野芳崖・高橋由一　古田亮
小堀鞆音　小堀桂一郎
竹内栖鳳　北澤憲昭
黒田清輝　高階秀爾
中村不折　石川九楊
横山大観　高階秀爾
＊橋本関雪　西原大輔
小出楢重　芳賀徹
土田麦僊　天野一夫
岸田劉生　北澤憲昭
松旭斎天勝　川添裕
中山みき　鎌田東二
佐田介石　谷川穣
＊ニコライ　中村健之介
出口なお・王仁三郎　川村邦光
島地黙雷　阪本是丸
＊新島襄　太田雄三
木下広次　冨岡勝
嘉納治五郎　クリストファー・スピルマン
柏木義円　片野真佐子
津田梅子　田中智子
＊澤柳政太郎　新田義之

河口慧海　高山龍三
山室軍平　室田保夫
大谷光瑞　白須淨眞
*久米邦武　髙田誠二
フェノロサ　伊藤　豊
三宅雪嶺　長妻三佐雄
*岡倉天心　木下長宏
志賀重昂　中野目徹
徳富蘇峰　杉原志啓
竹越與三郎　西田　毅
内藤湖南・桑原隲蔵　礪波　護
岩村　透　今橋映子
*西田幾多郎　大橋良介
金沢庄三郎　石川遼子
上田　敏　及川　茂
柳田国男　鶴見太郎
厨川白村　張　競
天野貞祐　貝塚茂樹
大川周明　山内昌之
西田直二郎　林　淳
折口信夫　斎藤英喜
九鬼周造　粕谷一希
辰野　隆　金沢公子
シュタイン　瀧井一博
*西　周　清水多吉
*福澤諭吉　平山　洋
福地桜痴　山田俊治

田口卯吉　鈴木栄樹
*陸　羯南　松田宏一郎
黒岩涙香　奥　武則
*吉野作造　田澤晴子
野間清治　佐藤卓己
山川　均　米原　謙
*岩波茂雄　十重田裕一
*北　一輝　岡本幸治
*穂積重遠　大村敦志
中野正剛　吉田則昭
満川亀太郎　福家崇洋
*北里柴三郎　福田眞人
高峰譲吉　木村昌人
田辺朔郎　秋元せき
*南方熊楠　飯倉照平
寺田寅彦　金森　修
石原　純　金子　務
J・コンドル　鈴木博之
辰野金吾　河上真理・清水重敦
*七代目小川治兵衛　尼崎博正
ブルーノ・タウト　北村昌史

現代

昭和天皇　御厨　貴

高松宮宣仁親王　後藤致人
*李方子　小田部雄次
吉田　茂　中西　寛
マッカーサー　柴山　太
石橋湛山　増田　弘
重光　葵　武田知己
市川房枝　村井良太
*池田勇人　藤井信幸
高野　実　篠田　徹
和田博雄　庄司俊作
朴正熙　木村　幹
竹下　登　真渕　勝
*松永安左エ門　橘川武郎
鮎川義介　井口治夫
*出光佐三　橘川武郎
松下幸之助　米倉誠一郎
渋沢敬三　井上　潤
*本田宗一郎　伊丹敬之
井深　大　武田　徹
*佐治敬三　小玉　武
幸田家の人々　金井景子
*正宗白鳥　大嶋　仁
大佛次郎　福島行一

*川端康成　大久保喬樹
*薩摩治郎八　小林　茂
松本清張　杉原志啓
安部公房　鳥羽耕史
*三島由紀夫　島内景二
井上ひさし　成田龍一
R・H・ブライス　菅原克也
金素雲　林　容澤
柳　宗悦　熊倉功夫
バーナード・リーチ　鈴木禎宏
イサム・ノグチ　酒井忠康
川端龍子　岡部昌幸
藤田嗣治　林　洋子
*井上有一　海上雅臣
*手塚治虫　竹内オサム
山田耕筰　後藤暢子
古賀政男　藍川由美
*吉田　正　金子　勇
武満　徹　船山　隆
*八代目坂東三津五郎　田口章子
*力道山　岡村正史
*西田天香　宮田昌明
安倍能成　中根隆行

サンソム夫妻　平川祐弘・牧野陽子
和辻哲郎　小坂国継
矢代幸雄　稲賀繁美
石田幹之助　岡本さえ
*平泉　澄　若井敏明
安岡正篤　片山杜秀
島田謹二　小林信行
前嶋信次　杉田英明
保田與重郎　谷崎昭男
*福田恆存　川久保剛
井筒俊彦　安藤礼二
佐々木惣一　松尾尊兊
*瀧川幸辰　伊藤孝夫
矢内原忠雄　等松春夫
福本和夫　伊藤　晃
*フランク・ロイド・ライト　大久保美春
大宅壮一　有馬　学
今西錦司　山極寿一

*は既刊
二〇一三年九月現在